シリーズ・織豊大名の研究 16

上杉景勝

阿部哲人 編著

戎光祥出版

序にかえて

上杉景勝は、弘治元年（一五五五）十一月、越後国上田庄を拠点とした長尾政景と上杉謙信の姉仙洞院の間に生まれた。景勝は謙信の養子となり、天正六年（一五七八）三月、上杉家を継承する。そして、御館の乱が起こるが、北条氏出身の養子上杉景虎を廃して当主の座を守り、またそれと結んだ反景勝派国衆を討ち、当主権力を死守、強化した。その一方で、謙信が支配下に置いた能登や越中に織田信長勢が侵攻、その攻勢の前に景勝は滅亡寸前に追い込まれた。しかし、本能寺の変で信長が倒れ、九死に一生を得た。謙信の死後四年余り、景勝は厳しい戦いにさらされていた。

信長死後の天正十一年、景勝は織田政権の主導を目論む豊臣秀吉と手を組み、豊臣政権の成立後の天正十四年六月には秀吉に臣従するが、主に東国における天下統一政策の推進に重きをなした。それによって景勝は政権を構成する有力大名への地位を獲得した。また、豊臣政権による過重な負担に応えつつ、自らの領国支配の強化も果たした。豊臣政権期は、一面で上杉氏の発展期であった。

秀吉の最晩年、慶長三年（一五九八）正月、景勝は会津一二〇万石へ移封され、豊臣政権の奥羽、そして関東支配の要に位置付けられた。また、大老として秀吉死後の政権運営に携わった。しかし、政権独占を図る徳川家康と対立した景勝は、家康との武力衝突を選択、それは関ヶ原合戦に至る。発展の一方で豊臣政権に生じた大きな矛盾に対処していく立場にもあった。

敗者となった景勝は、慶長六年八月、米沢三〇万石へ移封された。江戸幕府の開設によって初代米沢藩主景勝は幕藩体制下の一大名として、明治四年（一八七一）の廃藩置県に至るまでの米沢藩上杉氏の礎を築いた。そして、元和九年

（一六二三）三月、米沢で死去する。社会体制の大きな変化に対した六九年に及ぶ生涯であった。

本書は、上杉景勝に関する一六本の研究を、第1部「景勝と豊臣政権」、第2部「景勝の領国支配」、第3部「景勝の家臣団」、第4部「景勝と関ヶ原合戦」、第5部「景勝の文書」の五つのテーマに分けて収載し、総論を加えて構成した。景勝の権力や政策、動向の理解に重要な論点を含むと考えられるものを選定したが、豊臣政権期、越後から会津時代の論文で占められることとなった。もちろん、景勝に関する論文が、これですべてでないことは言うまでもない。したがって、「総論　上杉景勝の研究」ではなるべく広く論考を紹介することに努め、場合によっては卑見を提示した。

なお、本書収載論文は、一九八四年以降に発表された論文を対象としたが、単著、編著論文集などに掲載された論文や、近年に発表された論文等は収載しなかった。また、各テーマ内での配列は発表順を原則とした。

長尾上杉氏関連の論集として「シリーズ・中世関東武士の研究」から黒田基樹編著『長尾為景』（第三四巻）、前嶋敏編著『上杉謙信』（第三六巻）などが刊行されている。本書は、シリーズは違うが、これらに続く位置にある。また、同シリーズでは黒田基樹編著『関東管領上杉氏』（第一一巻）、同編著『山内上杉氏』（第一二巻）、同編著『関東上杉氏一族』（第二二巻）など、上杉氏をめぐる豊富な成果が挙げられている。あわせてご参照いただき、南北朝期から近世初頭にいたる上杉氏の歴史にも目を向けていただきたい。

本書が、景勝をはじめ、その関連する歴史研究の一助となれば幸いである。

なお末筆ながら、本書へのご高論の収録をご快諾いただいた執筆者各位に、心から感謝申し上げる。

二〇二五年三月

阿部哲人

目次

第2部　景勝の領国支配

第3部　景勝の家臣団

上杉景勝

総論　上杉景勝の研究

阿部哲人

はじめに

上杉景勝は豊臣秀吉の天下統一の推進に関わり、秀吉の死後、関ヶ原合戦の発端を作るなど、全国的視野における歴史の解明において重要な存在である。そして、その領国は越後や会津、米沢と変遷するが、領国や家臣団の支配、性格などを解明することは、地域の視点はもとより、中央との関係においても重要な意味を持つものであった。

そこで本書では、これらをふまえて①景勝と豊臣政権、②景勝の領国支配、③景勝の家臣団、④景勝と関ヶ原合戦、そして権力発動を直接表す⑤景勝の文書の五つをテーマとして掲げ、関連する論考を掲載する。それぞれのテーマにおいて興味深い論点を示す論考を選んだ。しかし、これらで景勝研究の全体は網羅できない。したがって、総論では収載に至らなかった論考やテーマにも視野を広げて、現在の研究における景勝の位置を確認することに努める。

まずはじめに景勝全般に関わる研究等に触れておきたい。藩政史研究会編『藩制成立史の綜合研究　米沢藩』（吉川弘文館、一九六三年）は、米沢藩制の成立に景勝時代を重視しており、越後以来江戸初期までの論述におよそ三分の一の紙幅を割いている。また、阿部洋輔編『戦国大名論集9　上杉氏の研究』（吉川弘文館、一九八四年）は、越後守護上杉氏も含めた越後関連の戦国期の論考を集め、当時の研究の到達点を示す。

次に自治体史をみよう。『新潟県史　通史編2　中世』（一九八七年）、『上越市史　通史編2　中世』（二〇〇四年）は、越後時代の景勝の動向を学ぶ基本的な文献といえる。また、逐一挙げないが、新潟県の市町村史も参考にすべきものが少なくない。会津時代は『福島県史　第一巻　原始・古代・中世』（一九六九年）、『会津若松市史　歴史編四　近世1城下町の誕生』（一九九九年）、米沢時代は『米沢市史　近世編1』（一九九一年）を挙げたい。

評伝としては、児玉彰三郎『上杉景勝』（ブレインキャスト、二〇一〇年。初版は児玉彰三郎遺著刊行会、一九七九年）がある。謙信の死から晩年まで三十六項目にわたって生涯を描く。各テーマは景勝をめぐる基本的な論点を網羅している。小野栄『上杉景勝伝』（米沢信用金庫、二〇〇一年）もまた謙信死後から書き起こしている。米沢時代の記述が比較的詳しい。今福匡『「東国の雄」上杉景勝』（ＫＡＤＯＫＡＷＡ、二〇二一年）は、景勝の誕生・生い立ちから書き起こして生涯を追う。また、景勝の人間性などにも言及している。また、尾下成敏「上杉景勝の居所と行動」（藤井讓治編『織豊期主要人物居所集成』思文閣出版、二〇一一年）は、景勝の動向を一日単位で指摘する。

近年発刊された史料集として越後時代に限定されるが、『上越市史　別編1　上杉氏文書集一』および『同二』を挙げたい。天正六年（一五七八）三月を境に1は謙信時代、2は景勝時代を扱う。江戸時代に米沢藩で編纂された古文書集などからも採録されていて、同じく基本的史料集の一つである『新潟県史』から、さらに拡充されている。

では、具体的研究をみていきたいが、発表順に研究史を振り返るのではなく、テーマの中で研究を紹介するという形を採る。なお、論文名の表記について副題は略した。また、掲載誌などの表記は初出時のみとした。

一、御館の乱をめぐって

天正六年（一五七八）に勃発した御館の乱は、謙信が自らの後継者を決めていなかったことによる、二人の養子・景勝と景虎との後継者争いとみなされてきた。これに対して、片桐昭彦「上杉謙信の家督継承と家格秩序の創出」（前嶋敏編著『上杉謙信〈シリーズ・中世関東武士の研究36〉』戎光祥出版、二〇二四年。初出二〇〇四年）は、天正三年二月に作成された軍役帳の景勝の「御中城様」の記載、および書札礼の謙信との対等化などから、同年正月の上杉弾正少弼景勝への改称を機に景勝が景虎に代わって謙信の後継者に位置付けられたとする。謙信の死後、景勝への家臣らの起請文提出から景勝がスムーズに当主の地位を継承したといえることもそれを裏付けているとする。なお、氏は「上杉景虎」（黒田基樹・浅倉直美編『北条氏康の子供たち』宮帯出版社、二〇一五年）で、元亀元年（一五七〇）閏正月から天正六年の間に発給書状の書札礼から景虎の地位が低下したこと、筆跡から天正三年正月に謙信が景勝に名字と官途、名乗りを与えた文書が景勝の創作ではないことを指摘し、上記の説を補強している。

しかし、景勝と景虎は武力衝突した。この御館の乱の原因については、謙信期以来の景虎派による擁立を片桐氏が指摘し、今福匡『上杉景虎』（宮帯出版社、二〇一一年）は、それに加えて三条をめぐる三条城主神余氏や上杉憲政と景勝との対立を推察する。これらから当主擁立をめぐる家臣団の支持という側面が指摘されている。

また、この乱に伴って景勝は武田勝頼と同盟を結んだ。この条件として、勝頼妹菊の入輿、勝頼への信濃飯山領および東上野の割譲の三点が条件であったとされてきたが、田中宏志「越甲同盟再考」（平山優編著『武田勝頼〈シリーズ・中世関東武士の研究39〉』戎光祥出版、二〇二一五年。初出二〇〇八年）は、東上野割譲は条件ではなかったことを指摘する。また、丸島和洋『武田勝頼』（平凡社、二〇一七年）は、信濃を北上した武田勢が春日山西方の越後根知城および不動山城や、妻有・赤沢城を武田勢が占拠し、後に景勝から勝頼に割譲されたことを明らかにする。景勝が勝頼大きく譲歩して同盟維持に努めたことが窺われる。御館の乱研究は、通説の書き換えが進んでいる。

二、景勝と豊臣政権

天正十一年（一五八三）二月、景勝は織田政権と和睦し、それを主導した豊臣秀吉と強く結びついた。同十四年六月に上洛して、すでに織田政権を克服して豊臣政権を樹立していた秀吉に臣従した。このような中で景勝は天下統一の構想に位置付けられ、政策遂行を求められていった。このような豊臣政権との関係は、景勝を考える重要な論点である。

（1）「惣無事令」論と景勝

「惣無事令」とは、藤木久志氏が『豊臣平和令と戦国社会』（東京大学出版会、一九八五年）でまとめた豊臣政権の政策基調であり、大名間の国分（国境画定）に関しては、①戦国大名間の国分を通じて自律的に形成された領有関係を前提に、②国郡単位での領有の確定を図り、③係争地は三分や折半、当知行や本主権の安堵などの基準を適用する。④その裁定には命令に等しい拘束力を持たせ、従わぬ者には平和侵害の罪をもって誅伐・成敗の対象とし、⑤裁定の実現に当たっては当事者の自力を排して職権的な強制執行の態勢をとるという内容である。

これは通説化し、そこで示された景勝の評価が学界に大きな影響力を持った。それは、天正十四年に秀吉に臣従した景勝を、同年九月、秀吉が東国に対する「惣無事令」執行者である「取次」に任命するも、同年十月に徳川家康が臣従すると、家康をその中心に据えることにしたため、景勝は「いわば脇役」に退けられたという評価である（「関東奥両国惣無事令の成立」〈『豊臣平和令と戦国社会』〉）。以後の豊臣政権と景勝との関係の研究は、これを前提に進められてきた。

（2）豊臣政権における景勝の位置

ここでは豊臣政権の秩序における、主に儀礼的側面での景勝の地位についての研究をみていきたい。

堀新「豊臣政権と上杉氏」（『早稲田大学大学院文学研究科紀要　哲学・史学編　別冊』一八、一九九一年。本書第1部Ⅰ）は、書札礼に着目して豊臣政権における景勝の政治的位置を考察した。景勝宛秀吉発給文書を対象に、書札礼の要素である署名、宛所、書止文言、形状、紙質、サイズ、闕字や自敬表現など、各々の変化の時期と理由を考察し、景勝に対して薄礼化していく過程の中で四つの画期を示す。その四つの画期とは、①天正十三年九月二日から翌年正月九日の間で、秀吉の関白就任や唐入りなどによる豊臣政権の確立の進行、②同十四年六月二十三日の間で景勝の秀吉への臣従、③同十五年二月から十一月の間で九州平定、「関東・奥惣無事令」の発令などから事実上の天下人の地位についたこと、④は同十七年十一月から翌年四月の間で北条氏討伐開始に伴う全国統一の完成である。この変化の契機は、主に秀吉の地位の変化、権力の確立過程に求められている。そのような中で臣従が指摘されていることは、上洛し対面することの重要性が窺われる。

秀吉の書札礼については、小林清治「秀吉の書札礼」（同『秀吉権力の形成』東京大学出版会、一九九四年。初出一九九二年）が、その武家宛の書状・直状を分析し、無官期・筑前守期・少将期・関白期の四期を大枠とし、それぞれの中で礼の厚薄に基づいた複数の類型を設定した。それぞれの類型の適用は、文書受領者の格式と秀吉との友好・主従関係などで決定されたため、大名個々によって変化の時期に相違があった。そして、小林氏が指摘した景勝に対する書札礼の変化は、堀氏の示した四つの画期の内①②④と基本的に変化の理由も含めて概ね一致するが、③については言及がない。

また、堀氏は景勝に対する最終形の書札礼、すなわち書止文言が「候也」、署名が朱印、宛所の尊称が「とのへ」、大高檀紙の使用などの適用にいたる時期が徳川家康、豊臣秀次らに次いで遅かったことから、豊臣政権における景勝の政治的地位の高さを指摘し、藤木氏の評価の再考を提起した。

書札礼をめぐっては、萩原大輔「秀吉越中出陣の軍事経過」（同『中近世移行期 越中政治史研究』岩田書院、二〇二三年。初出二〇一〇年）は、秀吉が越中出兵に伴って天正十三年八月に景勝と富山城で対面を計画するも、景勝が応じなかったことで、大坂出仕を命じようとしたことがその考察の主眼にあるが、それと連動して天正十三年九月二日付の景勝宛秀吉書状が薄礼化したことを挙げ、秀吉が景勝に強硬姿勢で臨もうとする意識を持ち始めたとする。

一方で大坂出仕は実際には景勝に命じられておらず、この後に従前の書札礼に戻るように、当時の秀吉の書札礼が景勝以外も含めて一定しなかったことなどから、強硬姿勢に否定的な見解を示す竹井英文氏は、景勝が会見に出向かなかったことや、ここで決定された国切が景勝の意思によって実現しなったことから、秀吉の限界、景勝独自の動向への着目を説いている（「「越中国切」をめぐる政治過程」〈萩原大輔編著『佐々成政〈シリーズ・織豊大名の研究11〉』戎光祥出版、二〇二三年。初出二〇一四年〉）。

これと関連して、谷徹也「豊臣氏奉行発給文書考」（同『豊臣政権の統治構造』名古屋大学出版会、二〇二五年。初出二〇一六年）は、天正十四年とされてきた新発田重家に景勝との停戦を命じた三成ら奉行人の文書を天正十三年に比定し直し、豊臣政権の重家の乱への介入が通説とは異なり、景勝の臣従以前であったことを明らかにした。これは「天下静謐」の論理による停戦要求であり、秀吉の関白任官による全国支配に伴うものと指摘する。すると、関白任官による書札礼の変化は、秀吉の権力強化を伴っていたということができよう。

堀氏の指摘した①の画期をめぐる評価が分かれているが、景勝の臣従過程の整理と再評価が必要であろう。

また、田中宏志「景勝期上杉氏の情報と外交」(『駒沢大学史学論集』三〇、二〇〇〇年)は、天正十年冬に始まる同盟交渉から天正十四年の臣従に至る期間を中心とした、景勝と上方の交渉・情報収集をめぐる動向などを検討する。

矢部健太郎「豊臣「武家清華家」の創出」(同『豊臣政権の支配秩序と朝廷』吉川弘文館、二〇一一年。初出二〇〇一年)は、天正十六年の後陽成天皇の聚楽第行幸を機に、秀吉が豊臣政権の大名編成に公家の家格秩序を援用し、武家摂関家である豊臣本宗家を頂点に、「清華成」大名、「公家成」大名、「諸大夫成」大名という編成を構築したことを論じる。秀吉との血縁や縁故に基づく羽柴・織田・宇喜多、外様の大大名である徳川・上杉・毛利の各家が「清華成」大名に位置付けられ、後に前田・小早川両家が加えられた。外様の大大名は「取次」の恩賞によって任じられたとされ、景勝については天正十五年の新発田重家の乱平定の恩賞も挙げる(「秀吉の小田原出兵と「清華成」大名」〈『國學院大學紀要』四九、二〇一一年〉)。これによって豊臣本宗家の地位を絶対化するほか、徳川家(家康)の地位の独自性・独立性を、擬制的ながらも景勝らと同格とすることで減少させる狙いがあったとする。儀礼的側面が中心だが、豊臣政権における有力大名としての景勝の地位が示され、ここに後の五大老の淵源が見出されている。

景勝の官位の論考には、尾下成敏「「上杉加級宣旨案」の紹介」(『史林』九一、二〇〇八年。本書第1部Ⅲ)がある。この「上杉加級宣旨案」は、京都大学総合博物館所蔵「勧修寺家文書」に収められた「古文書巻子」に貼り付がれた、天正五年から同十六年までの景勝の叙任に関する口宣案の案文など九点からなる。そこでは景勝が正式に叙任するのは天正十四年六月の従四位下・左近衛少将であり、それ以前の口宣案はその辻褄合わせのために遡及して作成されたこと、天正十四年の叙任や、天正十六年五月の正四位下・参議昇任、さらに同年の中将兼任などの経緯について、正確な情報を推知できることなどを指摘する。『上杉家御年譜』などの後代の編纂史料の誤りを正す、景勝叙任の基本的史料である。次に、権力面での景勝の位置をみていきたい。

(3) 豊臣政権の東国政策

まず、「取次」について景勝に関する指摘をみたい。山本博文「豊臣政権の「取次」の特質」(同『幕藩制の成立と近世の国制』校倉書房、一九九〇年)は、景勝をその一人に挙げ、臣従後の天正十四年九月に関東以北を担当したとするが、十一月には家康が主導することとなり、その「背景」に退いたと藤木氏説を受容している。もっともこういった活動が、後の五大老就任の基盤になると考えられている。

矢部氏は「清華成」の議論をふまえて、「東国「惣無事」政策の展開と家康・景勝」(『日本史研究』五〇九、二〇〇五年。本書第1部Ⅱ)を発表し、藤木氏の評価を再検討した。氏は、秀吉への臣従後の景勝の軍事行動、具体的には新発田重家の乱平定、佐渡制圧、伊達政宗の会津攻略への対応などが秀吉の承認のもとに行われたことから、「惣無事」政策が規定する「私戦」禁止違反に対する「成敗」、すなわち「公戦」の遂行であると位置付けた。

また、天正十五年二月、秀吉は北条氏がその命令に背いた場合に景勝に「後詰」を命じる書状を発給した。これは藤木氏の評価の根拠の一つにされているが、矢部氏は景勝関連史料にみられるその語義の検討を行い、敵の背後から攻める積極的な軍事行動と理解した。これらから家康が在京して「取次」を主に担当するのに対して、景勝が「公戦」の遂行で「惣無事」政策に関与していたとし、景勝が家康の「脇役」というような位置にはいないと述べる。

「取次」の活動を相対化し、豊臣政権の東国政策に具体的活動から景勝を位置付け、藤木説の批判を展開している。

なお、この論考については、藤木氏の「惣無事令」論が大きく見直される中、その枠組みにおける検討であることから見直しの必要性も指摘されるが（竹井英文「戦国・織豊期東国の政治情勢と「惣無事」」〈『織豊政権と東国社会』吉川弘文館、二〇一二年。初出二〇〇九年〉）、矢部氏は「惣無事令」論に立脚した議論ではなく、「清華成」大名論の考察のためであり、「惣無事令」や「惣無事」政策という表現を使用しなくとも成立する議論であると反論している（「秀吉の小田原出兵と「清華成」大名」）。

さて、以上のような景勝の活動の再評価が行われたが、二〇〇〇年代後半から「惣無事令」論そのものの本格的な見直しが進められた。その中で景勝はどのように理解されているであろうか。

竹井英文「織豊政権の東国統一過程」（『織豊政権と東国社会』、初出二〇一一年）は、天正十年六月の本能寺の変以降、天正十八年の小田原出兵に至る秀吉の東国政策の展開において景勝は一貫して東国政策に大きな位置を占めたと評価する。秀吉（織田信雄）と景勝が天正十一年二月に同盟すると、景勝は奥羽の取次を要請され、関東を担当する家康と管轄を分けて統一政策に位置付けられていたことを明らかにし、取次の活動が臣従に先行していたことも指摘した。また、景勝は反北条東国領主層からは出兵による北条氏の進出阻止を期待されていた（「戦国・織豊期東国の政治情勢と「惣無事」」）。それは家康による「惣無事」の実現と並立した、反北条氏諸領主の選択肢の一つであった。

しかし、同十二年の小牧・長久手の戦いから同十四年十月の秀吉への家康臣従までの秀吉と家康の対立の中で、秀吉の東国政策における景勝の重要度は増し、特に徳川・北条同盟に対する軍事的進出の主体に位置付けられたとする。さらに同十四年に景勝、家康が相次いで上洛・臣従すると、矢部氏や齋藤慎一氏（『戦国時代の終焉』中央公論新社、二〇〇五年）の指摘をふまえて、関東では親北条氏方対策を家康が、反北条氏方を景勝が担当したとし、両者の担当を管轄地域の相違として対等にみなし、藤木氏の「脇役」という景勝の評価を否定している。

これに対して、戸谷穂高「豊臣政権の東国政策」（同『東国の政治秩序と豊臣政権』吉川弘文館、二〇二三年）は、天正十年から十八年の間の東国政策を、秀吉と家康との関係および「天下静謐」と「惣無事」それぞれの論理に基づく法令の展開として捉え、小牧・長久手の戦いによって関係の悪化した家康に代わって、景勝をその推進者とし、当事者間の談合に基づく解決である「惣無事」令ではなく、「天下静謐」に基づく停戦令を発動したとする。しかし、従前の対外関係に規定された影響力と領内の反乱鎮圧に忙殺されたため、停戦令を遂行する景勝の「取次」活動は政権の期待に応えられなかった。また、「取次」に求められる調停能力について、景勝の実績は家康に劣り、景勝は対象地域における紛争当事者であったことから、それを発揮できなかった。そこで秀吉は、家康の臣従によって「関東」取次を家康に変え、翌年「惣無事」令へと政策転換し、家康に対して景勝の位置は後退したと評価する。

以上、竹井・戸谷両氏の考察では、秀吉と家康の関係が景勝の役割に大きな影響を与えており、特に両者の関係悪化によって景勝の重要度が増したという指摘は共通している。しかし、その推進者としての評価は、家康の臣従後も含めて、大きく異なる。この理由としては評価の基準となる景勝の活動の範囲、考察の視角の相違が挙げられる。竹井氏が「取次」のみならず、軍事活動も視野に入れるのに対して、戸谷氏は「取次」、なかでもその調停行為に重心を絞っている。

これに対して佐渡において天正十一年の「取次」要請以来、景勝が佐渡国衆の抗争の調停を行っていることを田中聡氏が明らかにしている（「上杉景勝の「佐渡攻め」と本間氏」〈『新潟史学』八六、二〇二四年〉）。そこに佐渡国衆を豊臣政権に結びつける役割は見出せないが、「取次」としての景勝の評価として見過ごせない指摘と考える。

景勝が清華成大名となり、後に五大老に象徴されるような豊臣政権の有力大名に位置付けられる活動として山本氏の「取次」の指摘があるが、両氏そして矢部氏の研究はそれをふまえつつも、相対化する視点も見出せる。豊臣政権における景勝の評価については、これらの研究に学びながら、多角的に、かつ具体的に考察する必要があるだろう。

また、このような家康と景勝の位置について、両者が連携して北条氏を牽制する体制であるとして、天正十五年に秀吉が九州攻めに専念できるようになったという意義を、中野等「豊臣政権の関東・奥羽政策」（『茨城県史研究』九七、二〇一三年）が説いている。すでに各論者も指摘するように、全国的視野での評価も必要であろう。

水野伍貴「真田昌幸の豊臣大名化の過程について」（『信濃』第六五巻第七号、二〇一三年）は、天正十三年、昌幸が景勝に従属すると、景勝が昌幸と豊臣政権との間を結び、昌幸の豊臣大名化を推進したという通説を再考し、豊臣大名化のための景勝の活動は、天正十四年九月の討伐命令から同年十一月に討伐命令が解除されて、家康の与力大名とされるまでの期間に限られ、同十三年から十四年九月までは、豊臣政権中枢と関係のあった幸若舞の春松太夫と、秀吉右筆であった道茂が政権の窓口・奏者として、豊臣大名化を担う手筋であったとする。それとは別に景勝から石田三成を通じた豊臣政権との手筋があるが、前者との関係はみられず、景勝自身にも豊臣大名化を進める意思はなかったとする。景勝は昌幸を擁護すべき服属大名と、秀吉は家康に離反した大名と認識していたことが景勝の豊臣大名化の活動に至らない理由の一つに挙げている。このような意識の齟齬は地域の論理が関係しているように思われる。前述の越中国切とも相俟って、地方と中央の論理の中での景勝の活動の意義もまた論点に挙げられないだろうか。景勝の「取次」活動に関する論点の一つとして挙げておきたい。

（4）新発田重家の乱

天正九年五月、景勝政権の中枢にあった新発田重家が織田信長と組んで、景勝に反旗を翻した。領国支配の問題として対応していた景勝だが、秀吉への臣従によって豊臣政権の後ろ盾を得て天正十五年十月に討滅に至ったという経緯が通説であった。しかし、既述のように谷徹也「豊臣氏奉行発給文書考」によって、その介入が臣従以前からみられることが指摘された。すでに戸谷氏も述べるが、豊臣政権の東国政策、領国支配、紛争処理などの面から、この乱の再整理・再考が必要であろう。

「惣無事令」論との関連では、藤井讓治「「惣無事」はあれど「惣無事令」はなし」（同『近世初期政治史研究』岩波書店、二〇二二年。初出二〇一〇年）が、一方的な政治判断での処理であるとして「惣無事令」の法理に反する事例とし、「惣無事令」が存在しないことの根拠の一つにした。また、福原圭一「上杉景勝と秀吉・三成」（太田浩司編『石田三成』宮帯出版社、二〇二二年）は、天正十五年十月に重家を滅ぼす景勝軍に、家康の与力である信濃の小笠原貞慶の軍勢が秀吉の命令で加わっていたことを明らかにし、景勝が豊臣政権の戦争を初めて遂行したと指摘する。豊臣政権の具体的援助が明らかになるとともに、「公戦」の理解とも関わって興味深い指摘である。

阿部洋輔「上杉・新発田抗争の「国際」状況」（『郷土新潟』二八、一九八七年）は、会津蘆名氏と重家の乱との関係に焦点を当て、中央政権との関係ではなく、東国の視野における分析の重要性を指摘する。光成準治「豊臣政権の大名統制と取次」（山本博文・堀新・曽根勇二編『消された秀吉の真実』柏書房、二〇一一年）は、赦免後の重家が蘆名氏への奉公を希望していることを指摘する。景勝は蘆名氏と伊達氏と対立の仲介を秀吉から命じられていた。景勝と蘆名氏の関係は、豊臣政権の天下統一事業における景勝の位置を考えるうえでも重要な視点の一つである。

（5）出羽庄内問題

天正十七年七月、上洛して秀吉に謁見した大宝寺義勝は、出羽庄内の領有を認められた。これは藤木氏の惣無事令論の論拠ともされ、景勝がその一翼を担ったことから、ここで少し触れておきたい。

　庄内は天正十年代、最上義光と大宝寺氏、そのバックについた越後村上を拠点とした本庄繁長との間で対立、抗争が繰り広げられた。天正十五年十月、義光が庄内を制圧したが、翌年八月、繁長は最上勢を駆逐して義勝を庄内に復帰させた。義勝は繁長の次男で養子となって大宝寺氏を継いでいた。そして、この抗争に景勝は大宝寺氏からの援助を期待されるが、本庄氏に対応を一任していた。景勝が、一方の紛争当事者といわれるゆえんである。

　このような状況で、義光は庄内領有のために家康を頼って豊臣政権に提訴した。これに対して豊臣政権は、同十六年十二月、繁長と義光に出頭を命じた。これを繁長に仲介した景勝は、繁長を現地支配に当たらせるとして、石田三成や増田長盛からの繁長上洛指示を変更し、義勝を上洛させている。論者による訴訟過程の理解に相違はあるが、その結果が冒頭に記した義勝の領有認可であった。

　そして、この決着の理由は、それぞれの視点、東国政策の理解とも関わって大島正隆「奥羽に於ける近世大名領成立の一過程」（同『東北中世史の旅立ち』そしえて、一九八七年。初出一九四一年）・竹井英文「出羽国「庄内問題」再考」（『織豊政権と東国社会』、初出二〇一〇年）などの石田・増田・上杉ラインの政治力によるとする見解と、粟野俊之「出羽国庄内地方と豊臣政権」（同『織豊政権と東国大名』吉川弘文館、二〇〇一年。初出一九八五年）・戸谷穂高「最上義光と「庄内之儀」」（『東国の政治秩序と豊臣政権』、初出二〇二一年）などの義勝の上洛に求める見解に分かれている。

　義勝上洛は景勝の判断であった。そして、その上洛は上杉氏が全面的にバックアップしたことが、義勝の上洛日記から窺われる。この景勝の動向は、豊臣政権の政策遂行における政治的役割として積極的に評価されるべきだろう。

（6）奥羽仕置

天正十八年七月の小田原城攻略に続いて、秀吉は奥羽における諸領主の選定を行い、伊達氏や最上氏、南部氏らの大名を除く領主の地に検地や刀狩りなどの統一政策を施行した。奥羽仕置である。小林清治「「仕置」経過」（同『奥羽仕置と豊臣政権』吉川弘文館、二〇〇三年）は、戦国期における奥羽諸領主の情勢および織田・豊臣権力への対応を概観した上で、天正十八年の小田原出仕から、翌年の九戸政実の乱の平定までの奥羽仕置全体の展開を論じる。景勝は、同十八年は出羽庄内・由利・仙北地方において仕置を実施、それに伴う仙北、庄内の一揆を鎮圧し、翌年は政実の乱鎮圧のため出羽米沢から伊達・最上領を北上し、旧葛西領での城普請に従事していたことが明らかにされている。仙北領における仕置については『横手市史　通史編　原始・古代・中世』（二〇〇八年）に詳しい。

また、阿部哲人「上杉景勝と出羽の仕置」（江田郁夫編『秀吉の天下統一　奥羽再仕置』勉誠社、二〇二四年）は、天正十八年の検地などの仕置政策の執行を通じて、景勝が仙北小野寺氏との関係を深めたことや、翌十九年の政実の乱に対する出兵に際して米沢から出羽を北上する豊臣勢の主力に位置付けられ、最上領の軍事情報の収集を行ったこと、そして庄内を直轄化することで、義光を牽制し、他領主との関係構築のもとに、景勝を豊臣政権の出羽支配の中軸の一つに位置付けたことなどを見通した。

（7）壬辰戦争（朝鮮出兵）

全国統一を果たした秀吉は、天正二十年、朝鮮出兵を敢行した。そのため、肥前名護屋城を築き、全国の大名を集結させた。これに際する景勝の動向を秀吉の対朝鮮作戦をふまえて整理し、特に朝鮮半島への渡海時期を、文禄二年（一五九三）六月から九月と確定し、前線で活動する軍勢への補給路を確保するための武器・兵糧の貯蔵施設となる熊川城建設を行ったことなどを明らかにしたのが、井原今朝男「上杉景勝の朝鮮出兵と熊川倭城」（同『中世のいくさ・祭り・外国との交わり』校倉書房、一九九九年。初出一九九七年）である。高岡徹『文禄・慶長の役と北陸大名』（二〇〇五年）は、現地調査と文献史料の分析から名護屋における景勝および直江兼続の陣屋の配置が人員・物資輸送を念頭に置いていたことなどを指摘する。

井原今朝男「戦国・織豊期の乙名衆と海運・鉱山・地方経営」（『中世のいくさ・祭り・外国との交わり』）は、信濃出身の立屋（岩）喜兵衛が、この名護屋の陣屋の選定に中心的な役割を果たしたこと、また越後から名護屋、朝鮮への人員・兵糧・軍需物資の輸送を担ったことを示した。また、喜兵衛のほか、兼続自身の船舶があったことを指摘する。中野等「休戦期・第二次侵略期の兵粮補給」（同『豊臣政権の対外侵略と太閤検地』校倉書房、一九九六年。初出一九九〇年）は、文禄二年八月に前線の島津氏に兵糧を運ぶ「景勝舟」の存在に言及している。「景勝舟」が上杉勢の船の総称として喜兵衛や兼続の船も含まれるか、あるいはそれぞれに独立する船団なのかは不明である。この戦争で景勝は主に兵站を担っていた。

朝鮮出兵は文禄二年には、戦闘と平行して和平交渉が始められ、慶長元年（一五九六）二月、景勝に「都督同知」の授職がなされたが、この任命書である箚付の貼紙から、授職に至る経緯について、須田牧子「原本調査から見る豊臣秀吉の冊封と陪臣への授職」（黒嶋敏・屋良健一郎編『琉球史料学の船出』勉誠出版、二〇一七年）や、大野晃嗣「明朝と豊臣政権交渉の一齣」（『東洋史研究』七八巻二号、二〇一九年）が検討している。景勝の官職は「都督同知」とされるが、そもそも景勝は明朝からの直接の授職対象者とはならず、明らかに明使節の来日後に授職が決定されたことから、須田氏は文禄三年から慶長元年の政治情勢と景勝の地位に関する精査の必要性を説いている。

（8）秀次事件

文禄四年七月、豊臣秀次が関白の職を解かれ、高野山で切腹した。これによって豊臣政権は大きく動揺した。秀吉は七月中旬、諸大名に起請文を提出させ、秀吉の後継者である秀頼への忠誠、そして秀吉の制定した「太閤様御法度御置目」の遵守を誓わせた。また、家康・輝元・小早川隆景らに他大名や政権奉行衆の後見的役割、また家康に「坂東」、輝元・隆景に「坂西」の支配を委ねた。秀次の死とともに、秀吉も重篤な病にあったため、秀吉死後の秀頼を中心とした政権構想が示されたものとされる（藤井讓治「文禄四年「御掟」「御掟追加」」〈『近世初期政治史研究』岩波書店、二〇二二年〉）。

また、これについて家康・輝元・隆景に前田利家・宇喜多秀家・景勝を加えた六名の有力外様大名らが署判した、武家のみならず公家も対象に制定された規範である「御掟」「御掟追加」が八月四日付で発布された。これによってこれら六名は政権中枢構成者、法的主体として位置付けられ（藤井讓治「「公儀」国家の形成」〈『幕藩領主の権力構造』岩波書店、二〇〇二年。初出一九九四年・同「文禄四年「御掟」「御掟追加」」〉。跡部信「秀吉独裁制の権力構造」〈『豊臣政権の権力構造と天皇〈戎光祥研究叢書7〉』戎光祥出版、二〇一六年。初出二〇〇九年〉）、法の制定・執行・政務の統轄を合議で行う形式が整備されたとも評価される（池上裕子『織豊政権と江戸幕府』講談社、二〇〇二年）。そして、これらは前述の起請文とともに有力外様大名が秀吉死後の政権の体制を確固たるものとし、奉行衆や豊臣一族大名の後見的地位を明らかにしたものとされる（藤井「文禄四年「御掟」「御掟追加」」・跡部「秀吉独裁制の権力構造」など）。

ここに景勝は、すでに武家清華家として有力大名としての地位を占める存在であったが、それまでは儀礼的側面に留まっていたものが、政治的側面においても政権中枢を構成する有力大名としての地位を明確にしたといえよう。しかし、秀吉の回復によってこれらの構想は機能しなかったと考えられている（藤井「文禄四年「御掟」「御掟追加」」）。景勝の政権中枢における政治的活動は秀吉の死直前の五大老制の成立まで待たなければならなかった。

なお、これらには景勝が署判しない五名連署のものも存在する。これについて藤井氏は八月三日段階で景勝が伏見にいなかった可能性を指摘する（藤井「文禄四年「御掟」「御掟追加」」）。そして、七月の起請文について景勝は支配を受ける側の諸大名らの起請文に名を連ねているが、御掟・御掟追加への署判によって改めて宿老に位置付け直されたとし、さらに家康との協働による「坂東」支配における役割が設定されたのではないかとも推測されている（中野等「文禄・慶長期の豊臣政権」〈『豊臣政権の対外侵略と太閤検地』、初出一九九四年〉）。前述の須田氏の指摘をふまえると、このような動向をめぐる景勝の政治的位置はまだ検討の余地があるかもしれない。

政権中枢における景勝と家康の位置について、尾下成敏「文禄末・慶長初年の家康と景勝」（『歴史書通信』一九四、二〇一一年）は、伏見城下に諸大名が集住させられた時期の公家や茶人の日記における家康、景勝の記事に着目し、他家への訪問や自邸への来客、茶の湯への参加などは、圧倒的に家康の登場回数が多く、また政治的活動も景勝は対外関係に関わる三件のみだが、家康はこれらに加えて、内政においても活動が確認できることを指摘して、豊臣政権における家康と景勝の政治的地位の差を見出し、秀吉との縁戚関係の有無にその理由を見出している。

(9) 五大老

秀吉の死後、景勝が大老として活動したことは周知のことであり、その権限については、堀越祐一「知行充行状にみる豊臣「五大老」の性格」（同『豊臣政権の権力構造』吉川弘文館、二〇一六年。初出二〇一〇年）などが指摘し、谷徹也「秀吉死後の政権運営」（『豊臣政権の統治構造』、初出二〇一四年）で、朝鮮撤兵に関わる大名間相論や知行宛行の処理の構造が明らかにされており、景勝在京時の大老としての活動が分かる。

慶長四年閏三月、前田利家の死を契機に、いわゆる石田三成襲撃事件が起きるが、その解決を三成が輝元・景勝に一任し、家康との間で処理されたことが明らかにされている。これについて光成準治「豊臣秀吉の死と石田三成失脚」（同『関ヶ原前夜』ＫＡＤＯＫＡＷＡ、二〇一八年。初出二〇〇九年）、跡部信「秀吉独裁制の権力構造」、水野伍貴「前田利家の死と石田三成の失脚」（同『秀吉死後の権力闘争と関ヶ原前夜』日本史史料研究会、二〇一六年。初出二〇一三年）は、いずれも家康派と反家康派の対立構図の中で景勝を後者に位置付けている。

これは家康と輝元・景勝との協議によって処理されるが、跡部氏や水野氏は大老制による処理が図られたという視点を提示している。また、跡部氏は、家康の動向を一程度規定する輝元と景勝の実力を見出している。五大老の中で家康は景勝らより上位に位置付けられていたが、この段階で突出した実力ではなかったといえよう。政争の処理という非常事態の中で、中央政界における景勝の政治的実力が浮かび上がる事例であると考える。

なお、この一連の動向を明らかにする『山口県史　史料編　中世3』所収「厚狭毛利家文書」三〇・四三〜四七号六点の年代比定について、白峰旬「慶長四年閏三月の反石田三成訴訟騒動に関連する毛利輝元書状（「厚狭毛利家文書」）の解釈について」（『別府大学大学院紀要』二一、二〇一九年）は、三〇・四三・四五・四六号の四点は慶長五年六月、すなわち家康と景勝との上洛をめぐる交渉に関するものという見解を示しているが、水野伍貴「徳川・前田の和解と石田三成の失脚」（渡邊大門編『日本中近世の権力と社会』歴史と文化の研究所、二〇二〇年）が、三成や寺西正成の政治的位置を根拠に指摘するように、いずれも慶長四年閏三月の三成事件関連史料とみてよいと思われる。

（10）派閥

朝尾直弘「豊臣政権論」（『岩波講座日本歴史』九、一九六七年）は、豊臣政権内に集権派と分権派の派閥があったことを指摘し、前者の中心に石田三成・増田長盛がいて、そこに景勝や佐竹義宣らが位置付けられている。領国支配の強化を豊臣政権に委ねる大名のグループとされる。しかし、常に派閥の論理で諸大名が規定されていたわけではなかったし、浅野長吉の位置付けには異論も呈されている（戸谷穂高「天正・文禄期の豊臣政権における浅野長吉」〈『東国の政治秩序と豊臣政権』、初出二〇〇六年〉）。景勝の位置付けは概ね首肯できるが、天正十七年の伊達政宗の会津侵攻に際しては、三成らの意向に必ずしも沿わない活動もみられるように思われ、その規定性や中央と地方の関係で留意すべき点があるようにも思われる。なお、谷徹也「豊臣政権論」（『豊臣政権の統治構造』）が派閥の問題に言及するが、本論には活かせなかった。

豊臣政権の権力構造、その実態を考えるに、景勝の動向が重要な意味を持っていたことが改めて認識される。

三、景勝の領国支配

上杉謙信の最終的な勢力圏は、越後・越中・能登・加賀北半・信濃飯沼領・上野沼田領に及び、景勝はそれを継承した。しかし、甲越同盟によって飯沼領および越後根知城などが、武田領となったことはすでに述べた。また上野も北条氏の力が及び、加賀・能登・越中は織田信長勢に侵食された。天正九年（一五八一）五月には新発田重家が下越に反旗を掲げ、領国支配は大きく動揺し、景勝が天正十年六月には滅亡寸前まで追い込まれたことは周知のことである。

しかし、本能寺の変によって窮地を脱した景勝は、秀吉と結んで最終的に越後・北信濃・佐渡・出羽庄内に領国を拡大した。この領国支配については、藤木久志「上杉氏家臣団の編成」および「上杉氏知行制の構造」（同『戦国大名の権力構造』吉川弘文館、一九八七年。初出一九六三・一九六〇年）において、城将の配置や知行地設定の特徴などから、地域による偏差があることが指摘されている。また、景勝譜代の五十騎衆を中心とした城将への登用、知行宛行などによって支配浸透が図られ、上中越地域は反景勝派の排除に至った御館の乱が画期となり、下越では新発田重家の乱や本庄繁長改易など契機に、全面的には至らなかったが、その旧領への支配強化が図られたとする。

以上の藤木氏の研究は、上杉氏の領国支配研究に大きな影響を与えてきた。以下、景勝の越後時代の領国支配について地域ごとにみていく。また、領国化しなかったが、初期の越中支配もみていきたい。

(1) 上越

上越地域の支配の検討には「頸城郡絵図」が活用されている。これは春日山を含む越後頸城郡を三分割したうちの東部の絵図で、天正十九年、秀吉が諸大名に郡単位の御前帳と絵図の提出を命じたことを契機に、景勝の命令で制作されたと考えられている。現在、後述する越後最北の瀬波郡の絵図と二鋪が伝来する。文禄四年検地の結果を表し、町村や交通路、田畠、そして城館など、多様な情報が文字情報とともに描き込まれている。

藤木氏もこの給人記載を基に上杉氏の直接基盤となるこの地域に対する最も強力な支配浸透を見出した。これに対して市村清貴「「慶長二年越後国頸城郡絵図」の分析」（『地方史新潟』二二、一九八六年）は、同じく給人配置や料所分布から、春日山に近い地域や、直江兼続の実父樋口兼豊が城将を務めた番城直峰城周辺地域における上杉氏支配の強い浸透を指摘する。しかし、米山山麓を本拠とした国衆柿崎氏は、知行地の存在する六十ヶ村のうち単独で知行する町村が二十一ヶ所に及び、またその勢力圏に設定された上杉氏直轄領は代官の設置されていない町村が多いことから、柿崎氏の強固な支配力を指摘し、上杉氏権力による柿崎氏への圧迫という藤木氏の評価に疑問を投げかけた。氏は、さらに石高でも六十ヶ村のうち八〇％を柿崎領が占めていることから、柿崎氏の支配力の強さを確認している

（「『越後国郡絵図』「頸城郡絵図」における柿崎領」〈『新潟県立歴史博物館研究紀要』五、二〇〇四年〉）。

福原圭一「『越後国郡絵図』にみる交通体系と「町」」（五味文彦・小野正敏・中世都市研究会編『開発と災害』新人物往来社、二〇〇八年）は、絵図中に太く描かれた道路について、その路線上には関所や景勝の休息所などが設けられていることから、上杉氏の強力な管理下に置かれた幹線道路、軍事の道と位置付けて頸城郡における交通網の整備を見出している。

(2) 中越

中越地域では、御館の乱の没収地の景勝直臣への宛行などのほか、直江氏など有力国衆の家に景勝直臣を積極的に養子として送り込むことでの支配浸透が図られたことを藤木氏は指摘する。ここでは小国氏に関する論考を挙げる。

矢田俊文「中世越後の小国氏」（米沢市上杉博物館特別展図録『上杉家家臣団』二〇一〇年。本書第2部Ⅱ）は、小国氏の拠点石瀬が信濃川河口域に存在した蒲原津や沼垂津、新潟津と水上・陸上両交通で繋がる要衝であり、天正九年に景勝に反した新発田重家にこれら三ヶ津を掌握されたことから、当主の家中統制に不安のあった小国氏に直江兼続の弟実頼を入嗣させ、家中と要衝石瀬を強力に掌握して重家に備えさせたことを説く。また、同地域の麓を拠点とした山岸氏の庶家にも直臣深沢尚重の二男を入嗣させ、同様に景勝方に強力に編成する策を景勝は採ったとし、このような入嗣による国衆掌握政策を謙信の継承であると指摘する。そして、御館の乱で奪取した三条城主を直臣甘粕長重とすることで両氏を制御することを企図したことも示している。

また、この小国氏への実頼の入嗣と、兄兼続が直江氏を継いで与板城主となったことについて、長谷川伸「小国氏と大国実頼」（『小国文化』五六、二〇〇九年）は、三島郡から古志郡・蒲原郡、さらには岩船郡を視野に入れた地域支配の拠点整備の一環と評価する。養子政策の内実にふみこんだ検討が行われている。

（3）下越

下越は、上杉氏の拠点府中から地理的に遠く、鎌倉時代の地頭職以来の在地支配に裏付けられた「揚北衆」と呼ばれる独立性の高い領主が盤踞する地域であった。その掌握は南北朝期以来、府中権力の課題であった。

景勝初期は、下越南部を拠点とした新発田氏や千坂氏、竹俣氏らが政権中枢を担い、中部奥山庄の中条氏も景勝の側にあり、揚北衆の掌握は一程度進展していた。しかし、北部小泉庄を拠点とした本庄繁長は、永禄十一年（一五六八）に謙信に反乱を起こして隠退に追い込まれたが、下越のみならず、出羽にも及ぶ実力は変わることがなく、強い独立性を保持していた。また御館の乱では実子顕長が景虎方に就いたが、繁長は景勝に就くことになった。そして、景勝は繁長の家臣団への復帰を課題としていたと考えられる。

このような中で新発田重家の乱が起こる。乱の原因として御館の乱における恩賞への不満がいわれるが、片桐昭彦「上杉景勝の権力確立と印判状」（同『戦国期発給文書の研究』高志書院、二〇〇五年。初出二〇〇〇年）は、重家が景勝政権中枢から排除される過程をその理由として指摘する。また、阿部哲人「謙信の揚北衆支配」（福原圭一・前嶋敏編『上杉謙信』高志書院、二〇一七年）は、乱の背景に下越地域の領主間対立を指摘した。

阿部哲人「上杉景勝の揚北衆掌握と直江兼続」（『新潟史学』六二、二〇一〇年。本書第2部Ⅲ）は、この乱への軍事動員の態勢から繁長を中心とした下越北部の領主間秩序を見出し、平定後の天正十六年、繁長の傘下にあった色部長真を景勝の清華成に伴って、その従者として諸大夫成させることで、繁長の地位を相対化し、下越支配の基軸に据えたと指摘した。景勝が豊臣政権の領主編成の秩序を活用して従前の地域の秩序を脱し、揚北衆支配の強化を図ったことを明らかにし、土地の掌握とは異なる支配構造の一端を示した。

天正十九年、秀吉によって繁長が改易され、景勝は重臣大国実頼に繁長旧領を与え、春日元忠がその代官として拠点村上城を預かった。池享「「慶長二年越後国瀬波郡絵図」の基礎的検討」（同『戦国期の地域社会と権力』吉川弘文館、二〇一〇年。初出一九九八年）は、「瀬波郡絵図」の読み込みを通じて、繁長改易後の上杉氏による瀬波郡支配を考察する。瀬波郡は本庄氏や色部氏、鮎川氏らの拠点が存在していた。町村ごとに記された、文禄三年の定納高を示す「本納」と文禄四年検地によって定められた「縄ノ高」の数値をもとに、それぞれの町村の領主権力による掌握の度合いや主産業を探り、その具体的様相を示して、景勝による租税賦課政策に言及する。また、「町」と「村」の表記、集落の描写の相違などから流通構造の再編による支配強化の意図などを見出す。

（4）信濃

天正十年三月、信濃は武田勝頼の滅亡によって織田勢によって掌握され、北信濃は森長可が支配した。しかし、同年六月の本能寺の変によって、長可は撤退し、景勝は信濃へと侵攻した。旧武田領国には南から家康、関東から北条氏直が侵攻し、特に信濃は、国衆の思惑も絡んで、三者による抗争の場となった。同年十月の家康と氏直の和睦までの抗争「天正壬午の乱」の経緯、歴史的意義については平山優『天正壬午の乱【増補改訂版】』（戎光祥出版、二〇一五年）に詳述されている。その中で景勝による信濃侵攻の展開と氏直や小笠原貞慶との衝突、高井・水内・埴科・更科四郡の掌握とその支配体制の構築などが述べられている。

藤木氏は、信濃は出身領主の多くが城将に登用され、知行給付についても、村単位で多く給人が設定されることがないことから、景勝支配の浸透が相対的に低いと評価した。これに対して、池上裕子「戦国期北信の武士と上杉氏の支配」（同『日本中近世移行期論』校倉書房、二〇一二年。初出一九九八年）は、国人（国衆）家臣層の上杉氏の直臣化の進展、上杉氏のもとでの戦功を重視した知行給付、また郡司や城主の権限に対する上杉氏権力による制限などから、在地の国衆らを登用するも、景勝権力が強く及んでいたとみる。

逸見大悟「戦国末期にみる秩序の再構築」（『信濃』第五六巻第五号、二〇〇四年。本書第2部Ⅰ）は、城代や郡司の権限などを整理し、その人事の基準について上杉氏にとっての忠節や有用性を重視したとしてきた池上氏に対して、海津城代村上氏が継承していた山浦氏を名乗らなかったことや在地有力者が城主に登用されていることから、当初は支配体制確立の円滑化のために旧規・先例を積極的利用に利用し、後に上杉権力の優位性を高める体制へと転じていったとし、支配の段階性を指摘する。

村石正行「直江兼続と信濃侍」（『信濃』第六〇巻第一〇号、二〇〇八年）は、天正十年の織田勢の侵攻への防衛や、織田勢撤退後の北信諸士の従属に果たした岩井信能・島津忠直らの役割を明らかにしている。また、彼ら、そして須田満親や大身国衆の景勝の領国支配における城主クラスとしての活動や、武器調達や検地などにおける立岩喜兵衛の活動など、北信出身の領主の活躍に兼続との関係をふまえながら言及する。

大木丈夫「豊臣政権と信濃国」（『信濃』第五七巻第一二号、二〇〇五年）は、景勝と小笠原貞慶との安曇・筑摩両郡をめぐる抗争を豊臣政権の対応を軸に考察する。天正十八年段階においても両者の抗争は継続していたことを明らかにする。

（5）佐渡

田中聡「上杉景勝の「佐渡攻め」と本間氏」は、豊臣政権との関係をふまえて景勝の佐渡への関与、その平定過程を論じる。景勝は、はじめ六家に分かれた佐渡本間各氏とフラットな通交関係にあったが、天正十一年に秀吉と提携関係を結び、佐渡との「取次」を求められると、佐渡本間氏間の抗争の仲裁を一方当事者である河原田本間氏支援という形で進めていくこと、天正十四年に秀吉に臣従すると、景勝は佐渡支配を認められ、佐渡本間各氏に臣従を命じ、天正十七年、従わなかった河原田・羽茂本間氏らを討って佐渡を掌握したとする。

(6) 越中

謙信時代に領国化した越中は、御館の乱もあって織田勢の侵出を許し、天正十年六月にはほぼ制圧されるに至ったが、本能寺の変によって反攻に転じ、佐々成政との抗争が展開される。そして、天正十三年に秀吉によって成政の領地が越中新川郡と定められることで、国切(国境画定)がなされ、景勝の越中支配権は失われることとなった。

加賀・越中方面に侵攻してきた織田信長勢との攻防、続く本能寺の変後の越中方面の政治情勢については、高岡徹氏の研究を挙げたい。「戦国期における上杉氏の越中在番体制とその展開」(同『戦国期越中の攻防』岩田書院、二〇一六年。初出二〇〇〇年)は、永禄十二年から天正十三年までの上杉氏による越中の支配体制について考察する。謙信から景勝の時代にわたって在番衆を統括した河田長親および配下、その支配拠点の支城などを明らかにし、天正九年三月の長親死去後、天正十一年三月の佐々成政による越中からの上杉勢の駆逐までの統括者が上条宜順、黒金景信、須田満親と推移したこと、当該期の在番について松倉・魚津両城を中心に人事や職務内容、活動などを明らかにする。

また、越中宮崎城(境城)を奪取した天正十二年十月から、秀吉による国切が行われた翌年八月までの同城の上杉方の越中出身領主や兼続譜代の与板衆の在番を指摘する。城の管理・防衛をはじめ諜報活動や敵方への工作などを担ったこと、越後との通信、越後からの兵站にも言及する。なお、景勝が越中、特に東部新川郡の掌握を目指したのは、祖父長尾為景が新川郡守護代であり、拠点となった松倉城周辺の金山掌握のためであったとする。

同「小出城攻防戦」（『戦国期越中の攻防』、初出二〇〇七年）は、天正九年三月の景勝の小出城攻撃が、白岩川を織田勢との勢力境界線とした複数の城の攻撃を伴う大規模な反転攻勢であり、加賀の一向一揆の蜂起と連動していた可能性があると指摘する。そして、本能寺の変後の景勝による奪回もこの境界線をめぐって行われたことなど、小出城をめぐる景勝と織田勢の攻防を具体的に検討する。

同「戦国末の両越国境における上杉・佐々の攻防」（『富山史壇』一九〇、二〇一九年。本書第2部Ⅳ）では、越後・越中境界付近の勝山城が、天正十一年二月の佐々成政の越後侵攻を契機に建設され、成政に越中を追われた牢人衆を在番させたこと、約三三〇メートルの標高に位置する主郭から見渡せる北陸街道の統制・監視、日本海の海上交通、そして越中国境地域の監視が主たる機能であったと指摘する。そして、秀吉による越中国切によって旧領回復の望みを絶たれた牢人衆が上杉氏へ従属し、上杉氏家臣団として生き延びていったことを明らかにする。

なお、天正十三年八月に越中新川郡が佐々成政に与えられることで、越中方面の境界が両越国境線に定まり、景勝は越中から撤退したとされてきたが、田中宏志「景勝期上杉氏の情報と外交」で、越中境城が天正十三年八月以降も上杉氏の掌握下にあったことが指摘されている。これには高岡氏も前掲著書で言及している。また、竹井英文氏は、天正十四年十月の家康の秀吉への臣従以降、翌十五年六月の前田利家への越中給付までの間に景勝が越中から撤退し、越中方面の国切が達成したと推察する（「「越中国切」をめぐる政治過程」）。前述の信濃における小笠原氏との抗争の継続と併せて、秀吉の裁定の実効性、裁定に対する大名の意識などに一考の余地があるだろうか。

庄内支配については略すが、以上、地域ごとに景勝の領国支配に関する研究をいくつかみてきた。藤木氏の評価を一つの基軸として研究が進められていることが分かる。一方、土地政策のみならず、交通・経済などの状況、豊臣政権を視野に入れた動向など、多様な視点で領国支配の解明も進められているといえよう。

最後に、領国支配全体に関わる研究として、片桐昭彦「十六世紀後半における上杉氏の分国支配体制と黒印状」（研究代表者矢田俊文『平成十六年度～平成十七年度科学研究費補助金（基盤研究(c)(1)）研究成果報告書、室町・戦国・近世初期の上杉氏史料の機能的研究』二〇〇六年）を挙げたい。これは謙信・景勝家中の黒印状から上杉氏の分国支配の志向性を考察する。越中や信濃、出羽庄内、佐渡、そして下越など数郡にわたるような広域的な領域（「クニ」と表現）を管轄した大身の家臣は単独、小身の家臣は連署で黒印状を領域支配に用いたと指摘する。また、その印判に添えて姓や官途を記しても実名は原則として記さないという特徴から、これらの印は個人印ではなく、上杉氏の公印であると位置付ける。そして、朱印状の発給権は当主謙信・景勝のみが持ち、本城（春日山城）からは朱印状、「クニ」からは黒印状を発給する秩序をもった分国支配体制が構築されていたとする。

さらに、天正十七年から直江兼続の黒印使用が確認されることについて、前年の清華成を経た景勝の権威化、別格化を図った朱印状発給の減少に対応した動向という理解を示す。片桐氏自身が述べるように、実態の究明とは異なる次元で支配の志向性を示したという点に留意が必要だが、発給文書を通して支配秩序の考察を進めてきた片桐氏独自の視点での興味深い考察である。

（7）検地

越後における検地の研究は一九五〇年代に遡るが、七〇年代には検地帳の分析が盛んに行われている。複数の検地帳の比較検討を通して、記載される石高の性格、村落の構造、そして近世社会への移行過程などが検討されている。これらの成果も踏まえ、景勝のもとで行われた文禄三年（一五九四）から四年にかけての文禄検地、慶長元年（一五九六）から二年にかけての慶長検地や、佐渡の検地についてまとめた、小村弌「検地」（同『幕藩制成立史の基礎的研究』吉川弘文館、一九八三年）が、その内容や意義などについて通説的位置にあると思われる。

文禄検地は同三年に差出によって『文禄三年定納員数目録』が作成され、これを基準に翌四年に検地が行われている。①上杉氏家臣による検地、②増田長盛配下である豊臣氏奉行による検地、③上杉氏家臣と豊臣氏奉行による合同の検地と、三種の方法が明らかにされている。そして、②③は太閤検地方式であった。これによって定納高の増加や上杉氏直轄領の増加、行政単位の村の成立、北越地域の領主の軍役高を定め、縄高や家数人数までを直接掌握することなどによって、上杉氏の領国体制の強化が進んだと考えられている。

しかし、短期間の実施であり、帳簿上の操作による太閤検地方式への作り直しであったので、正確な地積や収穫高、名請人の確定には至らず、十分な成果を挙げられなかったため、翌年から改めて慶長検地が行われたとされる。これは従前の高である「本」に対して、打出分の「見出し」の記載を中心とした上杉氏方式の検地とされる。これによって得られた打出分をふまえて、知行地の再編が行われ、年貢の増徴・蔵入地の増加などとともに領国支配体制の強化につながったことは、藤木氏も指摘するところである。

これに対して佐藤賢次「慶長二年上杉氏検地の再検討」（『越佐研究』六四、二〇〇七年。本書第2部Ⅴ）は、文禄検地で確定した生産高に基づいて定納高を定めたものと慶長検地を位置付ける。それは秀次事件直後に発布された「御掟追加」に示された三分の二を「地頭」の得分とする規定を適用したとする。また、「本」と「見出し」の関係を定納高を検地高の三分の二に合わせるため、従前の高である「本」に加算すべき分を「見出し」と位置付け、慶長検地を上杉氏の豊臣大名化を推進する政策と理解する。ともあれ、その目的は豊臣政権の役負担に堪えうる体制構築とされる。また、領知高が生産高ではなく、豊臣政権の設定した軍役高であるとの指摘との関係の整理も必要である。

四、景勝家臣団

景勝家臣団の研究は、『文禄三年定納員数目録』を用いた全体的な検討や、個別領主との関係の追及などの領国支配で紹介したような研究もあるが、ここでは景勝政権中枢や政策遂行に関する研究に着目したい。

景勝政権の中枢は、発足当初謙信以来の国衆や側近家臣によって占められていたが、御館の乱を通して彼らは後景に退き、景勝譜代の上田衆が重要な位置に着くようになり、天正十年（一五八二～）代半ばに直江兼続を中心とした体制に移行していった（藤木久志「上杉氏家臣団の編成」）。この兼続執政体制成立の過程が論点の一つとされてきた。

片桐昭彦氏は「上杉景勝の権力確立と印判状」で、奉者を明記して朱印が押される奉書式印判状について、謙信の死去した天正六年から同九年における奉者の変遷や内容を分析して、景勝の権力中枢の確立過程を考察した。当初は謙信時代の奉者を継承し、その中で実力者新発田長敦による新発田氏勢力の強化という事態に至るも、天正七年の長敦死去を契機に翌八年半ばごろまでそれを一掃した。そして、上田衆の個人名を、あるいは単に「奉行中」と記し、花押を据えない形式の奉書式印判状を採用することで文書発給機構を押さえ、さらに同九年には外交における取次や文書受給も近臣に担当させ、景勝がそれらを一元的に掌握する体制を構築したと指摘する。また、奉行中が民政、兼続などの個人名が記されるものは上杉氏に従属した武士や給人を対象としていたこと、それらが兼続に独占されていくことなどを示す。文書様式を権力構造と積極的に結び付けて兼続の執政体制への展開過程を跡付けている。

渡辺勝巳「戦国期越後上杉氏の対外交渉と取次」（『三田中世史研究』二一、二〇一四年。本書第3部Ⅰ）は、謙信・景勝期の上杉氏と会津蘆名氏との外交において、双方の取次に当った家臣を分析し、その特徴と両氏の関係の変遷を論じる。景勝の初期における上杉氏側の取次は、景勝の側近層と一門・有力国人衆の組み合わせで機能したが、天正十年十月以降、兼続の独占へと移行していくと説く。ただし、伊達氏や豊臣政権と外交で兼続の独占的地位は、これよりも遅れるとし、外交権掌握の段階性も示している。外交面から兼続執政体制の形成過程を検討している。

田中聡「河村彦左衛門尉とは何者か」(『日本歴史』八五五、二〇一九年。本書第3部Ⅲ)は、天正十九年六月以降、出羽庄内、越後、そして佐渡において、知行や年貢、検地などの実務に関わった河村彦左衛門尉について、そのルーツを室町幕府政所伊勢氏の被官に見出し、その継承した料所経営、財政の実務能力から上杉氏にスカウトされた可能性を指摘する。井原今朝男氏が検討した立屋(岩)喜兵衛とともに、兼続のもとで時代に対応した政策遂行を担う多様な家臣の姿が示されている。河村のような兼続直臣も景勝権力を担う重要な存在であった。片桐昭彦「上杉景勝の勘気と越後一揆」(谷口央編『関ヶ原合戦の深層』高志書院、二〇一四年)は、このような上杉氏権力を景勝権力と兼続権力の二重構造から成り立っていたと評価する。

藤木久志「豊臣期の文壇」(『新潟県史　通史編2　中世』。本書第3部Ⅱ)は、越後や京都で景勝や兼続が催した連歌会について、京都の著名な文人らと共にするなど、参加した景勝家中の文芸の高い能力を指摘、和歌に長けた木戸元斎・大国実頼、漢詩文に長じた兼続やその配下に触れ、越後の土着文化の深まりを見出す。そして、文芸を通した豊臣政権の実力者たちとの人脈形成について指摘する。文芸の場を景勝や兼続を囲む新しい政治集団とも評する。景勝家臣の文化的側面の研究の重要性は、村石正行「直江兼続と信濃侍」、長谷川伸「小国氏と大国実頼」なども説く。

川崎美穏「連歌師紹巴と戦国武将」(『連歌俳諧研究』一三八、二〇二〇年)は、連歌師里村紹巴が天正十五年に直江兼続に送った、連歌の発句十句と詞書を記した「発句抜書」が、文芸の技術の伝達に留まらず、兼続が必要とした情報を伝達する役割を担ったことや、紹巴を介した人脈の広がりにも言及する。

文芸集団もまた兼続の権力基盤となり、景勝を支えていた。そのネットワークを通じて情報収集などを行っていた。それは三成や長盛らを介したルートとは別の、それと相互補完的な機能を期待されたとも思われる。

五、関ヶ原合戦をめぐる研究

景勝の研究では関ヶ原合戦に関連する論考が比較的多い。時代を大きく転換させた合戦の発端を作ったためであり、全国的な視野のみならず、奥羽情勢からも注目されてきた。ここでは、慶長三年（一五九八）正月の会津移封から敗戦による同六年八月の米沢移封までの諸研究をみていきたい。

まず、この過程全体を整理・検討した論考として、高橋明「会津若松城主上杉景勝の戦い／乾・坤」（『福大史学』八〇・八一、二〇〇九・二〇一〇年）がある。詳細に動向を追うとともに、具体的な事実の指摘や、論点の提示などが行われている。

移封後の領国の支配体制構築の状況について、基本的な動向は伊東多三郎「会津時代上杉氏の領国体制」（『藩制成立史の綜合研究　米沢藩』）に示され、移封によって越後の国衆らの在地との強い結びつきを絶ち、知行給付や税制などによって景勝の家臣団、領国の支配強化を説く。また、領国支配の中心となる新城（後の神指城）建設、支城の整備などが、移封後の慶長三年以来の構想に則って進められていたことを、高橋充「直江兼続と関ヶ原合戦」（矢田俊文編『直江兼続』古志書院、二〇〇九年）が明らかにした。福原圭一「「直江状」と上杉景勝政権のインフラ整備」（藤原良章編『中世人の軌跡を歩く』高志書院、二〇一四年）は、慶長五年四月十四日付で直江兼続が西笑承兌に宛てた、いわゆる直江状の分析から、慶長五年四月までに交通網はほぼ完成していたと主張する。

そして、この新城すなわち神指城は、慶長五年の家康の会津侵攻に備えて建設されたといわれてきた。しかし、本間宏「神指城跡の再検討」（『福島県歴史資料館研究紀要』三一、二〇〇九年。本書第4部Ⅱ）は、その建設過程を整理し、特に慶長五年六月十日に家臣へ家康の迎撃準備を発令する直前に工事が中止されたことに注目し、遺構についての考古学的成果もふまえて、家康に対するためではなく、豊臣政権の五大老の地位にふさわしい規模を持つ領国経営の中心としての城郭であったこと、それに伴う城下町構想などを指摘した。このような領国経営の中心としての神指城の位置付けは、伊藤正一「上杉景勝の神指築城」（『かみくひむし』七六、一九九〇年）なども指摘していた。

しかし、このような領国体制の整備が謀反の疑いを招いた。これは景勝の跡に越後に入部した堀氏が訴えたとされ、移封に際して上杉氏が越後に残すべき年貢半分を徴収して持ち去ったことが背景にあったといわれてきた。しかし、田嶋悠佑「直江兼続は年貢米を持ち去ったのか」（渡邊大門編『日本中近世の権力と社会』歴史と文化の研究所、二〇二〇年）は、これを十八世紀以前の史料に確認できず、同時代史料からも裏付けられないことを指摘し、謀反の提訴の原因とすることに疑義を呈している。そして、両者の対立は中央政権における権力闘争の延長上にあるとみる。

関ヶ原合戦は豊臣政権における矛盾の結果であり、権力闘争の到達点とされる。景勝に対する疑念、そして家康との対立も、現状ではこの視点で捉えられるようなってきている（本間宏「直江兼続と関ヶ原」〈公益財団法人 福島県歴史資料館編『直江兼続と関ヶ原』戎光祥出版、二〇一四年。初出二〇一一年〉。阿部哲人「慶長五年の戦局における上杉景勝」〈『歴史』一一七、二〇一一年。本書第4部Ⅲ〉）。水野伍貴「加賀征討と会津征討の連動性」（『秀吉死後の権力闘争と関ヶ原前夜』）は、景勝と前田利長の連携の噂が上方で流布していたことに着目し、家康による景勝に対する嫌疑に影響を与えたことを指摘する。

そして、家康の主導する豊臣政権は謀反の疑惑を根拠に景勝に上洛を要求した。上洛をめぐる交渉は慶長五年正月には始まっていたとみられ、六月の決裂まで続いた。これについては阿部哲人「合戦に至る東北西軍大名の動向」（太田浩司編『石田三成』）が整理している。この交渉をめぐる研究で重要な指摘として挙げたいのは、まず光成準治「上杉景勝と直江兼続」（『関ヶ原前夜』）で示された、豊臣政権が交渉のために四月十日に派遣した使者に対して、景勝の条件付きながら上洛を承諾したことである。また、二点目として阿部哲人「合戦に至る東北西軍大名の動向」で、この使者が持ち帰る景勝の回答によって出兵を判断すると家康が公言していたことを挙げたい。この使者は景勝に上洛を認めない場合の武力行使を示していた。そして、三点目として白峰旬「「（慶長五年五月二十六日付）浅野長政宛浅野幸長書状写」について」（『史学論叢』四九、二〇一九年）が明らかにした、会津への使者からの回答を受けた後の五月二十三日に再度景勝に厳しい内容ながら上洛を命じたことである。以上から、景勝の武力衝突回避の姿勢や、家康が六月の開戦決意直前まで交渉を維持していたことなどが明らかになり、交渉の具体的状況の解明が進んだ。

景勝に対する出兵は、家康が天下人として全国支配を行うために諸大名に対する軍事指揮権行使の実績を作るためであったと理解されてきた（笠谷和比古『関ヶ原合戦』講談社、二〇〇八年。初出一九九四年）。そして、水野伍貴氏は笠谷氏の指摘をふまえて、家康は慶長五年春に前田利長との問題が解決したころには、景勝に対する出兵を決意していて、回避不能であったとする（「加賀征討と会津征討の連動性」）。家康が景勝の条件を認めず、最後通牒として期限付きの景勝の上洛や兼続妻子の江戸への出頭を要求したことからは、軍事衝突を前提とした家康の態度を看取できるかもしれない。一方で会津に派遣した使者を待つ姿勢や、その上でも交渉を維持する姿勢には景勝の上洛承諾、衝突回避の姿勢に期待を込めた武力衝突に依らない解決を家康が期待していたようにも思われる。家康は和戦両様の構えで交渉に臨んだと考えられる。しかし、いずれにせよ、家康が景勝を服従させようとしていたことに変わりはない。

このような交渉の中で豊臣政権の要人であり、景勝・兼続とも交流のあった西笑承兌が四月一日付で景勝の上洛・

謀反の意思のない旨の起請文提出を求めて兼続に書状を送った。そして、十四日付で疑惑への反論と上洛や起請文提出を拒否する旨を伝えた兼続の返信がある。いわゆる直江状であり、これが家康出兵、関ヶ原合戦のきっかけを作ったとされてきた。周知のように、これには真贋論争があり、贋物であれば言うまでもないが、真正であっても、家康の交渉維持からそのきっかけにはなっていないことが確認できる。なお、ここではその真贋論争には触れない。

さて、六月十日、景勝は本庄繁長以下、五名の重臣に宛てて家康の迎撃準備を命じた。家康は下野からの進行が予想され、その迎撃候補地の一つが白河であった。このために上杉氏は白河に革籠原防塁を築いたとされてきたが、それは後代の軍記にみられるにすぎず、実際の遺跡からも家康の迎撃のためではないことを、本間宏「慶長五年「白河決戦」の誤謬」（『福島史学研究』八九、二〇一一年）は明らかにしている。

また、八月初頭に越後堀氏に対して会津移封に同行しなかった旧臣を主体とした一揆を蜂起させた。片桐昭彦「上杉景勝の勘気と越後一揆」は、この越後一揆の構成と展開を明らかにしている。また、佐藤賢次「慶長五年越後一揆とその周辺」（『三条市史研究』六、一九八一年。本書第4部Ⅰ）は、その目的を北陸勢の動きを封じるためとし、堀氏に与えた影響などを説く。景勝は、相馬氏や溝口氏ら周辺大名とも交渉を行って関係維持を図り、軍事のみならず外交によって家康勢に対抗しようとしていた。

家康は会津の周辺領主による包囲網を敷いて、七月二十一日の上杉領への侵攻を通知していたが、七月中旬、上方で石田三成らが挙兵するに至って、彼らに会津出兵の延期を通達し、西上を決断した。これによって家康と景勝の直接の衝突は回避された。なお、家康の撤退について兼続が景勝に追撃戦を進言するも拒否されたという逸話は、景勝と兼続は別の場所にいて、かつ家康が小山を撤退した翌日八月五日段階でも兼続がその情報を把握していないことからも事実ではない（本間宏「直江兼続と関ヶ原」）。研究の進展によって多くの俗説が正されている。

そして、三成らは景勝に連携を呼びかけてきた。以下、景勝と西軍の関係をめぐる論考をみていこう。八月初頭に上杉氏のもとに西軍の使者が到着し、これに上杉氏は応答しているが、西軍との連携の中で、景勝には西軍としての奥羽領主の統率、そして家康の本拠である関東への出兵が作戦として期待され、景勝も九月の実行を表明していた（本間宏「直江兼続と関ヶ原」。阿部哲人「慶長五年の戦局における上杉景勝」）。

奥羽領主の統率には、七月十七日に長束正家・増田長盛・前田玄以の三奉行の連署状を副えて発給された家康に対する弾劾状「内府違いの条々」が用いられた。これは全国の領主に送付されたが、奥羽に対しては上杉氏が転送している（大島正隆「慶長五年の奥羽諸侯」〈『東北中世史の旅立ち』、初出一九四三年〉）。これに対して南部氏、仙北衆、由利衆らが呼応した旨を八月二十五日付の西軍首脳宛の書状に景勝は認めている。大島氏はこれを文字通りに理解しているが、確実に呼応したことが確認できるのは、仙北衆の一人小野寺義道であった。しかし、秋田実季がこれによって北部出羽の諸将に動揺が走るも協議して徳川方としての立場を確認したと述懐するように、これは奥羽諸将にとって無視しえないことであった。

白峰旬「『歴代古案』収載の「内府ちかひの条々」について」（『別府大学　アジア歴史文化研究所報』二二、二〇二二年）は、近世米沢藩関係者によって作成されたとされる古文書集『歴代古案』所収の「内府違いの条々」を考察している。これは「条々」に始まり、十一ヶ条の条文からなる。また、慶長五年七月付で増田長盛と石田三成が発給者に名を連ね、毛利輝元以下六十二名の西国大名が宛所に列記される。十三ヶ条からなる大阪歴史博物館や福岡市博物館などが所蔵する周知のものとは異質である。白峰氏は、七月十七日付の正式の条々に先行して、上方で家康排除の動きが進行していることをいち早く伝えるべく、送付予定者を記した起草段階のものが景勝に送れらたとみている。

ところで、白峰説はこれが慶長五年以来、上杉家に伝来したことを前提にしているとみられる。『歴代古案』の取材先は上杉家やその家中ばかりではなく、例えば島津家文書から採録したものもある。また、慶長五年の抗争関連文書の原本の伝来は上杉家には皆無といってよい状況である。したがって、この十一ヶ条の条々の書写の取材元となった史料の伝来に留意した議論が必要であると考える。

さて、七月十七日付「内府違いの条々」は最上義光や伊達政宗にも送られ、休戦に至って、上杉氏による西軍への勧誘交渉が始まったとみられる。これに関して、義光が八月十八日付で兼続に宛てて全面降伏を訴えた書状がある。これは米沢藩が編纂し、元禄十六年（一七〇三）に完成した景勝の年譜にのみ記されている。その内容の矛盾や異常なまでの卑屈さ、差出を「山形出羽守義光」とすべきところを「最上出羽守義光」と記す点などから偽文書との見解が示されている（片桐繁雄「慶長出羽合戦」〈花ケ崎盛明監修『直江兼続の新研究』宮帯出版社、二〇〇九年〉）。一方で、意味の変化しない範囲での書写段階での書き換えも年譜には想定できることや、慶長四年に義光が帰国する景勝を山科で見送ったという記述があるが、実際には義光は山形にいたとする偽文書説の根拠に対する疑問から、慎重な検討を要することも指摘されている（伊藤清郎『最上義光』吉川弘文館、二〇一六年。松尾剛次『最上氏三代』ミネルヴァ書房、二〇二一年）。

従来、上杉領は会津周辺地域のほか、出羽庄内・佐渡からなったが、後者は飛び地の状態であったため、領国を一体化し、強力な支配を行うために、その間に存在する最上領を併呑することが最上出兵の目的であると考えられてきた（誉田慶恩『奥羽の驍将・最上義光』人物往来社、一九六七年）。しかし、これには史料的裏付けがない。一方で、交渉によって、政宗・義光の西軍への従属、具体的には景勝の関東出兵への伊達勢・最上勢の動員を目指した。しかし、両者は時間稼ぎの体であり、交渉はまとまらず、埒が明かない場合に義光を攻撃すると、兼続は政宗との交渉を担当していた本庄繁長に九月三日付で書き送っている（本庄家文書）。これによってその目的が景勝が奥羽諸領主を統率し、西軍として関東出兵への動員することにあったとみるべきと考える（本間宏「直江兼続と関ヶ原」、阿部哲人「慶長五年の戦局における上杉景勝」）。以上のような成果から、景勝の動向は中央と連動した豊臣政権の権力闘争の一環に位置付けられたと考える。

また、白峰旬「慶長五年の上杉景勝VS徳川家康・伊達政宗・最上義光攻防戦について」（『史学論叢』四〇、二〇一〇年）は義光や政宗と景勝の戦いに戦国時代の復活を見出している。これに対して、阿部哲人「慶長五年における戦局と上杉景勝」では、諸大名が家康なり、輝元なり、東軍もしくは西軍という上意権力と結び付いて活動していることを重視して、誰の認定も受けずに切取次第で領地が拡大するという状況、独自の判断で実力行使を行う戦国大名の軍事行動とは異質なものとして、戦国時代の復活とはいえないとする見解を示した。領土的野心が、慶長五年の抗争では奥羽諸領主の活動の根底に存在していたことは確かだが、それは大名個々の実力のみで実現できる時代ではもはやなかったと考える。もっとも民衆からみれば、戦国の復活が思い起こされた可能性はあろう。

関ヶ原合戦と連動した奥羽の戦争は、九月中旬から半月に及ぶ上杉氏と最上・伊達両氏との衝突、長谷堂合戦ばかりではなかった。伊達勢は、六月の政宗の帰国以前から上杉領攻撃を開始し、政宗帰国後の七月二十六日には白石城を攻略して陸奥刈田郡を接収し、さらに伊達郡・信夫郡への攻撃を八月中旬まで続け、十月にも福島方面を攻撃している。また、九月には白河方面で境を接する下野那須の伊王野氏との衝突があった（新井敦史「関ヶ原合戦と大関氏」〈『下野国黒羽藩主大関氏と史料保存』随想社、二〇〇七年〉）。さらには越後一揆で再び堀氏を攻撃するも、八月同様に撃退されている。これには溝口氏や村上氏ら下越の大名も参戦していた。そして、奥羽で唯一景勝に呼応した小野寺義道は、義光、秋田実季や由利衆、本堂氏らの攻撃を受け、十月以降、軍事物資も欠乏し、孤立無援の状況に陥った。そこで、上杉氏の援助を期待するも、和睦交渉に傾く上杉氏にその意志はなく、義道は十一月下旬ごろ降伏したと考えられている（金子拓「横手城主小野寺氏の衰亡」〈『横手市史　通史編一古代・中世』〉）。南部領における一揆の蜂起、津軽領での家中の反乱など、北の関ヶ原合戦は、規模の大小はあれど奥羽全域、越後・下野へと広がりを持つものであった（阿部哲人「関ヶ原合戦と奥羽の諸大名」〈高橋充編『東北近世の胎動』吉川弘文館、二〇一六年〉）。奥羽全域、その周辺にも視野が広げられている。

さて、この抗争に関しては景勝と兼続の関係も考察されている。景勝は一貫して会津にあった。一方の兼続は七月下旬には会津を離れて阿子島に入り、八月には二本松、福島を経て会津に戻り、再び福島を経て、九月三日に米沢へ入ったとみられている（高橋明「会津若松城主上杉景勝の戦い／乾・坤」）。八月上旬、兼続が同盟を求めてきた佐竹氏の使者を、自らの判断で用件を聞き、会津まで送らなかった行動に、その主導的地位が見出される（阿部哲人「慶長五年の直江兼続」〈福島県歴史資料館『平成二〇年度地域史研究講習会資料』二〇〇九年〉）。そして、高橋充氏は兼続が複数の戦線にわたる軍備の調整を担当し、景勝との役割を分担していたと説く（「直江兼続と関ヶ原合戦」）。また、片桐昭彦氏は当該期の上杉氏権力を景勝権力と兼続権力の二重構造であるとし、慶長五年の兼続の独裁的権力行使に、上杉氏権力を崩壊させる危険を孕むほどの強大さを見出している（「上杉景勝の勘気と越後一揆」）。高橋充氏や片桐氏を除くと、全体的に兼続の活動に関心が向けられ、景勝の動向を具体的に検討する余地がまだあるように思われるが、両者の関係は、片桐氏の指摘のように景勝の権力構造の解明につながる重要な視点である。

また、情報伝達にも関心が向けられ、景勝のいる会津と上方の西軍との通信をめぐって議論がある。この通信は上田および沼田を領地とする真田氏が仲介を行い、片道の所要時間は約半月と考えられている。今福匡「関ヶ原合戦前後の上杉氏と情報伝達」（『十六世紀史論叢』一、二〇一三年）は、上方の西軍首脳に宛てた八月二十五日付景勝書状が「真田家文書」所収であることを、九月初頭の徳川秀忠の上田攻撃によって真田氏に留められたと指摘し、その後の通信の遮断を説く。これをふまえて兼続の山形撤退の理由とされてきた関ヶ原の敗報は届いていないとし、撤退理由は伊達勢による仙道方面攻撃に備えたものと説く（『「東国の雄」上杉景勝』）。敗報が伝わらなかったことは高橋明「会津若松城主上杉景勝の戦い／乾・坤」も指摘するが、撤退理由は庄内に対する堀氏らの侵攻に求めている。

竹井英文「真田と上杉を結んだ道」（『関ヶ原合戦の深層』）は、戦国期以降の大名間の対立関係の中で、沼田・会津間の街道が奥羽と関東、さらに西とを結ぶ重要路線の一つとして機能し、慶長五年の抗争において上方西軍と会津上杉氏を結ぶ唯一の路線であったことを指摘する。しかし、八月二十一日までの真田信之の東軍への帰参によってこの街道が封鎖されたために、上方と会津の通信が遮断されたと説く。佐藤啓「「関ヶ原」前夜、上杉景勝書状の再検討」（『福島史学研究』九六、二〇一八年）は、前出の八月二十五日付景勝書状の内容と、それまでに上方西軍から景勝の動向に関わって発せられた書状の内容を比較検討し、情報伝達の具体的状況を丁寧に追い、竹井氏の指摘に加えて、八月二十三日の岐阜城陥落による中山道の封鎖による通信の断絶を説く。

さて、十月一日に兼続は山形から撤退し、同十日に会津に帰還すると、江戸からの使者が来訪していた。降伏勧告の使者とみられ、景勝は提案を受け、交渉を開始したとみられる。年末には本庄繁長に交渉のための上洛が命じられ、翌年五月ごろにまとまった。しかし、交渉内容を具体的に知る史料に恵まれない。そのような中で、兼続の娘を景勝の養女とした上で家康の五男信吉を婿入りさせ、上杉氏の名跡と会津一二〇万石の内の一〇〇万石分を継承させる。そして、景勝には隠居分として三郡を与えるという構想があったことを島津氏家臣鎌田政近が書き留めていた（尾下成敏「蒲生氏と徳川政権」〈谷徹也編著『蒲生氏郷〈シリーズ・織豊大名の研究9〉』戎光祥出版、二〇二一年。初出二〇〇九年〉。黒嶋敏「関ヶ原合戦後の奥羽大名と情報」〈『東京大学史料編纂所研究成果報告二〇一五―二　近世初期の大名と情報』東京大学史料編纂所、二〇一六年〉）。しかし、これは実現せず、慶長六年七月に上洛した景勝は、八月二十四日に陸奥伊達・信夫両郡・出羽置賜郡からなる米沢三十万石への減封を言い渡され、豊臣政権の有力大名としての地位も剝奪されたのである。

景勝と関ヶ原合戦をめぐる研究は、その展開を明らかにし、豊臣政権の権力構造との関連付けや、奥羽の抗争としての検討などに視野を広げてきた。尤もその歴史的意義の解明には、それによって戦後にもたらされた変化にもより目を向ける必要があろう。

六、景勝の文書

まず、阿部洋輔「上杉景勝の発給文書」（『上越市史叢書7　上杉家御書集成Ⅱ』二〇〇二年。本書第5部Ⅰ）を挙げたい。氏はすでに『新潟県史』の中世史部会の調査・蒐集に基づいてまとめた「上杉景勝の発給文書について」（石井進編『中世をひろげる』吉川弘文館、一九九一年）を発表していたが、これはその後の『上越市史』編纂の成果をふまえて、それを増補したものである。景勝の発給文書は、生涯を通して約一五〇〇点が確認でき、発給の数量は越後の統一過程に集中することや、判物・書状から印判状へシフトしていく傾向などを明らかにし、後述する山室恭子氏の指摘をふまえて景勝の政治的地位の上昇などを指摘する。また、六種の花押や八種の印判の使い分けにも言及する。さらに課題として景勝の重臣や奉行の発給文書も視野に入れた上杉家総体としての理解の必要性を説く。

戦国大名の発給文書が判物から印判状へ移行していくという現象を指摘し、それを人格的・個人的な権力から非人格的・官僚制的で強力な政権への移行と評価した山室恭子氏は、上杉氏についても同様であり、その特徴として印判状への変化の大部分が景勝時代に集中すること、その理由として御館の乱によって実力で政権を掌握したことを指摘する（『中世のなかに生まれた近世』講談社、二〇一三年。初出一九九一年）。

すでに紹介した「上杉景勝の権力確立と印判状」、「十六世紀後半における上杉氏の分国支配体制と黒印状」などで、印判状を権力掌握や領国支配の展開と結び付けて考察した片桐昭彦氏は、「上杉景勝の感状とその展開」（『戦国期発給文書の研究』）で、景勝の感状を内容によって区分し、天正六年（一五七八）から八年にかけての御館の乱関連の感状は、陪臣も含めた幅広い武士が対象であったため、印判状によって一斉の大量発給、受給者の地位の差に基づく書札礼の相違に対応したと説く。そして、天正十一年の小笠原貞慶との麻績合戦における感状は城主・城将クラスのみが受給対象となることを指摘している。この差を御館の乱時における景勝政権の不安定性を孕んだ形成段階と、その確立後という政権の安定性の相違に見出している。感状発給をめぐる具体的情勢を踏まえた検討で、御館の乱の結果を印判状使用の急激な拡大、すなわち政権基盤の強化と評価する山室説を批判する。

また、片桐昭彦「戦国期の過所・伝馬宿送手形と印判状」（矢田俊文編『戦国期文書論』高志書院、二〇一九年）は、輝虎・景勝期の過所や伝馬宿送手形に用いられた印判状や、その付随文書について考察する。まず、室町幕府の手続き、発給文書を参考にして、それらを受益者が持つ①半永続的な過所と②個別ケースに対応する時限的過所、③使用される印判の関所などへの通知文書に整理し、謙信・景勝期にもこれらに該当する文書が存在することを明らかにする。そして、それらの利用について①に加えて、その都度②を発行するが、②は時限的なものであるため、利用後に回収・廃棄された可能性を指摘する。すると、②は現存以上に大量に発行されたことが窺われ、現状の残存数から統計的に処理をする研究への注意を促す。また、②は当主の表向きの印判とは異なる印判を押した文書であったと考えられている。そして、東国の戦国大名のこれらの印判状が、はじめは一般文書に使用した印判を使用するが、次第に専用の印判へ移行するという相田二郎氏の指摘について、家臣による発給への移行を想定している。

木村康裕「上杉景勝発給文書の分析」(同『戦国期越後上杉氏の研究』岩田書院、二〇一二年)は、景勝発給の所領宛行・郡司不入権付与・制札などが印判状によって発給される体制に完全に移行する時期が異なることから、一律の変化として捉えることを批判する。また、奉書式印判状について片桐氏の示した訴訟としての理解のみならず、その内容からの理解の必要性など、印判状をめぐる諸問題を提起する。また氏は、「上杉景勝の過所」(『戦国期越後上杉氏の研究』)で、天正十四年以降に家臣発給の過所が見られるようになることを指摘し、「戦国大名上杉氏家臣発給の過所・伝馬手形」(『駒沢史学』九四、二〇二〇年)において、その理由を秀吉への臣従や発給に携わった兼続や泉沢久秀の地位の向上などに求め、他国への海上輸送のための新様式の創出であるとする。また久秀が課税免除の過所を、兼続が大途(景勝)の「御用所」の輸送に関わる伝馬手形を発給していることに、財政担当者と執政という立場の相違を見出している。そして、依然存在する景勝発給の過所などとの関係をふまえた位置付けの必要性を説く。

以上のように印判状をめぐる研究によって、景勝権力の形成・確立過程が精緻に跡付けられ、景勝政権の権限分掌や政務機構の解明が進められている。

最後に、景勝書状を読み込むことで、その書状の機能や景勝の性格に踏み込んだ論考として、山田邦明「戦国大名と書状」(『新しい歴史学のために』二六一、二〇〇五年。本書第5部Ⅱ)を挙げる。御館の乱の際、敵対する景虎の実家北条氏の侵攻に対した上田庄の守将深沢刑部少輔宛を中心とした二十一通の景勝の書状を読み込み、細やかな配慮を欠かさない景勝の性格を見出している。また、景虎との対峙で春日山から動けなかった景勝が唯一の情報伝達手段であった書状の機能を最大限に利用していたと評価する。書状は戦国期の歴史の解明に欠かせない史料である。丁寧な読み込みによって、書き手の個性までに踏み込んださまざまな情報を獲得できるという基本を改めて認識させられる。

七、米沢時代

米沢時代の研究として、笠谷和比古「徳川幕府の成立と慶長年間の二重公儀体制」（同『関ヶ原合戦と近世の国制』思文閣出版、二〇〇〇年）は、景勝の豊臣秀頼への伺候を二重公儀体制の論拠とし、当該期の国制に位置付けている。幕府との関係は、本多俊彦「「直江勝吉」に関する一考察」（『直江兼続の新研究』）が、兼続の養子・本多正信次男政重（直江勝吉）を通して言及している。また、米沢の城下町建設に関する論考が比較的多く、青木昭博「米沢の町づくりと殖産興業」（『直江兼続の新研究』）を挙げておく。

これらについては兼続の存在が大きい。しかし、米沢城本丸に作られた謙信廟である「御堂」の着工は景勝が発令しているし、養子縁組も景勝の意向は無視できないであろう。景勝の活動を改めて位置付ける必要があると思われる。

おわりに

以上、論文を掲載した五つのテーマに、御館の乱と米沢時代を加えて、諸研究を概観した。内容の紹介に終始し、およそ研究史整理のレベルには達していないが、若干の課題を挙げてみたい。

既述のように豊臣政権の東国支配における景勝の位置を挙げたい。徳川家康と対比されるが、相互補完的な視点での、さらなる検討が必要ではあるまいか。これによって景勝が政権の有力大名の地位を占める理由も明らかになるだろう。これについては、拙稿ではほとんど触れられなかったが、金山経営などに伴う豊臣政権の財政への貢献といった、政治・軍事的な動向とは別の視点も必要であろう。豊臣政権における景勝の地位は江戸時代以降の上杉家の地位をも規定したと考えられ、その点からもその解明は重要な意味を持つと思われる。

なお、このような家康に対抗的な地位は、信濃における抗争のような現実の利害関係に基づきながら、豊臣政権によって植え付けられていったようにも思われる。派閥の理解とも関連するが、慶長五年の上洛をめぐる交渉や開戦に至る動向などをみるに、その地位は、絶対的とはいえないまでも、強く景勝に意識されたのではなかろうか。

また、家臣団研究において、直江兼続の独裁的ともいえる執政体制が構築されていったことが明らかにされているが、このような家臣団編成から豊臣政権の政策遂行について検討する必要があると思われる。

以上、漠然と感想めいた課題を挙げてみた。ほかにも課題はあるだろうし、そもそも今回取り上げられなかったテーマ、論考も少なくない。景勝をめぐる研究は、これに留まるものではなく、かなりの広がりを持つものといえる。それらへもふまえた景勝像、景勝を通した諸問題の検討もまた今後の大きな課題である。

すでに竹井英文氏が「「越中国切」をめぐる政治過程」において述べるように、景勝を主体に据えた研究、景勝の動向を軸に諸事象の歴史的意義を問う必要がある。それによって多角的な検討が可能になり、歴史像がより豊かになっていくことであろう。

第1部

景勝と豊臣政権

Ⅰ　豊臣政権と上杉氏――秀吉文書の様式の検討から

堀　新

はじめに

豊臣政権と大名との関係は、太閤検地や軍役賦課を中心として検討されてきた。すなわち、太閤検地の施行によって大名は在地支配を強化し、かつ蔵入地の飛躍的増大によって家臣団に対する優位を確立した[1]。そして、太閤検地によって確定した石高を基準として、朝鮮侵略をはじめとする軍役を賦課され、これをつうじて、大名は豊臣政権に編成されていったのである[2]。

このような研究動向に、さらに、秀吉文書の様式の検討という視点を加えることによって、豊臣政権と大名との関係について、新たな展開が切り開かれるのではないだろうか。

書状には書札礼があり、鎌倉時代に作成された「弘安礼節」[3]が、以後の書札礼を大きく規定した。一般的には、戦国期以降、古文書様式の使い分けが薄れ、近世文書はきわめて事務的な味気ないものになったとされる。また、書札礼はそもそも公家の間の故実・儀礼であって、武家、ことに地方戦国大名はこれに疎かったとさえいわれる。確かにそのような面もあろうが、書札礼が書状のやりとりをつうじての、発給者・受給者両者の身分秩序に関わる政治関係の表現[4]である以上、「礼」の秩序の確立をめざした戦国大名[5]が、これにまったく無関心であったとは考えられない。

事実、戦国大名が書札礼を強く意識していた例が知られている[6]。

また、秀吉も明らかに書札礼を意識していた。天正十三年（一五八五）閏八月五日付九条兼孝宛秀吉書状[7]は、実名（秀吉）部分の下に朱印を捺し、袖書部分に「近日目を相煩候条、非直判朱印ニ候、不可有御不審候」とある。つまり秀吉は、目を煩っているために「直判」（＝花押）を書くことができず、かわりに「朱印」を使用したことを袖書部分で断っているのである。判物よりも印判状の方が薄礼であることはいうまでもなく、九条兼孝に対して、秀吉が花押を据えるのが当然であるという認識が双方にあったからこそ、秀吉はこのように断っているのである。

以上のことから、秀吉文書の書札礼を検討することは、有効であると考えられる。秀吉文書に関しては、すでに相田二郎[8]・三鬼清一郎[9]・山室恭子[10]が検討を加えているが、これらは秀吉文書を概観したもので、個別の大名宛文書の変化を追究したものではない。わずかに、「中川家文書」を素材とした藤井讓治の研究[11]があるのみである。そこで小稿では、上杉景勝宛豊臣秀吉文書を素材とし、書札礼の変化を追い、その変化の要因を政治史のなかに位置付けることによって、豊臣政権[12]と上杉氏との関係を考察したい。上杉氏をとりあげる理由は、①本能寺の変直後から秀吉との交渉があり、豊臣政権との関係の変化を追いやすいこと、②景勝が後に五大老となることから、それ以前も豊臣政権の中枢を占める大名であったと思われること、③文書が多数伝来するだけでなく、「上杉家文書」はほぼ当時の形態のまま伝来しており、様式の検討が行ないやすいこと、である[13]。

一、秀吉文書の書札礼

書札礼は、書状のさまざまな部分・用語等にわたって設けられている[14]が、まず具体的に例をあげて検討してみよう。

【史料1】＝表№2[15]

去月　御札殊御太刀一腰・馬一疋・刀一腰光忠守家両作并朱屋天目被懸御意候、誠名物与申、御懇之至、別而可致秘蔵候、随而連々申談筋目、無相違證人被差上候、□□（無御カ）親疎通令満足候、就其御一書大石播摩守（芳綱）口上之趣、逐一得其意候、於存分大播（芳綱）申渡候、尚自是以使者旁可申述候、恐惶謹言、

（天正十一年）七月十一日　秀吉（花押）

上杉弾正少弼（景勝）殿

御報

【史料2】[16]

従其方国本（許）、初鮭二尺、到来、悦思食候、猶長束（正家）大蔵太（大）輔可申候也、

（文禄二年）後九月三日（秀吉朱印）

羽柴越後宰相中将（上杉景勝）とのへ

史料1・2ともに、秀吉から景勝に宛てられた書状である。書状の内容はひとまずおき、書札礼の観点から両者を比較検討してみよう。

まず、書止文言は史料1が「恐惶謹言」、史料2が「～候也」である。武家の書状でよく見受ける書止文言は、「恐惶謹言」「恐々謹言」「謹言」の順に薄礼となる。史料1の場合は、厚礼であるといえよう。これに対して、史料2の「～候也」は、足利将軍の発給した御内書にあらわれ、目上の者が下位の者に宛てた書状に使用される語句であり、

あたかも主君が家臣に対するような用法である。従ってこの書止文言から、史料1にみられる対等の関係から変わって、史料2の段階では、上杉氏が豊臣政権に臣従していることが示されている。

続いて、秀吉の署名部分をみてみよう。史料1には実名の下に花押が据えられ、史料2には実名はなく、秀吉の朱印が捺されているのみである。実名を書く方が書かないよりも厚礼であるのはいうまでもなく、また、印判よりも花押の方が厚礼である。従って、署名についても史料2の方がきわめて薄礼である。

続いて、宛所をみてみよう。史料1は「上杉弾正少弼殿御報」、史料2は「羽柴越後宰相中将とのへ」とある。弾正少弼と中将は、当時の景勝の官職名である。史料1には脇付（「御報」）があり、脇付のない史料2よりも厚礼である。また、宛所の「殿」の文字をくずして書くほど薄礼となるので、史料2の「とのへ」は最も薄礼である。さらに、景勝は「羽柴」姓を秀吉からあたえられ、形式上は秀吉の一族に擬せられ、豊臣政権に包摂されている。従って、宛所についても、史料1よりも史料2の方がきわめて薄礼である。

また、史料1は冒頭の「去月」と「御札」の間に闕字を用い、「御札」（景勝の書状）に対する敬意を示している。この他にも、「御太刀」「御懇」「被差上」「御一書」等、景勝に対する敬語表現が散見される。ところが、史料2では景勝のことを「其方」と見下した呼び方をし、逆に秀吉自身が喜ぶことを「悦思食」と自敬表現をしている。(17)また、宛所の位置の高さについても、史料1よりも史料2の方が景勝を低い位置に記しており、薄礼といえる。このように、さまざまな用語や書式についても、史料1の厚礼と史料2の薄礼は対照的である。

以上、書状に書かれた文字から書札礼を検討したが、文字以外のものにも注目したい。書状は形のあるものであるから、どのような紙を使用し、どのように書状を包装したかによって、受給者の感じ方は大きく異なってくるはずだからである。ここでは、書状の紙質・大きさといった、文字以外の点から検討しよう。(18)

紙質は、史料１は前後の書状から斐紙と考えられ、史料２は檀紙である。斐紙は戦国時代以降、文書の料紙として広く使用されるようになったもので、[19]墨がかすれることもなく、固くて丈夫な、比較的良質の紙である。シボ（皺）のない檀紙は、中世社会における「紙の王者」であり、「公文書の最高の料紙」とされている。[20]史料２の檀紙はシボのあるもののようだが、当時としては「紙の王者」であることは間違いなかろう。檀紙は、もともと天皇・摂政・関白などの発給文書に使用されたもので、分厚くそして大きく、いかにも立派な印象をあたえる。この檀紙を使用することによって、景勝は秀吉のきわめて尊大な態度を印象づけられるであろう。

また、紙の大きさについても、史料２の檀紙は他の紙に比べて大きい（書状の縦の長さは二倍以上）から、秀吉のきわめて尊大な態度を、景勝は印象づけられるであろう。

このように、文字以外の点からも、史料１よりも史料２の方が薄礼であり、秀吉の尊大さを景勝に印象づけることが明らかになった。

それでは、史料１の天正十一年（一五八三）と史料２の文禄二年（一五九三）の一〇年間のあいだに、豊臣政権と上杉氏の関係はどのように変化していたのであろうか。

史料１の天正十一年は、本能寺の変の翌年で、秀吉は織田家臣団の分裂のなかで、自らの覇権確立のために苦心している。秀吉は、柴田勝家・佐々成政の後方を撹乱するために、本願寺に一揆をおこすことを要請し、景勝とも連携している。これに対して、史料２の文禄二年は、すでに全国統一を完成し、さらに朝鮮侵略をも行なっている。上杉氏は、軍役をつうじて豊臣政権に編成されていた。

このような関係の変化が、書札礼のうえでの変化をもたらし、上杉氏の豊臣政権への臣従が明確に示されているのである。秀吉が景勝宛書状の場合でも、書札礼を強く意識していたことが、改めて確認される。

このようにして、景勝宛秀吉書状の書札礼を検討したい。上杉景勝宛秀吉書状のうち、秀吉の全国統一が完成する天正十八年九月までの三五通を表にまとめた。表では、秀吉の書状に関する六つのデータ（①署名、②宛所、③書止文言、④形状、⑤紙質、⑥サイズ）を掲げた。以下、順に検討しよう。

表　上杉景勝宛豊臣秀吉書状

	年月日	署名	宛所	書止文言	形状	紙質	サイズ	出典	刊本	備考
1	(天正11)6.28	秀吉(花押影)	上杉弾正少弼殿　御報	恐惶謹言	切紙	斐紙	165×450	上杉家文書	新潟337	写。秀吉七二八
2	(天正11)7.11	秀吉(花押)	上杉弾正少弼殿　御報	恐惶謹言	切紙	?	?	杉原文書	新潟3476	三鬼12年。秀吉一一四三
3	(天正12)8.18	秀吉(花押)	上杉弾正少弼殿	恐惶謹言	切紙	斐紙	133×476	上田藤一氏所蔵文書	新潟2658	秀吉一一七九
4	(天正13)6.25	秀吉	上杉殿	恐々謹言	(写)	―	―	上杉御年譜	年譜2-407	秀吉一四六九
5	(天正13)9.2	秀吉(花押)	上杉弾正少弼殿	～候也	切紙	斐紙	198×518	今清水文書	新潟4476	秀吉一六一〇
6	(天正14)1.9	(花押)	上杉弾正少弼殿	謹言	切紙	?	?	出雲熊野神社文書	新潟4302	新潟12年。秀吉一八三七
7	(天正14)6.23	(花押影ヵ)	上杉少将とのへ	～候也	折紙	?	320×507	上杉家文書	新潟330	写ヵ。秀吉一九〇一
8	(天正14)8.3	(花押)	上杉少将とのへ	～候也	切紙	斐紙	181×663(450+213)	上杉家文書	新潟332	秀吉一九二〇
9	(天正14)9.6	(花押)	上杉少将とのへ	～候也	切紙	斐紙	182×511	上杉家文書	新潟333	秀吉一九五二
10	(天正14)9.25	(花押)	上杉少将とのへ	～候也	切紙	斐紙	211×520	上杉家文書	新潟334	秀吉一九六五
11	(天正14)10.3	(花押)	上杉少将とのへ	～候也	切紙	斐紙	210×521	庄司哲子氏所蔵文書	新潟3310	秀吉一九七〇

12	（天正14）11.4	（花押影ヵ）	上杉少将とのへ	～候也	切紙	斐紙	209×913（423+185+305）	上杉家文書	新潟331	写ヵ、袖裁落。秀吉二〇〇九
13	（天正14）11.4	（花押）	上杉少将とのへ	～候也	切紙	斐紙	209×915（523+392）	上杉家文書	新潟336	秀吉二〇一〇
14	（天正15）1.4	（朱印）	上杉少将とのへ	～候也	折紙	檀紙	352×481	上杉家文書	新潟328	秀吉二〇七七
15	（天正15）2.24	（花押）	上杉少将とのへ	～候也	切紙	斐紙	201×523	上杉家文書	新潟335	奥裁断。秀吉二一〇四
16	（天正15）11.18	（花押）	上杉少将殿	～候也	切紙	檀紙	234×656	上杉家文書	新潟329	モト折紙ヵ。秀吉二三八六
17	（天正15）11.22	（花押）	上杉少将とのへ	～候也	折紙	檀紙	470×669	上杉家文書	新潟324	秀吉二三八七
18	天正16.6.15	（花押）	越後宰相とのへ	状如件	折紙	檀紙	469×672	上杉家文書	新潟325	在京賄料宛行。秀吉二五二五
19	（天正17）7.4	御判	羽柴越後宰相殿	～候也	（写）	—	—	佐竹文書	福県7-880	秀吉二六七六
20	（天正17）7.16	秀吉	羽柴越後宰相中将殿	～候也	（写）	—	—	歴代古案9	年譜2-496	秀吉二六八〇
21	（天正17）9.28	（花押）	羽柴越後宰相とのへ	～候也	切紙	檀紙	224×1022（509+400+113）	上杉家文書	新潟327	モト折紙ヵ、大古19年。秀吉二七一四
22	（天正17）12.9	（花押）	羽柴越後宰相中将殿	～候也	—	檀紙	213×515（464+51）	須田文書	新潟4560	前欠、四囲裁断秀吉二六三七（16年）
23	（天正18）4.1	（朱印）	羽柴越後宰相中将殿	～候也	折紙	?	?	島垣文書	新潟2773	秀吉三〇〇六
24	（天正18）4.2	（花押）	羽柴越後宰相中将とのへ、羽柴加賀中将とのへ	穴賢	切紙	奉書	274×1265（628+640）	明治大学刑事博物館所蔵文書	刑事博物館年報Ⅱ	モト折紙ヵ。秀吉三〇一一
25	（天正18）4.16	（花押影）	羽柴越後宰相中将とのへ、羽柴加賀宰相とのへ	～可申也	（写）	—	—	玉証鑑3		秀吉三〇三一

26	(天正18)4.27	(朱印)	羽柴越後宰相中将とのへ	～候也	折紙	檀紙	465×660	上杉家文書	新潟308	秀吉三〇四一
27	(天正18)4.27	(朱印)	羽柴越後宰相中将とのへ	～候也	折紙	檀紙	461×655	上杉家文書	新潟316	秀吉三〇四〇
28	(天正18)5.13	(朱印)	羽柴越後宰相中将とのへ	～候也	折紙	檀紙	464×661	上杉家文書	新潟322	秀吉三一〇七
29	(天正18)6.23	(朱印)	羽柴越後宰相中将とのへ	～候也	折紙	檀紙	467×671	上杉家文書	新潟318	秀吉三一七五
30	(天正18)6.29	(朱印)	羽柴越後宰相中将とのへ	～候也	折紙	檀紙	472×666	上杉家文書	新潟319	秀吉三一七七
31	(天正18)6.29	(朱印)	羽柴越後宰相中将とのへ	～候也	折紙	檀紙	466×670	上杉家文書	新潟320	秀吉三一七八
32	(天正18)7.4	秀吉	羽柴越後宰相中将とのへ、羽柴越中侍従とのへ	～候也	(写)	―	―	歴代古案9	年譜3-32	秀吉三一九〇
33	(天正18)7.6	(朱印)	羽柴越後宰相中将とのへ、羽柴越中侍従とのへ、木村常陸介とのへ、山崎志广守とのへ	～候也	折紙	檀紙	464×660	上杉家文書	新潟314	秀吉三一九七
34	(天正18)8.1	(朱印)	羽柴越後宰相とのへ	～候也	切紙	？	231×522	上杉家文書	新潟914	モト折紙カ。秀吉三三六八
補	(天正18)9.7	(朱印)	羽柴越後宰相中将とのへ	～候也	折紙	檀紙	463×660	上杉家文書	新潟315	新潟19年。秀吉三四四二
35	(天正18)9.18	(朱印)	羽柴越後宰相中将とのへ	～候也	折紙	檀紙	461×650	上杉家文書	新潟306	秀吉三四五四

註1．サイズは縦×横、単位は㎜。
2．刊本の「新潟337」は、『新潟県史』資料編中世の337号文書、「年譜2-407」は『上杉御年譜』第2巻407頁、「福県7-880」は『福島県史』第7巻880頁、「刑事博物館年報Ⅱ」は『明治大学刑事博物館年報』Ⅱ、を示す。
3．備考の「三鬼12年」「新潟12年」「大古19年」は、それぞれ三鬼清一郎編『豊臣秀吉文書目録』『新潟県史』『大日本古文書　上杉家文書』の年次比定が天正12年または天正19年であることを示す。
4．備考の「秀吉七二八」は、名古屋市博物館編『豊臣秀吉文書集』(吉川弘文館)所収七二八号文書を示す。

二、秀吉書状の書札礼の変化

１、署名

署名は、実名＋花押から、花押のみへ、さらに朱印のみへと二度の変化をみる。

最初の変化（実名＋花押→花押のみ、以下署名①）の時期は、天正十三年九月二日から翌年一月九日迄の間である。ここでは、天正十三年九月三日（№５の翌日）に、秀吉がはじめて「唐入り」を公表していること[21]を重視したい。同年七月に、秀吉は関白に任官し、四国と北陸も平定している。また、この頃から、近世城下町の発展が急速に進められていく[22]。こうした豊臣政権の確立を背景として、「唐入り」が公表され、景勝宛書状の署名の薄礼化がなされたのであろう。

第二の変化（花押のみ→朱印のみ、以下署名②）の時期は、天正十七年十二月九日から翌年四月一日迄の間である[23]。この時期は、後北条氏の討伐がはじまり、いよいよ秀吉による全国統一が完成しようとする時期で、秀吉が「天下人」になるなかでの、書状の薄礼化といえるであろう。

以上、署名部分の変化について検討した。その結果、変化の原因と思われるものは、豊臣政権と上杉氏の関係の変化というよりも、秀吉の地位の向上を反映した薄礼化・尊大化といえそうである。

２、宛所

宛所は、「上杉弾正少弼殿御報」から「上杉弾正少弼殿」、「上杉少将とのへ」、「羽柴越後宰相中将とのへ」へと変化する。もっとも、景勝の家臣宛の書状もあるから、実質的には四度の変化があることになる。

宛所の最初の変化（家臣宛→景勝本人宛、以下宛所①）は、天正十一年四月二十九日から同年六月二十八日までの間である。家臣（直江兼続・狩野秀治）に宛てた書状は、「景勝可被申入事専一候」[24]とあり、直江・狩野から秀吉書状の内容を景勝に披露することを要請している。書札礼のうえでは、身分などの差が大きい場合は、直接本人に宛てるのではなく、その家臣に宛てることになっている。天正十一年当時、秀吉と景勝の身分差が相当大きいとは思えないが、景勝に対する敬意表現の一つとして、家臣宛としたのであろう[25]。この変化の時期には、秀吉が柴田勝家を滅ぼして、織田家臣団の最有力者の地位を確立した時期にあたる。

宛所の第二の変化（「上杉弾正少弼殿御報」→「上杉弾正少弼殿」、以下宛所②）は、天正十一年七月一日から翌年八月十八日までの間である。この変化は、要するに、脇付が省略されたことにある。この時期、秀吉は景勝に人質の提出を要求しており、この秀吉の高圧的な要求を反映して、書札礼のうえでも薄礼化が進んだことがわかる。

宛所の第三の変化（「上杉弾正少弼殿」→「上杉少将とのへ」、以下宛所③）は、天正十四年一月九日から同年六月二十三日迄の間である[26]。この変化には、六月十九日に景勝が上洛・臣従したことが画期となろう。このとき景勝は秀吉の推挙によって正四位上・左近衛権少将に任官する。上杉氏の豊臣政権への臣従が決定的になったことから、「殿」から「とのへ」へ、家臣宛に準じた宛所へと変化したのである。

宛所の第四の変化（「上杉少将とのへ」→「羽柴越後宰相中将とのへ」、以下宛所④）は、天正十六年六月十五日から翌年七月四日迄の間であるが、これは景勝の官位が少将から中将へと昇進したことと、豊臣政権から羽柴姓を下されたことによる変化である。景勝が羽柴姓を名乗ることは、上杉氏が豊臣政権に完全に包摂されたことを意味しよう。

以上、宛所の変化について検討した。宛所については、署名とは若干異なり、上杉氏の豊臣政権への臣従が明確になるにつれて、書札礼のうえでも薄礼となったのである。

３、書止文言

書止文言は「恐惶謹言」から「恐々謹言」、「謹言」、「〜候也」「状如件」へ変化する。

書止文言の最初の変化（「恐惶謹言」→「恐々謹言」、以下書止①）の時期は、天正十二年八月十八日から翌年六月二十五日迄の間である。この時期、秀吉は小牧・長久手の戦いを終結させて織田信雄・徳川家康と和睦し、織田家臣団を統合することに成功した。こうした動きのなかで、秀吉は従三位・権大納言、さらに従二位・内大臣に任官する。そして「叡慮」を背景として、四国出兵がまさにはじまろうとする時期であった。そういう意味で、秀吉の地位が確立した時期である。

書止文言の第二の変化（「恐々謹言」→「謹言」、以下書止②）の時期は、天正十三年六月二十五日から翌年一月九日迄の間である(27)。この変化の時期は、署名①とほぼ同じである。従一位・関白に任官し、「唐入り」を公表する等、豊臣政権の確立が急速に進むなかで、書止文言の薄礼化が進められたのである。

書止文言の第三の変化（「謹言」→「〜候也」「状如件」、以下書止③）の時期は、天正十四年一月九日から同年六月二十三日迄の間である。「〜候也」「状如件」は、もともと下文に使用される書止文言で、書状に使用されるものではない。しかし、室町時代には足利将軍の御内書に使用されており(28)、秀吉はこの様式を継承したのである。これらの書止文言は下達文書であることを示し、書状に使用されるもの（「恐惶謹言」「恐々謹言」「謹言」）より、はるかに相手（景勝）を見下したもので、きわめて薄礼である。

この変化の時期は、宛所③と同じである。すなわち、景勝の上洛により、上杉氏の豊臣政権への臣従が明確になった時期である。足利将軍の御内書や下文に使用された書文言（「～候也」「状如件」）の使用は、上杉氏の豊臣政権への臣従を、書札礼のうえで具現化したものといえよう。秀吉は天正十三年七月の関白任官以降、このような「御内書」様式の文書を多用している[29]。しかし、景勝宛書状の場合は、関白任官を契機とするのではなく、景勝の上洛・臣従を契機として「御内書」様式をとることに留意しておきたい。

以上、書止文言について検討した。秀吉の地位の上昇・豊臣政権の確立が進むなかで、書止文言の薄礼化が進んでいくが、「～候也」「状如件」という主従関係をあらわす書止文言は、景勝の上洛により、上杉氏の豊臣政権への臣従が明確になることによって、はじめて使用されたのである。

4、形状

形状は、切紙から折紙へと変化する。折紙とは、本来は略式のもので、公文書には使用されないものである。このち、折紙は刀の鑑定や免状等に使用されるようになり、織田・豊臣権力の創出した形式が、近世社会に継承されたのである[30]。

この変化だけでは、薄礼化といえないが、折紙の使用は次に検討する檀紙の使用と密接に関連しており、あわせて検討したい。

5、紙質

紙質は、斐紙から檀紙へと変化する。前述したように、檀紙は中世社会における「紙の王者」であり、「公文書の最高の料紙」である。檀紙は、もともと天皇・摂政・関白などの発給文書に使用されたもので、秀吉の尊大化を示すものといえよう。後に、徳川将軍も領知安堵の判物・朱印状に檀紙を使用する[31]。

斐紙から檀紙への変化の時期は、天正十五年二月二十四日から同年十一月二十二日迄の間で、切紙から折紙への変化の時期と一致している。この時期は、五月に九州を平定し、十二月には「関東・奥惣無事令」を発令する[32]。これらは、いずれも秀吉が事実上の「天下人」として、九州や関東・東北に私戦停止と所領紛争の豊臣政権への委任を命じたものである。従って、斐紙から檀紙への変化は、このような秀吉の地位の上昇に応じた、書札礼のうえでの秀吉の尊大化を示すものといえよう。

６、サイズ

サイズは、縦約20㎝×横約50㎝から縦約47㎝×横約66㎝へと変化する。景勝が書状を手にして、サイズが小さいよりも大きい方が、秀吉に対する畏敬の念をもつであろうことはいうまでもない。その大きさに圧倒されることもあろう。これも秀吉の尊大化を表すものといえよう。

この変化の時期は、天正十五年二月二十四日から同年十一月二十二日迄の間で、形状・紙質の変化の時期と同じである。つまり秀吉は、檀紙を利用することによって、書状のサイズも大きくなり、その大きな檀紙を半分に折って使用したのである。この時期は、秀吉が事実上の「天下人」としての地位を固めたときで、こうした地位の上昇を背景とした、秀吉の尊大化である。

７、その他（闕字・自敬表現など）

書札礼のなかで敬意を表すものとして、前述した闕字の他に、平出・擡頭等がある。これらのうち、景勝宛書状で使用されているのが闕字である。しかし、闕字の用例は史料1のみであって、それ以降、秀吉は景勝に対して闕字を使用していない。闕字使用消滅の時期は、宛所②に重なる。秀吉は景勝に人質の提出を要求するなかで、景勝に対する敬意の表現を薄くしていったのである。

この他に注目されるのは、秀吉の自敬表現である。自敬表現とは、発給者（話者）が自分自身に対して敬意を示す用法で、天皇や将軍の書状に見られるものである。秀吉もこの自敬表現を使用するようになるが、他者に較べて、秀吉の場合は、自敬表現を用いる割合がきわめて高い(33)。

秀吉が景勝宛書状のなかで自敬表現をはじめて用いるのは天正十四年八月三日（表No.8）からで、「思召」「被仰出」「悦思食」の三箇所に自敬表現が見られる。同年六月二十三日（表No.7）には「申付」等とあって自敬表現は見られない。従って、この約一ヶ月程の間に、景勝宛書状において、自敬表現が使用されるようになってきたのである。この時期は、景勝が上洛して帰国するまでの期間である。自敬表現の使用開始にも、景勝の上洛臣従が大きく影響しているようである。以後、秀吉の自敬表現は、次第に多くなり、秀吉の言動のほとんどに自敬表現が見られるようになる。

また、秀吉の花押は徐々に拡大化するが(34)、景勝宛に関する限り、大きな変化はないようである。既に花押の拡大化は完了したということであろう。

宛所の位置の変化は、影写本と写真帖によれば、天正十一年七月（表No.2）と天正十四年一月（表No.6）の間に変化が見られる(35)。前者は日付（七月十一日）の「七」の高さに、宛所（上杉弾正少弼殿報）の「上」があるのに対して、後者は日付（一月九日）の「九」の高さに、宛所（上杉弾正少弼殿）の「上」がある。すなわち、No.6では宛所の景勝の名をより低い位置に記しており、薄礼化したといえる。この変化の時期をさらに絞り込む余地は残されているが、

№２以後に宛所の高さが変化したと考えられる(36)。そうすると、この変化は宛所②と同時期で、脇付の省略と宛所の位置の低下が連動して行なわれたのである。これは、景勝に人質の提出を要求した、秀吉優位の状況を反映した書札礼の変化といえる。

以上、闕字・自敬表現・花押・宛所の位置について検討した。闕字の消滅・宛所の位置の低下には、人質提出要求にみられるような、秀吉優位の状況があり、自敬表現の使用開始には、景勝の上洛・臣従が大きく影響していることを確認しておきたい。

８、小括

１〜７で検討した、書札礼のうえでの薄礼化・尊大化についてまとめておこう。

薄礼化・尊大化は、一時に成立したものではなく、何年もの年月をかけて、徐々に進められたものである。しかし、そのなかでも大きな画期があると思われる。

まず、第一の画期は、天正十三年九月二日〜翌年一月九日（署名①・書止②）である。この時期は、秀吉が従一位・関白に任官し、公式に「唐入り」を宣言する等、豊臣政権の確立が急速に進められた時期であった。

第二の画期は、天正十四年一月〜同年六月（宛所③・書止③・自敬表現）である。この時期は、景勝の上洛により、上杉氏の豊臣政権への臣従が確定した時期であった。

第三の画期は、天正十五年二月〜同年十一月（形状・紙質・サイズの変化）である。この時期、秀吉は九州を平定し、「関東・奥惣無事令」を発令する。秀吉は事実上の「天下人」として、九州や関東・東北に私戦停止と所領紛争の豊臣政権への委任を命じている。

第四の画期は、天正十七年十二月～翌年四月（署名②）である。この時期は、後北条氏の討伐がはじまり、いよいよ秀吉による全国統一が完成しようとする時期である。

こうしてみると、秀吉書状の薄礼化・尊大化は、上杉氏との関係の変化よりも、秀吉自身の地位の向上に大きく影響されているようにも思える。この場合の地位とは、律令官職のことではなく、秀吉の武家の間での地位、事実上の「天下人」の地位のことである。

これに対して、中川氏宛(37)や立花氏宛(38)書状の場合は、秀吉自身の官位昇進が、書札礼のうえでの薄礼化・尊大化に大きく反映しているようである。詳しい検討は他の機会に譲るが、〔補註1〕書状の薄礼化・尊大化の時期が、それぞれに異なる。立花氏の場合は、豊臣政権との接触が比較的遅いせいか、一挙に薄礼化が進行する。上杉氏は豊臣政権との交渉が早いせいか、薄礼化も比較的早くから進められるが、それが終了するのはもっとも遅く、天正十八年の全国統一迄、何年間もかけて徐々に行われている。ここに、上杉氏の豊臣政権下における地位の高さをみることがでよう。

『豊臣秀吉文書目録』(39)をみても、秀吉が書状のほとんどに朱印を使用するようになっても、家康と景勝に対しては花押を遅くまで使用しており、この両者に対する秀吉の配慮が感じられる。実際、この二人は後に五大老となり、豊臣政権下で主要な地位を占めており、書札礼がこの両者の政治的地位を表していることが、改めて確認される。

藤木久志は、関東から奥羽までを豊臣政権に結びつける「申次」「御取次」の任を上杉氏に期待したが、家康の上洛・臣従の後、豊臣政権は惣無事令を家康を中心として推進することに転換し、景勝はいわば脇役に退けられたとする。(40)藤木説によれば、景勝が中心となったのはわずか半年足らずとなってしまうが、これには問題があろう。書札礼のうえでは、家康と景勝の間には、主役と脇役ほどの差異はないと思われるからである。

また、対後北条氏対策には家康の方が適任であろうが、その他の関東・奥州の諸大名に対しては、関東管領の家柄である上杉氏をつうじた方が、より効果的に惣無事令が広められるのではないだろうか。こう考えてよいとすれば、惣無事令を中心とする豊臣政権の東国政策における上杉氏の役割も、再考の余地が残されていよう。

三、二通の「例外」のもつ意味

ここでは、前章で例外として検討しなかった、表№５と№14の文書に注目したい。これらはいずれも、前後の書状と比較して、異例の薄礼である。豊臣政権はなぜこのような書札礼をとったのであろうか。豊臣政権は、徐々に書状の薄礼化・尊大化を進めながらも、内容の重要性によって、厚礼な書札礼をとることもあった(41)が、この場合はどのような理由にもとづくのであろうか。

まず、№14から検討しよう。この内容は、真田氏の赦免と上洛を命じたものである。書札礼のうえでは、宛所・書止文言については問題はない。しかし、署名・形状・紙質・サイズについては、一挙に薄礼化している。そして、この薄礼化は、翌月（№15）には撤回されているのである。

この薄礼化の要件となったのは、この秀吉書状が、実質的には真田氏宛であることであろう。豊臣政権は真田氏を上杉氏の支配下におくことを決定し、上杉氏はこれを真田氏に伝えることを命じられているのである。真田氏宛の書状と考えれば、秀吉は既に天正十三年十一月から署名を朱印のみとしていること等からして、№14の一挙の薄礼化は、真田氏宛書状の書札礼にあわせたものとして理解できる。あるいは、後述するように、№14の約二〇日前に秀吉が太政大臣に任官したことによる薄礼化の可能性もある。

次に№５は、越中の佐々成政の反乱を平定した後に、景勝からの音信に対して返答したものである。書札礼のうえでは、署名・宛所・形状・紙質・サイズについては問題ない。用語についても、「見参」「被差上」「送給」のように、景勝に対して敬意表現をとっているが、自敬表現はない。しかし問題なのは、書止文言が「御内書」様式の「～候也」となっていることである。これは足利将軍が使用したもので、主従関係を示すものであることは既に述べたが、「恐々謹言」から、「謹言」をこえて、一挙に「～候也」へと薄礼化が進んだわけである。そして、約四ヶ月後（№.6）にはこれを撤回しているのである。

この史料の内容からは、薄礼化を一挙に進める要件はみあたらない。また、薄礼を撤回した№.6の内容は、西国・東国の出陣計画について述べたもので、厚礼とすべき要件はない。そうすると、この№.5の書止文言の一挙の薄礼化は、文書内容からくるものではなく、その原因を外的要因にもとめざるえない。そこで、№.5の約二ヶ月前に秀吉が関白に任官したことが注目される。前述したように、関白任官以降、秀吉は「御内書」様式の文書を多用するが、景勝宛書状の場合は、それより約一年後の景勝の上洛・臣従を契機として「御内書」様式に定着する。しかし、この№.5にみられるように、豊臣政権は関白任官を契機として、上杉氏にも「御内書」様式をとっていたのである。それが約四ヶ月後（№.6）に撤回される背景には、どのような事情が存在していたのであろうか。

それを直接的に語る史料は存在しないが、ここで上杉謙信の書札礼を不服として抗議した里見氏の例が想起される[42]。里見氏は、謙信が宛所に「里見太郎殿と名字書越候事、口惜由」を抗議し、「里見殿」と名字のみを記すことを主張したのである。「里見太郎殿」という宛所よりも、「里見殿」の方が厚礼であるが、結局、謙信は拒否している。このようなやりとりが、文書・記録に残されている例は珍しい。しかし、各地の戦国大名が書札礼を強く意識していたことは明らかであるので、このような水面下のやりとりが、当時は頻繁に行われたのであろう。例えば、大内氏の益田氏宛所領安堵状や、徳川家康の知行宛行状の書札礼がいったん薄礼化した後、それが撤回された事例がある[43]。

文書内容の重要性によって厚礼の書札礼をとることはあっても、内容によって逆に薄礼とすることはないであろう。薄礼化が発給者に利することはあっても、受給者を直接的に利することはない。この№５が異例に薄礼であることは、関白任官を背景とした書状の薄礼化に上杉景勝が抵抗し、豊臣政権はこの薄礼化を一時的に撤回したことによるのではないか。そうすると、№14の異例な薄礼の原因も、秀吉の太政大臣任官に伴う一挙の薄礼化に対し、上杉氏側の抗議によって撤回されたと考えることもできよう。

ここで、豊臣政権が秀吉の官位昇進を契機として、薄礼化を進めようとしながらも、上杉氏の抵抗によって一時的に撤回せざるをえなかったことの意味を考えておきたい。

まず第一には、書札礼のもつ意味である。書札礼は発給・受給両者の身分秩序に関わる政治関係を静態的にありのままに表現しているのではなく、動的なもの、すなわちこれを梃子として身分秩序を形成しようとする発給者の意図を示している。受給者の側がこれを承認できない場合、水面下の交渉でそれが撤回されることもある。

第二に、「御内書」様式が使用される時期についてである。一般的には、秀吉の関白任官を画期として、「御内書」様式の文書が多用される。豊臣政権は、朝廷のもつ伝統的権威を利用して大名の編成を図ったが、「御内書」様式の文書の受給を認めた時点で、大名が豊臣政権に編成されたと理解できよう。景勝宛秀吉書状の場合、関白任官直後の「御内書」様式の文書は上杉氏の抵抗によって撤回し、景勝の上洛・臣従を画期として「御内書」様式の文書が定着する。上杉氏が豊臣政権に編成され、その「公儀」を容認せざるをえなくなった要件は、朝廷のもつ伝統的な権威ではなく、豊臣政権とのあいだに事実上の主従関係ができたことにある。豊臣政権が朝廷のもつ伝統的権威を利用し、それが一定程度有効であったことは否定しないが、それだけでは大名を編成して「天下人」となるには不十分であったのである。そもそも、秀吉が朝廷権威を利用するようになった直接の契機は、小牧・長久手の戦いで織田信雄・徳川家康に敗れたことにある。すなわち、実力のみで天下統一を達成することが困難なことによる方針転換であった(46)。

おわりに

上杉景勝宛豊臣秀吉書状の書札礼のうえでの変化を検討した結果、徐々に薄礼化・尊大化が進められるものの、他大名に較べれば、景勝宛秀吉書状は、厚礼であったことが明らかになった。それはすなわち、豊臣政権下における上杉氏の地位の高さを示すものに他ならない。豊臣政権の東国政策における、上杉氏の地位の再評価する必要があろう。また、書札礼は政治的・身分的秩序を静態的に示すものではなく、大名を編成する梃子として豊臣政権はこれを利用していたのである。したがって、書札礼を検討することによって、豊臣政権と大名との関係を静態的にではなく、動態的に明らかにすることができよう。

書札礼をつうじて大名を編成しようとする場合、豊臣政権は官位昇進を契機として「御内書」様式の文書を発給し、薄礼化を推し進めようとした。これを受け入れる大名もあったが、上杉氏のように、これに抵抗したと思われる大名もいる。豊臣政権の全国統一の過程において、朝廷の伝統的権威を利用することが一定の効果をもたらしたことは事実であるが、それのみでは不十分であったのである。上杉氏の場合、秀吉の関白任官を契機とした文書の薄礼化に抵抗したと思われ、一時的に薄礼化が撤回されている。しかし、景勝の上洛・臣従によって、豊臣政権と上杉氏のあいだに主従関係が生じ、「御内書」様式の文書を受け入れざるをえなくなっている。「御内書」様式の文書は、足利将軍の発給した文書様式であり、秀吉はこの様式を継承することによって、その地位をも継承することを図ったのである。景勝宛秀吉書状による限り、豊臣政権をささえたものは、大名の上洛・臣従による、事実上の主従関係の成立であった。

しかし、中川氏・立花氏の例もあるように、秀吉の関白任官が書札礼に影響したと思われる例もあり、さらに多くの大名の事例を検討する必要がある。また、秀吉の発給文書の検討だけでは、豊臣政権主導の結論に傾きがちである。数はきわめて少ないものの、秀吉宛書状も検討する必要があろう。さらに、豊臣政権の書札礼の変化と官位昇進との関係をみるには、武家宛だけでなく、公家宛秀吉書状の検討も必要である(47)。これらを今後の課題としたい。

註

(1) 山口啓二『幕藩制成立史の研究』(校倉書房、一九七四年)。
(2) 北島万次『豊臣政権の対外認識と朝鮮侵略』(校倉書房、一九九〇年)。
(3)「弘安礼節」(『群書類従』27雑部)。
(4) 羽下徳彦「伊達・上杉・長尾氏と室町公方—通交文書ノート—」(同編『北日本中世史の研究』、吉川弘文館、一九九〇年)。
(5) 石母田正「解説」(石井進他編『中世政治社会思想』上、岩波書店、一九七二年)。
(6) 市村高男「越相同盟と書札礼」(『中央学院大学教養論叢』四—一、一九九一年)、註(4)羽下論文。
(7)「九条家文書」二〇九一号(宮内庁書陵部編『図書寮叢刊九条家文書』)。
(8) 相田二郎「織田氏并に豊臣氏の古文書」同『戦国大名の印章』、名著出版、一九七六年。一九四三年頃執筆)。
(9) 三鬼清一郎「豊臣秀吉文書に関する基礎的研究」(『名古屋大学文学部研究論集』史学三四、一九八八年)、同「豊臣秀吉文書に関する基礎的研究(続)」(『同書』史学三五、一九八九年)。
(10) 山室恭子『中世のなかに生まれた近世』(吉川弘文館、一九九一年)。
(11) 藤井讓治「解説」(神戸大学文学部日本史研究室編『中川家文書』、臨川書店、一九八七年)。
(12) 小稿では、羽柴姓の時代も含めて、便宜的に「豊臣政権」として統一する。
(13) 古文書様式を検討する場合、原文書にあたることが大前提であるが、「上杉家文書」は一九八九年に上杉家から米沢市に寄贈され、現在は保存管理体制を整備中のため閲覧できない状況である。そのため小稿では、「上杉家文書」の文書形態を『新潟県史』資料編の註記によった。〔補註2〕
(14) 近世初期の書札礼については、高木昭作「書札礼と右筆」(『書の日本史』九、平凡社、一九七六年)を参照。
(15) 「杉原文書」(『新潟県史』資料編)。
(16) 「上杉家文書」(『新潟県史』資料編)。
(17) 西田直敏「『文体としての自敬表現』の本質―豊臣秀吉文書の場合―」(『金田一春彦博士古稀記念論文集』一、三省堂、一九八三年)。
(18) 本来ならば、書状を包んでいた礼紙・包紙についても検討を加えるべきであるが、秀吉書状の礼紙・包紙が残されていないものも多く、検討対象から除外した。
(19) 上島有「中世文書の料紙の種類」(小川信編『中世古文書の世界』、吉川弘文館、一九九一年)。
(20) 上島有「中世の檀紙と御判御教書」(『日本歴史』三六三、一九七八年)。この他にも、同氏が『古文書研究』二七(一九八七年)より掲載中の「古文書講座」がある。
(21) 岩沢愿彦「秀吉の唐入りに関する文書」(『日本歴史』一六三、一九六二年)。〔補註3〕
(22) 拙稿「近世の都市とはどんな都市か」(青木美智男・保坂智編『争点日本の歴史』五、新人物往来社、一九九一年)。
(23) これ以前に朱印を使用した例(表No.14)については後述する。また、天正十七年十二月九日以降に花押を使用した例(表No.24・No.25)のうち、No.24は書止文言や紙質が前後の書状と較べて不自然なもので、No.25は誤写の可能性もあり、検討対象外とした。
(24) 「歴代古案」十(『富山県史』史料編Ⅲ)。
(25) この当時、秀吉が直接景勝宛に書状を出した可能性がないとはいえないが、家臣宛書状が数点伝来しているのに対して、景勝宛書状が一通も伝来していないことは、もともとなかったことを示唆していよう。
(26) No.4の宛所は「上杉殿」となっているが、これは『上杉御年譜』の誤写と考える。
(27) No.5で秀吉は「～候也」を使用するが、これについては後述する。なお、No.6の年次を『新潟県史』資料編は天正十二年に比定しているが、書状中に「関白」の文言があることや、「披見」「其方」等の文言から、小稿では天正十四年に比定する。

(28) 佐藤進一『古文書学入門』(法政大学出版局、一九七一年)。
(29) 前掲註(9)三鬼論文、註(10)山室著書。
(30) 知行関係文書の場合、折紙を使用したのは信長と秀吉だけで、豊臣政権の限界とみる説もある(上島有「殿下と将軍―奉書と檀紙、折紙と竪紙―」〈『日本史研究』三四三、一九九一年〉)が、それ以外の文書の場合は、このように評価してよかろう。
(31) 大野瑞男「領知判物・朱印状の古文書学的研究―寛文印知の政治史的意義(一)―」(『史料館研究紀要』一二、一九八一年)、田中稔「徳川幕府の領知安堵と檀紙」(『日本歴史』五〇〇、一九九〇年)。
(32) 藤木久志『豊臣平和令と戦国社会』(東京大学出版会、一九八五年)。[補註4]
(33) 前掲註(17)西田論文。
(34) 中村直勝「豊臣秀吉の一花押に就て」(『歴史と地理』九―四、一九二二年)。
(35) №2は「杉原謙氏所蔵文書」(東京大学史料編纂所影写本)、№6は「熊野神社文書」(東京大学史料編纂所架蔵写真帖)による。「熊野神社文書」写真帖の存在については、山室恭子氏の御教示を得た。
(36) 宛所の位置を原本に忠実に翻刻した『新潟県史』資料編による。なお、№3は宛所がいったん切断されているため、本来の位置が不明である。
(37) 神戸大学文学部日本史研究室編『中川家文書』(臨川書店、一九八七年)。
(38) 福岡県地方史研究連絡協議会編『大友・立花文書』(一九八八年)。「立花文書」の閲覧にあたっては、柳川古文書館の中野等氏のお世話になった。
(39) 三鬼清一郎編『豊臣秀吉文書目録』(名古屋大学文学部、一九八九年)。
(40) 前掲註(32)藤木著書。
(41) 前掲註(8)相田論文。
(42) 前掲註(6)市村論文。
(43) 前掲註(10)山室著書一四三～一四五、三二五～三二七頁。

(44)　上杉謙信は、二度の上洛が示すように、将軍や天皇のもつ伝統的な権威への指向性をもっていた。これは領国内の在地勢力を十分に掌握できていないことにもとづくと考える。ところが、謙信の代に較べて、領国支配が格段に強化された景勝の代には、もはやこれらの伝統的権威にやすやすと従属することはなかったのである。

(45)　天正十六年の聚楽亭行幸にさいして、上杉景勝の上洛が遅れたことも、豊臣政権の朝廷権威を利用した大名編成に対する、上杉氏の抵抗とみることもできよう。

(46)　朝尾直弘「幕藩制と天皇」（原秀三郎他編『大系日本国家史』3近世、東京大学出版会、一九七五年）、三鬼清一郎「戦国・近世初期の天皇・朝廷をめぐって」（『歴史評論』四九二、一九九一年）。〔補註5〕

(47)　数少ない成果として、山口和夫「豊臣秀吉の公家・門跡宛の領知判物・朱印状について」（第22回日本古文書学会大会報告）がある。

【付記】　小稿の前提となる報告を、一九八八年度日本史学演習(1)（瀧澤ゼミ）中世班、戦国史研究会第123回例会において行った。瀧澤武雄先生をはじめ、多くの方々から貴重な御意見をいただいたことに、あつく御礼申しあげる。

〔補註1〕　拙稿「秀吉文書の書札礼―中川・立花氏宛の場合―」（『戦国史研究』二三、一九九二年）を参照されたい。

〔補註2〕　小稿発表後、複数回上杉家文書を実見し、原本を確認する機会を得た。史料閲覧に際しては米沢市上杉博物館の阿部哲人氏に大変お世話になった。あつく御礼申し上げる。

〔補註3〕　拙稿「豊臣秀吉の「唐入り」構想―その成立・表明と現実化―」（『立正史学』一二五、二〇一九年）。

〔補註4〕　現在は、惣無事令の存在に否定的な見解が主流であるが、豊臣政権が「惣無事」を命じたこと自体は事実であるので、初出時のままとした。

〔補註5〕　この前の文章「そもそも」から、この文章「方針転換であった」までを削除する。現在では、小牧・長久手の戦い全体は秀吉の勝利であり、秀吉の急激な官位昇進は織田信雄の地位を追い越す戦後処理の一つであったと考えている。拙稿「小牧・長久手の戦い　実像編」（堀新・井上泰至共編『家康徹底解読』文学通信、二〇二三年）。

Ⅱ 東国「惣無事」政策の展開と家康・景勝
――「私戦」の禁止と「公戦」の遂行

矢部健太郎

はじめに

豊臣政権の統一過程に関する研究は、近年益々深まりをみせている。中でも、藤木久志氏による「惣無事」令論の提唱は、豊臣政権の統一政策に対する根本的な見直しを求めるものであった[1]。藤木氏によれば、豊臣期の諸大名は「惣無事」令により自力救済権を否定され（「私戦」の禁止）、軍事力集中と行使は「公儀の平和の強制と平和侵害の回復の目的にのみ限定」されていた。統一政策の強圧的な側面が強調されていた研究状況に対し、「平和の強制」という視点からの藤木氏の提言は大きな影響を与えたのであり、この視点は、豊臣政権と諸大名との関係を考える上でも重要な意味をもつといえる。

もちろん、藤木氏の見方に対する批判も少なくない[2]。ただし、その多くは「惣無事令」「平和令」という文言・表現や、関係文書の年次比定などから時期的な側面を批判するものであり、「惣無事」の実態や本質を再検討したものは少ない。

筆者はこれまで、公武関係や武家衆の身分序列に関する若干の検討を行ってきた。その結果、秀吉が天正十六年（一五八八）四月の聚楽第行幸にあわせて「武家清華家」を創出・披露しており、これによって「清華成」「公家成」

「諸大夫成」という明確な身分序列が同年中に成立したことを確認した。そして、「武家清華家」という新たな武家家格は、秀吉の天下一統に協力した諸大名に対する恩賞であると同時に、「武家摂関家」たる豊臣宗家の下位に集団として明確にこれを位置づけ、小牧・長久手の戦い後の織田・徳川両家の独自性を減少させる意味を持つと考えた。(3)

こうした視点に立って「惣無事」関係の研究史を改めて見直すと、いくつか関心を引かれる点がある。第一に、徳川家康の上洛・臣従後、東国「惣無事」政策は彼中心に「大きく転換」し、それまで「取次」として重要な位置を占めていた上杉景勝は「脇役に退けられ」、家康・富田一白が「惣無事」政策の中心になるとの藤木氏の評価が、ほぼ無批判に共通認識とされていることである。(4)その結果、家康中心に東国「惣無事」政策の展開が検討される一方、景勝の動向はほとんど注目されないこととなった。もちろん、家康と富田ら「奉行衆」との関係を検討することは重要だが、そのことの前提には、外様大名の中で家康のみが特殊な存在であるとの認識がなかったか。そうした認識は、秀吉が「武家清華家」を創出して織田・徳川両家の独自性を減少させようとした、との筆者の見解とは異なるわけであり、改めて検討する必要があろう。

第二に、藤木氏が天正十五年の発令とする「惣無事」令が、その発令当初、上洛・臣従した大名は「対象外」であったとする点である。(5)藤木氏も結論的には、「それ以後、関東・奥羽の諸大名の自由な戦闘行為がすべて『私之儀』として豊臣政権により禁圧され裁かれるに至ったという意味で、東国に『自力』の戦国の終焉を告げる私戦禁令に他ならなかった」と述べているが、(6)具体的な政策転換、もしくは深化の過程には触れていない。藤木氏が「惣無事」令の発令当初より「関東・奥羽の諸大名の自由な戦闘行為がすべて『私之儀』として豊臣政権により禁圧され裁かれる」ことを目的としていたとまで述べていないのは、その「対象外」とされた上杉家の動向、すなわち景勝による新発田・佐渡攻めなどの軍事行動を意識してのものと思われる。「惣無事」政策下にも関わらず、なにゆえ景勝は軍事行動を遂行しえたのか。やはり、豊臣政権の「惣無事」政策と景勝の動向との関係を検討することは、不可欠な検討課題であろう。

第三に、「惣無事」関係史料の年次比定の問題である。これについては、主に藤木・粟野俊之・鴨川達夫氏による三通りの見解がある。その年次比定は、豊臣政権の東国政策のみならず、統一過程全体にも関わる問題を内に含んでおり、東国の「惣無事」政策の展開とそれに関与した人物との関係から、新たな年次比定を提出する余地がある。

以上の三点に共通するのは、豊臣政権内における家康の位置づけという問題である。豊臣政権期の家康の地位を高く評価してきた研究動向をふまえても、やはり東国での家康の「独自性」を再評価することは必要であり[7]、そこで重要なのは、家康の豊臣政権内における地位を相対化することである。そのため本稿では、比較検討対象として上杉景勝を選択した。その理由は、以下の三点である。第一に、家康同様、東国との関係が強い戦国大名であったこと。第二に、天正十四年の上洛直後、「関左并伊達・会津御取次」を命じられたこと。第三に、家康同様、天正十六年に「清華成」を遂げたことである[8]。

もちろん、同じ「清華成」大名とはいえ、秀吉が家康と景勝とをまったく同等に扱ったと主張するわけではない。しかし、同じ家格として集団化されることになる両者の動向を比較することで、家康中心の検討では看過する恐れのある問題も析出できよう。つまり、両者の「惣無事」政策への関与について、相違点と共通点を析出し、豊臣政権内における両者の位置づけや役割を明らかにすることが本稿の目的である。

先に、藤木氏が家康上洛後の関東・奥羽の「惣無事」政策について、「家康を中心として推進めることに大きく転換したのであり、上杉景勝はいわば脇役に退けられ」、家康とともに富田一白が「惣無事」政策の中心になると述べていることは指摘した。では、藤木氏はどのような理由から、景勝が家康の「脇役」「背景」に退けられたと判断したのだろうか。それは、主に以下の三点に起因していよう。第一に、「関左井伊津・会津御取次」であったはずの景勝が、ほとんど「取次」行為を行っていないこと。第二に、家康上洛の四ヶ月後、景勝に後北条氏の軍事行動に対する「後詰」が命じられていること。第三に、家康に「関東惣無事之儀」を委任した秀吉直書群が存在することである。(9)

第三の点は、「惣無事」関係史料の年次比定とも密接に関わるので、別個に検討する必要がある。そこで本稿では、第一・第二の点を考察の中心とし、景勝を家康の「背景」「脇役」と位置づける藤木氏以来の共通認識の妥当性を検討する。そして、豊臣政権はどのような形で「惣無事」政策を実行・維持しており、また家康・景勝はどのように認識され、その政策に関与させられていたのかという点を明らかにしたい。

なお本稿では、藤木氏が提示した諸大名の自力救済権の否定＝「私戦」の禁止という表現に対応する形で、「公儀の平和の強制と平和侵害の回復の目的」による軍事力集中と行使を「公戦」の遂行ととらえる。(10)そして、豊臣政権はこの「私戦」の禁止と「公戦」の遂行をどのような体制で行っていたのかという視点から、考察を進めていきたい。

一、伊達政宗の会津侵攻と豊臣政権

上杉景勝は、天正十一年（一五八三）二月に織田信雄・羽柴秀吉に対して「御誓詞」を送り、(11)翌三月には柴田勝家と対立する秀吉より「越中表被レ出二御馬一」よう要請されている。(12)この両者の関係は、景勝の出馬の遅れによる危機を経て、同年七月、景勝が人質畠山義真を秀吉に指し出したことによって一応の安定をみた。(13)これ以降、景勝は豊臣政権下の一大名として領国の安定化を目指すと同時に、秀吉の北国・東国政策に協力していく。この関係は、関東の後北条・徳川両氏の同盟を牽制するためのもので、家康上洛以前、秀吉は景勝を東国政策の最重要人物の一人と位置づけていた[14]。

この後、佐々攻めにも協力の姿勢をみせ、次第に秀吉の信任をえた景勝は、天正十四年六月の上洛・臣従によって、明確に豊臣政権の対関東・奥羽政策の要に位置づけられる。同年九月二十五日付の石田三成・増田長盛連署副状[15]には「一、関左并伊達（政宗）・会津（芦名盛隆）御取次之儀ニ付て、御朱印相調進レ之候、御才覚専一存候事」とあり、家康上洛の直前、景勝が関東諸家並びに伊達・蘆名両氏間の諸問題への対応を命ぜられたことがわかる。

しかし、これまでの「惣無事」関係の諸研究では、この直後の家康上洛によって、景勝は家康の「背景」「脇役」になると理解されてきた。先述の通り、その大きな理由の一つは、景勝が「惣無事」伝達を含む「取次」行為にほとんど関与していないことである。例えば山本博文氏は、天正年間における関東以北の「取次」について、家康以外にも富田一白・津田信勝・施薬院全宗・和久宗是をはじめとして多くの人物の活動がみられるものの、景勝は「背景に退けられ」たとして「取次」の一員には数えていない[16]。その一方、「惣無事」政策下にもかかわらず、景勝は頻繁な軍事行動を展開した。藤木氏が、上杉家を「惣無事令の対象外」とする所以である。果たして景勝は、家康の上洛によって「取次」の任を解かれ、東国「惣無事」政策の中心から外されたのか。また、「惣無事」とは特定の大名をその「対象外」とするものだったのか。この問題を検討するためには、これまでほとんど触れられなかった家康上洛後の景勝の動向を把握する必要がある。そこで、まずは天正十七年の伊達政宗の会津侵攻に注目し、この「惣無事」違反行為に豊臣政権がどう対応し、その中で景勝がどのような役割を担ったのかを検討する。

既に述べたように、景勝は天正十四年九月に「関左并伊達・会津御取次」を、また家康は同年十月の上洛後に「関東惣無事之儀」を命じられている。この点を踏まえて、次の佐竹義重宛羽柴秀吉直書[17]をみておこう。

去月七日返札到来、遂二披見一候、仍会津与伊達、累年鉾楯由候、天下静謐処、不レ謂題目候、早々無事段馳走、肝心候、境目等事、任二当知行一可レ然候、双方自然存分於レ在レ之者、依二返事一可レ差二越使者一候、不レ斗富士可二一見一候条、委曲期二其節一候也、

(天正十四年)四月十九日　(羽柴秀吉)(花押)

佐竹左京大夫(義重)殿

秀吉が佐竹義重に蘆名・伊達両氏の「無事」すなわち和睦を命じ、双方に「存分」があれば使者を差し越すよう求めたものである。粟野氏は、当文書が『上杉家文書』に伝来していることから、景勝が豊臣政権と佐竹氏との「取次」であり、また、家康の上洛という状況の変化によって、本文書は佐竹氏へ伝達されていないと指摘する。[18] この事実は、上洛する以前、既に景勝が「関左井伊達・会津御取次」としての役割を担っていたことの傍証として注目に値しよう。[19] 問題は、家康上洛後の東国における「惣無事」の状勢である。まず、次の家康書状をみてみよう。[20]

其表惣無事之儀、家康可レ申レ曖旨、従二殿下一被二仰下一候間、御請申、則以二使者一、和與之儀可レ申レ曖由存候処、早速御無事之由、尤可レ然儀候、殊義光之儀、御骨肉之事候間、弥向(後)御互御入魂専要候、(中略)委細玄越口上相候、恐々謹言、

(天正十六年)十月廿六日　(家康)(花押)

伊達左京大夫(政宗)殿

――部より、天正十六年に家康が奥羽、少なくとも伊達領周辺の「惣無事」に関与し始めたことは明白である。これに先立ち、伊達氏は「早速惣無事」を体現したものの、翌年四月には蘆名・相馬両氏に対する軍事行動を起こし、蘆名義広から会津を奪取し、六月十一日、ついに黒川城に入る。この一連の軍事行動が「惣無事」に反することは自明であり、秀吉は激しい怒りを顕わにする。まず、政宗宛秀吉直書写[21]をあげよう。

至レ于二会津面一乱入之由、如何子細候歟、蘆名(義広)事者、数年別而得二御諚一、御礼等申上候儀候条、宿意於レ有レ之者、及二言上一、有様可レ被二仰付一候処、此度之動無二是非一次第候、雖レ有二私之遺恨一、猥之儀可レ為二越度一候、早々人数等可二打入一候、若於レ相二背御諚一者、始二越後宰将(上杉景勝)(相)一被レ指二遣御人数一、急度可レ被二仰付一候、可レ成二其意一候、尚以其方儀、連々上意次第之由候之処、彼面へ動、不実思食候、具可レ有二言上一候、委細富田左近将(一白)監可レ申候也、

(天正十七年)七月四日　(秀吉)御判

伊達左京大夫殿(政宗)

秀吉は政宗を激しく叱責し、豊臣政権の命令に背けば、景勝を始めとする軍隊を派遣すると伝えた。これと同日付で佐竹・上杉両氏へも秀吉直書写が発給されている。

至レ于二会津面一伊達相動候旨、越後宰将(相)申越候趣、被二聞召一候、則伊達かたへ被レ成二下御書一候、若於レ相二背御諚一、始二越後宰将一被レ指二越御人数一、急度可レ被二仰付一候条、蘆名事、無二異儀一相抱候様、令二相談一可二申付一候事、肝要候、越後宰将かたへも可二加勢一之由具申遣候、猶増田右衛門尉(長慶)・石田治部少輔(三成)可レ申候也、

(天正十七年)七月四日　(秀吉)御判

佐竹常陸介殿(義重)(22)

至レ于二会津面一伊達相動之由、被二申越一候通被二聞召一候、則伊達かたへ被レ成二御書一候、得二其意一、相動尤候、人数等入候者、何時も其方次第、追而可二指遣一候、蘆名事、無二異儀一相抱候様、助勢専一候、佐竹へも被二仰付一候間、相談肝要候、猶石田治部少輔・増田右衛門尉可レ申候也、

（天正十七年）七月四日　（秀吉）御判

（上杉景勝）羽柴越後宰将（相）殿(23)

義重宛直書写中の――部「越後宰相申越候趣」という表現から、この段階でも、景勝が「伊達・会津御取次」として秀吉に会津の詳報を伝達していた可能性が想定される。より注目すべきは、景勝宛文書中のみにみられる〰〰部の記述、すなわち人員の面で不備があれば、いつでも景勝の要請通りに援軍を送ることを秀吉が保証している点である。

ところで、この三点の秀吉直書はすべて写しなので、念のため、その内容の信頼性も検討しておく。まず、政宗への秀吉直書に関連して、次の富田一白書状(24)をあげる。

「（折封ウハ書）
富田左近将監

伊達左京大夫殿　一白」

（切封墨引）
「――」

①去月十六日之御状、於二京都一遂二拝見一候、仰会津表之儀、被レ及二一戦一、悉平均ニ被二仰付一之由、先以尤存候、②就二其会津之儀ニ一、（上杉景勝）長尾方ゟ被二申上一ニ付、③先度被レ成二御朱印一候、則拙者も書状を相添候、被レ加二御分別一、御返事肝要存候、兎角早々殿下様へ御入魂之御理可レ然存候、④拙子も関東境目之儀付、為二御代官一、来十五日ニ罷立候、下着之刻、以二書状一可二申達一候、委曲之段ハ彼客僧可レ被二申上一候、恐惶謹言、

（天正十七年）七月十三日　（一白）（花押）

伊達左京大夫殿

内容で重要なのは、①六月十六日付の政宗書状が発給され、それを一白は京都でみたこと、②会津の儀を申上した

のは景勝であること、③既に秀吉朱印状（直書カ）が下されており、[25]一白は副状を発給していること、④関東境目について、一白が「御代官」として下向予定であることの四点である。このうち、②は先の義重宛秀吉直書写の「至于会津面伊達相動候旨、越後宰将申越候趣、被聞召候」の一文と、③は政宗宛秀吉直書写の存在、及び「委細冨田左近将監可申候也」の一文と関連しよう。

　次に、秀吉の指示内容とその後の歴史事実との対応関係を示す史料として、三点の直書写と同年に発給された秀吉直書[26]をみていく。

書状加二披見一候、①伊達左京大夫（政宗）事、何様ニも上意次第之旨、御請通、被二聞召一候、乍レ去、②会津之儀、於レ不二返渡一者、被レ差二遣御人数一、急度可レ被二仰付一候条、成二其意一、③堺目等之儀、佐竹（義宣）相談、丈夫可二申付一候事、肝要候、猶以、④会津之事、如二前々一被二仰付一候ハてハ、不レ叶儀候条、佐竹可レ有二上洛一候由候共、彼面於レ猥者、先無用、得二其意一、堅固行専一候、委細増田右衛門尉（長盛）・石田治部少輔（三成）可レ申候也、

（天正十七年）九月廿八日　（秀吉）（花押）

羽柴越後宰相中将（上杉景勝）とのへ

①政宗が秀吉の「上意」を受け入れると返事をしたこと、②政宗が会津の返却に応じない場合、軍勢を派遣して討伐を加えるべきこと、③佐竹義宣と相談の上、堺目等の守備を命じたこと、④会津方面が不安定な状勢のため、義宣の上洛は延引すること、以上四点が確認できる。七月段階と比べ、秀吉の態度は軟化している様子が窺われ、②は先の義重宛直書写の「若於相背御諚、始越後宰将被指越御人数、急度可被仰付候条」という一文と、③は景勝宛直書写の「得其意、相動尤候、人数等入候者、何時も其方次第、追而可指遣候、蘆名事、無異儀相抱候様、助勢専一候、佐竹へも被仰付候間、相談肝要候」という表現と符合する。また、④の記述から、なお景勝が佐竹氏への「取次」行為

を行っていたことがわかる。以上二点の史料から、三点の秀吉直書写の内容は、ある程度信頼しうると考える。

なお、政宗は同年九月三日、上郡山仲為を介し、浅野長政に会津一件の状況を伝えている(27)。そこには、一条目に「一、今度為二御上使一罷下ニ付、政宗一段祝着被レ申、即上洛之儀令二治定一処、伊達分領へ、自二越後一御諚之由ニて、被レ及二手切一ニ付、政宗上洛相延候事」、四条目に「一、越後衆於二会津表一、被レ及二一戦一、越後衆はや失レ利、横田と申城を始而、三・四ヶ所被二明還一候由、於二路次一慥承候間、跡ゟ罷上、使者遅々仕候かと存事」、五条目に「一、会津被二打洩一人数共、越後へ悉廻、種々様々計策仕候事」とある。四条目からは上杉・伊達軍の直接的な軍事衝突の様子がわかる。三カ条に共通する特徴は伊達家の論調が上杉家を敵視している点である。そうした表現は、まさに「方便」ともいえるものであろう。しかしそれは、未だに上洛していない伊達家側が、上杉家が豊臣政権下で「清華成」大名に位置づけられた事実を認識していない状況を示してもいよう。

蘆名・伊達両氏間抗争は、伊達氏の会津侵攻という事態となり、ために蘆名氏は滅亡する結果となった。豊臣政権は、「惣無事」違反行為としてこの「私戦」を厳しく叱責し、上杉・佐竹両氏の相談による軍事行動を指示した。そして、その責任者は、秀吉自身でも、蘆名氏と親戚関係にある佐竹氏でも、富田一白ら「取次」を行っていた「奉行衆」でも、さらには景勝を「背景」・「脇役」に退けて東国の「惣無事」政策の中心となったと理解されてきた徳川家康でもなく、上杉景勝だったのである。

秀吉は、政宗の「惣無事」違反行為に対応する際、上杉家の軍事力を利用した。景勝は、天正十七年段階でも依然として東国の「惣無事」政策に深く関与させられていた可能性があり、「取次」行為の減少をもって景勝が家康の「背景」「脇役」に退けられたといえるかは検討の余地がある。

二、家康上洛後の東国状勢と景勝の動向

本節では、家康上洛後の家康・景勝の動向と豊臣政権の関係を検討し、景勝の「取次」行為の減少がどのような点に起因していたのかを確認する。

秀吉に臣従した当初の景勝にとって最も重要な課題の一つは、新発田氏との関係であった。景勝は、本能寺の変直後にも新発田氏と戦火を交え(28)、その後も度々戦闘を行っている。そして、天正十四年（一五八六）六月に初めて上洛した景勝は、帰国直後の八月、新発田攻めのため新潟に着陣し、白山島に砦を新築した(29)。しかし翌九月、秀吉はその争いを自らが調停する意向を表明する。

①新発田并沼田表之儀ニ付而、委細申含、木村弥一右衛門尉（吉清）差遣候間、被レ得二其意一、分別肝要候、②国ニ敵対候者、少も有レ之者、天下之外聞云、又者関東之為ニ候条、何之道ニも国を一篇ニ可レ被二申付一儀、可レ然候、猶以此度弥一右衛門尉被二留置一、平均可レ被二申付一候、返事待入候也、

（天正十四年）九月六日　（羽柴秀吉）（花押）

上杉少将（景勝）とのへ(30)

①では、木村吉清の指示を得ての新発田・真田両氏への対応を、②では、上杉領国中に敵対するものがあれば、これを鎮圧するよう命じている。この後の景勝の返事を受け、同月二十五日付で秀吉直書(31)、石田三成・増田長盛連署副状(32)が発給され、後者に「一、新発田事、被二責詰一、近々可レ有二一途一之由、尤被二思召一候、様子木村弥一右衛門尉ニ被二仰含一、被二差遣一候キ、何之道ニも急度被二明隙一候様ニ、被二仰付一尤候事」とあり、基本的に景勝の出兵自

体は容認されたようにみえる。しかし、同時に秀吉は上杉・新発田両氏に対する調停案も示しており[33]、あくまでも一端停戦がその指示であった。これに対し、同年十月一日付の景勝書状[34]には「仍当津《新潟》普請等丈夫ニ申付、納馬候間、可㆓心安㆒候、然者来春者、早々可㆑為㆓進発㆒候条、自㆓年内㆒用意不㆑可㆑有㆓油断㆒候」とあり、秀吉の命によって新発田攻めを中断した景勝が、色部長真に来春早々の出馬を告げ、その用意を命じたことがわかる。

景勝の出陣は、同年十月の家康上洛によって俄に現実味を帯び始める。同年十一月四日付景勝宛秀吉直書[35]をみておこう。

> 就㆓関東表之儀㆒、森弥一右衛門尉《木村吉清》差遣候、則新発田《重家》事、被㆓免置㆒、国一篇ニ有㆑之而、関東へ動之刻、人数等一廉可㆑被㆑連儀、可㆑然候と被㆓仰出㆒候之処、被㆑得㆓其意㆒、新発田可㆑被㆑免ニ被㆓相定㆒由、木村弥一右衛門尉懇申候、但以㆓一書㆒、新発田致㆓物好㆒由、木村具申上候、然者、家康右之分候へハ、関東へ之人数も不㆓差越㆒、無事ニ可㆑仕候由、家康へ被㆓仰出㆒候条、此上者、新発田儀可㆑被㆓討果㆒事、専一候、（中略）年月を被㆑送候ても、新発田事者、可㆑被㆑刎㆑首、

先に秀吉は木村吉清を上杉方に遣わし、関東の後北条氏と対峙することを想定して、新発田氏を赦免するよう伝えていた。しかし、後に吉清が新発田氏の不穏な動向を秀吉に伝えたため、秀吉は関東への出兵を止め、「無事」の実現を家康へ命じた。この上は、景勝は新発田氏を討ち果たすことに専念せよ、多少の時間をかけても構わない、というのである。秀吉は、家康に関東の目付を、景勝に新発田氏攻撃の指揮を命じたのであった。

こうして、景勝の新発田攻めの条件は整った。翌天正十五年四月に春日山城を出発した景勝は五月に一旦帰城[36]し、八月に再び出陣した[37]。そして同年十月、ついに新発田城を攻略し、新発田重家を滅ぼしたのである[38]。ここで指摘しておきたいのは、景勝の新発田攻めが、明らかに秀吉の指示下において遂行されていたことである。

新発田氏平定から二度目の上洛までの過程については、拙稿「豊臣『公儀』の確立と諸大名(39)」でも述べているので簡単に触れるに留める。まず、同年十一月十八日付の秀吉直書(40)では、九州出兵後の見舞いの上洛について述べ、景勝については新発田攻めの直後であることを理由に上洛延引を認めている。これに対し、景勝は代わりに直江兼続弟の大国実頼を上洛させ、豊臣政権側は翌十六年春頃の上洛を求めている(41)。

新発田氏攻略から間もない時期でもあり、景勝は領国の留守を厳重に申しつけた上で(42)、聚楽第行幸直後の天正十六年五月に上洛する。そして、肥後一揆の平定に奔走した毛利輝元の上洛を待ってしばらく畿内に滞在し、種々のセレモニーに参加した。景勝・輝元の「清華成」は、この際に行われ、広く宣伝されたのである。

帰国後の景勝にとって、次なる課題は佐渡の問題であった。既に天正十二年四月、景勝は佐渡の本間氏が臣従の意を表したのを受けて起請文を送り(43)、八月に本間氏の内紛が起こると、本間高統宛書状(44)の中で「羽茂（高信）・河原田干戈未二落居一之由候之条、為二助言一以二使者一申届候、様子有二健聞一、国中一統ニ被二相静一、如二前々一一族中甚深尤候、猶後藤入道（勝元）相二衛口裡一候」と述べた。「助言」として使者を派遣したという表現から本間氏との関係は比較的穏和といえ、度々衝突を繰り返していた新発田氏との関係の方が、景勝にとって急務の課題であった。ただし、翌年三月、景勝は再び後藤勝元を佐渡へ派遣している(45)。このことは、景勝の助言では佐渡の内紛が簡単に収まらなかったことを示しており、その状況をみた秀吉は、次の直書(46)を発給した。

佐渡之儀申付上者、国者共事、此以前不二相届一段者、不入儀候条、向後相二紀（糺）忠罰一、置目等堅可レ被二申付一候、自然其方意見於二相背族一者、急度可レ被レ加二成敗一候也、

（天正十四年カ）六月廿三日　（秀吉）（花押）

上杉少将（景勝）とのへ

景勝が「少将」であること、景勝の佐渡出兵は天正十七年六月十二日であることから、天正十四年から同十七年頃までの文書である。書札礼を検討した堀新氏は、これを天正十四年の発給とする[47]。天正十五年六月の秀吉は九州出兵中であり、また同十六年六月のものならば、秀吉の武家衆身分序列に対する意識に鑑みて、宛名は五月に昇進したばかりの「越後宰相とのへ」とされたであろう。やはり、堀氏の年次比定は妥当といえる。すると、秀吉は景勝が下向する直前に[48]、「其方意見」に背く者があれば「成敗」を加えるよう命じたという重要な事実が指摘できる。この文書の存在から、天正十四年八月の新発田攻めも秀吉の指示のもとに行われたことが確実である。

景勝の佐渡出兵は、新発田攻めや天正十六年の上洛を経た同十七年六月十二日のことである。佐竹義宣宛景勝書状写[49]には「将又去月拾二日、佐州へ令二渡海一、同十六日於二国中一及二一戦一、悉討果、根本人之羽茂三州(本間三河守高信)一類拾余人生捕、はた物于揚、仕置等如レ承成就候之条、可二御心安一候」とあり、天正十四年の秀吉直書の命令通り、景勝が佐渡への「仕置」を成就させたことがわかる。また、六月二十五日付の景勝宛前田利家書状[50]にも「佐州被レ属二一篇一之旨、御飛札、先以珍重、御手柄不レ及レ申候、殊逆徒相集所、即時追崩被二討果一候段、心知能御備、都鄙御外聞不レ可レ過レ之候」とあり、景勝が「逆徒」を討ち果たしたことを祝福している。

また、これに続けて「就レ中、今度若君様(秀吉長子鶴松)被レ成二御誕生一、諸国之各罷上、御礼被二申上一候、拙子も近日可レ致二上洛一候条、其国之様子、於二御前一一々可二申上一候、被レ明二御隙一候間、頓而御上待入存候」との一文がある。同年五月二十七日の秀吉の長子鶴松誕生を受けて、諸国の武家衆が上洛して御礼を申し上げている、利家も近日中に上洛するので、越後・佐渡辺りのことは直接お伝えしておくが、落ち着いたら景勝も上洛されるがよい、との内容である。事実、鶴松の誕生が近づくと続々と全国から諸大名が上洛していたようで、『御湯殿上日記』[51]同年五月二十二日条には、「おはりの大ふ(尾張内大臣織田信雄)・するかの大納言(駿河大納言徳川家康)・やまと大納言(大和大納言羽柴秀長)・あふみ中納言(近江中納言羽柴秀次)・ひせんのさい将(備前宰相宇喜多秀家)さんたい(参内)あり」とあり、

「清華成」大名の織田信雄・徳川家康・羽柴秀長・羽柴秀次・宇喜多秀家が参内したことがわかる。

佐渡から帰国した景勝を待っていたのは、前節で検討した伊達政宗の会津侵攻であった。景勝がこの対応を命じられたのは、領国が接近していたこととともに、当時頻繁に軍事行動を繰り返し、在国することが多かったためと考えられる。一方で、天正十六年十月二十六日に「其表惣無事之儀、家康可レ申レ曖旨、従二殿下一被二仰下一候間、御請申」と政宗に伝えた家康は、この会津侵攻には直接的に関与しておらず、その後の豊臣政権と伊達氏との交渉も富田一白・浅野長政・前田利家・施薬院全宗らを中心に行われ、家康の活動に特筆すべきものはない。家康は、どの程度「惣無事」に関与していたのだろうか。ここで、当該期の家康の動向について簡単に振り返っておこう。

家康の居所と行動については、塚本明氏の詳細な研究[52]がある。この研究を参照し、景勝の動向を併記した【表】「家康・景勝の居所と行動」をみると、家康は景勝に比して在京機会が圧倒的に多いことがわかる。家康の上洛が彼自身の意図に基づくものではなく、秀吉の要請によるものであったことは想像に難くない。そしてその意義は、家康を領国からできるだけ切り離し、自らの監視下に置くことだったと考えられる。「惣無事」に関わる家康の「取次」行為などは、すべて秀吉の指示下に行われていたといえよう。

以上、天正十四年十月の家康上洛から十七年の会津侵攻までを振り返ってきた。この時期、上杉家には新発田攻め・上洛・佐渡攻めなどの政治的課題が相次いだ。特に、長期戦となった新発田攻めや海を越えての佐渡攻めは、上杉家に大きな負担を強いた。「取次」行為の減少は、当時景勝が豊臣政権の命令を受けて軍事行動に奔走していたためであり、これをもって景勝が家康の「背景」「脇役」であったと認識することはできない。

また、「惣無事」政策下にも関わらず、景勝が新発田・佐渡・会津への軍事行動を起こしえたことには注意が必要である。このことは、諸大名の自力救済権を否定し、軍事力集中と行使は「公儀の平和の強制と平和侵害の回復の目

表　家康・景勝の居所と行動（天正 14 年途中〜天正 17 年）

	家康の居所と行動	景勝の居所と行動
天正 14	浜松着←駿府 9/15 在 岡崎 10/18 頃着←浜松 10/14 発 大坂 10/26 着←岡崎 10/20 発 大坂発→京都 11/1 着 京都発→岡崎 11/11 着 岡崎発→浜松 11/23 着 浜松発→駿府 12/4 着	京都 5/ 着←春日山発 京都 6/22 以降発 →春日山着 春日山発 新潟 8/ 着発 春日山 9/ 着
天正 15	京都 8/5 着←駿府発 京都発→岡崎 8/14 着 岡崎発→駿府着 8/17 着	春日山 4/ 発 新発田着発 春日山 5/ 着，8/ 発 新発田 8/ 着，10/ 発 春日山 10/ 着
天正 16	京都 3/18 着←駿府発 京都発→岡崎 4/27 着→駿府着 京都 7/ 着←駿府 6/22 発 京都 9/4 発→駿府着 岡崎 11/22 着←駿府発 三河 12/22 頃発→駿府着	春日山 5/ 発 京都 5/8 着 京都 9/ 発→春日山着
天正 17	京都 3/7 着←駿府発 京都 5/22 以降発→駿府着 駿府発→甲斐 9/18 頃着 京都 12/10 頃着←駿府 11/29 発←甲斐発 京都発→駿府 12/22 着	春日山 6/ 発 佐渡 6/ 着 春日山着発 会津 7/ 着発← 春日山着発 京都 12/ 着

的にのみ限定」されていたとする、従来の「惣無事」の論理と矛盾する。この矛盾を理解するためには、藤木氏のように「すでに十四年夏に上洛して秀吉に服属の礼を果たしていた上杉氏は惣無事令の対象外」とみるか、景勝の軍事行動を「公儀の平和の強制と平和侵害の回復の目的」による「公戦」とみるかの二通りがある。筆者は、景勝の軍事行動が全て秀吉の承認下に行われていた事実から、「惣無事」政策下の諸大名は、豊臣政権の承認によってのみ軍事行動を「公戦」という形式で遂行しえたと考える。

三、景勝への対後北条氏「後詰」命令の再検討

本節では、天正十四年十月の家康上洛の四ヶ月後、秀吉が景勝に、後北条氏に対する「後詰」を命じた点に注目し、その指示内容と家康・景勝の関係について考察する。まず、その根本史料である秀吉直書（Y55）をあげる。

（懸紙ウハ書）「上杉少将とのへ」

①去二日書状、加㆓披見㆒候、関東無㆓殊儀㆒之由、被㆓申越㆒候、②然者八州儀、最前家康上洛刻、具被㆓仰聞㆒候間、定而御請可㆑申候、③自然北条（氏直）相㆓背御下知㆒、佐竹（義宣）・宇都宮（国綱）・結城（晴朝）へ於㆓相動㆒者、従㆓此方㆒可㆑被㆓仰聞㆒間、後詰可㆑有㆑之、用意可㆑被㆓申付㆒候、猶石田治部少輔・増田右衛門尉・木村弥一右衛門尉（吉清）可㆑申候也、

（天正十五年）二月廿四日　（花押）

上杉少将（景勝）とのへ

重要な点は、以下の三点である。①景勝が秀吉に対し、二月二日付で「関東無殊儀之由」を伝達していること。これは、家康上洛後も景勝が関東「惣無事」に関与していた可能性を示す。②秀吉が景勝に対して、関八州のことを家

康上洛時に仰せ聞かせたので、その旨を了承するよう指示したこと。これは、天正十四年十一月四日付景勝宛秀吉直書[54]の「但以一書、新発田致物好由、木村具申上候、然者、家康右之分候へハ、関東へ之人数も不差越、無事ニ可仕候由、家康へ被仰出候条」、及び同月十五日付北条氏政宛家康書状写（X）[55]の「関東惣無事之儀ニ付而、従羽柴方如此申来候」という記述と関わる。③後北条氏が秀吉の下知に背いて佐竹氏らを攻めた場合には、秀吉からの指示に応じて「後詰」をすることになるので、その用意を申しつけるという指示である。

　これまでは、①の事実は注目されない一方、②の内容に関連づけて③の「後詰」文言を「家康を後方から支援する」役割ととらえ、景勝は「背景に退けられた」と理解してきたのだろう。しかし、史料X・Yから景勝を家康の「背景」「脇役」とすることには、いくつかの問題がある。まず史料Xは、家康に新たに「関東惣無事之儀」が仰せつけられたことを示すのみであって、家康への「関東惣無事」の専任、及び景勝の「関左並伊達・会津御取次」解任・留任等を明示したものではない。豊臣政権が家康・景勝を同レベルの外様大名とあえて認識し、東国の「惣無事」政策に関与させていた可能性も残されていよう。史料Yについては、第一に、ここでいう「後詰」の意味をいかに理解するか、第二に、これは誰の「後詰」かという問題がある。後者については、文中に「従此方可被仰聞間」とあるように秀吉軍の「後詰」を意味する可能性もあり、例えこの「後詰」がいかなる意味であっても、家康上洛の事実と「後詰」文言とを単純に結びつけることは問題であろう。

　そこで、『日本国語大辞典』を紐解くと、「後詰」の項には「①城を包囲した敵や布陣した敵の後方から攻撃すること。また、その軍隊。背後を襲う伏兵。うしろぜめ。ごぜめ。うしろづめ。」、「②先陣の交替・補充のため、うしろに控えている軍勢。予備軍。援軍。うしろづめ。」とある。[56]②に含まれる「後ろに控えている」軍隊、すなわち「後方支援部隊」という意味をとれば「脇役」ともいいえようが、①は別の軍隊と共に同じ敵を「後ろから攻める」軍隊、また②にも「援軍」とあり、「背景」「脇役」という、いわば消極的な表現とのズレを感じる。いくつか事例を挙げて、当該期の「後詰」文言の用法を確認する必要があろう。

まず、天正十三年七月十五日付の景勝起請文案[57]には「一、敵於二相動一者、手前之儀者不レ及レ申、沼田・吾妻表後詰、不レ可レ有二油断一事」とある。これは、前年三月に上杉家を出奔し、徳川方となった屋代秀正らに攻められた真田昌幸の求めに応じ、信濃へ出兵する際に作成された。ここで昌幸が景勝に期待したものは、真田軍の「後方支援部隊」か、積極的な加勢をする「援軍」のいずれであろうか。少し関連史料を追ってみよう。

同年八月二十六日付景勝書状[58]には「須田相模守（満親）如二注進一者、佐久・諏方両郡之人数、禰津（小県郡）近辺陣取之由候、好ヶ節候条、各十五以前六十以後迄被二申付一、須田相模守一左右次第、急度参陣軍功専一候」とある。真田昌幸からの援助願いは、まず信濃国海津城守将の須田満親に達し、これを受けた景勝は、十五歳から六十歳の者を徴兵して軍備を整えさせている。では、「須田相模守一左右次第」とされた須田満親は、どのような指示を広げたのか。景勝書状と同日付の須田満親書状[59]をみてみよう。

　　尚々、今般凶徒可二討果一之由候、明日早天ニ及二後詰一候間、今日中ニ打振之御著待入候、以上、
　今度眞田被レ参二御味方一、御使衆到来、則板（板屋光胤）佐指添貴府（春日山城）進上候、依レ之、佐久・甲州之人数相催、働二禰津表一陳取候、後詰之儀頻而被二申越一候、長沼（水内郡）・飯山（同郡）・栗田（同郡）衆、貴府江被二召寄一、無衆候間、其許相残所被二仰付一、今日中當地御著待入候、為レ其申述、恐々謹言、
　（天正十三年）八月廿六日　　　（須田）満親（花押）
　　馬場左近殿参

文中に二ヶ所の「後詰」文言がみえる。これが、景勝が満親に命じた軍事行動の内容だったのであり、それが前出

の景勝起請文案中の「後詰」と同義であることは疑いない。この「後詰」の内容について猶書の表現を借りて述べれば、「凶徒」を討ち果たす戦いに「明日早天」より「後詰」として参加するので、「打振」って参集されたし、ということである。この上杉軍の「後詰」としての出兵が、真田軍の「後方支援部隊」を意味するのではなく、積極的に戦闘に参加する援軍であったことは明白である(60)。

次に、利家・景勝による佐々成政攻めにおける「後詰」文言の用例をみておこう。天正十二年、北国「取次」の成政は、秀吉によって討伐の対象とされる。秀吉は着々と佐々包囲網を整え、前田利家・丹羽長秀ら旧織田系大名ばかりでなく、臣従後まもない景勝も動員された。上杉軍の軍事行動に関して、次の須田満親書状をみてみよう(61)。

雖下未二申通一候上、一翰令レ馳候、仍佐々内蔵助（成政）企二逆心一、栗柄（倶利伽羅）・小原口相働之由候之条、兼而被二申合一首尾、為二後詰一越中向境之要害押詰、在々令二放火一候、従二景勝一以二直書一被二申入一候、近日此口へ可レ為二進発一候、今般能・加両州堅固之御備、誠以御勇力不レ残故、貴国・当方被二申談一上者、佐々内蔵可二討果一事不レ可レ廻レ踵候、従二此方一被二差上一候飛脚下向、才覚分を尾州表秀吉公思召儀由、目出珍重候、尚巨細河口定左衛門尉可レ令二演説一候、恐々謹言、

（天正十二年）九月十八日　満親（須田）（花押）

前田又左衛門尉（利家）殿御宿所

越前の利家と越後の景勝が協力して、成政の越中境城を攻撃することを確認した内容である。ここにも「後詰」文言がみられるが、上杉軍が前田軍の後方支援を行ったのではなく、越中を越前・越後双方から攻めたという意味であることは確実である(62)。

以上の検討から、当該期の「後詰」文言を「後ろに控えていた」軍隊としてではなく、「敵の背後から攻める」軍

隊という、いわば積極的な意味に理解しうる事例が確認できた。特に、当該期の上杉氏関係史料では、敵の背後から攻める、籠城中の味方を援護するなどの積極的な軍事行動での用法がほとんどである。果たして「後詰」文言は、家康上洛後に景勝が「背景に退けられ」、家康中心に「大きく転換した」とする通説的見解の根拠となりうるのだろうか。もちろん、藤木氏自身も「後詰」を消極的な意味だけでとらえているわけではない。ただ、その語句の持つ意味の多様性と「背景」「脇役」という表現との関係は、「惣無事」をめぐる研究史、特に豊臣政権下の家康・景勝の立場を論ずる際に、少なからぬ影響を与えてきたといえるのである。

では、先にみた天正十五年二月二十四日付秀吉直書の「自然北条相背御下知、佐竹・宇都宮・結城へ於相動者、従此方可被仰聞間、後詰可有之、用意可被申付候」という文中の「後詰」は、どのような意味にとるべきか。上杉・徳川領国と佐竹・宇都宮・結城領国の地理的関係をみるに、上杉軍が徳川軍の「後方支援部隊」の役割を命じられた可能性は低い。よってこれは、「敵の背後から攻める軍隊」と理解した方が適切だと考える。

ここで想起されるのが、後の小田原出兵である。天正十七年十一月の陣立書[65]に「一、西国ハ後詰」とある一方、この戦いの際に景勝を「後詰」とした史料は管見に触れない。しかし、ここで西国の諸大名に命じられたのは「後方支援部隊」としての「後詰」である[66]。これに対し、景勝はこの時、前田利家と共に東山道軍の指揮官を務めているが、それは家康を先陣とし、秀吉本隊を殿軍とする東海道軍とは別方向から、すなわち「敵の背後から攻める軍隊」であった。それはまさしく、後北条氏を背後から攻める「後詰」としての参戦であり、先述した秀吉から景勝への対後北条氏「後詰」命令が、時を経て、実際の軍事行動として遂行されたものだったのである。

以上の検討を踏まえると、家康と景勝は同レベルの外様大名として、豊臣政権の「惣無事」政策への協力を命じられていた、という新たな理解の可能性も生じてこよう。そこで、家康上洛直後に発給された秀吉直書（W[67]）をみてみよう。

去月廿一日之書状、今月四日加二披見一候、随而家康於レ無二上洛一者、三川境目ニ為二用心一殿下《(秀吉)》被レ成二御動座一、北国衆其外江州《(近江)》何も宰相《(羽柴秀長)》ニ相添、関東江可二差遣一旨相定候処ニ、家康上洛候て令二入魂一、何様にも関白殿次第与申候間、別而不レ残二親疎一、関東之儀、家康と令二談合一、諸事相任之由、被二仰出一候間、被レ得二其意一、可二心易一候、真田《(昌幸)》・小笠原《(貞慶)》・木曽《(義昌)》両三人儀も、先度其方入洛之刻如二申合一候、徳川所へ可二返置一由被レ仰候（中略）右分ニ可レ被レ成二御免一候之条、其方よりも真田かたへも可レ被二申聞一候、委細増田右衛門尉《(長盛)》・石田治部少《(三成)》輔・木村弥一《(清久)》右衛門尉可レ申候也

十一月《(天正十四年)》四日　（花押《(秀吉)》）

上杉少将とのへ

――部の記述について、従来は秀吉が家康上洛後も景勝と家康の「談合」による「関東之儀」執行を意図していたと認識されている[68]。これに対し、平野明夫氏は「ここでの『令談合』は、後文に『被仰出候』とあるので、秀吉の自敬表現と捉えるべきで、そうすると家康の談合相手は秀吉となる。上杉景勝へは家康の関東取次任命を伝えたと理解される」との見解を提示した[69]。いずれに理解しても、先に史料Xについて述べたと同様、家康の臣従による「関東惣無事」への関与を示すにすぎず、家康への「関東惣無事」の専任、及び景勝の「関左并伊達会津御取次」解任・留任までを明示したものではない。さらに、小田原出兵の前年に発給された秀吉書状（Z）[70]には次のようにある。

《(端裏書)》「駿河大納言《(徳川家康)》へ御書留」

態差二遣使者一候、北条儀、可レ致二出仕一由御請申、沼田城請二取之一、一札之面をハ不二相立一、信州真田持内なくるミ《(名湖桃)》の城乗捕之由、津田隼人《(信勝)》正・富田左近《(一白)》かたへ、自二其方一之書状ニ相見候、然者北条表裏者之儀候間、

来春早々出馬、成敗之儀、可二申付一候、早四国・中国・西国、其外国々へ陣触申付候、其表境目之儀、又ハ人数可レ出レ之行等儀、可レ令二談合一候条、二・三日之逗留ニ、馬十騎計にて、急々可レ被レ越候、（中略）於二様子一者、浅野弾正少弼かたより可レ申候、猶新庄駿河守相含候也、謹言、

十一月廿四日（天正十七年）

駿河大納言（徳川家康）とのへ

猶以、越後宰相（上杉景勝）も四・五日中ニ上洛之由候、幸候間、関東へ行之儀、可レ令二直談一候条、早々上洛待入候、雖二不レ及レ申候一、駿・甲信堺目等、慥之留守居被二申付一可レ然候也、

同年十一月の後北条氏による名胡桃城侵攻後、秀吉は陣触を後北条氏及び諸大名に提示した。本史料は、その後の展開に応じた境目防御や軍事行動に関する「談合」のため、家康の上洛を求めたもので、猶書の傍線部から、秀吉が景勝・家康との「直談」を意図していたことがわかる。三者が同席しての「直談」が実現したかは不明だが、秀吉の指示を受けた両者が同年末に相次いで上洛している事実[71]は重要だろう。

以上の点を踏まえ、史料W・Zと先の史料X・Yとを発給順に並べてみよう。

W、天正十四年十一月四日付秀吉直書（家康との談合による「関東之儀」委任）

X、天正十四年十一月十五日付家康書状（家康への「関東惣無事之儀」指令）

Y、天正十五年二月二十四日付秀吉直書（景勝への対後北条氏「後詰」指令、景勝から秀吉への「関東無殊儀」奏上）

Z、天正十七年十一月二十四日付秀吉書状（家康・景勝に「直談」のための上洛を要請）

本節の検討によれば、「後詰」文言は景勝を家康の「脇役」「背景」と認識する根拠たりえず、W～Zまでの流れから、天正十四年十月の家康上洛以降も、景勝は一貫して豊臣政権の「惣無事」政策に家康と共に関与させられていた

と考える。

おわりに

家康上洛以後、東国「惣無事」政策は家康中心に「大きく転換」し、景勝は家康の「背景」「脇役」に退けられたとの認識には、景勝の動向を検討していないという問題があった。そこで、家康上洛後の東国状勢に注目し、家康・景勝の「惣無事」政策への関与を検討した結果、「取次」行為の減少、及び対後北条氏「後詰」指令は、景勝が家康の「背景」「脇役」であるとの認識を肯定する理由たりえないとの結論に達した。つまり、いずれも景勝の活発な軍事行動との関連で理解すべき事象だったのであり、関東・奥羽の「惣無事」政策における家康の地位・権限も、決して突出したものではなかったといえよう。

藤木氏による「惣無事」令の発見は、従来の研究状況に大きな影響を与えた。ただ、藤木氏は「私戦」の禁止という側面を特に強調し、実際の「成敗」は小田原出兵のみであるとしたため、豊臣政権の強圧的な軍事行動を再び強調したり、「平和令」という文言を見直すべきとの批判が提出されることとなった。筆者は、「惣無事」の理想を「私戦」の禁止とする藤木氏の説に異論を唱えるものではない。ただし、その実態・本質は理想とは異なり、「私戦」の禁止（無事）と「公戦」の遂行（成敗）からなっていたと考える。つまり、豊臣政権や諸大名が時により軍事行動を展開したことは、「惣無事」の論理に反するものではなく、諸大名の「私戦」を禁止し、その違反に対しては「公戦」を遂行するという体制こそが、豊臣政権の政策基調なのである。そして、その政策は豊臣政権の支配領域全域を対象とするものであり、「対象外」とされる大名・領域は存在しなかったと考える。

本稿で検討した家康と景勝は、豊臣政権の初期段階において、まさにこの「惣無事」政策の象徴とされたのではなかったか。確かに、両者の動向には大きな差異もみられるが、在京して「取次」行為を行った家康は「私戦」禁止の、在国して軍事行動に奔走した景勝は「公戦」遂行の象徴であったと考える。そして、家康に対する頻繁な在京の強制は、景勝よりも家康に大きな注意を払い、その身柄を監視下に置こうとした秀吉の意図に基づくものであり、また、奉行人や他の豊臣大名と共に、豊臣「公儀」の一員として政策執行に関与させられていた家康の姿を宣伝するための施策であったといえよう。その一方、景勝に積極的な軍事行動を「公戦」の形で命じたことは、家康を含む東国の諸大名を牽制するという政治的効果も有したと考えられる。

いずれにせよ、豊臣政権が彼らのような外様大名を「惣無事」政策執行に駆使していたことは、豊臣大名のみならず、未だ上洛していない諸大名にも大きな影響を与えたことであろう。諸大名が領国統一や一揆鎮圧にあたって豊臣政権の協力を得ていること、また、個別大名の手に余る場合は「公儀の軍団」が直ちに派遣されたこと[72]は、景勝に象徴される豊臣大名による「公戦」遂行、いいかえれば、豊臣「公儀」の一員としての「公戦」遂行という形式が浸透した結果として理解されるのである。

なお、豊臣政権は東国での「惣無事」政策執行を通して、家康と景勝とをあえて同レベルの外様大名と認識する道筋をつけた可能性がある。もちろんそれは、実際の両者の政治力・軍事力などをそのまま反映したものではなく、豊臣政権の恣意的な評価である。関東方面に対する家康の影響力が大きいことは自明であり、秀吉は、そうした家康の独自性を軽減させるため、景勝と家康とを同レベルの集団に位置づけようとした。このことは、領国の平定もままならず、常に豊臣政権の後ろ盾を必要とした景勝と、当時第一位の外様大名である家康とを同格ならしめるということであり、そのためには、何らかの名分が必要だった。本稿で検討したように、景勝は「惣無事」政策下における「公戦」遂行に奔走していたのであり、そのことが、家康と景勝を共に「清華成」させる名分となったといえよう。九州出兵から肥後一揆平定までの「公戦」遂行に深く関与した毛利輝元が、天正十六年の上洛時に「清華成」を遂げたことも、そうした秀吉の意図に基づくものと考えられる。

註

(1)　藤木久志『豊臣平和令と戦国社会』(東京大学出版会、一九八五年)。
(2)　藤田達生「豊臣期国分に関する一考察—四国国分を中心に—」(『日本史研究』三四二号、一九九一年)・「豊臣政権と国分」(『歴史学研究』六四八号、一九九三年)、立花京子「秀吉の天下静謐令—全国制覇正当化の原理—」(『戦国史研究』二五号、一九九三年)、鴨川達夫「『惣無事』令関係史料についての一考察」(『遥かなる中世』十四、一九九五年)、粟野俊之『織豊政権と東国大名』(吉川弘文館、二〇〇一年)など。
(3)　拙稿「豊臣『武家清華家』の創出」(『歴史学研究』七四六号、二〇〇一年二月)。
(4)　藤木氏前掲書、四五・四六頁。
(5)　藤木氏前掲書、四一・四二頁。
(6)　藤木氏前掲書、七六頁。
(7)　市村高男氏は「関東における徳川領国の形成と上野支配の特質」(『群馬県史研究』三〇号、一九八九年)の中で、「徳川氏が豊臣政権下で特異な地位を占めていたことは確かであるが、しかしそのことをもって徳川氏の覇権確立の直接的要因と見なし、徳川氏による領国支配の進展が必然的に幕藩制に帰結するかのように説明するのは問題があろう。なぜなら、徳川氏が覇権を確立したのはあくまでも歴史的結果であり、必ずしも歴史的な必然ではなかったからである」と述べて従来の徳川領国論を批判し、関東入部後の徳川領国の形成と展開を再検討している。
(8)　書札礼を検討した堀新氏は、他大名に較べて厚礼な景勝宛秀吉書状は豊臣政権における上杉氏の地位の高さを示し、「豊臣政権の東国政策における、上杉氏の地位を再評価する必要があろう」と述べている（「豊臣政権と上杉氏―秀吉文書の様式の検討から―」（早稲田大学大学院『文学研究科紀要別冊十八集』哲学・史学編、一九九二年二月）。

（９）例として、片倉小十郎宛秀吉直書（『大日本古文書』所収『伊達家文書』三、九八六号文書）をあげておく。

対二富田左近将監一書状遂二披見一候、関東惣無事之儀、今度家康ニ被二仰付一候之条、其段可二相達一候、若相背族於レ有レ之者可レ加二成敗一候間、可レ得二其意一候也、

（天正十四年カ）十二月三日　（秀吉）（花押）

片倉小十郎（景綱）とのへ

これら秀吉直書群の年次比定には、粟野氏の天正十四年説、藤木氏の天正十五年説、鴨川氏の天正十六年説がある。詳細は別稿を期すが、筆者は天正十四年と考える。

（10）「私戦」と「公戦」、及び「公儀と戦争」の問題については、久保健一郎『戦国大名と公儀』（校倉書房、二〇〇一年）に詳しい。久保氏は、戦国期「公儀」の重要な権限に軍事指揮権があるとし、「公儀」による戦争を「公戦」と述べている。ただし、戦国期・徳川期の公儀論に比して、織田・豊臣期の公儀論、及び「公戦」の問題に関する研究は少ない。ちなみに筆者は、豊臣「公儀」の確立を天正十六年の聚楽第行幸時の「武家清華家」創出時に求めた（拙稿「豊臣『公儀』の確立と諸大名」、『史学研究集録』二六号、二〇〇一年三月）が、公儀と戦争との関係については検討していなかった。

（11）須田満親宛羽柴秀吉書状（『歴代古案』、『大日本史料』十一―三、天正十一年二月七日条）。

（12）須田満親宛羽柴秀吉書状（『木村文書』、『大日本史料』十一―三、天正十一年三月十七日条）。

（13）『上杉年譜』ほか（『大日本史料』十一―三、天正十一年七月十一日条）。

（14）例えば、小牧・長久手の戦いに先立つ天正十二年八月十八日付景勝宛秀吉書状（『土田藤一氏所蔵文書』、『新潟県史』資料編５、二六五八号文書）では、一カ条目で北条氏と対陣する佐竹氏への景勝の援軍を、三カ条目で信州表への景勝の出馬を秀吉がねぎらっている。

（15）石田・増田連署副状（『上杉家文書』、『新潟県史』資料編３、七七二号文書）。

(16) 山本博文『幕藩制の成立と近世の国制』（校倉書房、一九九〇年）、二一五～二一七頁。
(17) 羽柴秀吉直書（『上杉家文書』、『新潟県史』資料編3、四〇八号文書）。
(18) 粟野氏前掲書、一〇五・一〇六頁。
(19) 粟野氏の指摘にあるように、天正十三年六月十五日付の宇都宮国綱宛秀吉書状（『宇都宮文書』、『大日本史料』十一―十六、天正十三年六月十五日条）に「早速人数入儀候者、景勝へ可レ被レ申候、自二此方一堅申合候」とあることも注目される。
(20) 徳川家康書状（『大日本古文書』所収『伊達家文書』一、三九二号文書）。
(21) 豊臣秀吉直書写（『佐竹文書』、東京大学史料編纂所影写本）。
(22) 豊臣秀吉直書写（『佐竹文書』、東京大学史料編纂所影写本）。
(23) 豊臣秀吉直書写（『佐竹文書』、東京大学史料編纂所影写本）。なお、『佐竹文書』には次の景勝書状写も残されている。

義廣（虚名）黒河退城付而、被レ成二下御書一、伊達人数可二打入一之由仰出候、若於レ背二御下知一者、貴辺申合、義廣本意可二申付一之旨候、先々伊達へ之御書相届、御諚之趣具申遣候、彼返答次第、当境目可レ出二人数一候之条、被二聞召合一御手合専一候、将又去月拾二日、佐州へ令二渡海一同十六日於二国中一及二一戦一、悉討二果根本人一候、羽茂三州一類拾余人生捕、はた物于揚、仕置等如レ承成就候之条、可二御心安一候、尚令レ期二後音一候、恐々謹言、

（天正十七年）七月廿日　　景勝（上杉）

佐竹次郎（義宣）殿

(24) 富田一白書状（『伊達家文書』一、四二五号文書）。
(25) 前掲註（15）の石田・増田連署副状でも、秀吉の直書を「御朱印」と呼んでいる。なお、この点は山本氏前掲書の二四頁に指摘がある。
(26) 豊臣秀吉直書（『上杉家文書』、『新潟県史』資料編3、三二七号文書）。
(27) 上郡山仲為書状写（『伊達家文書』一、四三一号文書）。
(28) 天正十年八月二十六日付小田切弾正忠宛上杉景勝書状（『小田切氏文書』、『新潟県史』資料編4、一六七四号文書）。

(29) 陣営備定覚書（『覚上公御書集』十二、『新潟市史』資料編1、一二一号文書）。
(30) 羽柴秀吉書状（『上杉家文書』、『新潟県史』資料編3、三三三号文書）。
(31) 羽柴秀吉直書（『上杉家文書』、『新潟県史』資料編3、三三四号文書）。
(32) 前掲註（15）参照。
(33) 天正十四年九月二十八日付直江兼続宛木村吉清書状（『覚上公御書集』下、東京大学文学部所蔵、臨川書店、一九九年には、新発田「御赦免」について「知行方之沙汰者一向指置、従二関白様一如二仰出一、先罷出、其上城明渡」、「新発田本領程替地被二下置一外不レ可レ有レ之」とある。
(34) 色部長真宛景勝書状（『色部氏文書』、『新潟県史』資料編4、一一五三号文書）。
(35) 天正十四年十一月四日付上杉景勝宛豊臣秀吉直書（『上杉家文書』、『新潟県史』資料編3、三三一号文書）。ちなみに、同日付で同受給・発給者の三三六号文書（後述する史料W）が、「関東之儀、家康と令談合、諸事相任之由、被仰出候間、被得其意」と伝達したものであることには、注意を要する。
(36) 天正十五年五月二十日付黒金宮内少輔他三名宛景勝書状写（『覚上公御書集』十三、『新潟市史』資料編1、一三二号文書）。
(37) 天正十五年八月十三日付小田切但馬守宛芦名義広書状（『小田切氏文書』、『新潟県史』資料編4、一六七七号文書）。
(38) 天正十五年十一月十六日付景勝宛伊達政宗書状（『上杉家文書』、『新潟県史』資料編3、六六九号文書）。
(39) 前掲註（10）拙稿参照。
(40) 景勝宛秀吉直書（『上杉家文書』、『新潟県史』資料編3、三二九号文書）。
(41) 天正十五年十一月二十二日付景勝宛増田長盛・石田三成連署副状（『上杉家文書』、『新潟県史』資料編3、七四二号文書）。
(42) 天正十六年三月十二日付色部長真宛景勝書状（『色部氏文書』、『新潟県史』資料編4、一一四九号文書）、天正十六年五月二十二日付安田筑前守宛増田長盛書状（『大見安田氏文書』、『新潟県史』資料編4、一五〇二号文書）。
(43) 『覚上公御書集』下、天正十二年四月の項。
(44) 上杉景勝書状（『上杉文書』、『新潟県史』資料編5、三〇七三号文書）。

(45)『上杉年譜』・『上杉家記』（『大日本史料』十一―十四、天正十三年三月七日条）。
(46)羽柴秀吉直書（『上杉家文書』、『新潟県史』資料編3、三三〇号文書）。
(47)堀氏前掲論文参照。
(48)『天正十四年上洛日記』（東京大学史料編纂所架蔵本）などによれば、景勝の離京は天正十四年六月二十四日である。
(49)前掲註（23）、義宣宛景勝書状写。
(50)前田利家書状（『上杉家文書』、『新潟県史』資料編3、七四九号文書）。
(51)『御湯殿上日記』（『続群書類従』所収）。
(52)塚本明「徳川家康の居所と行動」（『近世前期政治的主要人物の居所と行動』、一九九四年、京都大学人文科学研究所）。
(53)豊臣秀吉直書（『上杉家文書』、『新潟県史』資料編3、三三五号文書）。
(54)前掲註（35）。
(55)徳川家康書状写（『武州文書』、『神奈川県史』資料編3、八八六号文書）。
(56)『日本国語大辞典』では、①・②ともに『太平記』を引用している。念のため、以下にそれを引用しておく。
①『太平記』二、師賢登山事「急ぎ東坂本へ御勢を向けられ候へ、豪誉後攻仕て、主上をば取り奉るべし」
②『太平記』十七、北国下向勢凍死事「是は皆国々の勢を相付て、金崎の後攻をせよとの為也」
(57)真田昌幸宛景勝起請文案（『上杉家文書』、『新潟県史』資料編3、九二四号文書）。
(58)井上源六郎以下十一名宛上杉景勝書状（『佐藤亀之助氏所蔵文書』、『大日本史料』十一―十八、天正十三年八月二十六日条）。
(59)須田満親書状（『歴代古案』七、『大日本史料』十一―十八、天正十三年八月二十六日条）。
(60)この時派遣された上杉軍は、『景勝一代略記』（『大日本史料』十一―十八、天正十三年八月二十六日条）によれば「惣人数五千余」、先述した屋代秀正に関わる『旧信濃屋代屋代家譜』（『大日本史料』十一―十九、天正十三年閏八月二十八日条）では「景勝後詰其兵壱萬余ニ而攻来」とする。
(61)須田満親書状（『青木文書』、『大日本史料』十一―九、天正十二年九月十八日条）。

(62) 天正十二年十二月十五日付須田満親宛羽柴秀吉書状（『佐藤亀之介氏所蔵文書』、『大日本史料』十一―十、天正十二年十二月十五日条）には「仍今度佐々木内蔵助依レ企二逆意一、即時景勝被二出馬一、堺城被二攻崩一」とある。なお、『豊鑑』（『大日本史料』十一―十八、天正十三年八月八日条）には、「越後の境小《魚》津といふ城に、越後の国より兵を置て守らせけるを責したかへ、陸奥守《佐々成政》にあたふへきとて、柴田修理《勝家》・前田筑前守《利家》をむけ給ふ、彼城に至、まハりをかこみ戦ける、越中・越後の境、名にあるけハしき道なれハ、越後より輙後責《こぜめ》も叶はさりけるにや」とある。

(63) なお、元亀二年四月二十六日付杉浦紀伊守宛武田勝頼書状（『大日本史料』十―六、元亀二年四月十九日条）には、「此所畢竟織田《信長》上洛之上、大坂へ取懸之由候条、後詰第一之行ニ候」とある。織田信長が上洛した際には、その背後を衝くことが第一の方策であるとの意味である。「第一之行」とあることは、それが「脇役」的な後方支援ではなく、いわば積極的な攻撃部隊であることを直接的に表現していよう。なお、当該史料については堀新氏の御教示を得た。

(64) 例えば、藤木氏は前掲書二三頁において「信長の直接のねらいは九州統治にあったのではなく、中国地方への出馬に備えて九州勢を後詰に動員し、毛利方を背後から牽制しようとの戦略目的にもとづく」と述べ、畿内方面からの織田軍の軍事行動に対し、九州勢を「後詰」、つまり「敵の背後から攻める軍隊」と認識している。

(65) 豊臣秀吉小田原陣陣立書（『伊達家文書』一、四八七号文書）。

(66) 小田原出兵の際、秀吉は岡崎に吉川広家、清洲に小早川隆景を置き、聚楽第の毛利輝元との連絡ルートを確立している（豊臣秀吉朱印状、『大日本古文書』所収『吉川家文書』一、七三二号文書）。なお、小田原出兵については後考を期したい。

(67) 豊臣秀吉直書（『上杉家文書』、『新潟県史』資料編3、三三六号文書）。

(68) 山本氏前掲書など。

(69) 平野明夫「豊臣政権下の徳川氏」（『地方史研究』三〇五号、二〇〇三年十月）。

(70) 豊臣秀吉書状案（『富岡文書』、『神奈川県史』資料編3、九五〇〇号文書）。

(71) 家康は十二月十二日、景勝は同二十五日に朝廷と物品のやりとりを行っている（『御湯殿上日記』）。このことは、当時両者が在京していたことを示していよう。ただし、家康は二十二日には駿府へ下向している。なお、朝廷と「武家清華家」との献上・下賜行為については、拙稿「豊臣秀吉への天皇使節」（『豊島岡研修』平成十一年度、一九九九年六月）、「豊臣秀吉から天皇への使節」（『日本史研究』四五九号、二〇〇〇年十一月）を参照。

（72）例えば、佐竹氏による江戸氏討滅や、南部氏の要請によって派遣された「公儀の軍団」による九戸氏討滅、浅野長政を中心とする梅北一揆鎮圧などは、間接的・直接的の相違こそあれ、いずれも豊臣政権の協力・指示を得てなされた「公戦」であったと考える。

Ⅲ　「上杉加級宣旨案」の紹介
――近世初期武家官位に関する一史料

尾下成敏

ここに紹介するのは、十六世紀後半の有力大名上杉景勝の官位叙任に関する史料である。勧修寺家から京都帝国大学国史研究室へ寄託され、現在は京都大学総合博物館所蔵の勧修寺家文書のなかに含まれている。

この史料群には、文書などを貼り継いだ巻子が多く含まれているが、(1)そのなかに「古文書巻子」と呼ばれるものが存在する（史料番号は、勧修寺A函のA四七九）。表1に示したように、ここに貼り継がれた文書などを十八に分類すると、今取り扱う景勝関連史料は、配列の順序で言えば、十一番目に位置することになる。以下、書出に基づいて、この史料を「上杉加級宣旨案」と呼ぶことにしよう。

後掲釈文の第一紙をみる。書出には「上杉　加級　宣旨案」と記され、付箋が貼られている。このなかの「経広押札」の文字に注目するなら、この史料を巻子に貼り継いだのは、江戸時代前期の公家勧修寺経広ではないかとみられる。彼が同家伝来の典籍・文書を修補した事実を踏まえると、(2)こうした可能性が考えられよう。

つぎに後掲釈文の番号①以降をみることにする。番号①および番号②、そして、番号⑥から番号⑨までは口宣案の控である。景勝の官位叙任に関する内容であり、奉者はいずれも織豊政権期の公家万里小路充房が務めている。番号③は景勝宛ての書状案、番号④は彼の重臣直江兼続宛ての書状案である。番号⑤は天正十六年（一五八八）五月の景勝参議任官に関する勧修寺晴豊自筆の覚書である。(3)晴豊は豊臣政権のもとで伝奏を務めた公家で、万里小路の実兄に

表1 「古文書巻子」の概要

配列順序	年月日	史料名	備考
1	(年不詳) 9月6日	万里小路嗣房奉書	書出「右京職領」
2	正和2年11月日	丑日次第	書出「丑日次第」
3	(年不詳) 3月29日	万里小路冬房書状	書出「昇進事」
4	明応6年1月6日	口宣案控	奉者は万里小路賢房
5	永正5年12月19日	口宣案控	奉者は万里小路秀房
6	永正5年12月19日	口宣案控	奉者は万里小路秀房
7	永正11年12月23日	口宣案控	奉者は万里小路秀房
8	(年不詳) 3月23日	万里小路惟房書状	書出「申文一通献之」
9	―――	甘露寺経元記	永禄11年12月の誠仁親王の親王宣下と元服、および永禄13年4月の改元定と天台座主宣下について記す
10	(年月日不詳)	万里小路惟房仮名書状	宛所は「御いちや」
11	―――	「上杉加級宣旨案」	上杉景勝の官位叙任に関する史料
12	天正14年6月22日	口宣案控	「天正十四年六月廿二日宣旨」と記した後、「正五位下」とのみ記している。上卿・被授与者・奉者などは記載していない
13	慶長20年3月24日	口宣案控	奉者は万里小路孝房
14	(年不詳) 11月30日	万里小路雅房書状	書出「此中者疎拙之至」
15	(年不詳) 12月4日	万里小路淳房書状	書出「儀式一冊懸御目候」
16	(年不詳) 6月15日	万里小路尚房書状	書出「東本願寺末寺」
17	(年不詳) 2月4日	万里小路稙房書状	書出「来七日可被申拝賀之旨」
18	(年不詳) 8月4日	万里小路韶房書状	書出「口宣二紙献上之」

当たる。

このように、口宣案の控や書状の案文が存在することを念頭に置くなら、「上杉加級宣旨案」は案文集であったと判断できよう。付言すると、後掲釈文の番号①から番号⑨までを筆写したとみられる史料が、勧修寺家文書のなかに存在する。「充房卿御教書案（符案写）」という名称を持つ史料である（史料番号は、勧修寺Y函の五三七―二八）。表2は「上杉加級宣旨案」の史料配列順序を、表3は「充房卿御教書案

表2　「古文書巻子」における配列

史料番号	年月日	史料名
番号①	天正5年5月9日	口宣案控
番号②	天正14年6月22日	口宣案控
番号③	(天正14年)7月27日	勧修寺晴豊書状案
番号④	(天正14年)7月27日	勧修寺晴豊書状案
番号⑤	(天正16年5月)	勧修寺晴豊覚書
番号⑥	天正5年5月9日	口宣案控
番号⑦	天正8年6月20日	口宣案控
番号⑧	天正11年3月11日	口宣案控
番号⑨	天正14年6月22日	口宣案控

表3　「充房卿御教書案（符案写）」における配列

史料番号	年月日	史料名
番号①	天正5年5月9日	口宣案控
番号⑥	天正5年5月9日	口宣案控
番号⑦	天正8年6月20日	口宣案控
番号⑧	天正11年3月11日	口宣案控
番号⑨	天正14年6月22日	口宣案控
番号④	(天正14年)7月27日	勧修寺晴豊書状案
番号⑤	(天正16年5月)	勧修寺晴豊覚書案
番号②	天正14年6月22日	口宣案控
番号③	(天正14年)7月27日	勧修寺晴豊書状案

（符案写）」のそれを示したものである。一見すれば明らかだが、配列の順序が異なっている。「充房卿御教書案（符案写）」では、番号①の後、番号⑥から番⑨までの史料を記し、その後、番号④・番号⑤・番号②・番号③の順に記している。語句の相違はみられない。口宣案の控や書状案・覚書はいずれも同文である。

「上杉加級宣旨案」は、天正十六年以前の景勝の官位や、豊臣政権下で作成された口宣案の日付の性格をみる際、興味深い史料である。以下、こうした点について言及しよう。

景勝の官位については、矢部健太郎氏の研究がある。それに拠れば、天正十六年五月二十三日の時点では参議・正四位下である。そして、文禄三年（一五九四）正月五日には従三位昇進を果たし、同年十月二十八日には権中納言昇進を遂げている。なお、豊臣権下で伝奏を務めた公家菊亭晴季が作成した「武家補任勘例」の検討から、こうした結論が導き出されている[4]。

矢部氏の研究は、景勝が正四位下・参議となった後を対象としたものであり、それより前を対象としたものではない。また近衛府の中将任官に関しても述べていない。そこで、「上杉加級宣旨案」などを用い、こうした点を明らかにしておきたい。

最初に天正十四年（一五八六）の景勝の官位について述べる。『上杉家御年譜』に拠れば、景勝は、天正十四年六月二十二日に正四位上・左近衛権少将に任ぜられている。[5] また「天正十四年上洛日帳」同年六月二十二日条は、この日参内した景勝の位階について、「御位正四位」と記している。[6] なお、この二つの史料は、いずれも後世に記されたものである。

口宣案の控をみよう。後掲釈文の番号②・番号⑨は、双方とも日付は天正十四年六月二十二日、姓は豊臣である。番号②は左近衛権少将に任じる旨を、番号⑨は従四位下に叙する旨を記したものである。こうした記載を念頭に置くなら、同日付で景勝はかかる官位を得たことになろう。口宣案の控であることを踏まえるなら、こうした理解が成り立つ可能性が浮上する。実際、『御湯殿上日記』天正十四年六月二十一日条をみると、正親町天皇の勅許があり、景勝はこの日に四位に叙されていた。[7] また景勝へ宛てられた羽柴秀吉文書をみると、（天正十四年）六月廿三日の直書では、宛名書が「上杉少将とのへ」と記されている。[8] ゆえに、「上杉加級宣旨案」の記載は正しく、『上杉家御年譜』や「天正十四年上洛日帳」の記載は誤りとみられる。

つぎに後掲釈文の番号①・番号⑥・番号⑦・番号⑧、すなわち口宣案の控に目を移す。いずれも姓は藤原である。番号①は侍従に任じる旨を記したものである。日付は天正五年（一五七七）五月九日。番号⑥は従五位下に叙する旨を記したもので、日付は番号①と同日。番号⑦は従五位上に叙する旨を記したもので、日付は天正八年（一五八〇）六月二十日。番号⑧は正五位下に叙する旨を記し、日付は天正十一年（一五八三）三月十一日となっている。素直に読むなら、天正五年以降、景勝の官位は次第に上昇したことになろう。

しかし、上杉氏が織田政権に敵対していた天正十年（一五八二）以前の段階で、かかる叙任が困難であること、同十四年以前の段階において、景勝がこれらの官位を有した確証がみあたらないことを踏まえると、後掲釈文の番号①・番号⑥・番号⑦・番号⑧の記載を歴史的事実とみなすことはできない。恐らく、これら口宣案の控は、天正十四年六月二十二日付で景勝を従四位下・左近衛権少将に叙任した際、つじつまをあわせるため、日付を遡らせて、それぞれ作成されたものと考えられる。(9)

つづいて天正十六年五月二十三日時点での景勝の官位について述べておきたい。後掲釈文の番号⑤に「天正十六年五月廿三日ニ従四位上／参議」と記されている点、「武家補任勘例」に「参議正四位下／天正十六　五　廿三」と記されている点から、(10)まず従四位下・左近衛権少将から従四位上・参議へと昇進した後、同日内に従四位上・参議から正四位下・参議になったと推測されよう。番号⑤が晴豊の自筆覚書であることや、「武家補任勘例」が菊亭の作成であることは、こうした推測を可能とするものではなかろうか。両人とも伝奏として、公武交渉を担った公家だからである。

景勝の中将成について検討しよう。『上杉家御年譜』に拠れば、景勝は天正十六年五月十日に中将に任官しているが、これは正しくは六月以降の出来事である。

後掲釈文の番号⑤、すなわち晴豊の自筆覚書をみよう。ここでは中将成の記事はみられない。ゆえに、中将任官は天正十六年五月二十四日以降であった可能性が浮上しよう。そこで、景勝宛て秀吉文書をみると、同年六月十五日の領知判物では、宛名書を「越後宰相とのへ」と記している。(11)一方、（天正十六年）十二月九日の直書では、宛名書を「羽柴越後宰相中将殿」と記している。(12)この変化に着目すると、六月時点では参議であったが、十二月時点では参議兼中将であったことになろう。言い換えると、天正十六年六月から十二月までの間に、景勝は中将任官を果たしたと考えられるのである。

これまで述べたことを要約しよう。景勝は、天正十四年六月二十二日付で従四位下・左近衛権少将に叙任され、同十六年五月二十三日にいったんは従四位上・参議に昇進した後、同日の内に正四位下・参議となった。そして、同年六月から十二月までの間に、中将成を遂げたとみられる。

豊臣政権期に作成された景勝宛て口宣案の日付の性格に関して言及する。当該期の口宣案としては、「上杉加級宣旨案」の番号②・番号⑨のほか、「上杉家文書」に残る文禄三年十月二十八日の日付を持つ口宣案が知られている。後者は景勝を権中納言に任じた際のものである。[13]

まずは後掲釈文の番号②と番号⑨、すなわち天正十四年六月二十二日の日付を有する口宣案の控に注目する。景勝を四位に叙する旨の勅許が出たのは、天正十四年六月二十一日であり、[14]彼が初めて参内し正親町天皇に拝謁したのは翌二十二日のことであった。[15]ここでは、勅許の日ではなく天皇に拝謁した日が、従四位下に叙する旨を記した口宣案の日付に選ばれたのである。

つぎに文禄三年十月二十八日の日付を有する口宣案をみよう。この日、秀吉が京都の景勝邸へ御成した。[16]その様子を伝える「上杉邸御成帳」に拠れば、饗応を受けた秀吉は景勝に対し中納言昇進の意向を示している。[17]これが事実とすれば、秀吉からの申し渡しの日が口宣案の日付に選ばれたことになる。なお、秀吉と景勝はこの日は参内していない。

これまで述べた点を踏まえるなら、景勝宛て口宣案の日付の性格が変わったことは明らかであろう。具体的に言えば、口宣案の日付は、天皇に拝謁した日から秀吉の申し渡しの日に変化したのである。付言すると、徳川政権下の寛永十一年（一六三四）以降、将軍からの叙任申渡しの日が武家宛て口宣案の日付となるが、[18]これに近い状況は、豊臣政権下においても既に存在したのであった。天下人からの申し渡しの日が武家宛て口宣案の日付に選ばれていたのである。

なお、日付の性格に留意した上で、公家・武家へ宛てられた口宣案を収集・分類すれば、天下人からの叙任申し渡しの日を日付とする口宣案の特質が見出せるかもしれない。また中近世移行期の官位制度の特質をより明らかにすることが出来るかもしれない[19]。しかし、これについては後日の課題とせざるを得ないだろう。

以上を踏まえて、「上杉加級宣旨案」の作成者を明らかにしたい。最初に、後掲釈文の番号③・番号④の書状案の作成者と年代について言及する。

番号④の直江宛て書状案からみよう。日付は七月二十七日、注目すべきは「今度者少将殿御上洛、参　内殊官位等之儀、依有由緒随分令馳走候キ」である。「由緒」があるから、景勝の参内や官位叙任について「馳走」したと主張するのである。上杉家が勧修寺家の流れを汲む家柄であったことを考慮するなら、「由緒」の語を記したのは、勧修寺家の当主晴豊ではなかろうか。後掲釈文番号⑤の彼の自筆覚書とともに第三紙に記載された点を踏まえると、かかる判断は誤りではなかろう。

作成年代だが、「今度者少将殿御上洛」と記されたことを踏まえると、景勝が参議に任ぜられた天正十六年以降の作成とは考えられない。また彼の在京が確認できない天正十五年（一五八七）とも考えられない。少将に任ぜられ初めて参内を遂げた天正十四年の作成とみるべきであろう。

番号③の景勝宛て書状案をみよう。日付は七月二十七日である。まず作成年代だが、宛名書の「上杉少将殿」に注目するなら、景勝が少将の官職を有していた天正十四年か翌十五年に絞られよう。そして、「寔今度者御参　内之儀」、すなわち景勝参内を意味する表現を踏まえると、彼の在京が確認できない天正十五年とは考えられない。この書状案は天正十四年の作成と判断してよかろう。

つぎに作成者だが、差出書の署名のほか、文中の「寔今度者御参　内之儀、殊官位等御冥加之至、併当家満足不過之候」が、番号④における晴豊の主張、すなわち景勝の参内や官位叙任を「馳走」したという主張と対応する点に注目するなら、晴豊とみてよいと思われる。

さて、後掲釈文の番号①・番号②、および番号⑥から番号⑨までは、いずれも景勝の官位叙任に関する口宣案の控であった。また番号⑤は、彼の参議任官に関する覚書であった。さらに今述べた如く、番号③と番号④は、景勝の官位叙任と関連する晴豊書状の案文であった。かかる点を念頭に置くなら、「上杉加級宣旨案」に含まれる口宣案の控や覚書・書状案は、みな景勝の官職・位階に関する史料と言ってよかろう。そして、六枚の宿紙を用いてこれらが記された点や、書出の文字に注目すると、勧修寺経広が巻子に装幀する前から、「上杉加級宣旨案」は一まとまりの史料であった可能性が高いと考えられよう。

一つにまとめられた案文集のなかに晴豊の書状案や覚書が存在する点、収録された文書がいずれも彼の在世中のものである点[20]、そして、これらを代々の勧修寺家当主が所持していた点を踏まえると、「上杉加級宣旨案」の作成者は勧修寺晴豊と考えてよいのではなかろうか。付言すると、本史料を記すために用いられた六枚の宿紙は、いずれも真ん中に折り目を有している。また裏には文字が存在する[21]。ゆえに、もとは宿紙の反故を使用して作成された冊子状の史料だった可能性が高い。「上杉加級宣旨案」は「符案」の一つとみてよいだろう[22]。

近世初期武家官位の研究は、天皇・朝廷の国制的位置づけ、あるいは大名の身分的・階層的序列編成といった問題関心から進められ、当該期政治史の研究を豊かなものとした分野の一つである。

いま分析のための史料という視点から、武家官位の研究を二段階、すなわち編纂物の記載などをもとに進められた段階と、近世初期の口宣案や日記の叙任関連記事をもとに進められた段階に分けるとするなら、その分岐点が下村效氏の提言であることは間違いなかろう。氏が二次史料に依拠した研究動向に疑問を呈し、武家の叙任に関する一次史料を一覧化して以降[23]、現在までの武家官位の研究は、口宣案や日記に基づく分析が主流となっているためである。

下村氏の成果が公表された後も、武家の叙任に関する一次史料の紹介がなされ[24]、分析の素材は蓄積されつつあるが、それでもなお、叙任の事例が豊富になったとは言い難い。「上杉加級宣旨案」の紹介が、こうした状況の克服に寄与できれば、筆者にとっては望外の喜びである。

最後に、本史料の紹介を許可頂いた機関や、調査・解読に当たってご助力を賜った方々に厚く御礼を申し上げたい。

註

（1）勧修寺家文書の概要については、今岡典和・吉川真司「勧修寺家文書調査の成果と課題」（平成二年度科学研究費補助金（一般研究Ｂ）研究成果報告書『中・近世公家文書の研究』研究代表者・朝尾直弘、一九九四年）を参照のこと。

（2）註（1）前掲今岡・吉川執筆部分。

（3）藤井讓治氏のご教示に拠れば、晴豊の自筆である。

（4）矢部健太郎「豊臣『公儀』の確立と諸大名」（『史学研究集録』二六、二〇〇一年）、同「太閤秀吉の政権構想と大名の序列」（『歴史評論』六四〇、二〇〇三年）。

（5）『上杉家御年譜』（米沢温故会刊）。

（6）「天正十四年上洛日帳」（『上越市史別編２　上杉氏文書集二』文書番号三一〇六）。

（7）『御湯殿上日記』天正十四年六月二十一日条（続群書類従完成会）。

（8）「上杉家文書」（『上越市史別編２　上杉氏文書二』文書番号三一〇五）。

（9）こうした遡及的な昇任のやり方は、この時期しばしばみられるものである（朝尾直弘『大系日本の歴史⑧　天下一統』一九九頁以下、小学館ライブラリー、一九九三年、初出一九八八年）。

『公卿補任』（新訂増補国史大系）をみると、十六世紀後半の公家衆が初めて得る官職は侍従、位階は従五位下であることが多い。こうした叙任のあり方からすれば、景勝が一挙に四位の少将となるのは不自然であったと言えよう。それゆえ、かかる事態を避けるため、遡及的な昇任が行われたとみられる。

(10)『大日本古文書　家わけ第十二　上杉家文書』文書番号一一九六。

(11)「上杉家文書」（『上越市史別編２　上杉氏文書集二』文書番号三二四九）。

(12)「片山光一氏所蔵文書」（『上越市史別編２　上杉氏文書集二』文書番号三二七一）。

(13)「上杉家文書」（『上越市史別編２　上杉氏文書集二』文書番号三六三一）。

(14)註（7）前掲史料。

(15)「兼見卿記」天正十四年六月二十二日条（東京大学史料編纂所架蔵謄写本）、『御湯殿上日記』同日条。

(16)『晴豊記』文禄三年十月二十八日条（増補続史料大成）。

(17)「上杉邸御成帳」には「御感ナサレ被任中納言也」と記されている（『上越市史別編２　上杉氏文書集二』文書番号三六二九）。

(18)藤井譲治「慶長期武家官位に関する四つの『寄書』」（『日本史研究』四三四、一九九八年）。

(19)天下人からの叙任申し渡しの日を日付とする口宣案は、近世初期に官職制から武家官位が独立したとする朝尾直弘氏の指摘に留意した上で（朝尾「幕藩制と天皇」『朝尾直弘著作集第３巻　将軍権力の創出』岩波書店、二〇〇四年、初出一九七五年）、議論すべき文書かもしれない。

(20)『公卿補任』慶長七年条（新訂増補国史大系）に拠れば、晴豊はこの年の十二月八日に死去している。

(21)裏打されているため、文字の判読は非常に困難である。

(22)「符案」とは、宿紙の反故をこよりで綴じて冊子とした案文集である（註（1）前掲今岡・吉川執筆部分）。

(23)下村效「天正　文禄　慶長年間の公家成・諸大夫成一覧」（下村效『日本中世の法と経済』収録、続群書類従完成会、一九九八年、初出一九九三年）、同「豊臣氏官位制度の成立と発展」（前掲『日本中世の法と経済』収録、初出一九九四年）。

(24)註（18）前掲藤井論文など。

「
上杉（景勝）　加級　宣旨案
（付箋）「　経広（勧修寺）押札
上杉景勝昇進
口宣案・御息参　内等事」

（折り目）

【番号①】
上卿　左大将（徳大寺公維）
天正五年五月九日　宣旨
従五位下藤原（上杉）景勝
宜任侍従
蔵人右少弁藤原（万里小路）充房奉　（※1）

（以上は第一紙）」

「【番号②】
上卿　四辻大納言（公遠）
天正十四年六月廿二日　宣旨
侍従豊臣（上杉）景勝
宜任左近衛権少将
蔵人頭左中弁藤原充房奉

（折り目）

【番号③】

又七月八日ニ、自越後吉田肥前ト申以使者、今度之御一礼以直札被申、其返事案也、

寔今度者御参　内之儀、殊官位等御冥加之至、併当家満足不過之候、猶以連々御昇進不可及疎略、期後信先閣筆候、恐々謹言、

七月廿七日　晴豊（勧修寺）

上杉少将（景勝）殿

（以上は第二紙）」

「【番号④】

又直江山城（兼続）方ヨリ以披露状申、御返事案也、

今度者少将殿（上杉景勝）御上洛、参　内殊官位等之儀、依有由緒随分令馳走候キ、御冥加之至無其隠候、殊御昇進等之事、御取合不可有如在候、自然身上之儀連々取成頼入候、委細之段井家（豊家）可申候、謹言、

七月廿七日　御判（勧修寺晴豊）

直江山城守殿

（折り目）

【番号⑤】

天正十六年五月ニ上洛、十七日ニ六条ニ宿、礼参候、太刀・かたひら（帷子）二ッ、直江山城守太刀・けかけおひ（帯）五ツすち（筋）、

いつミさわ（泉澤久秀）河内ニ太刀・あかきしゝら（志々良）一たん、

廿六日、参　内、しやうそく（装束）国ニおかれ、余（勧修寺晴豊）道具共也、先そろ・すい物二こん也、玄以（前田）法印・ました（増田長盛）右衛門尉・弁（勧修寺光豊）しやうはん（相伴）、

参　内、禁裏御太刀・銀子十まい、院御太刀・御馬くり毛、余馬・太刀かけ、弁太刀・おりかミ（折紙）、廿九日ニ直江ゑちこ五たん、

（以上は第三紙）」

「【番号⑤】

いつミさわ河内ゑちこつ（越後紬カ）ゝき廿たん・ゑちこ酒一か・かん二ツ・しほ（塩）引ニツ・こふ（昆布）持来候、

上杉官位

天正十六年五月廿三日ニ　従四位上

同日参議

（折り目）

「【番号⑥】

上卿　左大将

天正五年五月九日　宣旨

藤原景勝

宜叙従五位位下（※2）

蔵人右少弁藤原充房奉

（以上は第四紙）」

（折り目）

【番号⑦】

上卿　源大納言（庭田重保）

天正八年六月廿日　宣旨

従五位下藤原景勝

宜叙従五位上

蔵人左少弁藤原充房奉

（以上は第五紙）」

「【番号⑧】

上卿　甘露寺大納言（経元）
天正十一年三月十一日　　宣旨
従五位上藤原景勝
宜叙正五位下
蔵人左少弁藤原充房奉（※3）

（折り目）

【番号⑨】
上卿　四辻大納言
天正十四年六月廿二日　　宣旨
正五位下豊臣景勝
宜叙従四位下
蔵人頭左中弁藤原充房奉

口　宣案

（以上は第六紙）」

※1　「弁官補任」に拠れば、この日、万里小路は権右少弁である。蔵人は兼ねていない。
※2　「〃」は衍字である。
※3　「弁官補任」に拠れば、この日、万里小路は蔵人頭兼左中弁である。
※4　各紙の寸法を記す（単位はセンチメートル）。
第一紙（竪三四・二×横四四・〇）／第二紙（竪三四・二×横四四・四）／第三紙（竪三三・九×横四四・六）
第四紙（竪三三・九×横四四・五）／第五紙（竪三四・〇×横四四・二）／第六紙（竪三四・二×横四四・四）

写真１　番号②と番号③

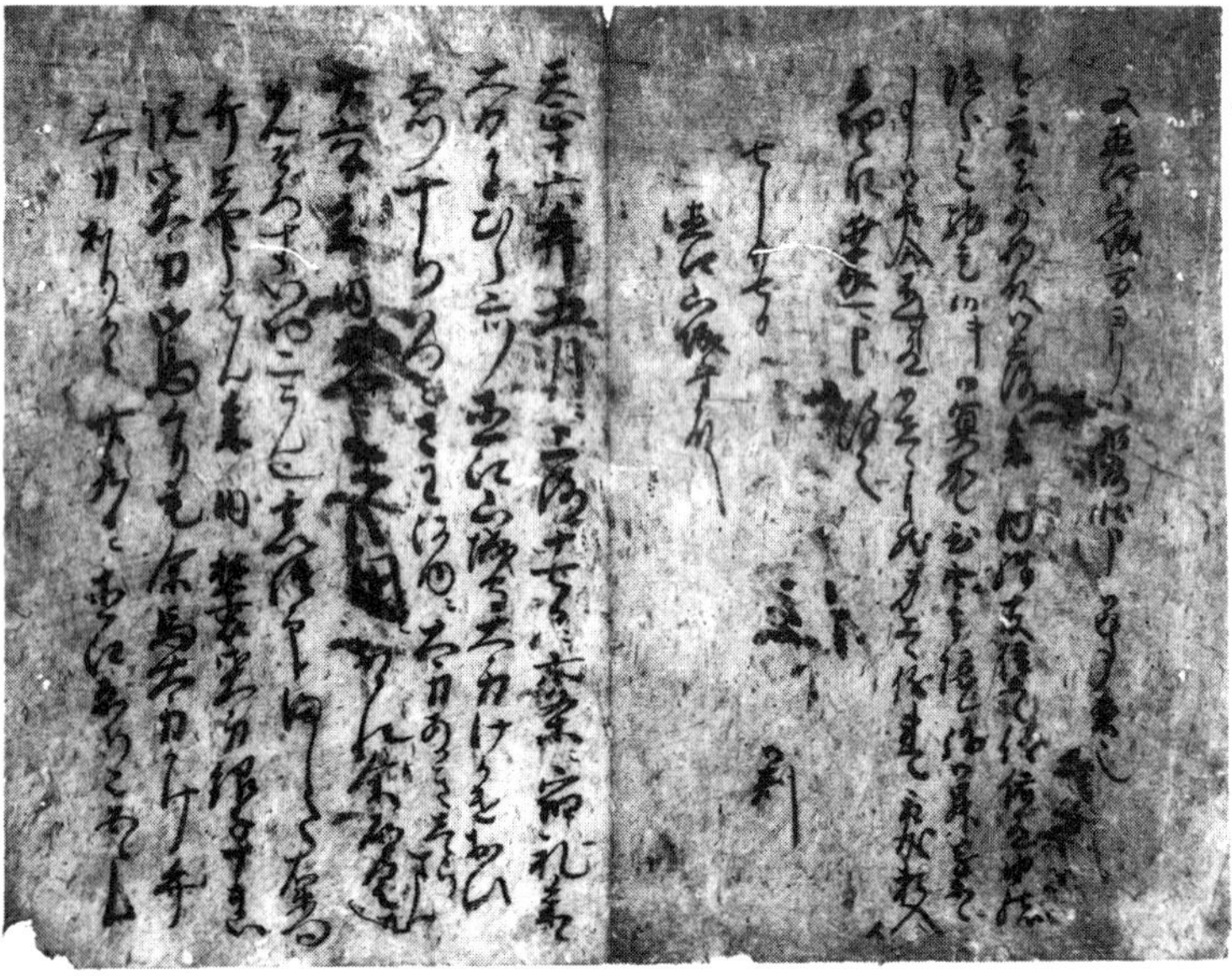

写真２　番号④と番号⑤

写真３　番号⑤

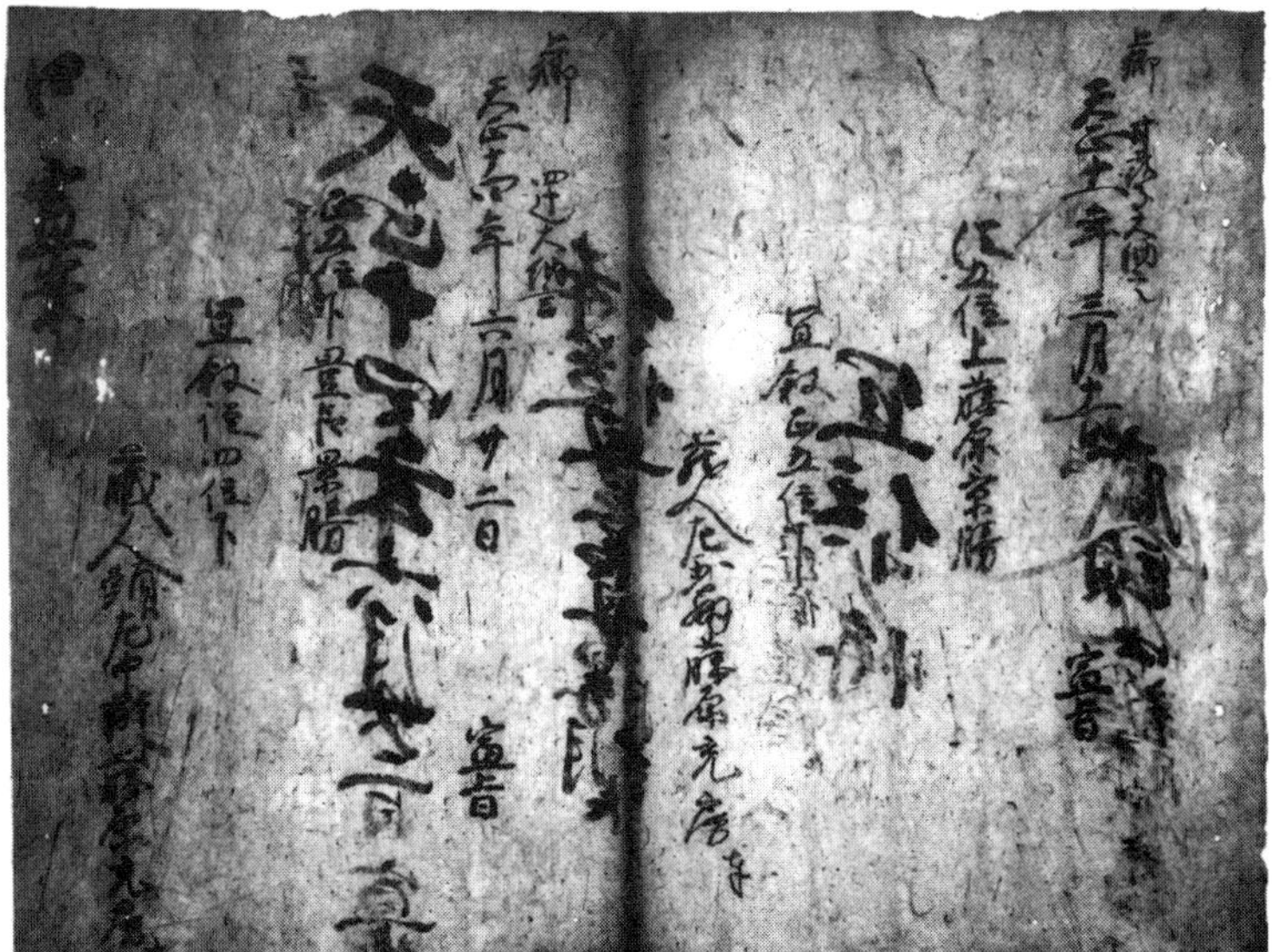

写真４　番号⑧と番号⑨

第2部

景勝の領国支配

Ⅰ　戦国末期にみる秩序の再構築

――上杉景勝の信州北部支配を中心として

逸見大悟

はじめに

戦国大名の支配体制の確立過程を時代の連続性の中で位置づけるならば、中世的な秩序から近世的な秩序へと移行するための基礎を構築した過程であったと言えよう。

甲信地方を領した武田氏も近世的な支配秩序の構築を目指した戦国大名であったが、天正十年（一五八二）三月、織田信長の軍勢の攻勢に遭い、滅亡を遂げた。その後、甲信地方の各地に織田政権の部将が配置され、支配を行った。ところがその支配体制がまだ確立していなかった同年の六月、本能寺の変が発生する。信長急死の報に接した部将たちはすぐに本国へと引き揚げてしまった。

この混乱に乗じたのが、近隣の戦国大名である。信州には南から三河の徳川氏、東から関東の後北条氏、北から越後の上杉氏がともに進出を開始した。徳川氏は、同年十月に後北条氏と和解し、概ね信州の中南部を勢力下に入れた。北部は上杉氏の支配に属し、両勢力はそれぞれの地域で支配体制を確立していったが、境界地域での勢力争いは鎮まらなかった。結局、天正十四年に両戦国大名が豊臣秀吉に属し、同政権の停戦命令に従ったことで争乱の終止符が打たれるのである。

本稿では、上杉景勝が北信地方で支配体制を確立する過程に焦点を当ててみたい。

景勝の北信支配については、かつての国人領主の旧領回復を進め、旧来の主従関係を温存したというのがこれまでの通説的な見解であった。かつての国人領主とは、村上氏・高梨氏・井上惣領家・長沼嶋津氏・須田氏（満親）・岩井氏らであり、武田氏の信州攻略の際に所領を逐われ、いずれも越後の上杉氏のもとに身を寄せていた一族である。

上杉氏の知行宛行について、『長野県史』は「景勝の北信支配は、直轄地を多く置かずに、景勝に服したかつての在地の領主に旧領を安堵する、間接的な支配体制をとっていた」と評価している。(1)

旧来の主従関係の温存という点でいえば、中野豈任氏が「其方自信州被召連候譜代之者」（『信濃史料』第十五巻二四六頁〈以下、『信史』十五―二四六　などと略す。〉）という記述を引用して、「旧い主従関係がそのまま温存されている」(2)と指摘した。

これに対して池上裕子氏は、旧国人領主らが信州の旧領へ復帰した状況や、在地領主への知行の宛行政策を再検討した。(3)そこから、旧国人領主が武田氏侵攻以前に持っていた所領と上杉氏から宛行われた所領が必ずしも一致しないことや、彼らの旧臣が上杉家臣として自立している事実を読み取り、旧領への復帰といっても、上杉氏への忠節や有用性を評価した上で行われたことと結論づけている。旧領回復については「旧領回復を標榜して忠節を促し旧領に復帰させるのもよくみられるやり方である」と、旧国人領主の忠節を促すための手段であったと述べている。

旧国人領主の信州還住について、中野氏は上杉氏による旧臣たちの直臣化はなく、旧来の主従関係が温存されたといい、池上氏は旧臣たちの直臣化が行われたとしている。これについて中野氏の引用した「其方自信州被召連候譜代之者」という文言の続きを見ると、「或者取旦那、或者他領跡ニ住宅候共、早々被召帰候而、此度本意之御稼肝要ニ候」という言葉が続く。ここに「旦那を取る」という表現がある。よって「譜代之者」とは家に代々隷属してきた人々のことを指すのであって、所領を持つ武士は含まれないのではないか。彼らは本来的に上杉氏が直臣化しようのない人々なのである。

では池上氏の言うように、在地領主が旧来の主従関係から独立し、上杉氏の家臣として自立する方向を志向したかといえば、全面的に肯定することはできない。また旧領回復についても、必ずしも行われなかったからといって、忠節や有用性が優先されたかどうかといえば疑問が残る。

というのは、当時の信州全体の情勢をみると、旧領・旧状回復の主張は、旧国人領主の忠節を促すためというよりも、旧主自身が他者に対して知行を正当化することに重点が置かれているからである。

このころ筑摩郡では、武田氏のために府中を逐われた小笠原長時の子・貞慶が旧領を回復した。また諏訪地方では、諏方頼忠が武田氏に滅ぼされた諏方惣領家の再興を果たしている。いずれも旧領の支配権を回復するという主張のもとに、在地領主層の支持を得て成し遂げられている。ここでは旧領・旧状の回復という主張が、支配を受ける在地領主層や敵対勢力に対して行う支配の正当性の主張という意味合いで用いられている。戦国大名・武田氏によって力をそがれていた小笠原氏や諏方氏の場合、支配の正当性を主張することで在地領主層の支持を取りつけ、支配を確立するという方法が採られたのである。

上杉氏についても、武田氏滅亡以後の混乱を収拾させるため、旧領・旧状の回復を標榜するという手段を用いて北信支配の確立を目指したのではないだろうか。とはいうものの、かつての国人領主たちが信州を逐われてからおよそ二十年が経過し、在地には武田氏によって新たな秩序が形成されている。上杉氏はそのような状況の中で如何にして支配を確立したのだろうか。このようなことについて改めて検討を行いたい。

旧領・旧状回復の再検討は、知行宛行や家臣団の編制を中心に説明していくことになるから、上杉氏がどのような意図を持って北信支配にあたったかということにまで触れなければならない。このころ近隣の戦国大名は、以前にもまして強力な権力をもって領国支配を行い、領土拡大を図っていた。上杉氏もこのような情勢に対応する必要に迫られていたはずである。上杉氏は領国内の事情と周辺情勢を考慮して、北信に如何なる支配秩序を構築しようと考えていたのだろうか。

この問題をテーマにすることは、地域社会に存在した中世的な秩序を、戦国大名がどのように受けとめ、消化して、近世へと継承される支配体制の基盤をどのように構築したかを探る作業につながる。

本稿では、中世から近世への移行期にあって、戦国大名がどのように支配秩序を構築したか、北信という一地域に留まってしまうが、具体的な事例として取り上げ、考察を試みたい。

一、城代と郡司

上杉氏は北信を支配すると、越後国内同様に番城を設け、城代を配置した(4)。さらに海津城代の村上源五景国と長沼城代の嶋津淡路守忠直は郡司に任命され、それぞれ犀川以南と以北の地域を管轄した。周辺の領主たちは城代・郡司の指揮下に属し、番城に在番した。そして合戦があれば、城代や郡司は彼らを率い、軍事行動に臨む体制がつくられた。

地域の武士たちを統率する城代・郡司には、在地の有力な領主のほか、越後に遁れていた旧国人領主も選任されている。彼らが信州に戻り、城代として地域の武士を統率したこともあって、これまでの旧状回復説にも反論があまり出されて来なかったのかもしれない。そこで本章では、城代・郡司には如何なる人物がどういう理由で選任されたのか、改めて考えてみたい。そのためにまず、番城や城代・郡司の性格および役割を分析し、その選任の根拠へと考察を移していきたい。

1、郡司・城代の位置づけ

天正十年から十四年ごろまでに設置された代表的な番城として、飯山、長沼、海津、荒砥、稲荷山、牧之島などが挙げられる。そして特に重要と認められた城の城代には、番城の管理や在城衆の指揮に関する規定を記した文書が発給された。まずはそのような史料から番城の性格や城代・郡司の権限と役割について読み取ってみたい。

（1）番城と城代・郡司の位置づけ

①「大途」の城

上杉氏は各番城に城普請を命じた。飯山城代岩井備中守宛に付された掟書三ヶ条は左のとおりである。

掟

一、城内江不案内之者不可入事

一、普請常々可心掛事

一、町人地下等無力之間、大途用所之外、万端用捨尤候事

附、城普請之刻、人脚以下祢津・勝頼可為如被申付事

（以下略）

（『信史』十五—三八五）

第三条で「大途用所」以外で町人や地下を動員することを禁じたが、城普請については「大途用所」であると認め、

人脚の動員を命じている。

同様に長沼城代嶋津淡路守にも、「長沼要害普請・伝馬宿送之外、私用申付、地下等有退屈者、太不可然候」と申し送られている（『信史』補遺上―五七一）。「長沼要害普請」も「伝馬宿送」も、「私用」と対置される「大途用所」であることが分かる。番城は城代の管理下に置かれてはいたが、同時に「大途」すなわち公権力である上杉氏の指示を受けるべきものであった。公権力のために設置された城であったといえる。

②城代は「大途」の名代

さらに上杉氏は城代や在城衆についても規定している。左は芋川越前守親正に宛てた五ヶ条から成る掟書である。

掟

一、牧嶋城中、不案（内脱か）成者、出入堅可停止事
一、不限同心家中、芋川背下知、軽大途族於有之者、以交名可申越事
一、忠信之者、非分狼藉於申懸者、深可加折檻事
一、敵地通融之者有之者、様子具ニ相尋、科於歴然者、不及下知可加成敗事
一、於何事も、大途・内儀共ニ、無造作様ニ分別可致之事

（以下略）

（『信史』補遺上―五七八）

第二条で芋川の下知に背くことは、「大途を軽んずる」ことであると言っている。上杉氏は在城衆に対して、城代を「大途」の名代と位置づけているのである。

なお、順序が逆になってしまったが、番城の「城代」という呼称について断っておく。史料上「武主」「もの主」

などの表現が用いられ、先行研究でも「城主」「城将」などの呼び方があり、一定していない。本稿では、番城を管理している公権力の名代という意味で「城代」の語を使うことにしたい。

さて第四条では、「敵地通融之者」の検断権が認められている。郡司にも認められた権限であるが、そのほかの城代に検断権を附与した史料はない。明文化されなかっただけなのか、独自の検断を禁じていたのかは分からないが、牧之島は小笠原氏の勢力に対する前線基地であり、特に警戒を要する城だったことは察せられる。

③郡司の権限と役割

元来、郡司は越後独特の職掌である。中野豈任氏によれば、守護である上杉氏が国内支配を確立するため、各郡に設置した代官であるという(5)。その権限としては郡内の検断権のほか、守護役や役夫工米、段銭、臨時課役などといった土貢を国人から徴収する権限が委ねられていた。北信では守護役などを賦課した事例はみられないが、「郡司不入之御證判候共、要害其外大途之御用所者可被勤候之間、被得其意、其地普請等之時者、不入之地江茂人脚可申付候」とある(『信史』補遺上—五九三)。長沼の城代＝郡司が賦課する城普請や伝馬宿送は「大途用所」にあたるから、土貢に代わるものとみることができよう。「郡司」といっても、時代や地域の情勢によって役割も異なってくるのだろう。

先にも触れたとおり、郡司には軍勢の指揮権および管轄域の検断権が与えられた。城代にも軍勢の指揮権があったが、大規模な作戦を展開したり、広域にわたる将兵の動員が必要な場合に、指揮に携わったのである。

村上景国に与えられた権限としては、このほかに在城衆の訴訟に関する取次や同心の跡職分別、城林の管理があり(『信史』十五—三七一)、嶋津忠直には「大途用所」の際は、郡司不入地でも人脚徴発ができる権限があった。景国には「郡司之儀、春日古弾正可為如申付事」と言い渡されているが、奉書式印判状の奏者という点を除けば、武田氏の時代の海津城代・春日（香坂）弾正忠虎綱の職掌を継承した形になっている。[6]

（2）須田満親の四郡管掌

天正十三年、越中で交戦していた須田満親が海津城に着任し、「信州四郡諸士并堺々仕置」を任せられた。「四郡」とは、高井・水内・埴科・更級の北信四郡を指している。その職掌は次のとおりである。

掟

一、四郡中或盗賊、或企逆心者於有之者、不依甲乙人、急度糺明、罪科軽重次第、流罪、死罪之沙汰可有之事

一、諸口懸助等之儀者勿論、太躰之調議共、其方分別次第、越国江不及注進可被申付之事

一、諸士軍役、於近郡者、本軍役ニ増倍ニ而可相勤之事

（以下略）　　　　　　（『信史』十六―三七三）

検断権と軍勢の指揮権は四郡全体に拡大し、さらに上杉氏から軍役の賦課権が委譲された。

また天正十四年五月十日、所伊賀守宛てに発給された満親の黒印状には「今度松田方与公事之儀、無別儀由、諸人聞落候、雖然、知行相違、依之他国へ可越由候、跡々御朱印おも致頂戴人及出行之事者後日御尋之時、可為如何候条、先々当地ニ留置候、当座為堪忍分百五拾俵之所出之候、於子細者小日記書加候者也」とある（『信史』十六―一四二二）。松田氏との相論について所氏に譲歩してもらうかわりに、当座の堪忍分として満親から所領を給付するという内容である。ここからは、満親に相論の調停権と、所領の給付に関する一定の裁量権が認められていたことが分かる。これまでの郡司に比べると、大幅な権限委譲である。

この権限委譲については近隣の戦国大名との軍事的緊張が高まってきたことで理由づけがなされている。[7] 軍勢の指

揮権についてはこれで説明がつくが、盗賊の取締りや刑罰は治安維持の部類に入るし、第二条の「太躰之調議」には、相論の調停や所領の給付なども含まれるだろう。そのような内政に関する権限までがなぜこの時期に委譲されたかは、はっきりしない。

２、郡司・城代の選任

池上氏は先に紹介した論稿で、郡司や城代の選任基準についても言及している。そこでは飯山城代に任じられた岩井昌能が御館の乱で景勝方として活躍したこと、また嶋津忠直が井上氏や高梨氏の旧領であったところまでも宛行われたことを挙げ、「旧領安堵が優先政策であったことによるのではなく、忠節と有用度が高く評価された」ことが城代の補任につながったと分析している。これも上杉氏と旧国人領主との関係という視点からの見解であるが、公権力の代理者として在地領主層を統率する正当性という観点から今一度郡司・城代の選任基準について検討をしてみたい。

⑴　旧規・先例に則った選任

①「村上」源五と「山浦」源五

埴科郡の国人領主であった村上義清の嫡子源五は、越後で上杉氏の親戚筋にあたる山浦氏の名跡を相続し、山浦源五国清と名乗っていた。

その国清も、天正十年八月には海津城代・郡司として信州への還住を果たしている。このとき彼は、「山浦源五国清」ではなく「村上源五景国」と名乗った。ところが翌年五月、一族の屋代秀正が徳川方に寝返ると、「源五殿表裏有之」と景国も嫌疑をかけられたらしく、「海津御改易」の上、越後へ召還されてしまった（『信史』十六―五六）。山浦氏の名跡だけは安堵されたが、以後信州への還住は叶わなかった。この時から源五は再び「山浦国清」と呼ばれ、村上氏を名乗ることはなくなった。

村上氏は南北朝・室町時代には北信の武士を統率した家柄である。景国が海津在城にあたって村上氏を名乗るようになったこと、そして「海津御改易」以後、村上氏を名乗らなくなったという事実は、村上氏が北信の武士を統率する正当性を持っていると考えられていたことの顕われであった。

②在地の権威者

天正十二年五月、松田民部助と保科豊後守が更級郡稲荷山の在城を命じられた（『信史』十六―一七九・一八〇）。この段階でどちらが城代とされたかは判然としない。ただ、天正十三年に須田満親が海津に在城し、北信四郡全域の武士を統率するようになった際、上杉氏は松田氏に対して万事を満親の指図に従うようにと申し送っているから（『信史』十六―三二六）、稲荷山城では松田氏が城代を務めていたと考えられる。

元来、松田氏は「更級八幡宮（現在の武水別神社）別当」という地位にあった（『信史』十八―五九）。上杉氏が北信支配を開始したころ「八幡并神主」は屋代秀正の指揮下に置かれており、松田氏も秀正に属していたと思われる（屋代文書）。だが屋代氏が離反した後、八幡やその周辺地域の在地領主層を統率するため稲荷山城が整備され、松田氏が城代に選任された。さらに同氏の名跡は、仁科織部佑盛直が相続し、民部助同様に稲荷山在城を命じられている（『信史』十六―一九五）。盛直は当時、小笠原貞慶との戦いに敗れ、上杉氏のもとに身を寄せていた。上杉氏はその盛直に松田氏を継承させ、子息の孫三郎に「仁科物領職」を与えた（『信史』十六―一九五）。稲荷山城周辺地域の武士たちを統率するのであれば、松田氏の者の方が正当性を持っていたことになる。特にこの場合、神事に携わることを生業とする者が在地領主の統率に関与しているという点で興味深い。

宗教的権威を持っていた松田氏、またかつて北信の武士を統率した村上氏らを郡司や城代に任命したことは、上杉氏が地域の旧規や先例を取り込んだことを意味している。上杉氏は郡司や城代の人選にあたり、旧国人領主らの希望を汲んだこともあったのかもしれないが、このような地域の先例を積極的に利用することで支配体制の確立を円滑に進めることも意図していたのである。

（２）公権力の名代

しかし一方で、旧規や先例によらずに、選任された城代もあった。そのような事例についてみていきたい。

①上杉氏の一族

村上景国にかわって海津城代・郡司に補任されたのは、上條宜順斎であった。畠山義春とも呼ばれ、能登の守護畠山氏の出身であった宜順斎は、信州にゆかりのある人物ではない。上杉謙信の養子となり、次いで上條上杉氏の名跡を継いでいる。実際の血縁関係はないかもしれないが、上杉氏の親戚ということになる。旧国人領主であった村上氏の後、上條宜順斎が海津城に遣わされた事実は、海津城代・郡司が地域支配の求心力という性格より、公権力上杉氏の名代としての性格を強めていったことを意味している。

②功労者の取り立て

飯山城代には岩井備中守、牧之島城代には芋川越前守が任命されているが、ともにこのような先例を持った家柄ではない。岩井氏は高梨氏の庶家であるし、芋川氏は水内郡芋川の在地領主であった。彼らについては池上氏の御指摘のとおり、上杉氏に対する忠節が認められたと考えざるをえない。景勝は御館の乱の功臣を要地に配置したり、新恩を給与したりしていたが、(8) 岩井備中守もその功臣のひとりであった。また芋川氏は、国人一揆を結成して織田政権に抵抗したことが評価されたのだろう。

飯山城も牧之島城も武田氏の時代から公権力の所有として整備されてきた城である。武田氏のころから飯山城に祢津氏を在城させたり、馬場氏を牧之島城に配置したりと公権力側の裁量で城代を選任していた。上杉氏もこれを踏襲したのである。

だが、広域を支配する郡司については、当初から功臣を抜擢するようなことはしなかった。郡司は、井上氏や須田氏のようなかつての有力国人をも指揮下に置かねばならないからである。須田満親が海津城代に着任した際、景勝自身が井上氏や松田氏に「海津為武主、須田相模守指遣候、万事彼差図次第、無異儀可被走廻事専一候」（『信史』十六―三二六）とわざわざ申し送ったのは、満親は元来、彼らより格下であり、四郡支配の正当性に欠けるという点で、支持が得られるか不安だったからだと思う。

これは芋川親正の牧之島城代就任にあたって、上杉氏が「芋川背下知、軽大途族於有之者、以交名可申越事」とか「忠信之者、非分狼藉於申懸者、深可加折檻事」などと殊更に城代の優越性を強調しているのと同じである。

当初は地域支配の正当性を取り込みながら、在地の支持を獲得し、その後は少しずつ公権力の優越性を高めていく、これが上杉氏が取った支配体制確立の方法であった。

二、家臣団編制——寄親・同心関係から

上杉氏は北信支配を開始すると、在地領主層や土豪・地侍層に宛行状を発給し、彼らを直臣化した。同時に寄親と同心（寄子）を定めた。同心には「島津舌頭次第」などと、寄親の指揮に従うように命じている。序論で述べたように池上氏は、かつての有力国人領主の旧臣たちが上杉氏の家臣として自立する動きを見せたとしているが、「旧い主従関係」が温存された事例もあったのだろうか。上杉氏の寄親・同心編制を、武田氏の時代やそれ以前の状態と比較しながら再検討を加えてみたい。

そのうえで上杉氏がどのような目的を持って家臣団編制を行ったかを考察してみたい。

1、武田氏以前の社会関係

（1）惣領を中心とした結合——国人層

①高梨氏とその一族

「諏方御符礼之古書」(9)には、文安から文明のころに高梨氏の勢力下にあった郷村が数多くみられる。それらの領主には「高梨江部大膳介高秀」とか「小島高梨伊豆守景頼」など、明らかに高梨氏の庶家と分かる人名がみえる。「御符礼之古書」に登場する高梨氏の惣領・刑部大輔教秀、政高、政盛らが直接支配した郷村もみられるが、「高梨紀伊守将秀」ら庶家とみられる人物が知行したところも多い。

このころの高梨一族については、湯本軍一氏の研究が詳しい。それによると、一族は鎌倉時代以来、惣領を中心と

した「族的結合」を保っていたが、南北朝・室町時代を経て、次第に庶家・庶子の自立性が強まり、一族一揆的な結合へと移行せざるをえなかったという。しかしながら文明年間を境に、惣領による庶家・庶子への所領給与・安堵が行われるようになり、惣領―庶家・庶子の封建的主従関係へと変化していった。さらに永正十年に起きた越後国内の争乱を契機に一族内における惣領の権力を強化し、外部に対しても勢力を拡大していったと言われている。[10]

②村上氏の一族

それでは小県郡から埴科郡まで勢力下に置いていた村上氏はどうだっただろうか。「諏方御符礼之古書」には、文明から長享のころに村上氏が知行した郷村についての記載がある。

埴科郡の坂木では「村上兵部大輔政清」という村上義清や景国の先祖にあたる人物の名が見える。『長野県史』によれば、村上氏にはこの系統とは別に惣領家が存在したが、信州での勢力は衰えて上総に住したという。[11]当時、小県や埴科に勢力を伸ばしたのは、政清の系統、所謂「坂木村上」氏である。

さて「御符礼之古書」には村上氏の勢力が及んだ地域として、このほかに小県郡塩田庄と水内郡風間が見えるが、必ずしも当主の村上政清が「御符之礼」を勤仕しているわけではない。文明十一年（一四七九）の御射山まで、塩田庄は「村上兵部大輔政清御知行」などと記され、「福沢五郎清胤」らが代官を勤めていた。だが文明十六年と長享三年（一四八九）の御射山では、それぞれ「村上福沢入道沙弥頭賢」と「村上福沢左馬助政胤」が「御符礼」を勤仕している。また文明十七年にも「御教書役銭」を出しているが、「福沢殿」が善光寺へ参詣中のため、「贄田弾正」という人物が代官になった。一方、風間では文明十二年に「村上与四郎源高国代始」ということで御射山御頭足を勤めた。

塩田庄については文明十六年以降、福沢氏が主体者となって「御符之礼」等を勤仕しているから、このころ同氏に宛行われたのかもしれない。以上のことから村上氏は勢力圏内の郷村に一族を分出させたり、支配を代行させたりしていたことが読み取れる。ただ史料的な制約から、坂木村上氏とほかの一族との間でどのような権力関係が形成されていたかは知り得ない。

（2）地縁的結合——地侍層

このほかに、地侍層も存在した。左に掲げるのは、武田氏の時代の文書である。

少輔抱之内、五百貫之所出置候、弥可抽戦功事肝要候、若有先判所持之人者、重而可聞合者也、仍如件、

壬戌

四月十七日

仁礼衆五十人江

（『信史』補遺上—一四一三）

『信濃史料』によれば、永禄五年（一五六二）に発給された武田氏の判物案という。宛所の「仁礼衆五十人」は大笹街道沿いに拠点を持つ地侍である。彼らは近隣の領主に比べると軍事力などの点でも小規模にならざるをえない。そこで「衆」として地域で結束を保ち、協力体制をとっていた。同時に、おそらく構成員の行動も衆内で制限していたことだろう。そして武田氏も以前から続いてきたこのような体制を追認し、個別に掌握するのではなく、「仁礼衆五十人」と一括して把握したのである。

（3）国人と中小領主層との間——擬制的親子関係

ところで、高梨氏や村上氏ら国人やその一族の所領は散在性を持っており、その間に中小の領主層が存在していた。ただ、そのなかには国人層との関係を結んでいた者も見える。

今度之忠信無比類候、因茲、高梨之内河南千五百貫相渡候、恐々謹言、

天文廿四年

十月五日　晴信

小嶋修理亮殿

此外同心七人

（『信史』十二―八〇）

これも武田氏の時代の史料になるが、小嶋修理亮は先の「御符礼之古書」に所謂「小島高梨」氏である。ここで武田氏は、小嶋氏とその同心七人をひとつのまとまりとして把握している。この同心は在地の中小領主であって、武田氏以前から小嶋氏と寄親・同心関係を結んでいたのだろう。先に述べたように、高梨一族は武田氏侵攻直前の段階で惣領家―庶家の封建的主従関係を形成するに到っていた。一方で、近隣の中小領主との間には寄親―同心のような擬制的な親子関係が結ばれており、これを武田氏が追認したのである。

このころの北信には、国人レベルでは惣領を中核とした「族的結合」が存在し、さらに彼らと中小領主層の間においては擬制的な親子関係が結ばれていた。そして小規模の領主や地侍層では地縁的な結合があった。そこに非常に多様な関係が見えてくるのであり、かつそれらが重層的な結びつきを持っていたと考えられる。

2、武田氏の四郡支配

（1）葛山衆の個別掌握

前節で述べたように、小嶋氏は「同心七人」との関係を従来どおり認められ、「仁礼衆五十人」も「衆」として把握された。しかし葛山衆の場合は、従来からの結合の改変を余儀なくされた。

弘治三年（一五五七）、水内郡葛山の国人であった落合氏は武田氏に徹底抗戦し、惣領家は滅ぼされたといわれている。したがって惣領―庶家という形で一族がまとまることはできなくなってしまっていた。だが、武田氏滅亡後に上杉氏が発給した史料に「葛山乙名衆」とか「桂《（葛）》山衆」といった語が散見されるので、一族として横につながるような関係ができていたことが分かる。

ただし、武田氏は葛山衆の構成員と個別的に主従関係を結んでいる。元亀元年九月朔日付けで立屋勘解由左衛門尉、櫻孫左衛門尉および鑪与助に対し本領安堵と新恩給与が行われた（『信史』十三―三九二～三九四）。立屋氏らに新恩給与されたのは落合惣領家の旧領である[12]。落合氏滅亡から十数年を経たこの時期に、なぜこのようなことが行われたのかは分からない。この時点で武田氏による葛山衆の掌握形態が「衆」から個別へと変化したのかもしれない。

いずれにせよ戦国大名武田氏は、可能な場合については個人宛てに宛行状を発給するなど個別掌握を行い、地縁や血縁によって結合を保っている集団についてはひとまずこれを追認する形が取られたと考えられる。ただし、それは時間の経過によって個別掌握へと変化を見せる場合もあったと思う。

主従関係については個別掌握へと移行しながらも、在地に存在する寄親・同心関係、あるいは地縁的結合は残されたのである。

（2）海津城代・春日虎綱

北信を制圧した武田氏は海津城を整備し、春日虎綱を城代に据えた。のちに牧之島城代に馬場美濃守を置き、協力して北信の防備に当たらせている。平山優氏によれば、海津城周辺の国人層を「相備」「与力衆」、つまり同心として軍事指揮下に属させたという。[13]海津城代の管轄地域における知行宛行では、虎綱が奉書式印判状の奏者になるなどして武田氏の意志を伝達していた。また虎綱の許可なくして、国人の所領の山の「材木尺木等」を伐採することを禁じた事例も挙げている。そして虎綱は馬場氏と異なり、単に在城衆への軍事指揮権のみを委譲された城代ではなく、「領域支配をも委任された郡代としての性格を持っていた」という。

先の葛山衆でも触れたように、地縁や血縁関係による結合は在地に残されていた。ただ、戦国大名領国全体からすると、それらは非常に小さな単位であった。以前よりも広域にわたる指揮系統や、戦国大名―国人間の連絡役が必要になったのである。そこで海津城代を置き、一定の支配権まで委譲したのである。

3、上杉家中における寄親・同心編制

（1）結合の維持と権力浸透

①仁礼衆の再編制

天正十一年二月二十八日、上杉氏の執政・直江兼続は、仁礼衆の一員である大峡織部佐に対し、「井上五拾人衆軍役之儀、堅可申付候、彼者共之内に、其方背下知者有之者、急度注進尤候」と書き送った（『信史』補遺上―六〇六）。仁礼衆を「井上五拾人衆」と呼び、軍役について大峡織部佐に催促および指揮を任せている。もともと仁礼衆の指揮は織部佐が行っていたのかもしれない。ただ、公権力側が仁礼衆内部に関与した形跡は、武田氏の時代にはみられない。戦国大名側からは、五十人が横並びでひとつの結合体を成していると認識されていたのである。

しかるに上杉氏はここで仁礼衆の筆頭を定めた。のちに作成された「文禄三年定納員数目録」（以下、「目録」と略

す）では仁礼衆が「御手明衆御弓衆　大峡織部組」と呼ばれ、地侍個々の定納高が野村外記から順番に記載されている（『信史』十八―六二）。上杉氏は仁礼衆も横並びの結合体として掌握しなかったのである。天正十一年の段階で、まず代表者として大峡織部佐を公認した。「目録」に記載される順番は定納高の多少ではなく、「伝統的な序列」によって決まっている。(14) 仁礼衆についても定納高の多い方から書かれているわけではないので、おそらく格の高い野村外記から順番に記されたのだろう。

また「目録」の段階では家臣全員について個々の定納高が記されている。仁礼衆についても「仁礼衆五十人」宛てに五百貫の所領を宛行った武田氏のころと違い、地侍層であっても公権力が個別に掌握する方向へと移行していったことが分かる。「目録」の段階でも「衆」としてのまとまりが残っていたということは、その地縁的結合を引き続き認められていたと結論づけられるが、集団が上位権力に対して持っていた排他性が少しずつ削られていった事実も読み取れるのである。

②「抱」の設定――地縁的結合の維持

「目録」には仁礼衆のほかにも「何々衆」と呼ばれた集団が見える。そのなかには「井上衆井上左衛門太夫同心」「市川衆　市川長寿丸同心」のように、上杉氏が北信支配を開始したころ、あるいはそれ以前から、同心としてかつての国人領主に属していた人々がみえる。

一方で、「桂山衆島津抱」など、「抱」という語も散見される。葛山衆は落合物領家の滅亡により、横につながる形で一族の結合を保っていた。これを嶋津淡路守の「抱」としたのである。そのほかの「福嶋　須田相模守抱」とか「屋代衆須田相模抱」と見えるのは、もともと須田左衛門尉信正や屋代左衛門尉秀正の同心であった。しかしながら両人とも上杉氏に逆心を企て、信正は誅殺され、屋代氏は徳川方に寝返っていた。つまり「抱」とは、寄親となるべき人物が不在であり、代わりの者に同心として属している集団なのである。それにもかかわらず、「貝津須田相模守同心」や「長沼衆嶋津淡路守同心」と一括されないのは、文禄三年当時、まだ地縁的結合や一族の紐帯が残っていたからであろう。

（2）旧来の結合からの自立

一方で、旧来の主従関係からの自立を志向する家臣もみられるという池上氏の指摘も看過できない。具体的には高梨家中の岩井氏や岩船氏らである。高梨惣領家とともに越後に遁れたが、上杉氏に仕えていく中で、高梨家中から独立していった。それが結果として、岩井氏の飯山城代への抜擢へと結びつくということである。

ただ、これは単に岩井氏らが上杉家臣としての自立を志向し、軍功をあげたために、上杉氏がこれを評価して、要職に取り立てたという構図には留まらないと思う。家臣が一方的に戦国大名へ働きかけたのではなく、戦国大名側も旧来の結合体の解体を意図していただろう。北信に進出した上杉氏は、「族的結合」や地縁的結合を持った集団と主従関係を結ぶのではなく、在地領主を個別的に直臣化する統治方式を取っていた。武田氏以前の北信に存在していたような重層的な社会関係の上に立って、間接支配を行うのではなく、中小の領主層までも直臣化することで、在地にできるだけ直接的な影響力を及ぼそうとしたである。

岩井氏らは所領を離れて、上杉氏を頼ってきたのであるが、彼らと個別に主従関係を結ぶことは、軍事力の直接的な掌握にもつながるわけで、上杉氏にとっても大きな利点があったのである。

三、知行宛行の方針

以上、旧来の結合の維持と解体に関して述べてきたが、ここで旧領回復の問題にも触れてみたい。上杉氏が在地領主に対して発給した宛行状には、「本領」や「近年持来候知行」の安堵のほか、新恩を給与するという内容を含んだものもある。

それと同時に越後に遁れていた旧国人領主層も還住させたのだが、序論で述べたように、在地領主層の知行地との競合が生じてしまった場合、上杉氏はどのような措置をとったのだろうか。やはり池上氏の言うように忠節優先の知行宛行であったのか、それとも旧主である国人領主の手に旧領が完全に戻ったのか。知行宛行の状況を再確認してみたい。

1、本領安堵と当知行安堵をめぐって

（1）在地領主への「本領」安堵

先の池上氏の研究によって、上杉氏が北信の諸士に発給している書状の中で「本領」とある場合、一般に言われている根本私領という意味での本領のほかに、武田氏から給与された新恩地も含まれていたことが明らかになった。

それは、越後へ逃れた長沼嶋津氏とは別流の赤沼嶋津氏に発給された宛行状から知られる。赤沼の嶋津泰忠は武田氏に属し、永禄十一年に本領安堵と新恩給与を受けている（『信史』十三―二五七）。天正十年になって泰忠も上杉氏に属すると、実際には不知行地であった蓮の地を除き、武田氏から新恩給与された所領も「本領」と一括して安堵さ

れた（『信史』補遺上―五七一）。

一方「本領」安堵とは別に、「近年持来候知行」つまり当知行の安堵状も見られる。現状の維持ということろだが、「本領」安堵とはどう違うのだろうか。武田氏の滅亡後、織田政権の森長可が支配した時期が二ヶ月ほどあったが、そのわずかな間に宛行われた所領を安堵するということであろうか。管見の限り、森氏が発給した宛行状には「当知行」を安堵するという文言は多いが、安堵する所領を具体的に記したものや、新恩給与の宛行状はほんのわずかに残るのみであったので、森氏と上杉氏の宛行の内容を比較することはできなかった。

（2）当知行安堵

そこで上杉氏に当知行安堵されていて、武田氏の時代の所領と比較できる人物として西條治部少輔の事例を考えてみたい。

弘治二年（一五五六）、武田氏は西條氏に対し、水内郡の原・今里を宛行う旨を約束する朱印状を発給した。

就原・今里之儀、自香坂入道様々承旨候条、当分相違覚悟之外候、何時ニ候共、小田切方川北之本領一両ヶ所至安堵者、任先判之旨、原・今里可相渡候、此趣雖染先書、若可有疑心之由令校量候間、重而書出所也、仍如件

（以下略）（『信史』十二―一二〇）

西條氏は武田氏から発給された「先判」によって、原・今里両所を知行する権利を持っていたようである。ところが武田氏側の手落ちによるものか、原・今里は小田切氏に宛行われてしまった。そこで武田氏は、犀川北岸にある本領を小田切氏に安堵させたら、この両所を西條氏に宛行うと約束した。しかし結局それが果たせなかったため、「原・今里之替地」として高梨領の新保四百貫・小田中三百貫の地を宛行った（『信史』十二―五五二）。

上杉氏の時代に入ると、天正十年六月二十九日に「任望之旨、本領并嶋立千貫之所出置者也」と本領を安堵されたが（『信史』十五―二七〇）、一ヶ月後の七月二十五日には「近年被抱来知行之儀者不及申、其上忠信之間、為新地、洗馬・曲尾出置候」と再び安堵状が出されている（『信史』十五―三四四）。この前日、別件ではあるが小田切四郎太郎に宛行状が出されていることから、これより少し以前に原・今里についても小田切氏や西條氏と上杉氏の間で調整が行われたのだろう。

つまり、武田氏以前、原・今里の地は西條氏の所領であったが、武田氏によって小田切氏に宛行われてしまい、上杉氏が入ってきた時も小田切氏の所領のままだった。そこで上杉氏は、西條氏には先に「本領」を安堵すると言ったけれども、それでは原・今里まで含まれてしまうことを憂慮し、「近年被抱来知行」と言い直したと思われる。

先にも述べたように、織田政権下・森氏の支配は短期間に終わり、また芋川一揆などがあって支配も安定しなかった。現存する宛行状のなかでは「当知行分之事、進置候上者、不可有相違候、猶依忠節、重而新知可令宛行者也」とだけ書いてあるものが多く、具体的な内容が記されていない。ひとまず現在の知行を安堵したという形のものばかりである。この状況では新恩給与を行うのも非常に困難であったと考えられる。

上杉氏の当知行安堵についても、森氏から宛行われた知行を安堵するというよりは、武田氏の時代の知行を考慮して行った当知行安堵ではないか。例えば、替地を与えられて本領を退いた領主などに「本領を安堵する」といえば、旧領が戻ってくるという誤解を生じかねないから「近年持来知行」を安堵するなどと言ったというわけである。後述するが、当知行とはいえ、武田氏滅亡後に占有した所領の領有権を否定する事例も見られる。上杉氏は森氏のころの知行の状態を必ずしも追認したとは言えないのである。

（3）当知行と「本領」との競合

以上に述べてきたことから考えると、在地領主相互間で知行地の競合が生じないように、武田氏の段階で整備されていた。

しかし武田氏滅亡後、上杉氏が支配を確立するまで三ヶ月ほどの混乱があったわけで、この間に占有した所領については、上杉氏の否定的な態度を取っている。

葛山之内、勝頼御代に為御料所、長沼へ被付置候分ハ、何ヶ所候共、無相違嶋津方へ可被相渡者也、

天正十年

八月七日　　　　兼続（直江）

葛山乙名衆

（『信史』十五―三八二）

葛山衆は、武田氏滅亡の混乱に乗じて「勝頼御代」に御料所だったところを占有してしまったようで、上杉氏が執政・直江兼続を通じて長沼城の管理下に戻すように命じたのである。

ここで、所領の返還を求める理由として、「勝頼御代」に御料所だったからと述べている。この文書も、前述の「本領」安堵も、知行の状態を武田氏の時代に戻すという形で、混乱の収束と秩序の回復を目指すという上杉氏の意図が読み取れる事例である。

2、旧国人領主の旧領回復

在地領主に対しては、武田氏の時代を基準に置いた宛行が見られたが、旧国人領主の旧領は、どうなったのだろうか。

（1）嶋津淡路守の所領

①嶋津淡路守の旧領回復

嶋津淡路守忠直は、天正十年七月ころ旧領・長沼への還住を果たした。同時に「河北郡司」に任命され、犀川北岸地域つまり水内郡一帯の武士を統括する権限を与えられた。

覚

一、三百俵　真羅田《弓か》
　百八十俵　山田
一、三百五十俵　北尾張部
一、三百五十俵　南郷
一、六十俵　吉村之内
一、百俵　浅野内堀分
　以上
右六箇所料所分也、
　此外
一、長沼
一、津野
　以上

右二箇所者吾分出置者也、

天正十年

七月十三日　　景勝

嶋津淡路守殿

（『信史』十五―三〇三）

右の史料の後半に記載されている長沼・津野の両所は、「吾分」つまり宛所である嶋津淡路守に出します[15]、と言っているから、この時に旧領・長沼の回復が果たされたと言える。前半の六ヶ所については、「料所分也」とされ、俵数が書かれているので、上杉氏の御料所であって、嶋津氏に年貢の徴収が任されたことが分かる。また長沼城は武田氏が整備した城であることから、城の周辺にあった長沼・津野の両所は他の領主に宛行われず、武田氏のころから御料所となっていたと考えられる。この合計八ヶ所の帰属を上杉氏が料所分と嶋津氏の知行分に分けたのである。

②水内郡内の所領の集約

ところで、嶋津淡路守には同日付けでもう一通の宛行状が出された（『信史』補遺上―五七二）。「地（知）行方之覚」と題されたもので、水内郡内の二十八ヶ所、貫高の合計は七千貫余りにものぼる所領である。地名にはそれぞれ「高梨領」「井上」「嶋津領」などと注記が付されている。水内郡内の旧国人領主の旧領は、井上氏や高梨氏に返されることなく、嶋津淡路守に集約されたことになるが、これは一体なぜだろうか。そこでこれらの地名を地図上で確認してみると、現在の長野市域から飯綱町を経て、信濃町に至る、のちに「北国街道」と呼ばれる街道沿い、もしくは長沼や古間から飯山方面へ抜ける道沿いに位置していることが分かる（関連地図・表参照）。

特に野尻・柏原・古間といった信濃町域の所領は、春日山にも程近いため、軍事的に大変重要な場所であった。さらに、北信への物資輸送を考えると、伝馬役を負担する北国街道沿いの郷村は、複数の領主ではなく、一人の領主に任せた方が効率も良いと考えたのではなかろうか。嶋津淡路守への広大な所領の宛行は、公権力上杉氏による北信支配の安定化・円滑化のためにも必要な措置だったのだろう。

その証拠に、これらの所領は、必ずしも長沼嶋津氏が排他的な支配権を行使できる純粋な意味での私領とは限らな

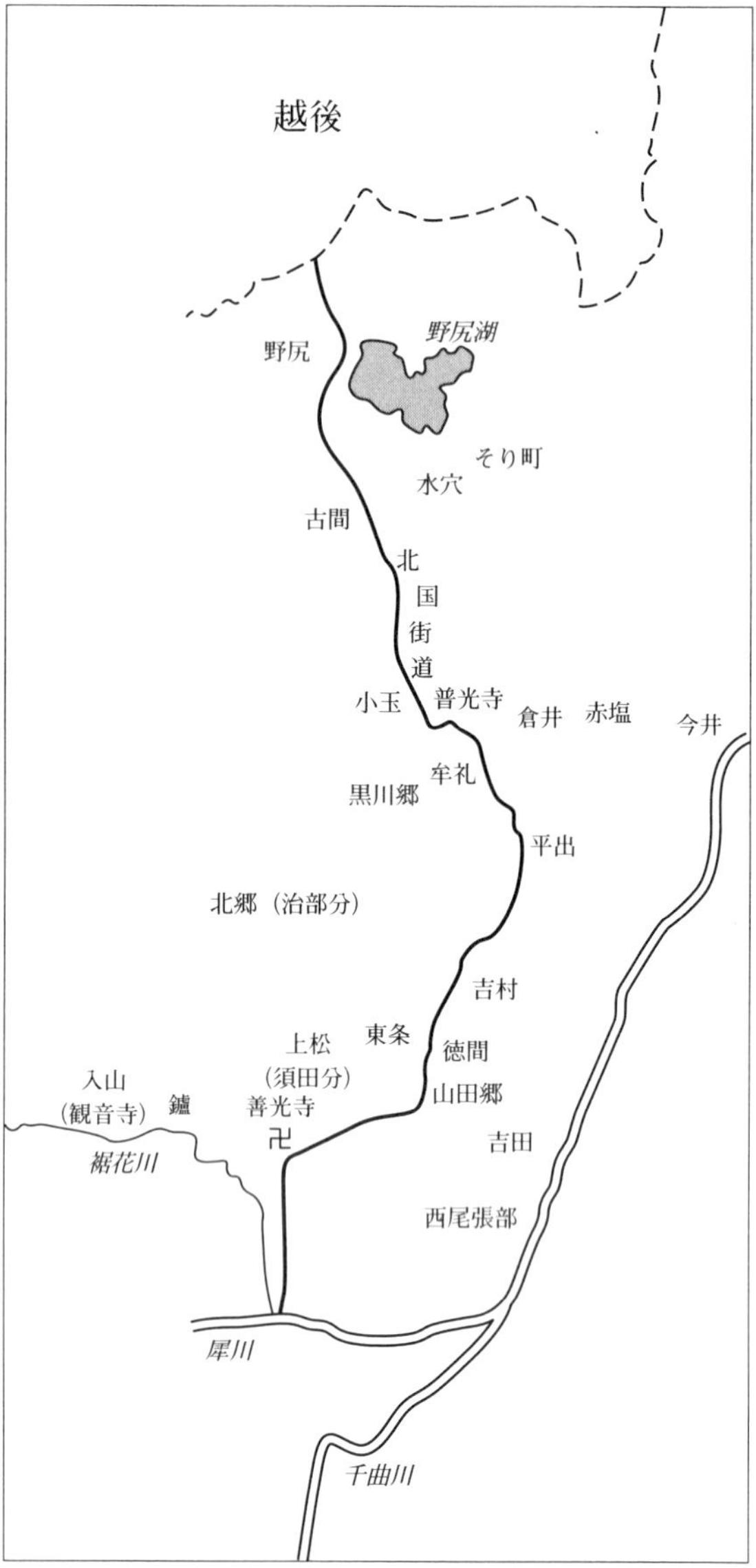

地図　「地行方之覚」にみえる所領（所在地の大体の場所がわかるものを図示した）

いことを物語る文書が残されている。

覚

一、てん馬宿をくり御用捨事
一、御普請人足御用捨事
一、ふもつの御かり秋中まて、大途・私として借用之物可相延事
右之条々、うけ給とゝけ候ハゝ、かけをちいたし候もの共、もとの居屋ニ返置、其上菟角之子細申輩有之者、則

地名 《不明》…所在地不明の地名		貫高 （単位：貫文）
若槻之内	東条	300
	東条之内雀岡《不明》	15
	徳間	202
	入山の内観音寺	35
	今福《不明》	3
	徳吉分《不明》	5
	山田郷	100
高梨領	吉田之内	50
	そり町	50
	水穴	50
	野尻	300
中俣高梨領	小嶋分《不明》	50
嶋津領	吉村	200
	平出	100
	黒川郷	1000
	牟礼	500
	小国（小玉　か）	300
	古間	300
	福王寺（普光寺）	700
	倉井	300
	今井	700
	赤塩	700
葛山領	芋井分《不明》	75
	鑪之内	75
井上領	西尾張部	100
上松の内	須田分	100
北郷	治部分	62
	小鹿野《不明》	150

表　「地行方之覚」にみえる地名と貫高

からめとり、かすか山へ注進可申者也、
　　　　　　　　　　備中守（花押）
　三月十三日
　　　　　　　　　　上野介（花押）
　　ふるま
　　　　　　　　　　　　　　　　　　　　　　（「古間区有文書」[16]）

古間も天正十年に長沼嶋津氏に宛行われた所領であるが、「てん馬宿をくり」や「御普請」という「大途用所」を課せられた郷村でもあった。それが不作による困窮が原因か、欠落する者が続出したため、伝馬役と普請の際の人足の供出が免除され、公私両面における負債の返済期間が秋まで延長されることになった。この文書を領主であり郡司である長沼嶋津氏ではなく、岩井備中守・黒金上野介の両人を通じて上杉氏が発給し、さらに還住を拒否する者や妨害する者がいたら、直接春日山へ注進せよと言っている。

上杉氏は嶋津淡路守を旧領に還住させ、加えて街道沿いの郷村も新恩給与したが、同時に郡司という公的な役目を負わせた。これによって伝馬役や普請といった「大途用所」については、戦国大名上杉氏が直接郷村に命令を出せるようにした。嶋津氏の所領に「大途」が入り込む余地を残したといえる。

（2）村上氏・井上氏らの旧領回復の成否

長沼嶋津氏の場合は、郡司という役職への任命と同時に旧領回復を果たすことができたが、村上氏や井上氏などは旧領を回復できたのだろうか。確認してみたい。

①屋代氏の小県・埴科支配

海津城代・郡司として信州への還住を果たした村上景国であったが、その旧領は必ずしも回復できなかったなかったようである。

覚

一、塩崎寄力之事

一、榊木三ヶ村并同心給之事

一、八幡并神主共之事

一、庄内同同心給共之事

右、近年抱来処者不及申、為新恩此四ヶ条出置候者、相違有間敷者也、仍如件、

天正十年

十二月十二日　　景勝（花押）

屋代左衛門尉殿

（屋代文書）

村上氏のかつての根拠地・坂木は、上杉氏によって屋代左衛門尉秀正に新恩給与された。さらに、埴科・小県郡内の塩崎、庄内の在地領主や八幡の神主も同心として屋代氏の下に組み込まれたのである。

一方、村上景国が信州に知行を宛行われた事実が確認できる史料は、管見の限り見られなかった。ただ郡司就任の際に「越国知行相違有間敷事」と申し送られているだけである。旧領坂木を中心とした埴科郡の所領は屋代氏らに宛行われ、この近辺の在地領主は同心として屋代氏の指揮下に組み込まれたと考えられる。

村上景国が「本領安堵、当国如本意静謐」と願っていたにもかかわらず（『信史』十六―一五二）、旧領が戻らなか

ったのはなぜだろうか。

天正十年八月十二日付の上杉氏からの書状には次のように書かれている。

蘆田へ之飛脚帰着、彼返状共此元江差越、祝着之至候、仍其表無替儀由肝要候、兼而如申定、源五事、別而入魂任置候、仕置何篇も分別次第、源五談合有之、被相計尤候、恐々謹言、

八月十二日　　景勝（花押）

屋代左衛門尉殿

（屋代文書）

「源五事…任置候」の文言からは、海津城代・郡司の村上源五を補佐する役割を担っていたことが分かる。そして「仕置何篇も」以降の文言からは、屋代氏が小県方面において「分別次第」すなわち一定の裁量権を持っていたことが読み取れる。「源五談合有之」という言葉も、上杉氏がよく使っている「舌頭次第」、すなわち城代や郡司の指揮に従えという強い口調とは対照的である。

「蘆田」は、徳川方に属していた佐久の依田信蕃のことと思われるが、屋代氏の所領は徳川氏の勢力と境を接する地域にあった。塩崎や坂木、庄内の在地領主層、八幡の神主らを同心化したのは、海津城代の村上氏とは別に一帯の武士を統率する必要があったからだと考えられる。

②「井上分」の扱い

天正十年七月七日、上杉氏は井上氏の旧領の扱いを定めた。須田対馬守・伊藤丹後守・関屋民部丞・関屋新左衛門・原豊前守・瀧川久兵衛・大峡兵部の七名宛てで「本領不可有別儀候、但此内井上分、須田可被申付候」と申し渡されたのである（『信史』十五―二八六）。

ここでも「井上分」つまり井上惣領家の旧領が彼らの「本領」と認められている。武田氏の時代、井上氏の旧領の一部が彼らに給与されていた。現に関屋民部丞や伊藤丹後守の一族と思われる関屋備後守や伊藤右京亮らに井上氏の旧領と思われる「苅田」や「坂田」を宛行う旨の史料が残されている（『信史』十三―七四および補遺上―四三三）。

そして文中の「須田」という人物について。同月二十三日に仙仁靫負佐へ宛てた本領安堵状に「井上分者、須田左衛門尉可被相計者也」とあるから（『信史』十五―三四一）、須田左衛門尉信正である。

池上氏は、この「井上分」について、「須田可被申付候」とか「須田左衛門尉可被相計者也」という文言をもって、須田氏へ宛行われたと解釈された。それは須田信正が井上郷の一部などを伊勢御師・広田勘右衛門尉に寄進している事実からも補強されている説である（『信史』十五―五六一）。

しかし旧主である井上源六郎達満は、天正十一年九月から海津城に在番している。このころには信州に戻っていたのだが、達満自身の所領は別に宛行われたのだろうか。

先に、大峡織部佐に「井上五拾人衆」の軍役を申し付けた史料を紹介した。これは「覚上公御書集」という後世に作成された案文集に掲載されたもので、写しである。その前書きには「井上五拾人衆」を「信州井上左衛門大夫達満随身輩」と言い換えている。もしこれが事実であれば、この文書の発給された天正十一年二月二十八日には旧領に戻り、仁礼衆ら同心化していたと考えられる。

さらに「文禄三年定納員数目録」では「井上左衛門太夫同心」として安邊郷左衛門、町田惣左衛門ら井上氏の旧領近辺の在地領主が達満に属している。

このようなことからすれば、井上氏の旧領が回復できなかったと考える方が不自然なのではなかろうか。先の安堵状には宛行うという意味の「出し置く」ではなく、「申し付ける」と書かれているし、仙仁氏宛てのものには「相計らう」とある。須田信正に任せられたのは飽くまで「井上分」の計らいである。井上領の寄進状にしても、寄進状によく見られる願文がなく、寄進する所領と貫高が書き上げられた後は「右、彼所無相違令寄進者也、仍而如件之」という文言で締めるに留まっている。また「井上領」と旧主を断っていることからも、すでに寄進してあったところを追認する、所謂「新寄進」のような行為ではなかったかと考えられる(17)。

井上氏の旧領であった「苅田郷」や「坂田郷」が武田氏によって関屋氏や伊藤氏に新恩給与されたことは先に述べた。おそらく「井上分」は武田氏の時代に知行が錯綜してしまっていたため、福嶋城代の須田信正が再配分を任されたのだろう。その結果、旧主の井上達満も旧領の一部を取り戻すことが出来たのではなかろうか。

③高梨氏の旧領回復

高梨惣領家の旧領について、上杉氏は次のように申し送っている。

御本領之儀、先忠之者、何も抱置候間、無拠候、相残分弐千貫之所、進之置候、（以下略）（『信史』十五―三七九）

高梨氏の旧領は、武田氏の時代から伊藤右京亮や西條治部少輔らに宛行われている。さらに上杉氏自身も、水内郡内の「高梨領」を嶋津忠直に宛行っている。先にも触れたように、上杉氏は西條氏の当知行を安堵しているので、武田氏によって新恩給与された旧領は、高梨氏には戻らなかったことが分かる。当知行もしくは「本領」安堵といった現状維持が優先されたのである。

また水内郡の高梨領は、伝馬宿送という「大途用所」に関連して嶋津氏のもとに集約する必要があった。文中の「無拠候」という言葉からは、在地領主の所領安堵や「大途用所」との兼ね合いを図った結果、旧領を削ることになってしまったという景勝の後ろめたい気持ちさえ読み取れるような気がする。

おわりに

信州の争乱を収束へと導き、北信支配を確立させるために上杉氏が最初に行ったことは、在地領主層の支持獲得であった。

在地に存在する結合関係や、所領の安堵を行うことによって在地の利益を保護し、武田氏の統治方式を踏襲するという方針を明確に打ち出すことで混乱を回避した。

郡司など、地域支配の中核となる要職には旧国人領主らを登用し、地域の先例や権威に配慮して在地の秩序を尊重した政策を行った。旧状回復を在地の利益を侵さない範囲で行ったことも、在地領主層の支持を獲得する手段のひとつだっただろう。こうして地域の公権力となり、支配体制の安定化に成功したのである。

一方、このような政策と同時に家臣への権力浸透を強化していった。城代や在城衆に番城の警備・普請などの公的な役家割を分担させるほか、各番城に掟書を附与するなどして、家臣各自の序列を規定した。

また「大途用所」以外での人脚徴発の禁止など、領主の権限にも制限を加えた。特に本主権を持たない所領を宛ったり、「大途用所」と称して私領に公権力の介入する余地を残したことは、所領と領主とのつながりが相対的なものへと向かう徴候であるといえる。

さらに、在地領主のみならず土豪・地侍層に至るまで直臣化を行ったことは、公権力による直接支配が武田氏の時代以上に深化したことを物語っている。在地に残る結合関係の存在を認めながらも、その内部への権力浸透を行うことで、結合体の構成員相互の横のつながりを弱め、上杉氏との個別的な主従関係を強めていった。これにより重層的な社会関係の上に立つような間接的な支配は完全に消滅し、戦国大名による領主、土豪、地侍層の一元的な掌握が実現されるようになったのである。

註

（1）『長野県史』通史編第三巻中世二（一九八七年。以後、『県史』と略す）三七四頁。
（2）中野豈任「越後上杉氏の郡司・郡司不入地について」（『社会科研究』第一〇集、一九六五年）。
（3）池上裕子「戦国期北信の武士と上杉氏の支配」（『市誌研究ながの』5、一九八八年）。以後、度々池上氏の説を引用するが、全てこの論文を参照したものである。
（4）藤木久志「上杉家臣団の編制」（『戦国大名の権力構造』（吉川弘文館、一九八七年）。ただし、『藩制成立史の綜合研究　米沢藩』第二章（吉川弘文館・一九六三年）「家臣団の編制」が初出である。
（5）註（2）に同じ。
（6）海津城代・春日虎綱については、平山優「戦国大名武田氏の海津領支配について―城代春日虎綱の動向を中心に―」（『甲斐路』第八〇号、一九九四年）を参照した。
（7）註（3）に同じ。
（8）木村康裕「景虎・景勝と御館の乱」（池享・矢田俊文氏編『定本上杉謙信』（高志書院、二〇〇〇年）。
（9）『新編信濃史料叢書』第二巻所収
（10）湯本軍一「信州における国人領主制の確立過程―高梨氏族的結合を中心に―」（『信濃』第二十二巻第十一号、一九七〇年）。
（11）『県史』一九三頁。
（12）新恩給与されたのは北山郷や入山郷など、「落合領広瀬庄七郷」（「下諏方春秋両宮御造宮帳」〈『信濃史料叢書』第二巻一五五頁〉）に数えられた郷村である。

(13)　註（6）に同じ。

(14)　註（4）に同じ。

(15)　「吾分」について、辞典類では「御分」と表記されている（『角川古語大辞典』第二巻（角川書店、一九八四年）五四四頁ほか）。

(16)　『信濃史料』では「大古間共有文書」となっているが（『信史』十六―七）、現在は「古間区有文書」として上水内郡信濃町の一茶記念館に寄託されている。

(17)　笠松宏至『日本中世法史論』（東京大学出版会、一九七九年）二六二頁。

Ⅱ　中世越後の小国氏

矢田俊文

一、小国氏と弥彦荘地域

本稿は中世越後において一宮弥彦神社周辺に本拠を置き、さまざまな活動をする領主小国《おぐに》氏の実像を明らかにするものである。

中世越後においては、鎌倉期に地頭職をえて、近世・近代と文書を伝来した領主に毛利安田氏・水原氏・大見安田氏・中条氏・色部氏らがいる。彼らは鎌倉期から上杉謙信・景勝期にかけて長い期間、権力を拡大しながら越後の領主として存続し続けた。

上杉謙信の権力確立を示す天正三年（一五七五）の軍役帳には、右にあげた毛利安田氏・水原氏・大見安田氏・中条氏・色部氏の名前が登場する。謙信が把握した彼らの軍事力を鑓数でみると、毛利安田氏六〇・水原氏五八・大見安田氏九〇・中条氏八〇・色部氏一六〇である。本稿で対象とする小国氏を天正三年軍役帳の鑓数でみると八〇とあり、毛利安田氏、水原氏よりも多い。これは、上杉謙信が毛利安田氏・水原氏・大見安田氏・中条氏・色部氏らと同様の軍事力を有する権力として小国氏に期待していることを示している。越後の戦国期の解明には、毛利安田氏らと同等の権力を有する小国氏の研究は重要である。

小国氏は実頼の代に大国氏と表記されるようになる。その大国氏は近世に廃絶したため文書を伝来していない。そのため伝来文書から小国氏の実像を明確にはできない。しかしながら井上慶隆・田村裕氏の研究によって小国氏の実像はかなり明確になってきている。本稿は井上・田村氏らの研究成果に依拠しながら、新たな史料を追加することにより小国氏像をさらに鮮明にし、その上で小国氏が毛利安田氏らと同等の領主であったことを明確にして行きたい。

井上氏・田村氏らによって明らかになった中世の小国氏の像は、次のようなものである。小国氏は鎌倉期に越後小国保を本拠とする領主で、一族に小中川氏・大中川氏・小船津氏がおり、彼らは十三世紀前半から中葉ころまでに西蒲原（蒲原郡西部）の河川・潟湖近くを本拠としていた。さらに鎌倉期に弥彦荘域の石瀬（新潟市、旧岩室村）に進出し、南北朝期には石瀬の天神山を本拠地とした。舟運を利用して石瀬付近を流れる矢川から信濃川西川（現在の西川）、そして信濃川東川（現在の信濃川）と合流する地点にある蒲原津（新潟市）を主戦場としてしばしば戦ったことを明らかにしている(1)。

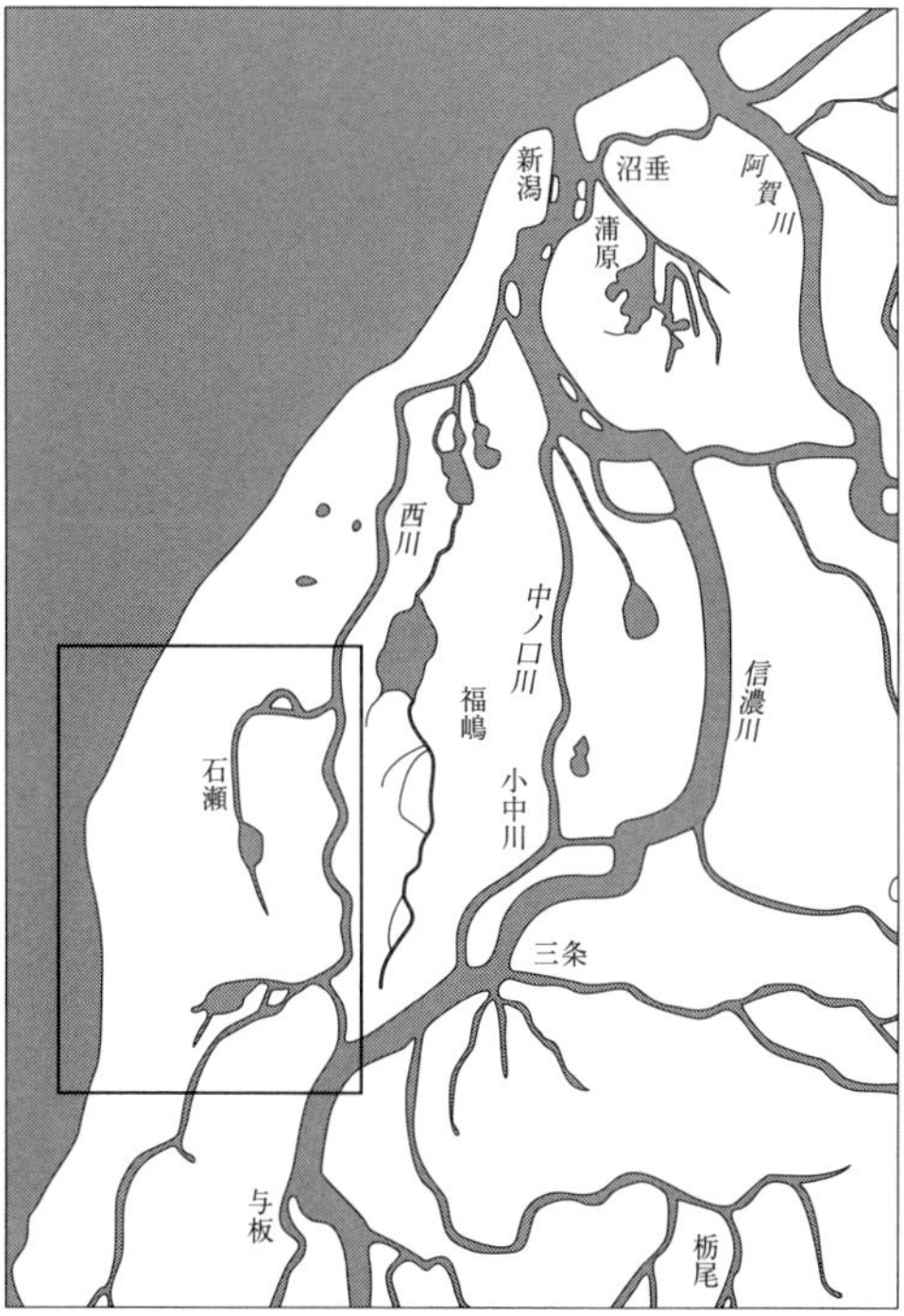

図１　西川、中ノ口川、信濃川流域（ベースマップは1802年改正越後図佐渡図全図並付録）

さらに、小国氏の本拠は長岡市旧小国町であったものが、その一族は西蒲原に拠点を移したものと理解されていたが、現在は、福泉

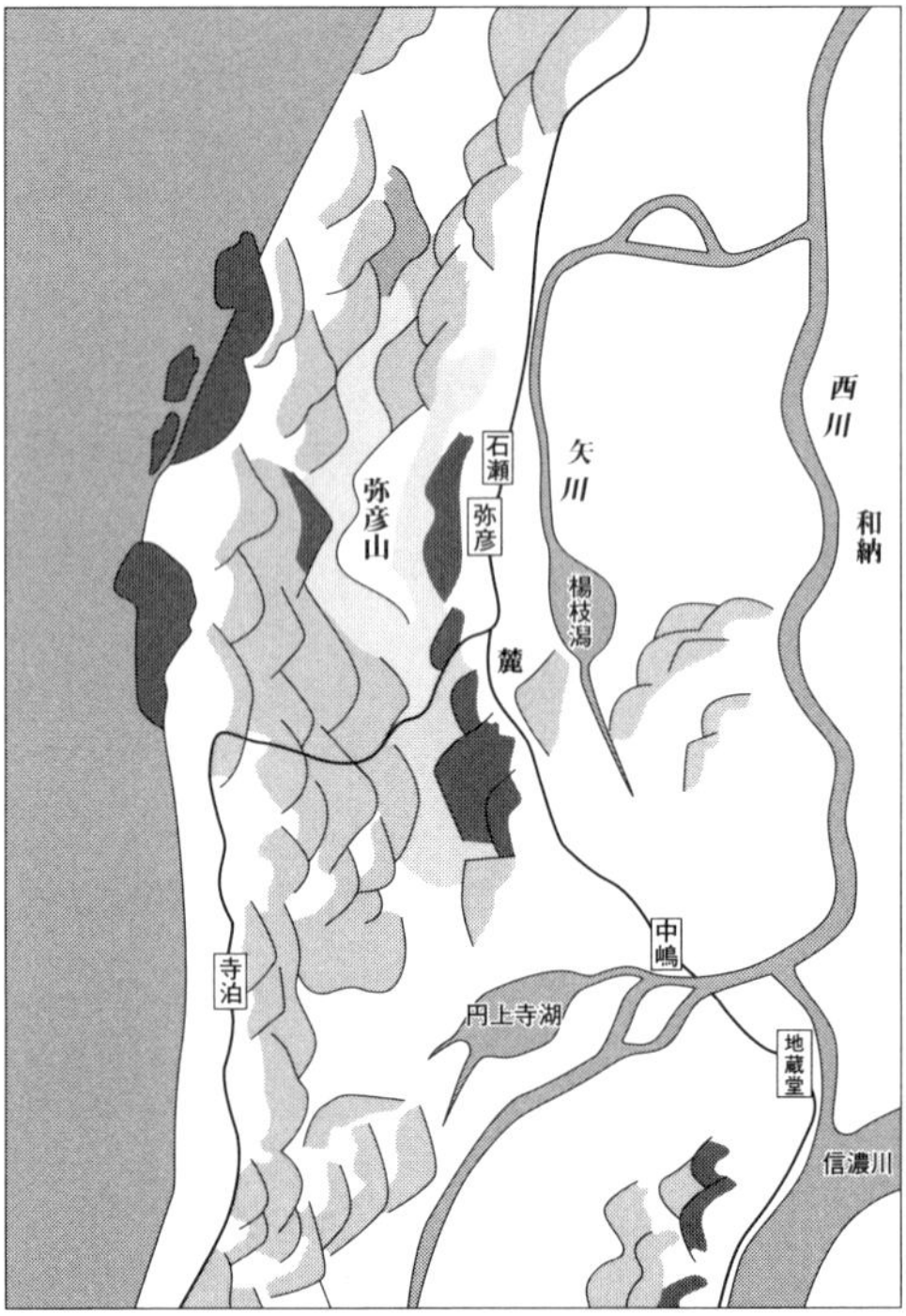

図２　矢川流域（ベースマップは 1802 年改正越後図佐渡図全図並付録）

寺の元和二年（一六一六）の蓮如絵像裏書（『燕市史　資料編Ⅰ』）に、「弥彦庄小国之保大鮒小中川村福泉寺」とあり、『尊卑分脈』の小国氏系図では、源三位頼政の弟頼行の孫頼連は小国氏を名乗り、その弟が小中川を名乗り、頼連の子息らが大中川・小舟津を名乗っていることから、頼連が入部した小国保は長岡市旧小国町ではなく、燕市小中川付近にあった可能性もあると考えられるようになっている(2)。

以上の井上氏・田村氏の研究成果に付け加えることのできることはわずかのことしかないが、三点だけ付け加えておきたい。

一つは、『越後過去名簿』(3)の大永七年（一五二七）の記事に「八彦下条小国為老母」とみえる。この記事から「八彦下条」の小国氏が大永二年（一五二二）、老母のために高野山清浄心院に供養を依頼していることがわかる。「八彦」とは弥彦のことである。『越後過去名簿』には「八彦下条」以外に、「八彦庄下条」（天文六年八月十四日）「八彦ワンナウ」（天文八年閏六月十五日）という記載がある。「ワンナウ」とは和納（新潟市、旧岩室村）のことである（図2）。『越後過去名簿』を見る限り、十六世紀前半期、弥彦荘は下条と和納という地域に分かれ、小国氏は弥彦荘下条

表1　本願寺教団裏書にみえる小国保

番号	西暦	年号	群名	ショウ・ゴウ・ホ	ムラ	寺院名	現在地	出典
1	1616	元和2	蒲原	弥彦庄小国之保	大鮒小中川村	福専寺	燕市	燕市史 資料編Ⅰ
2	1620	元和6	蒲原	弥彦庄小国之保	大鮒小中川村	福泉寺	燕市	申物帳
3	1623	元和9	蒲原	弥彦庄小国保	福嶋村	長善寺	新潟市	申物帳
4	1652	慶安5	蒲原	弥彦庄小国保	福嶋村	行徳寺	新潟市	申物帳

注）1.申物帳は、『上越市史　別編4　寺社資料二』、大谷大学図書館所蔵による。
2.福嶋村は、旧中之口村

を本拠にしていたことがわかる。

第二点は小国氏の本拠石瀬の地域的特質である。すでに井上氏は、館の前を幹線道路が通り、矢川に出ると信濃川西川、そして信濃川東川と合流する地点にある蒲原津に至り、水陸交通の便のよい地点に本拠石瀬があることを指摘しておられる。これは石瀬の種月寺の南英《なんえい》謙宗《けんしゅう》が享徳二年（一四五三）に記した「皷缶軒記《こぶうけんき》」[4]からわかることであるが、享和二年（一八〇二）に三輪長泰が著した『改正越後国佐渡国全図並付録』[5]（図1・2）を見ても、石瀬は水陸交通の便の良い地点に位置していることがわかる。石瀬が主要通路上にあることについては、正保国絵図でも確認できる。

図2をみると、石瀬の西方に流れる源流は楊枝潟という潟湖であった。さらに図2には描かれていないが、楊枝潟の南方、中嶋集落の北方は広大な後背湿地が広がり（『吉田町史　資料編7　自然』）、その後背湿地には「三つがた」「ながかた」「もくがた」「大潟」「雁潟」などの多くの潟が存在していた（慶安元年〈一六四八〉十月矢作村溝村野境論出入絵図『分水町史　資料編Ⅱ近世』）。これらの多くの潟のうちの雁潟が楊枝潟の源流であった。西川は潟湖の広がる舟運の世界といわれるが、矢川沿いも潟湖の世界が広がっていた。小国氏の拠点石瀬は、主要交通路と河川・潟湖を押さえる位置にあったのである。

第三点は本願寺教団裏書に見える「小国保」の検討である。すでに述べたように、田村氏は福泉寺の元和二年の蓮如絵像裏書に「小国之保」と記されていることを指摘している。本願寺教団裏書から小国保記載を探し出すと、福泉寺だけではなく、表1のように長善寺・行徳寺の裏書にも見える。さらに、「弥彦庄小国之保大鮒小中川村」だけではなく、「弥彦庄小国保福嶋村」とも見える。小国保には小中川村だけではなく福嶋村も含まれていた。福嶋村は小中川村のすぐ北に位置する村である。近世初期、小中川村・福嶋村周辺の民衆は、自らの地域を小国保内に属する地域であると考えていたのである。

西蒲原の西川と中之口川の間に存在する「小国保」は、小中川村を指す孤立した地域呼称ではない。これらのことから、中世の小国保の検討はさらに重要性を増すと考える。

二、戦国期の小国氏と山岸氏

源三位頼政の弟頼行の孫の頼連は越後小国保へ入部し、十三世紀初頭には名字の地として小国氏を名乗っていた。その一族小中川氏らは西川と中之口川の間にある西蒲原地域の小中川を拠点としていた。南北朝期には中越・下越地域の南朝方の中心的領主として活躍をし、室町期には水陸交通の要衝の地、石瀬に本拠を構え支配を行った。上杉謙信期には毛利安田氏・水原氏・中条氏などと同等の軍事力を有する戦国領主として権力を拡大していた。小国氏はこのような越後の有力な領主であった。

上杉謙信没後の御館の乱の際には小国氏が上杉景虎側か景勝側のどちらに付くのかは、景虎・景勝双方にとって大きな問題であった。広大な弥彦荘地域でも弥彦に隣接する麓（図２）にある黒滝城の山岸氏は景勝方についていた。和納（図２）を本拠とする和納氏は景虎方についていた。

景勝が天正八年（一五八〇）六月九日、山岸出雲守光祐とその子山岸宮内少輔秀能に送った書状（『上越市史　別編２　上杉文書集二』）によると、景勝は山岸父子に対し、小国石見守が景勝方として加勢をするというので、近臣の安倍二介吉真に兵を付けて派遣したところ、小国氏は安倍と相談して和納氏の本拠和納城を攻撃し、二の曲輪を破り巣城だけにしたという戦果を知らせた上で、小国氏の本拠石瀬にある天神山城は無力で、とくに小国の家来は若輩なのではっきりしないという様子が伝わっており、天神山で凶事が起こればたいへんなことになるので、天神山城が堅固であるように小国氏とその家中に意見をして欲しい、と述べている。

小国氏は景勝に味方して景虎方の和納氏の城を攻めたが、小国氏とその家中はこの時期きわめて不安定な状態であったことがわかる。

おなじ弥彦荘域の和納氏が景虎方で、弥彦社を押さえる山岸氏が景勝方という政治状況が不安定な地域で、小国家中は景虎方・景勝方のどちら側に付くのか動揺していたものとおもわれる。今回は景勝方として和納氏を攻撃したが、家中の動揺は収まらなかったのであろう。

翌天正九年（一五八一）になると、織田信長と連携した新発田氏との戦いが本格的になってきた。この時期、現在の新潟市の中心地、新潟・沼垂・蒲原津地域を押さえていたのは新発田氏であった。すでに述べたように、小国氏の本拠地石瀬は矢川・西川を通じて新潟・沼垂《ぬったり》・蒲原津と繋がっていた。また、幹線道路も新潟・沼垂・蒲原津と繋がっていた。石瀬の天神山城と山岸氏の本拠地麓の黒滝城が安定することなしには、景勝は新発田氏との戦いに勝ち抜くことはできなかった。

御館の乱を勝ち抜いた景勝は、景虎方の拠点三条城に甘粕近江守長重を置いて小国・黒滝の動向を制御しようとした。このころ、直江兼続の弟は小国家を継ぎ実頼と名乗るようになる。その後、小国実頼は姓を大国と表記するようになる。小国氏とその家中を景勝方として維持するために強引な手段をとったのである。しかし、鎌倉期以来一貫して弥彦荘とその周辺地域を押さえ権力を拡大してきた小国氏を潰すことは不可能であり、景勝の近臣を養子として小国氏に入れるという手法によってしか、小国氏とその家中を景勝方にしておくことはできなかった。

黒滝城の山岸一族にも景勝の近臣が養子として入っている。山岸氏の本流山岸宮内少輔家ではないが、山岸右衛門家に上田衆深沢和泉守尚重の二男が養子で入り、山岸中務少輔と名乗り黒滝城代となっている（馬廻組先祖書）。『越後国供養帳』(6)の高野山清浄心院への慶長八年（一六〇三）の供養依頼記事には、「春日山為深沢和泉守山岸中務建之」と見える。父深沢和泉守の供養を子山岸中務が依頼しているのである。『文禄三年定納員数目録』(7)によると、深沢和泉守は二〇二石余で、山岸中務少輔は二二七七石余であった。山岸中務少輔は父の石高をはるかに越えた。二二七七石余という石高は、阿賀北の中条氏の一八六五石余、大見安田氏の一二三二石余を越える石高である。

山岸中務少輔の二二七七石余という石高は景勝直臣としての石高ではなく、黒滝城を預かる山岸一族としての石高である。景勝は小国家と同様に、山岸家にも直臣を養子に入れて黒滝城を景勝方の拠点として安定させようとした。

上杉謙信は、中条氏・大見安田氏に直臣の一族を養子としていれることにより政権を安定させようとした。この手法を景勝は受け継いだ。景勝は天正九年以後新発田氏の戦いに備え、西蒲原の有力な戦国領主である小国氏と山岸氏の両家に直臣の子弟を養子として送り込むことによって弥彦荘地域を手中におさめようとしたのであった。

註

（1）井上慶隆「中世の岩室」（『岩室村史』岩室村、一九七四年）、田村裕「中世の舞台」（『燕市史　通史編』燕市、一九九三年）。

（2）田村裕「蒲原津が激戦地になったわけ」（『知っておきたい新潟県の歴史』新潟日報事業社、二〇一〇年）。

（3）山本隆志「高野山清浄心院蔵『越後過去名簿』」（『新潟県立歴史博物館紀要』九号、二〇〇八年）。

（4）竹内道雄『越後禅宗史の研究』（高志書院、一九九八年）。

（5）堀健彦編『改正越後国佐渡国全図並付録』（新潟大学、二〇〇七年）。
（6）山本隆志・皆川義孝「高野山清浄心院蔵「越後国供養帳」」（『上越市史研究』九号、二〇〇三年）。
（7）矢田俊文・福原圭一・片桐昭彦編『上杉氏分限帳』（高志書院、二〇〇八年）。

Ⅲ　上杉景勝の揚北衆掌握と直江兼続

阿部哲人

はじめに

本稿は天正十年代における上杉景勝の揚北衆掌握について人的関係の側面から考察を行うものである。「揚北衆」とは阿賀野川以北に、鎌倉時代以来の地頭職に系譜をひく所領を持った領主らを指し、戦国時代にみられる呼称である。歴史性に裏付けられた所領経営による在地性の強さと地理的遠隔性から、府中を拠点とした上杉氏や長尾氏の権力・支配が及びにくい対象であった。上杉氏・長尾氏権力を相対化する有力勢力の一つであり、越後の戦国時代研究において重要な論点の一つになっている(1)。

景勝期においても揚北衆の性格は基本的に変わっていなかった。上杉謙信との主従関係はそのまま景勝には継承されず、御館の乱や新発田重家の乱などの政治状況によって関係に一定の変化が生じていた。その揚北衆、その拠点である越後北部に対する景勝支配の展開、浸透については土地支配をめぐって議論がなされてきた。それは天正十五年（一五八七）の新発田重家の乱の軍事的終息、天正十九年の本庄繁長の改易によって各所領が没収されて、景勝与党、中でも景勝譜代の上田衆や兼続配下の与板衆らを中心に給付されていくことによってその支配が浸透していったことが指摘されている(2)。首肯すべき見解である。

本稿は、以上の揚北地域の有力者が排除された結果に着目した見解に対して、むしろ重家の乱の過程や乱後の動向における揚北衆との関係に視角を設定して議論を進めていく。明らかに反抗する領主であれば滅亡によってその所領の没収が目指されるだろうが、そうではない領主の所領の掌握を直接目的とすることは考えにくく、むしろその領主を自己の支配下に如何に収めるかが優先される課題であったと考えられるからである。

具体的には天正九年に勃発した新発田重家の乱に対して、景勝は重家の拠点加地庄の南北から対応を採るが、その一つである北方からの対応を考察の対象とする。加地庄の北、奥山庄・小泉庄に拠点を持った領主の軍事編成を明らかにしながら、両庄の領主に対する景勝支配を具体的に明らかにすることを第一の課題とする。よって、本稿が対象とする揚北衆はこの両庄を拠点とした領主に限定する。なお、この両庄を行論の都合上、揚北北部と呼ぶ。

新発田重家は色部長真家臣の嶺岸左衛門尉に討ち取られ、乱は終息した。(3) その報告のために翌天正十六年、景勝は上洛する。これに同行した長真は豊臣姓を受け、従五位下修理大夫に任じられた（諸大夫成）。この豊臣化によって長真は外様（揚北衆）代表として領国支配の基軸の一つに位置付けられたと評価されている。(4) ここに長真が景勝支配における重要な役割を期待されたことは肯けるが、なぜ長真であったのか、またこれによって何か具体的な変化が長真や揚北衆の間に生じたのかについては言及されていない。(5) また、より長真の位置を明確にする諸大夫成の問題も検討する必要がある。

長真の豊臣賜姓・諸大夫成は景勝の揚北そして出羽庄内支配構想に大きな意味を持ったと考えている。そして、これは豊臣政権の天下統一政策と密接な関連を持って展開した。このことに注意しながら、新発田重家の乱の過程から乱終息後、奥羽仕置における動向をふまえた具体的な支配の展開を考察することが本稿の第二の課題である。景勝が豊臣政権を領国支配に利用した事象を具体的に指摘することでもある。

以上のような景勝権力と揚北衆との関係には直江兼続が果たした役割は小さくなかった。これについても、行論の過程全体にわたることになるが、言及していきたい。長真が領国支配において重要な位置を占めるに至る背景には兼続との関係がその中核に位置したとみられるからでもある(6)。

以上のような問題を通して、景勝による揚北衆、領国北部に対する支配浸透の過程を、豊臣政権との関係もふまえて明らかにしていきたい。

一、新発田重家の乱に対する軍事編成と兼続

本章では、新発田重家の乱への本格的対応が可能となった天正十年（一五八二）を中心に、景勝権力による重家北方からの軍事編成について、その基盤となった在地の領主関係および実際の編成に際する課題、兼続の役割などをふまえて、具体的に指摘していきたい。

(1) 重家の乱

新発田氏は加地庄を基盤とする上杉謙信以来の重臣で、謙信の死後長敦が景勝政権の中枢にあった。重家はその弟で天正七年（一五七九）春ごろから景勝政権の中枢に参与し、同年後半とみられる兄の死去を受けて新発田氏を相続したと考えられている(7)。

謙信死後の内乱、御館の乱末期の天正八年夏には、「猶自因幡所可申越候」のような文言を持つ景勝書状があり、副状の発給もしくは使節によって重家は景勝の意向を先方に具体的に伝達して乱の終結に重要な役割を果たしていた

（『上』一九五三・一九六〇）[8]。

天正九年夏、重家が景勝に反した。景勝が権力中枢の構成を謙信以来の戦国領主を主体とする体制から自らの譜代衆へ転換していく動向への反発によると考えられ[9]、西からの攻勢を強めていた織田信長と手を組んでのことであった。この反乱は信長の死後も、天正十五年十月まで続き、景勝の抱える大きな課題の一つとなった。

（2）天正十年、景勝の新発田出兵と揚北北部

重家の乱勃発によって景勝は、揚北北部、小泉庄の本庄・色部、奥山庄の築地（中条）・黒川ら各領主による軍事行動を企図した。

『上越市史』が「天正九年ヵ」とする十一月一日付の色部長真宛景勝書状は、重家の乱に対して景勝陣営に属することを表明した長真に「本庄有入魂、馳走」すること、つまり本庄繁長と行動を共にすることを求めている（『上』二一九七）。翌年正月十日には、「万端之儀本庄へ申越之条、被聞届、別而有入魂、国中安全之図、肝要候」とある（『上』二二六二）。全ては本庄に伝えたので、それを聞いて行動するように要求されているが、情報や指示の全体を繁長から伝達されることは、長真が繁長の指揮下にあることを意味しよう。

この後二月ごろには越中戦線の激化もあって景勝と重家は芦名氏の仲介で和睦するも、三月末には破談となり、景勝は再び重家への対応を迫られることとなった。ここに景勝政権のブレーンの一人であった上条宜順は、繁長に使者を送って従前の取り決め通りの活動を要請するようにと景勝に進言している（『上』二三二〇）。その三日後の四月四日、景勝は長真に書状を送り、新発田の件は本庄に伝えたので、「万端彼舌頭次第走廻肝要候」、すなわち全てにおいて繁長の指示次第に全力を尽くすよう求めている（『上』二三二九）。長真が繁長の指揮下に位置付けられていること

は明らかである。景勝は繁長に長真を従えて重家の乱に対処することを求めていた。

天正十年六月、本能寺に信長が倒れると、越後、春日山を窺っていた織田勢は撤退、景勝は危機を回避し、反撃に転じた。その一つであった信濃問題に一定のめどが立った同年八月、景勝は新発田に向けて出兵する。そして、揚北北部の領主に出陣が求められた。長真に景勝出兵を告げた八月二日付書状では、繁長とともに参陣することが要請されている（『上』二四九九）。一ヶ月後にも同様の要求をした景勝の書状がある（『上』二五五一）。

景勝の出兵によって奥山庄の築地資豊も味方に付くが、九月二十一日、景勝は「其地」の「加勢・兵粮」について繁長に飛脚を送ったので、出陣の有無に関わらず安心するようにと資豊に書き送った（『上』二五六八）。十月五日には、そちらの仕置について本庄方に申し出たところ了承を得たと記し、十一月にも同様のことを述べている（『上』二五七八・二五九八）。資豊は長真と同様に繁長の指揮下に位置付けられている。[10]

そして、九月二十八日付で景勝は長真、資豊、繁長の三名に書状を送った（『上』二五七二〜七四）。これらは再出兵を労い、戦功を賞する内容だが、長真、資豊にはそれぞれ「対本庄以外山申届之条、有談合」、「其地仕置之儀、本庄分別候」と記され、繁長の指揮下で出兵していることが分かる。繁長は用兵兵站など全般において小泉庄・奥山庄の領主を統率する役割を求められていた。

また、この三通のうち、長真と資豊宛書状の書止文言は「謹言」であるが、繁長宛は「恐々謹言」である。繁長が他の二名よりも高位に位置付けられていることが分かる。この繁長宛の書札礼は戦国大名の外交における当主間の書状のそれに相当する。[11]永禄十一年（一五六八）に謙信に反旗を翻して以来、上杉家臣団における従来の序列を失っていたにもかかわらず、在地における実力に裏付けられた繁長の地位を示していよう。

【史料1】

御来翰之趣、委曲披覧、祝着之至ニ存候、如仰之皆々申述度候得共、路次不通与云、爰許無手透与云、無音非本懐候、仍如被及御聞召、①去三日本・色・黒之人数数千余軍、加地へ為助勢、罷越候処、不慮於途中出合、及一戦、為宗馬上討捕、頸百卅余、其外残党討捨、無際限候、依之、三光与申地落居、竹俣小一郎方仕居、本意之姿成置候、則此鉾先を以、黒川・色部へ可成動由存、②其支度折節従府本・拙和談為御取刷、爰許へ者石坂左近将監、本庄江者外山縫殿被指下候、依之、寄存行延引、口惜次第ニ候、如何様今明日中得御刷、可為一落居候、於此上貴所御手前之義、縦如何躰之儀御座候共、無是非御取合可申、況哉、左様之義有之間敷候間、可御心安候、天道疎略存間鋪候、扨又、府へ御当所之義承候、斎木殿可被遊候、万々期来音候、恐々謹言

新発田因幡守

八月廿五日

鮎川孫次郎殿

御報

（『上』二五四三）

右の史料は『上越市史』が「天正十年カ」とする鮎川盛長に対する重家の書状である。本庄・色部・黒川連合軍と新発田勢が軍事衝突に至り（傍線部①）、そこに景勝から繁長と重家を仲介すべく使者が派遣されたと記されている（傍線部②）。重家が景勝に敬語を用いていることなどから天正八年以前かとも思われるが、少なくとも天正十年前後の揚北衆間の関係を示していると考えられる。

この書状の往来から重家と盛長が手を組んでいることが分かる。御館の乱中には繁長と盛長の武力衝突を伴う対立があり（『上』一六七二・一八三七・一八八二）、その一因であろう所務相論では景勝が盛長に勝訴判決を与えた。そして、盛長を景勝に取り次いでいたのは重家であった（『上』一八八二）。天正十年、景勝に参陣を要請された書状を盛

長は開かずに重家に渡した（『上』二五四九）。重家と盛長の関係は強固であった。

重家・盛長らと軍事衝突に及んだ繁長は、史料1から色部・黒川両氏を味方につけていたことが分かる。ここに新発田・鮎川両氏と、本庄・色部・黒川三氏間の対立という構図がみえる。そして、景勝からの和平仲介の使者が重家と繁長に対して派遣されていることは、この二人が対立の核であることを示している。そして、在地の領主関係において繁長は色部・黒川両氏に対して盟主的地位にあったとみられる。

以上から、重家に対する繁長を中心とした体制は、この在地における対立の構図に依拠していると考えられる。景勝は在地の対立構造をそのまま取り込む形で重家に対する軍事編成を構築しようとしたのである。そして、それは少なくとも御館の乱以来、微妙な関係にあった繁長を景勝権力に取り込む最も有効な手段でもあったと考えられる。しかし、長真や資豊らはおそらく個々の事情のために、景勝からの出兵要請に即座に応じなかった。繁長も同様であったとみられる。ここに兼続による勧誘工作が展開されることとなる。

（3）景勝出兵に伴う兼続の勧誘

天正十年（一五八二）八月から九月、景勝から長真に出兵要請が繰り返されていたことから分かるように、長真の出兵は即時に実行されなかった。一端出兵するも景勝に対する不信から撤退した長真に、景勝はその事情は理解しているとして再度の出兵を促した書状を九月二十一日付で出した（『上』二五六七）。そして、長真の再出兵は九月二十八日付景勝書状で確認できる（『上』二五七二）。

さて、二十一日付書状には「巨砕直江可申候」という記述がある。伝来しないが、兼続の副状を指すと思われる。これ以前の長真宛の書状にこのような文言は確認できない。それ副状のないことを意味しないが、ここでは改めて明記されていることを重視したい。これは、二十一日の時点で長真の抱えていた問題に兼続が対応することを示していると考えられる。後述する資豊の勧誘からも個別具体的問題に対応する兼続の活動が想定される。

これによって再出兵の実現となったことを証明する直接の手立てはないが、二十八日の書状は「家中造意」を長真の一時撤退の理由としており、景勝は二十一日の段階より具体的に事情を把握している。二十一日付書状をめぐるやりとりの結果とも解せ、すると再出兵が二十一日付景勝書状および兼続副状によって実現したと考える余地があると思う。

二十八日付の一連の景勝書状では本庄や築地も再出兵したとある（『上』二五七三・七四）。すなわち本庄に統率された出兵が一度中止になったことが分かる。これは長真の問題が引き金であったとみられる。その問題は揚北北部全体を揺るがすほど、重大であった。兼続の副状が再出兵を実現させたとすれば、兼続の活動の意義は大きいといえる。

築地資豊の景勝方への抱込にも兼続は大きな役割を果たしている。天正十年二月十七日、景勝は資豊に対して味方として手柄をあげれば本領を安堵し、乱の平定に際しては要望の実現を約束した朱印状を発給した（『上』二二七六）。態度の明らかでない資豊に対する勧誘とみられる。八月に景勝方としての立場を明らかにした資豊宛の、八月二十七日付の景勝書状には、「先達自直江所以板倉式部少輔申遣趣、令分別、今般可復先忠」とある（『上』二五四七）。つまり兼続の遣わした使者板倉による説得によるものであった。その際に板倉は兼続の書状を携えていた[12]。以下に挙げて、兼続の役割を具体的にみてみたい。

【史料2】

急度令啓候、仍春中申定候新発田御退治之儀、不慮之指合故御延引、旁御身上無心元存候処ニ、無何事之由、珎重候、然者、今般信州御出馬之処ニ、即時に一国御静謐有伝聞、定而可為御満足候、爰元御仕置悉御成就、一両日中ニ御納馬、其表御進発之儀、今月半可為時分候、有其御心得、①如兼約、此度一途御忠信肝要候、其御家中之儀、如何様ニも貴所御存分次第可及取成候、②猶巨砕板倉式部太輔（ママ）方申含候条、能々可有相談候、恐々謹言、

追而、源五殿当国御本意之儀候条、清源一途有御忠信、山浦御本意之御稼相極此辰候、何も　御出馬之刻、抽忠信者於有之者、望次第身上可被引立候条、存寄次第被引付尤候、以上

直山

八月二日　兼続（花押）

築地修理亮殿　参

（『上』二五〇〇）

この史料が兼続の使者板倉が資豊の説得のために持参した兼続書状であることは、傍線部②から分かる。味方への抱込に当って、傍線部①のように「兼約」、つまり二月の景勝朱印状の通り、味方について活躍してくれれば、その「御家中」について資豊の望み次第に兼続が「取成」すと述べている。資豊はこれを受諾したとみられる。

九月五日、兼続は再び使者となって揚北北部に向かった板倉式部少輔に書状を発し、若輩ながらも資豊のために尽力すると述べている（『上』二五五五）。資豊の動向は兼続に大きく左右されたことを示している。その兼続の「取成」は、景勝に対する兼続の取次を中核として行われたと考えられる。景勝との太いパイプが形成されたといえよう。長真も同様であったと思われる。

また、兼続は繁長の取次も行っている。天正十一年七月十二日、景勝は繁長の要請を受けて三潴左近大夫の帰参を認めている（『上』二八一四）。この朱印状には「直江奉之」と日下に記載がある。このような記載は兼続がこの訴訟

を取次いだことを示すとされる[13]。この関係は長真や資豊同様に天正十年の景勝出兵に伴う出陣要請をめぐる交渉において形成されたと考えられる。揚北北部の編成における兼続の関与の大きさが窺われる。

以上、本章では揚北北部から重家の乱への対応として、景勝は本庄繁長を盟主的存在とする領主間秩序をそのまま軍事編成に転嫁しようとしたこと明らかにした。そして、出兵要請に対して反応の鈍い領主に対して、兼続が取次を梃子にして個別に対応することで出兵を実現に導いたと考えた。景勝権力と揚北衆を結びつけたのは兼続の取次であった。なお、各領主に対する出兵命令や指示などは景勝の書状で行われることが基本であった。

二、景勝による揚北北部の在地秩序の包摂

この章では、天正十一年以降における前章に見た本庄繁長を中心に色部氏らを統括させる体制の継続と、および景勝支配の一定の浸透と限界についてみていく。

天正十一年（一五八三）五月一日、景勝は新発田へ向けて再度出兵した（『上』二七五三）。これに対して繁長は近日渡海することを兼続に知らせて出兵している（『上』二七七五・二七九六）。また、築地資豊は繁長とは別に弟庄左衛門を景勝のもとに派遣した（『上』二七七四）。色部長真は代官として家中の須貝を繁長に同陣させている（『上』二八一五）。繁長は積極的に出兵し、資豊・長真らも参陣要請に応えている。

六月十九日付書状で参陣が確認できる繁長は、七月に北方における新たな軍事行動を景勝に命じられ、あわせて長真・資豊らも繁長への同陣が求められている（『上』二八一五・一六）。また、その資豊への書状にはそちらの仕置も再度繁長に命じたと記されている。ここに繁長を統率者とする体制が継続されていることを確認できる。

このような中で景勝支配の強化が見られる。前年九月、出兵直後に帰国した長真に対して景勝は、その事情を汲んで出兵を促していた（『上』二五六七）。しかし、天正十一年七月には無断帰国を叱責している（『上』二八一三）。そして、十一月長真は景勝から在春日山の免除を受けている（『上』二六八〇）。景勝の許可のない帰郷は許されない状況になっている。長真に対する景勝支配の強化を見出せる。しかし、家臣の城下集住の原則にもかかわらず、長真の帰郷を認めなければならないことはその限界を示すともみられる。

繁長は天正十年には「弥次郎」と仮名で呼ばれているが、天正十一年五月十八日付景勝書状を初見として「越前守」と受領官途名となった（『上』二七七五）。天正十年末から十一年初頭にかけて景勝が近習らに受領官途を認めその地位を引き上げたという指摘を考慮すれば[14]、繁長は景勝に一定の地位を公的な形で承認されたとみられる。そして、七月十二日には「幕の紋」の使用を許され、家臣団序列の第三位に位置付けられた（『上』二八一三）。これによって繁長は景勝家臣としての地位を明確化された。八月二十五日には奥口の軍事活動を景勝から一任されるに至っている（『上』二八三五）。

家臣団序列への編入によって景勝は繁長宛書状の書止を「謹言」とした（『上』二八三五）。しかし、天正十二年には「恐々謹言」に戻っている（『上』二八九七・二九五〇）。景勝は「謹言」を明確な家臣化の徴証にしようとしたが、繁長の抵抗によって従来の厚礼の書札礼に戻さざるを得なかったと考えられる。前述の在地における強大な実力、秩序の強固さに基づくものであろう。景勝支配は繁長を家臣団序列に明確に位置付けた点で強化されたが、一方で繁長の在地における地位を認証せざるを得なかった点で、いまだ限界があった。

さて、天正十二年以降、重家が滅亡する十五年までの揚北北部の状況だが、散見される史料から繁長が長真・資豊、そして黒川為実ら小泉庄および奥山庄の領主を統括する体制が継続されたとみられる（『上』二九三〇・三〇〇六・三一一二・三一一三・三一八五）。景勝の書状で、長真や資豊、為実らが相談相手として示されるのは常に繁長である。色部、あるいは築地を相手とする指示はみられない。重家の乱に対する揚北北部の繁長を中心とした軍事体制は継続されていった。天正十六年三月、景勝は長真に上洛を命じるが、留守中のことは繁長と相談せよと命じている（『上』三三一八）。繁長の盟主的地位は重家の乱後にも継続していることが窺われる。繁長の権力、それに基づく在地秩序は強力であった。

以上のように、天正十一年において本庄繁長や色部長真に対する景勝の支配は一定の深化を見せている。前年における活動の結果と考えられる。しかし、その限界も露呈していた。繁長については、在地における実力、それを軸とした秩序の強固さによると考えられる。それによって重家の乱中、さらにはその後においても繁長を盟主的存在とする体制が継続、維持されていった。景勝は揚北北部の在地秩序をそのまま包摂することで本庄以下の諸領主を統括せざるを得なかった。本庄繁長の実力は強大であった。

三、天下統一と色部長真

天正十五年（一五八七）十月二十五日、六年余りに及んだ新発田重家の乱は終息し、景勝は越後の統一を完成させた。この間、織田勢の猛攻と信長の滅亡、豊臣秀吉との提携から臣従へと景勝をめぐる環境も大きく変容していた。重家の乱も最後は秀吉の天下統一の問題の一つとして処理された。そして、重家の乱後、景勝は秀吉の天下統一政策を利用しながら、揚北北部から出羽庄内に広がる本庄繁長の勢力に一定の規制を加えようとしたと考えられる。これには色部長真の役割が大きかった。以下、具体的にみていきたい。

（1）長真の諸大夫成

天正十六年四月、景勝は重家の乱終息の報告も兼ねて二度目の上洛に出発した。この時、長真も上洛した。重家の乱における功績を評価されたためであった（『上』三三二八）。既述のように長真家中の嶺岸左衛門尉が重家を討ちとったとされる。

この上洛において景勝は、秀吉の推薦で朝廷から正四位下参議に叙任され、清華成を果たした。清華成とは公家社会における家格の一つである清華家に加えられることである。清華家は摂関には就任できないが、太政大臣まで昇進できる、摂関家に次ぐ家格である。秀吉はこの公家における家格システムを武家に導入し、武家摂関家（豊臣宗家）――武家清華家（羽柴・織田・徳川・宇喜多・上杉・毛利・前田・小早川）――武家諸大夫という身分序列を編成したとされる[15]。

そして、清華成を遂げると、その従者としての五位の諸大夫を持つことができる。天正十六年五月の景勝の叙任に続き、八月十七日に兼続が山城守に任官し（『上』三二五五）、続く二十日に長真が従五位下修理大夫に叙任した（『上』三二五六・五七）。兼続については口宣案を確認できないが、同日に従五位下に叙位したであろう。九月一日には謙信以来の譜代であった荻田長繁が従五位下主馬允に叙任している（『上』三二六二・六三）。これらは清華成を果たした景勝の従者である諸大夫の任命と考えられる[16]。これによって景勝の家臣であることが明確化されたといえる。

そして、これらは豊臣姓で行われている。朝廷に対する秀吉の推薦による叙任が明確である。豊臣姓を賜り、その一族に擬せられることで、秀吉との関係において権威を帯びることは想像に難くない。そして、これらが口宣案という国家的文書によって示されていることは、兼続や長真らが豊臣氏の権威のもとに景勝の家臣として、秀吉を頂点とした国家秩序に位置付けられたことを意味する。[17]

景勝の諸大夫叙任の全容は明確でないが、長真が兼続に次いで叙任したことは、当時の景勝家臣団においてすでに相応の地位に位置付けられたことを示すと考えられる。前述のように長真は外様（揚北衆）代表として領国支配の機軸の一つに位置付けられたことが指摘されている。[18]この指摘からは、前章までに見てきた本庄繁長を盟主的存在とした揚北北部の秩序との関係が問題となる。長真を基軸として秩序を再編し、揚北北部に強大な実力を持った繁長の地位を相対化することを景勝は目指したと考えられる。次にこの問題につい奥羽をめぐる視点から考えてみたい。

（2）奥羽をめぐって

景勝は豊臣政権のもとで奥羽の取次として天下統一への貢献を求められていた。また、奥羽には景勝を介して豊臣政権と結ぼうとする領主も存在した。ここに景勝と奥羽諸領主の間に連絡がもたれるが、天正十年代、その仲介を本庄繁長が務めている。

秋田氏や大崎氏、出羽庄内大宝寺氏との間にそれを確認できる（『上』二九二七・二九五〇・二九五五・三一二九・三二五九）。景勝は大崎義隆に上洛を促す書状を出すが、それには「猶本庄越前守可申届候」とあって景勝の詳細な意向を伝える役割を繁長が担っている（『上』三一二九）。[19]おそらく繁長の副状が出されたとみられるが、このような職権は兼続が行使してもおかしくはない。兼続ではなく、繁長が用いられていることは、奥羽の領主との関係において繁長がより有効な関係を持っていたことを示している。

このような奥羽の領主と景勝とを仲介する役割は、繁長の権力基盤の一つになったとみられる。その前提には繁長の拠点である越後最北に位置した小泉庄の地理的環境があり、独自の通交ももたれていた（『上』三一八三）。

そして天正十年代、景勝は出羽庄内をめぐって最上義光と争っていた。上杉方の作戦を展開する中心は繁長であった。そして、天正十六年における軍事制圧、翌年の惣無事令違反をめぐる交渉と秀吉の裁定を経て、庄内は繁長次男で大宝寺義興の養子となっていた義勝（千勝丸）の領有が認められ、その背後にいる繁長が強い影響を及ぼしたと思われる。繁長の勢力は揚北北部のみならず、庄内にまで広がる強大なものであった。

このような繁長の勢力に景勝は奥羽仕置によって相対化を図ったと考えられる。

（3）奥羽仕置と長真、繁長

天正十八年七月、小田原を攻略し、その前後に関東や奥羽の領主らを参陣によって臣従させた秀吉は天下統一を果たした。続いて検地や刀狩などの奥羽仕置が実施された。景勝もその一翼を担い、出羽庄内・仙北地方を大谷吉継とともに担当した。景勝や兼続は現地入りして政策を執行したが、十月には帰国、色部長真が兼続の業務を引き継ぐ形で大森に残留し、仙北に検地や刀狩などを実施した（『上』三三九九～三四〇一）。

十月二十日付の長真宛大谷吉継条書には、「其方之御事、両郡為奉行被残置候上者、対貴所逆意之輩在之時者、彼者公儀への慮外ニ候間、後日ニ可被加成敗候、被成其意可被仰付候」と記され（『上』三四〇〇）、豊臣政権の権力を直接行使する存在としての長真の地位が明示されている。西澤睦郎氏はこれを仕置を執行する奉行への任命と位置付け、仕置を直接実行する長真への反逆は公儀への反逆とする点に長真が公儀権を分与されていることを見出した[20]。

天正十九年二月、最上義光家臣鮭延愛綱が、長真の管轄下にあった出羽上浦郡を義光が秀吉から拝領したと長真に伝えてきた。その書状に対する返書に長真は、「至于今日訖京都従御奉行衆茂上浦壱郡山形へ被進置之由、菟角不被仰下候、尤従景勝裳不被申越候、先日自大谷殿如御書状候者、上浦群（郡）之儀、如前代小野寺殿へ被下置之段、被仰出候由承之候」と記している（『上』三四六三）。義光の上浦郡拝領について「京都」の「御奉行衆」からの命令も、景勝からの指示もないと述べ、先日の大谷吉継からの書状には上浦郡はこれまで同様に小野寺氏に与えられると秀吉が命じたとあると、最上氏の要求を退けている。実際に長真が京都の奉行衆から直接指示を受けていることが確認できる。

以上のような長真の奉行への任命、仕置の執行、すなわち公儀権の分与、公儀の構成者としての地位獲得の条件を天正十六年の豊臣賜姓、従五位下修理大夫叙任に西澤氏は求める。長真の諸大夫成は、矢部健太郎氏が指摘するような豊臣政権の「公儀」の構成者となったことを意味するとも評価される[21]。そして、西澤氏はさらに長真の奉行就任・仙北残留は、景勝が命令したという史料的形跡はなく、これほど大規模の軍役を景勝単独で課すことは不可能であり、豊臣政権に直結する大谷吉継が直々に長真に命じたとされる。

しかし、長真が景勝の指揮系統を完全に離れてはいないことも確認をしておきたい。景勝の指示が豊臣政権の命令を受けてのことではあるが、前述上浦郡をめぐる問題でも、景勝を介した指示は想定されている。そもそも長真の業務は兼続から引き継いだ上杉氏の担当地に実行された。豊臣政権の構成者として奥羽仕置を実施する長真ではあるが、景勝権力から独立していたわけではなかった。長真は景勝の清華成に伴って諸大夫成したことも顧慮すれば、景勝のもとに包摂された上杉氏権力として公儀権を執行していたとみるべきと考える。長真の奉行任命に景勝が全く関与していないとは考えにくい。景勝の意思を受けて豊臣政権の権威を背景に長真はその権力を行使したとみられる。

そして、この間に長真は奥羽の領主と接触している。天正十八年十一月、仙北の稲庭道勝は長真へ書状を出した（『上』三四二八）。長真の扱う年貢徴収の問題が主題だが、追而書で以前に受けた要求に対する返答が兼続に伝わっているかを確認している。翌年二、三月には九戸政実の乱の勃発につき、豊臣政権に援軍を求める書状を南部利直が長真に送っている（『上』三四六八・八〇）。さらに四月には土佐林禅棟から出羽庄内の情勢報告を受けている（『上』三四八一）。長真は上杉氏および豊臣政権の窓口として機能している。

長真は以前から伊達氏との通交などを確認でき（『上』二八五六・三一八二ほか）、景勝の意向を仲介するような活動はみられないが、奥羽の領主とのネットワークがあった。奥羽仕置の奉行に登用された背景の一つと考えられる。そして、仕置の奉行に抜擢されることで奥羽全域に窓口としての長真の存在が認知されたと思われる。ここに本庄繁長が担っていた役割の一つが長真に移されていることを認められる。

（４）繁長から長真へ

奥羽仕置を控えて庄内の支配体制は景勝権力を直接担う上田衆や与板衆などが送り込まれ再編されたとされる[22]。仕置を契機として景勝権力・支配の浸透を図る意図が明らかである。これは従前の権力を規制、すなわち大宝寺義勝そして繁長を抑圧することとなろう。諸大夫成している義勝は庄内の自領の仕置に参加したが[23]、仙北は兼続に代わって長真が担当した。繁長でも義勝でもなかった。奥羽と繁長の関係を顧みると、この長真の登用も本庄氏権力からの脱却という方向性で捉えられる。

天正十六年四月、景勝が二度目の上洛に出発した際、庄内は最上義光に制圧されていて、上杉方の庄内確保の作戦は繁長に委ねられていた。失敗は許されないが、成功すれば繁長の実力は強化される。景勝支配からの独立性強化が懸念されたのではなかろうか。このような状況下で同年八月に長真の諸大夫成が行われた。おそらくこれは三月に上洛を命じられた時点で計画されていたと考えられる。それは繁長の権力強化への対応として意図されたと考える。景勝は繁長が担った役割を長真に分与し、その優位性の基盤となる繁長のみに依存する体制からの脱却を目指した。そのために豊臣賜姓・諸大夫成によって長真に豊臣政権の権威に裏付けられ、権力を行使できる国家的保証を伴った一定の公的地位を付与して繁長に並び立つための援助を図ったとみる。諸大夫成によって長真が外様（揚北衆）代表として領国支配の基軸に位置付けられたという指摘は、具体的には繁長の勢力を相対化する揚北から庄内に及ぶ景勝の上杉領北部支配の戦略であったと考える。

繁長は奥羽諸領主との関係を権力基盤の一つとしていたとみたが、その中で繁長に景勝との仲介を期待する領主がいた（『上』二九二七、三三五九など）。また、繁長の庄内掌握は景勝の援助が不可欠であると示した伊達政宗の書状がある（『上』三三一三）。つまり、奥羽諸領主との関係は一方で景勝の存在に規制される面があった。繁長が庄内を掌握していることとともに、景勝はこの点に着目し、奥羽仕置、奥羽の問題を通して繁長の権力を制限していったとみられる。

もっとも長真の抜擢は即座に繁長を排除する政策ではなかったと思われるが、天正十九年、庄内における奥羽仕置に対する反対一揆を扇動したことを理由に、繁長・義勝父子は秀吉によって改易されたとされる(24)。景勝が豊臣政権をバックとして長真に奥羽仕置を執行させたことが繁長にとって大きな圧力となったことを示しているのではなかろうか。

繁長・義勝父子の改易の結果、庄内には兼続を中心とする支配体制が構築され、小泉庄における本庄氏の旧領は一部揚北の領主に給付されるも、大部分は兼続の弟大国実頼に与えられ、また村上城には兼続の直臣春日元忠が送り込まれて、本庄氏の基盤は景勝権力を直接担う勢力によって掌握されることになった。奥羽仕置において本庄氏勢力は排除された。そして、長真も多くの所領を得ることはなかったとみられる。景勝は色部氏に必要以上の実力を与えることも回避したのである。

そして、天正二十年九月、長真も没した。後継の光長はいまだ幼少であり、色部氏は兼続の強い後見のもとに置かれた[25]。色部氏も景勝権力の強い影響・支配下に置かれることになり、揚北に対する景勝の支配強化の方向性はさらに進んだといえる。

本章では天正十六年八月の色部長真の豊臣賜姓・諸大夫を成揚北北部から出羽庄内に展開した本庄繁長の大きな勢力を相対化する景勝の意図とみた。そして、天正十八年八月に始まる奥羽仕置によって、それが強力に執行され、結果的に本庄氏勢力が当該地域から排除されたという見通しを立てた。そして天正末年、長真の死去もあって景勝は領国の北方に強い支配を及ぼすことになったと考えた。

結びにかえて――兼続との接近

天正十年代における揚北衆に対する景勝支配の展開についてみてきた。新発田重家の乱を通して景勝は小泉庄・奥山庄、揚北北部の領主を本庄繁長を盟主として軍事的に編成していた。それは天正十年前後の揚北北部における在地秩序をとりこんだものでった。

重家の乱が終息すると、景勝は色部長真を豊臣賜姓・諸大夫成によって豊臣政権の権威・権力のもとにその地位を強化し、繁長の勢力を相対化させる政策を採ったと考えた。庄内まで勢力を伸ばし、従前の奥羽の領主らとの関係性を基盤とした繁長の環境を逆手にとるように、景勝は豊臣政権による奥羽仕置の奉行に長真を抜擢して、繁長に規制を図った。

結果、謀反扇動の疑惑によって繁長・義勝父子の改易に至り、領国北部に位置した揚北北部から庄内に対する景勝権力による直接の支配体制が敷かれていくことになった。そこには豊臣政権の権力や権威が利用されていたといえる。

以上がこれまでの考察である。最後に長真が抜擢された理由につい直江兼続との関係から指摘して結びにかえたい。

天正二十年（一五九二）八月、秀吉の朝鮮侵略のために肥前名護屋に従軍していた長真が兼続の側近大石元綱と木戸寿三に宛てて書いた条書の案書が残されている（『上』三五六二）。長真が発病してもはや回復の見込みはないと判断した状況で書かれ、長真の遺書と評される文書である。帰国を許された長真は、翌月京都にその生涯を閉じている。

それには三ヶ条の要望が記されている。第一条は長真の息子と兼続の次女との縁談、第二条は長真の娘を兼続の養女にした上での縁談、第三条目は色部家中に対する兼続の援助を求めている。自らの死後、当主光長が幼少である色部氏に対する全面的バックアップを「旦那」とよぶ兼続に強く求めている。長真の兼続へ強く依存していることが分かる。長真と兼続の間の強固な関係の成立が明白である。長真は有力な兼続与党となっていた。

天正十年と推測される村山善左衛門尉宛の五月十三日付景勝書状には、色部家中に造意があったところ、繁長の尽力で収まったとある（『上』二三七八）。これは従来の「近所の儀」に基づく決着であるが、当時の繁長の盟主的な地位も関係していると考えられる。しかし、十年後の遺言では家中問題については兼続への依存が表明されていた。繁長の改易後ではあるが、そこに景勝支配の浸透を見出すことができる。

天正十九年八月二十日付で色部家中の起請文が作成されている（『上』三五〇二）。これは九戸政実の乱に伴う奥羽再出兵の陣中でのことと解され、前年来の軍役・仕置の実行などに伴う多大な負担の中で色部家中に動揺があったとみられる。家中の問題は現実のものとして常に意識されていたといえる。

このような家中の問題は、天正十年の繁長率いる揚北北部の軍勢の出兵を中止に追い込んだように色部氏のみならず、揚北北部全体に波及するような重大な危険性をはらんでいた。天正十年の問題は、兼続の活動、おそらく兼続の取次に裏付けられた活動によって解消したと考えた。長真は兼続を頼みとしたのである。ここに長真と兼続が深く結び付いていく端緒を見出したい。そして、その兼続を介した景勝権力への依存は、一方で長真に重家の乱での活躍、軍功を求めていったであろう。色部家中の嶺岸左衛門尉が重家を討ったことはこれと無縁ではないとも思われる。

兼続の取次によって長真は兼続と強く結び付き、その与党的立場を強めていったと考えられ、それが本庄繁長を中心とした支配構造への依存を脱し、新たな揚北北部から出羽庄内に展開する景勝支配の軸として機能していったのである。そこには兼続の意向が強く反映されていたであろう。

それは兼続の執政としての地位確立の具体的な動向の一つに位置付けられる。(26) 景勝の進めた揚北北部における揚北衆の掌握には、領主間関係や在地の問題が巧みに利用された。(27) その中心に直江兼続と色部長真との関係が位置付けられる。

註

（1）羽下徳彦「越後における永正～天文年間の戦乱―後上杉政権成立前史―」（『中世日本の政治と史料』吉川弘文館、一九九五年）、藤木久志「国人領の変動と大名権力」（『戦国社会史論』東京大学出版会、一九七四年）、黒川光子「越後における戦国大名制の形成過程」（阿部洋輔編『上杉氏の研究』吉川弘文館、一九八四年）、佐藤博信「戦国大名制の形成過程越後国の場合」（『同前』）、池享「大名領国形成期における国人層の動向―越後阿賀北衆を例として」（『大名領国制の研究』校倉書房、一九九五年）、長谷川伸「上杉謙信と揚北衆―戦国大名上杉家臣団の成立前史―」（田村裕・坂井秀弥編『中世の越後と佐渡』高志書院、一九九九年）などを参照。

（2）伊東多三郎「越後上杉氏領国の成立」（『藩制成立史の綜合研究　米沢藩』前編第一章、吉川弘文館、一九六三年）、池享「豊臣

大名下の村上地域」(『村上市史通史編1原始・古代・中世』第二章、一九九九年)など。後掲書は、以下『村上市史』と略す。
(3) 片桐昭彦「新発田・佐渡攻めと出羽庄内政策」(『上越市史通史編2中世』第三部第六章第二節、二〇〇四年)。同書は以下『上越市史』と略す。
(4) 金子達「景勝上洛」(『新潟県史通史編2中世』第四章第二節二、一九八七年)。
(5) 長谷川伸「戦国期在地年中行事の再生産構造」(『法政史学』四三、一九九一年)は、前掲註(4)金子論文の指摘を踏まえ、天正二年に吉江氏から入嗣によって事実上の譜代となった中条氏に代わって、天正十五年以降に長真が政治的地位を相対的に上昇させたためとみる。しかし、より直接的には後述のように天正十年代の動向にその理由を求められると考える。また、西澤睦郎「色部氏と奥羽仕置」(『福大史学』四六四七合併号、一九八九年)は、長真の諸大夫成を豊臣政権の公儀権を分与される立場の獲得と評価する。
(6) 前掲註(5)長谷川論文は重家の乱後の長真の政治的地位の上昇に伴って、また遠藤英「色部氏にみる上杉家臣団の変質」(『山形県地域史研究』三三、二〇〇八年)は、重家の乱に際して兼続が揚北衆を味方にするための活動を通して、景勝や兼続との関係の深化に言及するが、その具体的動向は指摘していない。
(7) 片桐昭彦「上杉景勝の政治」(『上越市史』第三部第五章第五部)。
(8) 以下、『上越市史』の別編1・2(上杉氏史料集一・二)からの史料引用に際して、同書は「上」と略し、その文書番号を付して出典を明らかにする。
(9) 矢田俊文「室町時代・戦国時代の中条」(『中条町史通史編』第二編、二〇〇四年)。戦国領主については同「戦国期越後国政治体制の基本構造」(本多隆成編『戦国・織豊期の権力と社会』吉川弘文館、一九九九年)参照。
(10) 前掲註(9)矢田論文「室町後期・戦国時代の中条」は、御館の乱以来景勝に近侍し、後に越中魚津城に派遣された中条景泰に代わって同族の築地資豊が奥山庄で中条家中を統括していたと指摘する。天正十年六月、景泰の戦死後も幼少の当主一黒は府中にあったとみられ、資豊の立場は継続したであろう。矢田氏は十六世紀初頭の築地氏を惣領中条氏の配下にありながら、守護に直結する存在と位置付ける。また、奥山の黒川氏の動向は史料上不明だが、天正十二年二月の可能性が指摘される黒川左馬頭宛の兼続書状は新春の慶賀に続けて三月中旬の景勝出兵に対する参陣を求めている（『上』二八九四）。そこに景勝との関係が悪化している様相はない。史料１にみる本庄与党という立場からも重家には与同しなかっただろう。

（11）写しであるので、宛所の位置については保留するが、署名・署判は「景勝御在判」とあって、実名と花押からなるとみられ、矛盾はない。

（12）以上の資豊の説得の経緯については既に前掲註（９）矢田論文「室町後期・戦国時代の中条」に指摘があり、天正十五年の乱終結までの築地氏や本庄氏の動向にも言及する。しかし、本庄氏の盟主的地位やその統制下に築地氏がある点などには触れてはいない。また、本稿では兼続の役割をより強調したい。

（13）片桐昭彦「上杉景勝の権力確立と印判状」（『戦国期発給文書の研究』高志書院、二〇〇五年）。

（14）片桐昭彦「景勝の家臣」（『上越市史』第三部第六章第四節）。

（15）矢部健太郎「豊臣『武家清華家』の創出」（『歴史学研究』七四六、二〇〇一年）。

（16）下村效「豊臣氏官位制度の成立と発展―公家成・諸大夫成・豊臣授姓―」（『日本史研究』三七七、一九九五年）では、慎重を期しながら景勝の諸大夫としての叙任の可能性を指摘する。前掲註（15）矢部論文では、景勝の清華成にともなう諸大夫の存在を認める。さらに矢部氏は兼続の任官した八月十七日に景勝は参内するが、自身の諸大夫を持ち得る「武家清華家」としての参内であったとも指摘する（「豊臣「公儀」の確立と諸大名」『史学研究集録』二六、二〇〇一年）。

（17）前掲註（16）下村論文は口宣案の国家的意義を指摘。同（16）矢部論文は、毛利氏を例に「摂関成」・「清華成」・「公家成」・「諸大夫成」・「それ以下」という「豊臣流の武家衆の身分序列」を指摘し、豊臣姓によって諸大夫成した階層を「御一門」とする。

（18）前掲註（４）金子論文。

（19）『上』は天正十四年ヵとし、『村上市史資料編１古代・中世編』（以下、『村』と略す）三八二号では天正十八年に比定する。

（20）前掲註（５）西澤論文。以下、西澤氏の見解はこれによる。

（21）前掲註（16）矢部論文。

（22）渡辺信夫「幕藩体制の成立と出羽」（『山形県史第二巻近世編上』第一章、一九八五年）。

（23）大場喜代司「本庄氏の庄内制覇」（『村上市史』第一章）。
（24）「本庄氏系図」（『村』三八五号）。前掲註（23）大場論文は、繁長の改易を天正十六年（一五八八）における庄内の軍事制圧が惣無事令違反に問われたためとする。秀吉が自ら定めた法を順守するであろうこと、提訴した義光の要求が繁長の処罰と解してのことである。しかし、秀吉が惣無事令違反として繁長を処罰した明確な徴証はない。また、三月九日から五月三日までの五通の家康書状（『村』三五八～三六二号）から導かれる義光の要求も処罰要求のような記述はない。義光の提訴を受けた秀吉が景勝に繁長の上洛を命じた書状には、「山形出羽守分領与哉覧庄内城、本庄乗取之由申越候」（『上』三三七一）とある。義光が自らの「分領」を乗取られたと訴えている以上、要求は庄内領の返還であったと考えられる。したがって、本稿は繁長の改易は奥羽仕置に際する一揆扇動の疑惑によるという従来の説に従う。
（25）長谷川伸「『色部氏年中行事』の基礎的考察」（『日本史研究』三四九、一九九一年）。
（26）前掲註（13）片桐論文。
（27）十分に触れることができなかったが、小泉庄における本庄氏と色部氏の関係、両者に内包された対抗関係もまた、揚北北部に複数存在する領主のうちで長真が抜擢された理由の一つに挙げられると考える。

Ⅳ　戦国末の両越国境における上杉・佐々の攻防
――越後勝山城（糸魚川新城）と「越中牢人衆」を中心に

高岡　徹

はじめに

戦国末の天正中期（天正十～十二年）、越中と越後（以下、「両越」と呼ぶ）国境地帯は軍事的な緊張下にあった。天正十年（一五八二）六月、織田方が越中東部の魚津城（現魚津市）を攻略し、さらに東進して両越国境近くの宮崎城（別名堺城・境城、現朝日町）を上杉方から奪うと、一気に織田軍優勢の状況を現出した。しかし、それも束の間、上方から本能寺の変報が伝わると、織田軍主力は急ぎ本国へ帰陣し、たちまち情勢が逆転した。

弱体化した佐々成政に対し、上杉方が反撃に転じ、宮崎城は無論のこと、魚津・小出両城を奪回する。しかし、翌十一年には成政が勢力を盛り返し、魚津・小出両城から上杉方を駆逐したほか、国境の宮崎城を攻略して一部兵力を越後へ進攻させ、落水（現糸魚川市）付近まで放火して上杉方を脅かすに至った。これは柴田勝家に属する成政が、賤ヶ岳戦に先立ち、秀吉と提携する上杉景勝領へ行った攻撃であった。

これに対し、景勝は翌十二年、小牧・長久手戦の勃発後、信雄・家康方に付いた成政を攻めるため、秀吉と提携して両越国境を越え、宮崎城を攻略する。一方、西の前田利家も秀吉方に立ち、国境を挟んで成政と戦いを繰り広げた。この結果、成政は上杉・前田との東西二正面の戦いを余儀なくされ、同十二年八月、秀吉の越中出馬によりその軍門に降った。

以上が、天正中期における両越国境攻防戦の概要だが、これら一連の戦いに関わる史料の中に、上杉氏が国境地帯の越後側に築いた一つの城郭と、「越中牢人衆」あるいは「越中衆」と呼ばれる集団の存在が浮かび上がる。

本稿では、問題の城郭の所在を明らかにし、現地調査により判明した同城の構造や規模、性格などを報告する。次に前述の集団がいかなる者達なのか、その実態を史料上から探り、彼らが将来を賭した両越国境の戦いと、その後の消息についても明らかにしたいと考える。

一、上杉景勝による糸魚川新城の構築とその所在、性格

この時期、上杉景勝が国境地帯で新城を築く契機となったのは、冒頭で述べた天正十一年二月の佐々成政による越後進攻だったと考えられる。次の成政書状(1)を見てみよう。

【史料1】

(前略)抑去年天下(信長)不慮之以来、慥不申承候、此方之取乱之儀、不成私仕合、不及是非候、然者当表之様子、①去二月上旬、東郡へ相働、堺之地岩船藤左衛門尉構を拵在之所則追払、越後之内へ令乱入、落水近辺迄悉放火候、喜平次(景勝)定而可被罷出候、可遂一戦覚悟候処、不罷出付而、堺之荒城取立、普請申付、丈夫人数入置、魚津之地へ取懸、詰陣を取、二之丸悉乗破、裸城付而、城中及難儀、小出両城共可明渡之旨、種々依令懇望、②魚津・小出両城請取、彼城主須田相模(満親)命を助、舟手を以送遣候、然上一国属平均之間、是非申談、至于春日山可乱入欝憤候、

(中略)

（天正十一年）六月十七日　　成政（花押）

新発田（重家）因幡守殿

御宿所

これは越中平定を目指す成政が、越後国内で上杉景勝と敵対を続ける新発田重家に送った書状の一部である。越中では、前述のように天正十年六月三日、織田方が上杉氏の有力拠点だった魚津城を攻め落とし、引き続き両越国境の要衝宮崎城を制圧し、上杉勢を越中国内から駆逐するに至った。ところが、直後にもたらされた本能寺の変報により織田軍の主力柴田や前田勢らが急きょ本国の越前や能登に帰国する事態となる。このため、佐々勢の弱体化に乗じ、上杉方が越中へ進攻し、魚津城などの拠点を奪回する。

これに対し、成政も次第に勢力を回復し、前掲書状によれば、翌十一年二月上旬、新川郡東部へ進み、まず上杉部将岩船藤左衛門尉の守る宮崎城を奪取し、そこから国境を越え、越後へ進攻して落水付近までを放火したという（傍線部①）。言うまでもなく、敗走する上杉勢を追撃する形であり、先鋒の部隊が海岸沿いに進んで落水付近に到達し、途中の村落に火を放って引き揚げたのであろう。

賤ヶ岳戦を前にした佐々軍の進攻は、秀吉陣営に属する上杉氏への一時的な牽制行動だったとみられるが、孤立した魚津城からは春日山の景勝に対し、速やかな救援の要請がなされた。しかし、景勝の方は種々の事情により三月に至るも出陣できず、ついに魚津城を守る須田満親は城を明け渡して成政の用意した舟で越後まで送られたのである（傍線部②）。

景勝はこの佐々による進攻という事態に、越中口の不安を覚えたのであろう。次の書状[2]は、景勝がこの事態に対し取った処置を示すものと思われる。

【史料2】

其元普請昼夜劬労察之候、弥合入人躰衆、無未然様可申届候、若如在之仁於有之者、無隠可申越候、有大方者、新地之事候間、早速成就不可有之候、別而両人肝煎専用候、各へ樽肴遣候間、可相届候、謹言、

(天正十一年)二月廿六日　景勝御居判

大関常陸介(親憲)殿

秋山伊賀守(定綱)殿

これは景勝が新たに城郭を築く（傍線部）ため、部将の大関・秋山を派遣し、昼夜普請に努めさせていること、その成就を督励するため、両人に酒・肴を届けたことを述べている。かなり切迫感が感じられる内容であることから、この時行われた「新地」での築城が前述の成政による越後西海岸進攻によるものだった可能性が高い。では、この「新地」がどこなのか、所在地について検討していきたい。まず、最初の手がかりとなるのは次の直江兼続書状(3)である。

【史料3】

急度令啓候、仍越中牢人衆糸魚川新地ニ被差置候、依之、材木・薪以下於根知領可為執由、被　仰出候間、何方成とも有違乱ハ不可有曲候、為其令啓候、恐々謹言、

(天正十一年)卯月十三日　直江　兼続

西方二郎右衛門(房家)殿

これは前掲史料の約一か月半後、糸魚川南部の根知城を守る西方房家に対し、景勝の意を受けた直江兼続が「越中

牢人衆」に関する指示を伝えたものである。この「越中牢人衆」や、あとから出てくる「越中衆」（史料４）については後述するが、景勝は彼らを「糸魚川新地」に配置するよう指示しているのである。そうであれば、史料２で景勝が築城を急がせた「新地」とは、この「糸魚川新地」と考えてよい。

糸魚川は両越国境に近い越中口にあたり、春日山西部の守りの拠点であり、越中への反攻の足がかりともなる地であることから、越後側の防衛の第一線に彼らを配置したことになる。そのため、「新地」の整備と維持に必要となる材木・薪を根知谷で調達できるよう指示したとみられる。

もう一つ、史料２に見える「新地」が「糸魚川新地」にあたることを示す史料として、同時期の景勝書状(4)を次に掲げる。

【史料４】

秋山次兵衛所持

糸魚川新地在城、越中衆申付候、為横目其方実城ニ可差置候条、乍大儀早々相移、用心普請厳重可相勤候、猶巨細大石可申候、謹言、

（朱書）「天正十一」（天正十一年）卯月十七日　景勝御居判

秋山伊賀守（定綱）殿

ここでは、四日前に発せられた直江兼続書状（史料３）に見られるように、「越中衆」（兼続書状では「越中牢人衆」）に「糸魚川新地」の城での在城を命じ、秋山がその横目（監視役）として実城（主郭）に入るよう指示し、警備と普請をしっかりと務めるよう伝えている。ところで、宛先の秋山はすでに史料２の二月廿六日付で、景勝より「新

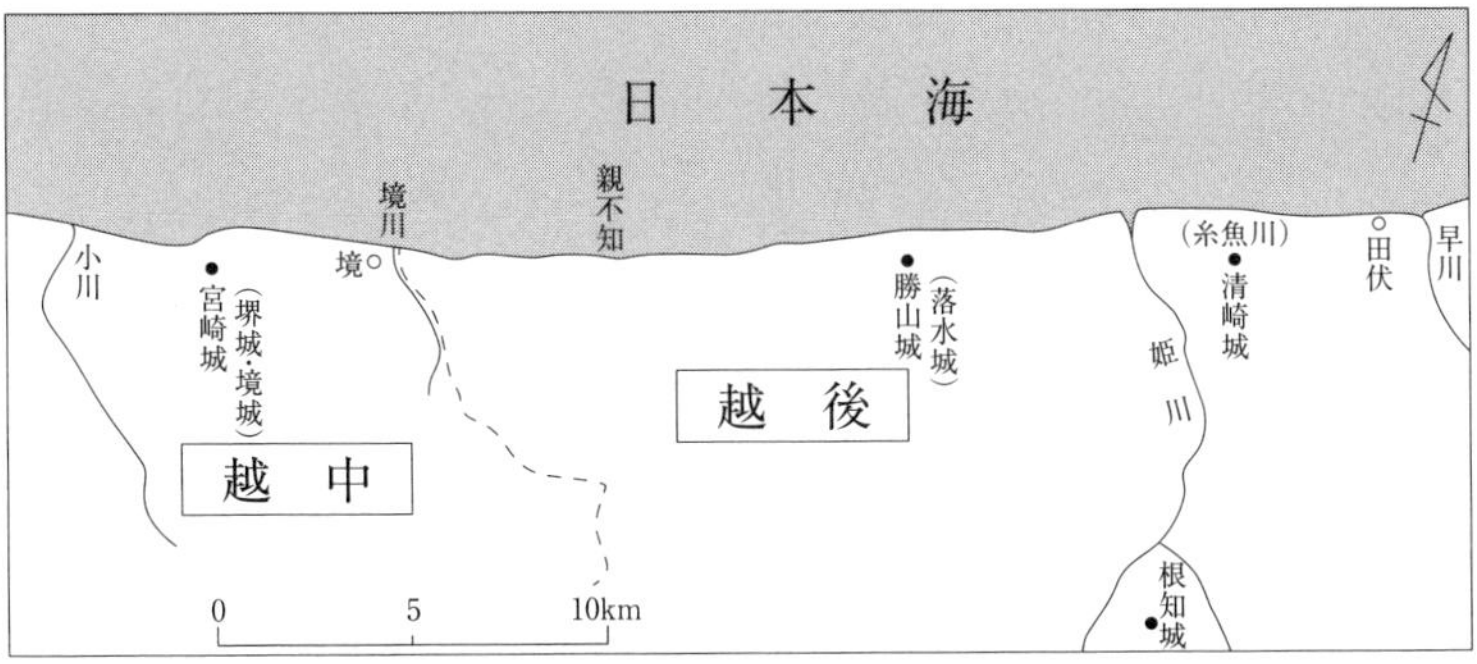

図1　戦国末の両越国境地帯要図

地」での普請（築城）につき大関と共に督励を受けていることから、史料2に見える「新地」が「糸魚川新地」にあたることは、ほぼ間違いないと思われ、本稿では史料上の表記を除き、これを「糸魚川新城」と呼ぶことにする。

このように秋山は同地での新規築城に従事した後、引き続き「横目」として城内に配置された。越中牢人衆の監視にあたるため、同城の主郭に入ったのである。守将として景勝より同城を任されたものとみてよい。なお、これに伴い、秋山には次のように糸魚川の東海岸に位置する田伏の料所（直轄地）が与えられた[5]。糸魚川新城での在城に伴う給付である（図1参照）。参考までに掲げておく。

【史料5】

秋山次兵衛所持

糸魚川新地在城依申付、料所田布施（田伏）之地出置之候、用心普請等厳重可相勤者也、仍如件、

天正十一年

卯月廿三日　御朱印（上杉景勝）

秋山伊賀守（定綱）殿

ここまで「糸魚川新地」の城郭築城に至る経緯を見てきた。それでは、問題の糸魚川新城の所在について探ってみたい。手がかりはやはり、同城の普請から守

備までに関わった秋山伊賀守であろう。そこで上杉家の『文禄三年定納員数目録』[6]でこの秋山氏の記事を見ると、次のようになっている。

【史料６】

糸魚川衆

一　四百九十石一斗七升五合七勺　　秋山伊賀守

始ハ落水ノ城ニ被差置候処、此城ニ御移シ被遊候、落水ヲ勝山ト御改号被成候、荻田ヲ被遣候、

ここから明らかなように、秋山は当初落水の城に置かれ、後に糸魚川城（位置ほか詳細不明。現糸魚川市街地にあった清崎城か）に移されている。そして城名が「落水」から「勝山」に改められ（傍線部）、荻田氏が入ったという。すなわち、秋山が普請に従事し、横目として置かれた「糸魚川新地」とは「落水城」ということになる。落水城は現在の糸魚川市街地西方にそびえる山城であり、両越国境地帯の境目の要害として申し分なく、成政の進攻直後にこの山上に築城が指示されたとみられる。

前述のように、落水城から秋山が出た代わりに糸魚川城から荻田主馬丞が落水城に配置された。秋山と同様、『文禄三年定納員数目録』[7]の荻田氏に関する記事から、そのことが知られる。

【史料７】

五十三人

同（都合）八百八十四石六斗一升二合九勺　　荻田主馬丞分

右後出奔、但初糸魚川後落水ノ城ニ被差置候、勝山ノ城ト御改被成候、其後宰配頭ニ被成候、

また、史料６・７の記事から見て、城名が落水から勝山に改められた（傍線部）のは、秋山から荻田への守将交代

時とみられ、以後は「勝山城」と呼ばれている。本稿でも当城をこれより「勝山城」と呼ぶことにする。

なお、秋山から萩田への詳細な交代時期は不明だが、上杉による佐々方の宮崎城攻略戦（天正十二年十月）の終結によるものとみなせば、その戦闘が一段落した同年十一月か、それからさほど遠くない時期と考えられる。

ところで、上杉景勝は隣国佐々の動きに、よほど警戒感を抱いていたようである。越中牢人衆が勝山城に置かれてから約二か月半後、景勝は次のような書状(8)を部将の岩井信能に発している。

【史料8】

急度申遣候、仍①佐々内蔵助（成政）爰元〓留守、至于西浜新地可相動之由、風説候、②彼地利ニ差置者共、又春日山ニ残置侍共、何茂手堅雖申付候、留守中ニ候間、無心元候、他国ヘ之覚ニ候条、其元人数召連、一左右次第春日山ヘ着陣尤候、謹言、

追而、西浜筋頻ニ火急之子細於有之者、市川・長沼・須田なとへも其方心得候処ニ申届、人数可相立候、以上、

（朱書）「天正十二」（天正十一年）

七月三日　　景勝御居判

岩井備中守（信能）殿

この書状が書かれた時、景勝は新発田氏攻めのため、新潟方面に出陣中であり、本拠地の春日山を留守にしていた。成政はそのタイミングを見て、再び越後西部進攻の素振りを見せたのだろうか、その噂が景勝の許へ急報されたようである（傍線部①）。不安を覚えた景勝は、春日山の守りを固めるため、一報次第、岩井に兵を率いて春日山へ入るよう命じたものである。幸い、成政の進攻はなかったが、景勝の動揺が見て取れる。深読みかも知れないが、成政側が連携する新発田を支援するため、景勝側の後方攪乱を図る目的で意図的に流した虚報だった可能性もある。

東から見た勝山城跡（尖った山容が印象的。右手奥に越中宮崎城跡を望む）

注目されるのは、この中で成政が「至于西浜新地可相動之由」と述べられていることである。「西浜」とは、越後西端から名立谷にかけての地域を指し、当然、糸魚川もその中に含まれる。成政進攻の風説に対し、先の落水付近への進攻が景勝の脳裏をよぎったはずである。そうであれば、この「西浜新地」は景勝がこの年二月以降、「新地」あるいは「糸魚川新地」という呼称で言及してきた勝山城の、もう一つの別称と考えてよい。

そして、この件への対応として、景勝は春日山城に残した侍達と「彼地利ニ差置者共」に対し、守備を堅固にするよう命じている（傍線部②）。この中で春日山城と並んで挙げられた「彼地利」が、「西浜新地」（勝山城）の城郭を指していることは言うまでもない。そうであれば、景勝の指示は勝山城に配置した者共、すなわち、この年四月、同城に差し置かれた越中牢人衆（史料3傍線部参照）に対しても発せられたことになる。

では、史料8に見る景勝の指示から何が読み取れるのか。それは本拠地春日山の西方、すなわち越中側に対する代表的な防衛拠点が、「糸魚川新地」あるいは「西浜新地」と呼ばれる、一か所の城郭（＝勝山城）だったとみなせる点であろう。言いかえれば、上杉氏にとって同城が、この時期における越中口・両越国境地帯の防衛を担う重要拠点として位置づけられるのである。

なお、勝山城は前述の『文禄三年（一五九四）定納員数目録』の記載から、少なくともその年までは存立していたとみられ、景勝領国下での位置づけは一貫していたと考えられる。

二、勝山城の遺構とその性格

両越国境の越後側は、日本海の荒波が打ち寄せる親不知・子不知の険しい海岸線が続く。勝山城はその海岸線を眼下に見下ろす、極めて峻険な山上に構築された要害堅固な山城である。越中の宮崎から国境の境川を経て、海岸伝いを通る北陸街道はこの山の下を通り、糸魚川、直江津方面へと向かう。勝山城は越後側にあって、この重要な街道を押さえる要衝と言える。とりわけ特徴的なのはその山容であり、日本海から一気に立ち上がり、天に向けて突き上げるように尖った頂部は、見る者にインパクトを与えずにおかない。その姿は越中の宮崎・境の海岸からも望め、まさに越中側を睥睨するかの感がある。すなわち、勝山城は両越国境方面を監視し、両越間の陸上交通を統制する機能を持った、越後側の境目の城だったと言える。

多少余談になるが、勝山城の特徴ある景観は近世の旅人達にも知られており、金沢と江戸を結ぶ道中の名所・旧跡を描いた道中絵図の中にも、越中側の宮崎城跡と並び同城跡が山上に記入されているものがある(9)。

城は周囲を急峻な斜面と深い谷によって守られ、遺構はほぼ山頂部に集中する。なお、『日本城郭大系』第七巻(新人物往来社、一九八〇年。以下、『大系』と記す)所収の「勝山城要図」によれば、登り口のある麓の国道北側に、海に面して数段の削平地を記すが、山上の主要部とは隔絶しており、一体化した城郭の遺構とはみなし難い。後世の平坦面ともみられ、ここでは遺構から除外する。また、国道の登り口からすぐに取り付く麓近くの尾根筋にも、数か所の竪堀状遺構の存在を記すが、付近は急峻な斜面であり、あとで記す標高八〇m付近の竪堀一か所は別として、同様に遺構の存在は疑わしく、除外する。

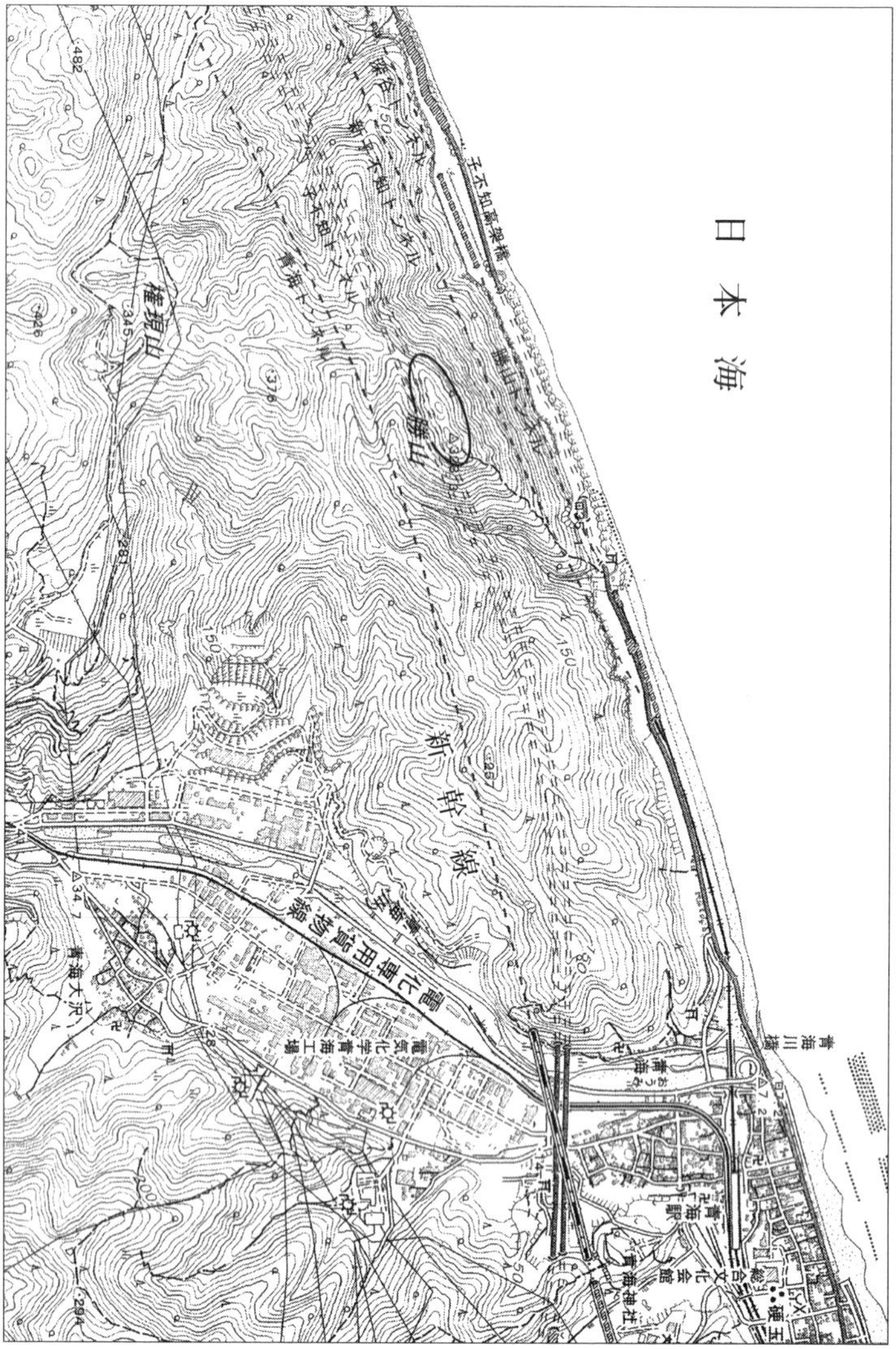

図2　勝山城（落水城）の位置と周辺の地形

道中絵図に描かれた勝山城跡（『下道中絵巻』金沢市立玉川図書館蔵）

さて、山頂部への登り道はごく一部を除き、ほとんどが尾根筋を利用した急峻な馬の背道であり、ここをひたすら喘ぎつつ登ることになる。(10) やや麓に近い、標高八〇m地点では尾根筋の海側が上幅五mで掘られ、そのまま斜面を二六mの長さで下る竪堀となっている。登り道はこれを反対の谷側へ少し迂回して付けられており、敵の進入をここでいったん食い止める目的があったとみられる。

とはいえ、その先はほとんど人工的な防御施設の必要性を感じさせない、急な登りの連続であり、風当たりの強い尾根道が続く。特に風の強い日は、下から荒波の打ち寄せる音が、風に乗って響いて来るくらいである。標高一七五m付近に来ると、やや傾斜が緩くなり、少人数が立てる程度の細長い平地が下からの尾根筋を見下ろすように存在する。わずかに手を加えただけの簡易なものであり、山頂部までの中間点に設けられた、小規模な物見と番所の跡であろうか。

山頂部に近づくと、登り道がさらに急になり、一部にむき出しの岩を取り付けの階段を使って登る所がある。こうして辿り着いた山頂部の遺構は、東西に伸びる稜線上の二つのピークを中心に存在する（以下、図3参照）。海側から登る道を大手道とすると、大手口にあたる東端のピークにはA郭（標高三二八m）が存在する。この郭は三〇×二五m（東西×南北でおおよその規模を示す。以下同じ）のきれいな平坦面で、西側に土塁状の高まりが残る。ここからは糸魚川市街がよく望める。本来の主郭はここよりわずかに三m高い奥（西）のB郭だが、そこより広く良好な削平面を持つ当郭が、実質的な主郭の機能を果たしたとみられる。

No.①の堀切（上幅五m）はA郭の西側を守るもので、土橋状の尾根道を残し、

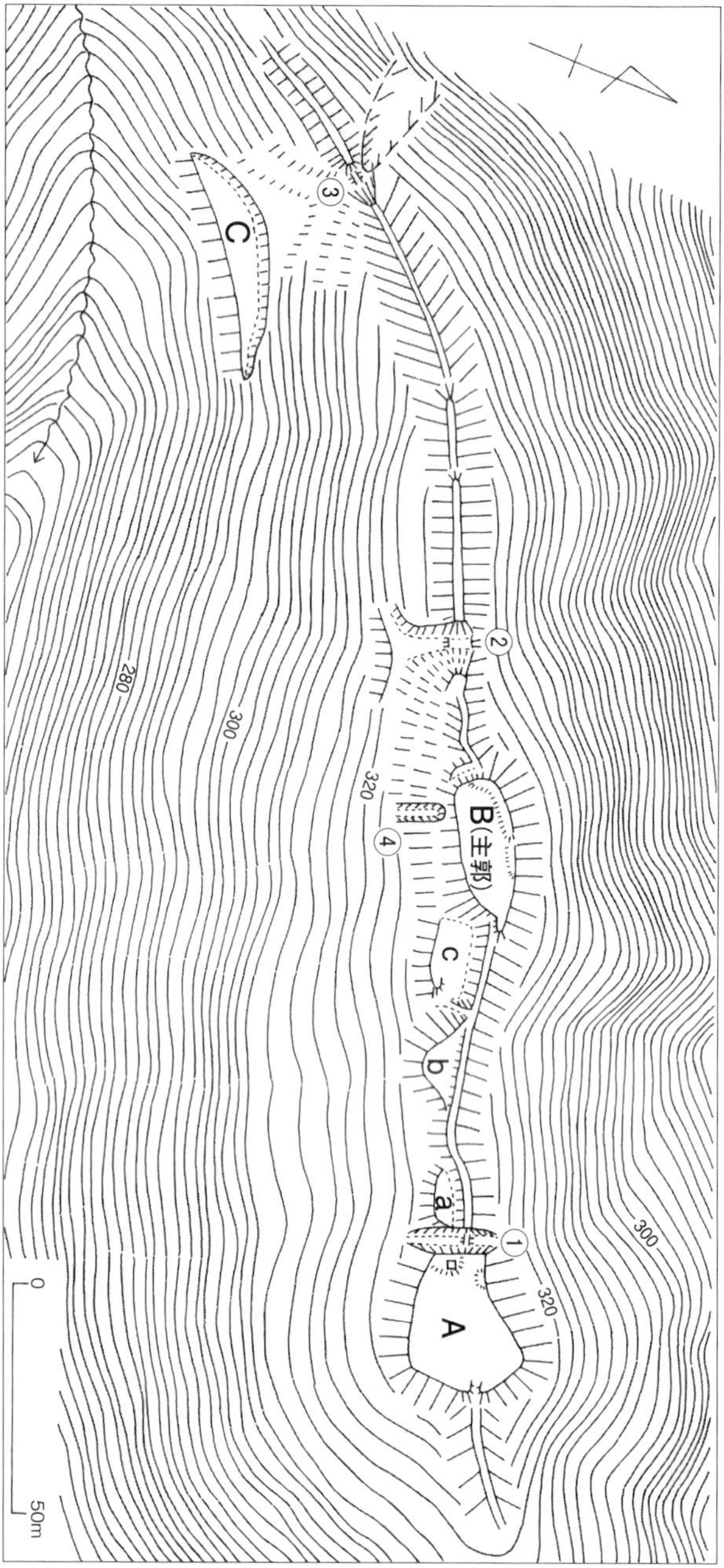

図３　越後勝山城縄張図（A～C：郭、a～c：小平坦面、①～③：堀切、④：竪堀）

（高岡作図）

両側へ竪堀状に下っている。ここから西のB郭までは幅一m余りの尾根道が約七〇m続き、その南側に一段低く三か所（a・b・c）の小平坦面を設ける。これらは海から吹き付ける風を防ぐため、反対側斜面に設けられた城内の関連施設跡と考えられる。規模はaが一二・四×四m、bが三角形で二一×六m、cは最も低い位置にあり、一七×八mの広さで上の尾根道からの通路と南側斜面に下るための開口部が見られる。三か所の内、最もきちんと作られた腰郭状の施設である。

西のピークにあるB郭（主郭）は城内の最高所（標高三三一m）を占め、規模は三〇×一二mを測る。北側から西

山頂東端のA郭（きれいな平坦面を造成）

城内最大の堀切№③を上から見る（西側最大の守り。右下は深い崖となる）

城内西端にある水の手のC郭（中腹に比較的広い平坦面を造成）

側の一部にかけて、内部からの高さ一・二mの低い土塁状の高まりがめぐるが、これは海からの風を防ぐ役目を果たしたものであろう。ところで、北側の土塁上に立つと、日本海の海上が広く一望できる。このことは、当城の目的の一つが越後と越中・能登方面を結ぶ海上交通の監視であったことを示している。また、もう一つ重要な点はここから越中までの海岸線を、とりわけ越中側の境目の城である宮崎城をはるかに望めることだろう。

このことは上杉氏が宮崎城を含む両越国境地帯を支配していた当時、両城が狼煙などで連絡可能だったことを示す。狼煙の存在を史料で裏付けることは難しいが、一定の条件下で緊急時の連絡に使用できたと考えたい。逆に宮崎城が越後と敵対する勢力の拠点であった時には、同城方面から越後側に向けた、何らかの軍事行動の動きをつかむことが求められたのではないか。万一、そのような気配が認められた場合には、直ちに急報が春日山へと送られたことであろう。このように主郭から望める良好な展望は、当城に求められた最大の機能が何であったかを如実に物語っている。

なお、地形図上でＡ郭からＢ郭にかけての山頂部一帯をながめると、北側が急峻な傾斜で一気に落ちているのに対し、南側は尾根筋から約二〇m下までの傾斜が比較的緩くなっている。こうした地形に対応した防御施設として、Ｂ郭の南側斜面に上幅四mの竪堀（№④）が一本掘られ、斜面上の横移動を防いでいる。

Ｂ郭の先は尾根筋が細くなり、西から西南に向けて下降していく。その途中には№②と№③の二か所の堀切が設けられ、尾根道の移動を阻んでいる。この内、Ｂ郭から約六m下にある№②の堀切は上幅一一mを測り、南側へ竪堀状に下っている。さらにそこから一六m下に位置する№③の堀切も上幅一一mで大きな高低差を伴って掘られ、当城西方の山続きを遮断しており、主郭西方で最大の守りとなっている。特にこの堀底の北側は深く大規模な谷となって落ちており、覗き込むことも憚られるくらい危険である。ここで城域の西側が画され、そこから先は細い尾根道が西南へ続いている。(11)

ところで、この堀切の南下には五〇×七・七mの大規模な平坦面（C郭）が斜面を掘り込む形で設けられている。ここは城の南麓を流れる谷川の支流（註（10）参照）を見下ろす位置にあり、『大系』によれば、その谷の中に井戸跡が存在し、遺物も出土したという。この記述によれば、C郭はその水場と密接に関わる水の手郭にあたり、北側斜面と違い、風の影響もないことから、居住施設も存在したとみられる。こうした峻険な山城にあっては、注目すべき遺構であろう。

以上、勝山城の遺構を概観してきたが、立地する場所が極めて急峻かつ高所の山上であることから、すぐれて要害性に富んだ城郭であると指摘できる。防御施設についても、攻撃方向がほぼ山上の稜線を辿る侵入に限定されることから、要所に設けられた堀切や竪堀による備えで事足りたであろう。

ただし、このような立地は敵対勢力に対する監視・示威機能にすぐれているものの、多数の軍勢を駐屯させる居住には難があり、また有事の際、速やかに軍勢を繰り出すことも困難であったと思われる。そうした点を考慮すれば、勝山城は基本的に国境地帯を守る境目の城であり、進攻があった場合には一時的に敵の攻撃を食い止め、後方からの援軍を待つ拠点としての性格を持っていたと言える。

三、越中牢人衆の実態とその戦い

次にこの勝山城に置かれることとなった「越中牢人衆」の実態について考えてみたい。そもそも「牢人（浪人）」には「郷土を離れて、諸国を流浪する人」（『日本国語大辞典』第二版）、「追放された人」の意があり（『日葡辞書』）、ここでは本拠地の越中を追われた者達を指すものとみておく。とりわけ本稿の場合には、天正十一年四月十三日の時点で直江兼続がそう呼んだように（史料３）、本能寺の変前後より上杉方に属し佐々氏に抵抗してきた越中の侍達であり、これより少し前、上杉方拠点の越中魚津・小出両城明け渡しなどにより、上杉氏を頼り越後へ移った者達を指している。すなわち、越中の制圧を進める佐々成政によって本拠地の越中を追われた者達ということになる。

具体的にはどのような者達なのか。それを知る手がかりとなるのが天正十一年二月、籠城中の魚津城内より景勝に対し出馬要請を行った、次の連署状[12]である。

【史料９】

当九日之御書頂戴、忝奉存候、仍為御先勢、何茂被仰付候由、珍重至極存候、殊御進発可被成置之段、各大慶此事候、随而敵備之儀、能・賀人数者悉越前へ罷立、此表へ者佐蔵介（佐々成政）一手迄之働候、当地之為押、神安芸守（神保氏張）相残、蔵介者向境川于今陣取仕候、此節頓速於御出馬者、御一変可属御存分儀、眼前御座候、然者当地之儀、須相（須田満親）申談、弥堅固之御備候条、此旨宜預御披露候、恐々謹言、

（朱書）「天正十二」
（天正十一年）
二月十四日

寺嶋与介盛□（徳脱カ）
寺嶋平九郎信鎮
池田九郎右衛門師宗
唐人丹後守廣親
塩井宗八郎職清
神保民部大輔廣胤
神保宗次郎昌国

直江山城守（兼続）殿
狩野讃岐守（秀治）殿

ここに連署する越中ゆかりの武将達（寺嶋、池田、唐人、塩井、神保）が越後へ移り、その後、四月十三日の時点で

「越中牢人衆」と呼ばれ、勝山城に配置されることになった（史料3）とみられる。そして約一年半後には、その顔触れがさらに増えている。すなわち、天正十二年八月、成政が小牧・長久手戦で秀吉と対戦中の織田信雄・徳川家康方に立ち、秀吉方の加賀前田領を攻撃する事態が起きた。これに対し、上杉景勝は秀吉方に立って西の前田利家と連携し、越中の佐々成政を攻めることになった。この時、越中口（勝山城）に置かれていた「越中牢人衆」は前田氏に対し、次のように近日中に越中へ出兵することを伝えている。[13]

【史料10】

雖未申通候、令啓達候、仍而佐々内蔵助栗柄・小原口相働由候之条、当方被仰合首尾、為御後詰須田相模守初而随分衆数多令同心、越中向境之要害被押寄、在々令放火候、近日可為出馬候、今般能・加両州堅固之御備、誠以御勇力難述紙面存候、貴国当方被仰談上者、佐々内蔵滅亡眼前候、随而前田又左衛門尉殿各以書状申入候之条、可然様御取成奉憑存候、弥爰元時宜可御心安候、猶重而可申宣候間、不能巨細候、恐々謹言、

（天正十二年）九月十八日　　土肥美作守政繁（花押）
唐人式部大輔親廣（花押）
寺嶋平九郎信鎮（花押）
斎藤五郎次郎信言（花押）
神保宗次郎昌国（花押）

前田五郎兵衛尉（安勝）殿
参御宿所

ここで連署する武将の中には、史料9にはなかった土肥政繁と斎藤信言の名が見える。この内、土肥政繁は新川郡

山頂の主郭より西に越中宮崎城跡と両越国境地帯の海岸・海上を見渡す

西部の有力国人で、本能寺の変以降、本拠の弓庄城（現上市町）に拠って長期にわたり成政に抵抗して籠城した。しかし、上杉氏の救援を得られぬまま、ついに天正十一年八月、城を明け渡して家臣と共に越後へ移ったのである。もう一人の斎藤信言の方は婦負郡の有力国人斎藤信利の弟であったが、早くより上杉方に身を投じ、佐々方に敵対していた[14]。当主の信利自身も上杉方に属して、成政に抵抗を続けたが、土肥氏と同じ頃に本拠の城尾城（旧八尾町）を攻略されている。ただし、信利が越後へ赴いたことは確認できない。

ところで、土肥政繁や斎藤信言を含む越中牢人衆の全員が、常時勝山に置かれていたかどうかは、不明である。前述のように山頂部に位置する城内は狭小であり、多数の将兵を同時に収容できたとは思えないからである。むしろ、『土肥家記[15]』が越後へ移った元弓庄城主土肥政繁の消息として、後年、能生で病死したと伝えている点から、別に糸魚川の周辺などに住居を与えられ、平時は交代で勝山城に詰める形をとっていた可能性もある。

このように多くの越中牢人衆を受け入れた景勝の狙いとは何であったのか。言うまでもなく、牢人衆はこの時期一つの戦力であり、まずは彼らを国境地帯の防衛にあたらせること、もう一つは来るべき越中反攻に際し、彼らを先鋒として投じることにあったであろう。越中を追われた牢人衆には旧領復帰を願う気持ちは強かったはずであり、そのためには越中への反攻に死力を尽くし、景勝への忠節と軍功を示す必要があった。

ところで、景勝には他国から逃れてきた侍達（牢人衆）を、その旧領への進攻作戦に投入した事例が以前にもあった。一例として、本能寺の変直後（天正十年七月）に起きた能越国境の荒山砦をめぐる戦いがある[16]。前年、信長から能登七尾城代として派遣されていた菅屋長頼が、かつて上杉謙信に属していた畠山氏旧臣遊佐氏を討ち取り粛清したため、他の温井景隆・三宅長盛は恐れて越後へ逃れた。翌年、本能寺の変が起き、越中魚津まで来ていた柴田・佐久間・前田らが本国へ引き揚げると、まもなく景勝が越中・能登方面へ反攻に転じた。

越中方面についてはすでに述べたが、能登方面に対しては、能登牢人衆である温井・三宅らを舟で送り、能越国境にそびえる石動山天平寺の衆徒と結び、失地回復を図ったのである。その際、景勝は彼らに「今般能州へ乱入、無二軽一命可有忠信之由、感悦候、因茲、本領如先規不可有違儀者也、仍如件」などと記した朱印状[17]を事前に与え、その本領安堵を約して士気を鼓舞している。しかし、前田利家らが迅速にこれを攻撃して、彼らの拠る荒山砦を石動山と共に攻め落とすと、上杉の反攻は潰えたのである。この二年後、景勝は越中に対し反攻を企てるにあたり、再び同じように越後へ逃れていた牢人衆をその攻撃陣に加えたのである。

こうして戦機が熟した天正十二年十月、上杉景勝は越中へ進攻し、佐々方の宮崎城を攻撃し、これを攻め落としている（史料14）。この攻撃には本領回復を望む越中牢人衆が参加し、上杉軍の一翼を担って、その存在感を示した。このことは、当時戦闘に参加した上杉方の侍がのちの元和二年（一六一六）に書き上げた高名書[18]にその模様が記されている。高名書は、侍が過去に参加した戦いで自らが挙げた戦功を後年書き上げたものであり、仕官などの際に提出することが多い。性格上、内容の一部に誇張や記憶誤りのあることも考慮し、吟味する必要はあるが、多くは現場に居合わせた証人を記載することから、基本的には当時の戦闘の模様を具体的に伝える史料として、利用は可能である。

【史料11】

一　越中境ノ城江景勝ノ働之時、町曲輪ノ屏壱番ニ乗籠申処ニ敵待懸組申候、良久敷組合候へ共、終勝負付不申候時、唐人式部大輔内鑓中村与申者参、我等弟ニ而候間、くれ候得と申付而、中村ヘ出し申候、其ゟ先懸仕、権平曲輪広間之前ニ而高名仕罷出候得共、其ゟ門ヲ立久敷持申候、我等ハ首を持罷下、町外ニ而景勝之懸御目候ヘハ、一番首之由御意被成候而、御盃被下候義、有沢采女被存候事、

これによると、前述の土肥政繁家臣だった舟喜治部左衛門が、宮崎城攻めの前哨戦となる「町曲輪（国境の境町であろう）[19]」攻めで塀を一番に乗り越え、待ち構えた敵と組み合った際、自分の弟で唐人式部大輔に仕える中村某と出会っている。舟喜は引き続き先駆けして宮崎城内「権平曲輪[20]」の広間前で高名を挙げ、首を持って山を下り、町の外で景勝に見せたところ、一番首として盃を与えられたという。証人として同じ土肥家中の有沢采女（後に加賀藩士）の名を記している。

もう一点、やはり上杉方として参加した、元土肥政繁家臣藤田丹波が元和八年（一六二二）に書き上げた高名書[21]を見てみよう。

【史料12】

一　景勝境ノ城せめ申さるゝ時、水のて（手）くち（口）をふたいノうけ取にて拙者・有沢采女・河瀬与三、此三人へいした（塀下）にて高名仕り候、此證跡栃屋半右衛門高田居り申候事、

ここでは藤田丹波が同じ土肥家中の有沢らと共に宮崎城の水の手口を攻め、塀の下で高名を挙げたことを記す。証人として同じ土肥家中の栃屋半右衛門（元和八年の時点では、越後高田城主松平忠昌の家中）の名が記されている。

なお、前記松平家に仕えた栃屋半右衛門については、藩士由緒書[22]の中で土肥家時代に「越中境ノ城ニテ首壱討取、其剋上杉景勝諸軍勢ノ中ヱ被呼出盃ヲ給ル、其時景勝感状于今所持仕候」と記す。この栃屋も宮崎城攻めに奮闘したようである。

一方、同じ時期に勝山城守将の秋山が、国境の越中側にある境の町口を攻めた様子を、当時佐々方に属していた侍が後年書き上げた高名書[23]もある。

【史料13】

一　其後堺ノ城、内蔵助《佐々成政》かたゟ持候て有之時、越後おつる《落》水の城主秋山と申仁、さかいへ夜こミ《込》ニ押懸申時、さかい町口ニおゐて両三度之合戦之時、大将の秋山ヲ馬上ゟつ《突》き落シ申候、然共味方負軍ニ付て悉ク城ヲ明或者挟間をくゞりかけおち《駆落》申候へ共、私兄弟三人、今井伝五と申者、上松大膳足軽四人、以上八人ハ堺上口ノ木戸ヲ開、しつしつ《静々》と罷退申候、右之せうこ《証拠》、長谷川宗左衛門、藤巻三右衛門と申者、于今さかいニ有之、能々存申候御事、

これは当時成政に仕えていた野上甚五左衛門が、後の寛永八年（一六三一）に書き上げた高名書の記事である。それによると、勝山（高名書では「おつる水」）城主の秋山が率いる軍勢が、国境の越中側にある境町を夜襲（「夜込」）した時の模様を記している。戦いは境の町口で二度か三度行われ、野上が秋山を馬上から突き落としたという。しかし、戦闘は佐々方の敗北となり、野上は味方と共に八人で町の上口（越中側の西口）の木戸を開け、ゆっくり退いたと記す。この時の証人として境に住む長谷川宗左衛門、藤巻三右衛門の名を挙げている。この内、長谷川宗左衛門は後に加賀藩の境関所初代奉行として知られている。

このように牢人衆の土肥や唐人は上杉軍に加わり、先陣を務め、境町や宮崎城の各所で高名を挙げるなど、積極的に戦ったようである。史料は残らないが、他の牢人衆も同様であったろう。

次の景勝書状[24]は、この時の宮崎城（境城）攻略を部将の岩井信能に伝えたものである。

【史料14】

当表就進発、為音信両種到来、喜悦候、仍去月廿六、当地堺之要害押寄、即時攻落、取籠之逆徒一人不洩討果、仕置堅固申付候、於備者可心安候、次其表何も半途ニ在陣之由大儀候、巨細直江可申越候、謹言、

（天正十二年）霜月四日　景勝（花押）

岩井備中守殿

このように奮戦した越中牢人衆ではあったが、秀吉は成政討伐の戦後処理として東部の新川郡を成政に安堵し、残る三郡を前田氏に与える決定を下した。この結果、越中牢人衆が旧領に復帰する道は閉ざされ、それぞれが思い思いの道を選ぶことになったが、多くは上杉氏に仕える道を選んだようである。

天正十二〜十三年の時期における成政の軍事行動については、越中西部での前田氏との戦いが多く取り上げられてきた。それに対し、東部国境での上杉氏との攻防は、規模も小さかったせいか、ほとんど注目されたことがない。とりわけ、西の前田領には同時期こうした越中牢人衆の存在は知られておらず、景勝が彼らを越中進攻のために使ったことは、同十年に能登牢人衆を舟で能登（前田領）へ送り込んだこと（前述）と同様、この時期の景勝の戦法の一つとして、注目できる。

ところで、『大系』によれば、天正十三年、佐々成政討伐のため越中に出陣してきた秀吉が、勝山城で上杉景勝と会見したとする伝承の存在を紹介する。それらはいずれも近世の編纂物に記された記事であり、当時の一次史料による限り、会見がなされた事実はない。しかし、地元では現在も観光パンフレット類にこの話を掲載することから、近世に生まれた勝山城関連の伝承として取り上げておくことも必要であろう。ただし、ここでは、それらを逐一紹介しないが、一例として『上杉三代日記』[25]に記す内容を掲げる。

【史料15】

一、天正十三年、秀吉公、越中表へ御働あり。佐々内蔵助、攻め干し給ふ。越中堺堕〔水カ〕る城須賀修理亮籠りたる町屋に御一宿あり。其時の御供衆石田三成・森屋市右衛門、上下三十八人迄御出。森弥市右衛門を御使者として、堕水の城へ申越され候は、須賀殿へ対面なされたき御意なり。修理亮、町屋へ罷出で、御目に懸る。秀吉公仰せけるは、景勝へ申したき直段〔談〕の隠密の事あり。春日山へ早馬を立て、景勝、此地へ早々出馬あるやう頼入候。修理承り、身不肖に候へども、斯様の為めに、当城に罷在候へば、何なりとも、仰付けらるべく、是より申通ふとの由申す。秀吉公、いや貴殿に申すべき程の事ならば、使者を以て此方より申す事に候なり。直段ならでは叶ひ難しとの御意なり。景勝は、糸〔魚〕井川の城主丸田伊豆守処に、八千六百の手勢にて御座ありけるが、修理亮方より、右の旨申遣す。秀吉公をば、三日の間様々馳走し奉る。景勝は、諸臣と相談あり。諸臣申すは、秀吉公籠の鳥の如し。唯今切腹致すべき由、殊に天の与へたる所と随ひ申す。景勝仰には、秀吉公、景勝武勇、士の道ある事を御存知ありて、近（一字脱）少々にては御入る処に、景勝、疎略あるまじき義理を御存じ御出なり。其義理を知らず、討ち申す事は、天下義家の悪名除き難し。御望の如く対面の上、和睦申すか、又は弓矢にて勝負仕るか、変に依るべしとの御意。直江山城守・藤田能登守・泉沢河内守、其外三十五人、堕水へ御出ありて、秀吉公へ御対面ある。景勝は、直治〔江カ〕を召連れ、秀吉公、石田一人にて、堕水の奥間にて、二時計りの御相談なり。秀吉公、福山へ御帰あり、右の御相談の趣、其後承り候へば、家康公と景勝と、諸事御示合ひあらば、天下の事、御心に叶ふべしとの思召により、直々の和睦あり。御内意ある故、景勝と、別して御隠密と承る。（〔　〕は高岡が付したもの）

八月廿六日付の秀吉朱印状(26)などによれば、成政を降した秀吉は当初、富山城で景勝との会見を予定していたが、景勝が越中東端の境から動かなかったため、閏八月一日富山城に入ったものの、早々に見切りをつけ、同月七日には加賀まで戻っている(27)。両者の会見は実現しなかったのである。ただし、創作であるにせよ、この勝山城が秀吉・景勝の会見場所として設定されていることは、当城が越後側の境目の城として、後世にも広く知られていたことを裏付けることとなろう。

四、上杉領国下の越中牢人衆

成政降伏後の越中牢人衆の消息については、史料が少ないことから、すべてを明らかにはできないが、たびたび引用してきた『文禄三年定納員数目録』によると、「越中(ママ)勝山在番衆直江抱」として挙げられた武将の中に越中出身とみられる唐人式部少、同丹後守、新保五郎左衛門、塩井忠兵衛の名を見出せる。これによって、築城から十年余りを経たものの、彼らが「勝山在番衆」として編成され、景勝側近の直江兼続配下となり、引き続き、勝山城に在番していたことが知られる。

まず、「唐人式部少」とあるのは史料10の唐人式部大輔親廣にあたるとみられる。この唐人氏は長島一向一揆の一角を占めた「かろうと嶋」の出身と推測され、岸和田流の砲術師として当初は加賀一向一揆を支援するため、本願寺の命で北陸に派遣された者ではないかと考えられる。しかし、天正四年本願寺が上杉謙信と和睦すると、上杉方に属したとみられ、能登に従軍している。謙信没後一時的に織田方に属したが、同十年二月上杉方に復属し、小嶋職鎮と共に翌月富山城を占拠して、織田方の後方を攪乱した。しかし、織田方の迅速な反撃により富山城から逃れ、上杉方の拠点であった砺波郡の五箇山に入った。その後は新川郡の小出城へ移り、織田方との戦いを継続したが、前述のように魚津城と共に孤立化したため、同十一年三月、城を明け渡して越後へ移ったと考えられる。続けて記載された「同丹後守」とは、前掲（天正十一年）二月十四日付連署状（史料9）に署名した唐人丹後守廣親（秀政、守広）で、親廣の息子にあたるのであろう。唐人は父子揃って上杉氏に属したのである。

注目されるのは、同十六年正月景勝が催した連歌会で親廣が「唐人式部清房」の名で加わっていることである。おそらく親廣はこの頃までに清房と名乗りを変えたのであろう。景勝政権を支える実力者達が揃った連歌会になぜ唐人が参加できたのか。実はこの頃、景勝側近の直江兼続が積極的に家中への鉄砲の普及を進めていたことから、唐人の砲術師としての技術に注目し、自らの配下に加え、重用したと考えられる。唐人もその兼続の期待に応え、家中の侍達に岸和田流の砲術を広めたのであろう。その功績を認めた兼続が、唐人を連歌会に招き入れたとみられる。なお、唐人式部は越後で没したとみられ、息子の秀政の方が上杉氏の会津移封に従い、「与板衆」の一員として兼続の領有する長井郡に知行を与えられている[28]。

次に「新保五郎左衛門」とあるのは、「神保」五郎左衛門のことであろう。『文禄三年定納員数目録』は「右ハ安芸守子、後与板鳥越村ニ被差置」とあって、父が安芸守だと付記する。越中神保氏で安芸守と言えば、守山城主だった神保安芸守氏張が著名である。しかし、氏張の方は早くより織田氏に属し、佐々成政に従ったことで知られているので、この五郎左衛門の方は父と異なり、反織田の上杉に従う道を選んだことになろう。ただし、のちに旗本になった氏張系について記した『寛政重修諸家譜』には、この五郎左衛門の名を見出せない。

なお、上杉氏の会津移封に伴い、五郎左衛門も「与板衆」の一員として兼続の領有する長井郡に知行を与えられている。その折の分限帳には「神保五郎左衛門」と正しく記されている。『唖者の独見』によれば、関ヶ原戦後に浪人となり、最上家、鳥居家に仕えた後、保科家に召し抱えられ、慶安二年（一六四九）八十三歳で没している。同書によれば実名を長利、のちに隠岐守を称したという。子孫は代々会津藩士として存続しており、幕末の家老神保内蔵助、その子修理（共に自害）の活躍はよく知られている。[29]

続いて「塩井忠兵衛」について見る。『文禄三年定納員数目録』は「右ハ玄蕃ニ成ル、宗八郎也、此子モ忠兵衛ト云」と記し、玄蕃・宗八郎とも称したことがわかる。そうであれば、前掲（天正十一年）二月十四日付連署状（史料9）に署名した塩井宗八郎職清にあたる。塩井が実名に「職」の一字を使っていることからすれば、謙信期に越中の有力武将だった神保長職（元亀年間没ヵ）から偏諱を受けた者と考えられる。おそらく長職の旧臣であったが、成政には従わず、上杉氏に属して抵抗する道を選んだのであろう。

ところで、塩井は文禄二年（一五九三）六月、上杉景勝の朝鮮渡海に従い忠勤を励んだとみられ、同年八月、景勝部将の黒金景信から「小国之内、大豆之島各一所」ほかの知行を与えられている。この時の景勝の渡海は、朝鮮南岸の熊川で城郭の構築を命じられたことによるものであり、名護屋への帰陣は九月八日である。その後、塩井は景勝の会津国替に従っており、子孫は代々、上杉家に仕えている。[30]

おわりに

本稿で述べた要点を列挙すると、次のようになる。

①天正中期における両越国境地帯の攻防下、同十一年二月、越中の佐々成政が国境を越えて越後西浜の落水付近まで放火した。それは賤ヶ岳戦に向かう柴田勝家と連携する示威的なものであったが、不安を覚えた上杉景勝は急きょ防衛拠点となる新城を糸魚川に築いた。それは上杉側史料に「糸魚川新地」（別名「西浜新地」）と表記され

るものだった。
②この糸魚川新城の所在は、関係史料の検討から日本海に臨む、現糸魚川市の勝山城（旧名　落水城、後に改称）とみなされ、当初秋山伊賀守（定綱）、大関常陸介（親憲）が築城の任に当たった。
③勝山城は春日山城西方の防衛拠点として両越国境方面を監視し、特に北陸街道を押さえる「境目の城」に位置づけられ、要害堅固な山城であった。
④景勝はこの城に「越中牢人衆」を配置し、警備と整備を命じたが、秋山伊賀守がその横目（監視役）として主郭（本丸）に入った。
⑤「越中牢人衆」とは、本能寺の変前後より上杉方に属して織田（佐々）方に抵抗した越中の侍達が、上杉方の退勢により越後へ追われたものである。
⑥天正十二年十月、「越中牢人衆」は景勝の率いる上杉軍の一翼を担って越中へ進攻し、佐々方の守る境目の城（＝宮崎城、別名　境城・堺城、現朝日町）を攻め落とした。牢人衆の戦いぶりは戦闘に加わった両軍の侍の高名書から明らかになる。
⑦だが、翌十三年八月の成政降伏後、上杉氏の越中領有の道は閉ざされ、牢人衆が望んでいた旧領復帰は叶わなかった。この結果、牢人衆は景勝側近直江兼続の配下となり、引き続き勝山城に在番することとなった。牢人衆のその後の消息をすべて明らかにすることはできないが、いくつかの事例から、多くは上杉氏に仕え、会津国替にも従ったとみられる。
⑧景勝は天正中期（天正十～十三年）、能登や越中を追われた牢人衆を受け入れ、西方への進攻を有利に展開させるため、旧領復帰を望む彼らを戦力の一部として投入したが、様々な要因により牢人衆の望みは叶えられなかった。

註

（※を付した論稿は後に拙著『戦国期越中の攻防―「境目の国」の国人と上杉・織田―』（岩田書院、二〇一六年）に再収）。

（１）『富山県史』史料編Ⅲ、第七九号。

（２）『上越市史』別編二、第二六七二号。

（３）同前、第二七二九号。

（４）『上杉家御書集成』Ⅱ、第九一〇号。

（５）同前、第九〇九号。

（６）『新潟県史』別編三、一三頁。

（７）同前、一～二頁。

（８）『上越市史』別編二、第二八〇五号。

（９）たとえば、金沢市立玉川図書館蔵『下道中絵巻』には、「ミヤサキ古城」、「勝山ノ古城」がそれぞれ山上に古城の印を付して記入されている。

（10）前述の「勝山城要図」では、別に登り口そばの深い谷川伝いに南麓を大きくめぐり、東端のピーク（Ａ郭）直下で山頂部稜線までの支流を登り詰めるルートの存在を記す。しかし、このルートは移動距離が長いうえ、天候や地形上不安定な谷筋が恒常的な城道として利用されたとは考え難い。急峻ではあるが、現在使われている登り道にほぼ重なる尾根筋のルートが城道だったと考えたい。

（11）「勝山城要図」では、この先にあるピークとそこから東南に張り出した尾根上に郭となる平坦面の存在を記すが、現地はやや平坦に見えるものの、人工的に削平した形跡は見られず、遺構とは認めなかった。また、同図にはその奥の尾根続きにも郭となる平坦面を何か所も記すが、城の中心部から遠隔の地となることや、前述の事例を考慮し、踏査には至らなかった。

（12）『富山県史』史料編Ⅲ、第六五号。

（13）同前、第一〇四号。

(14)　越中在番の上杉部将黒金景信が（天正十年）二月十日付で直江兼続に送った書状には、城尾城の斎藤信言について「去秋以来御忠節可申上之由候、此度も申越分者兄ニ御座候、次郎右衛門尉同前に御忠信申度存候、（中略）我壱身ニ而も可申上覚悟之由申越候」と伝えており、斎藤信言の上杉氏への忠節表明が本能寺の変以前になされている（『富山県史』史料編Ⅲ、第二五号）。

(15)　金沢市立玉川図書館蔵。

(16)　石動山と荒山砦をめぐる戦いは『甫庵太閤記』に天正十年六月のこととするが、実際に前田勢の一員として従軍した笠間儀兵衛の書上では七月と記し、前田利家が近辺の社僧や百姓に与えた礼状や宛行状などからも、七月が正しいとみる（※拙稿「菊池右衛門入道宛柴田勝家書状をめぐって――本能寺の変直後の越中情勢――」『富山史壇』第一七一号、二〇一三年）。『永光寺年代記』が「石動山破滅」を七月としている点も参考になる。

(17)　天正十年五月九日付能登畠山氏旧臣平加賀守宛（『上越市史』別編二、第二三七三号）。同日付で温井・三宅らにも同内容の朱印状が出されている。後で述べる越中宮崎城攻めに際しても、事前に景勝から越中牢人衆に対し、同様のものが出された可能性は高い。

(18)　「本多家士軍功書」（『秘笈叢書』石川県立図書館蔵）。

(19)　ここに記す「町曲輪」は、町自体が何らかの防御施設によって外部から守られた構造だったことを表現したものであろう。高名書の中で舟喜治部左衛門は塀を乗り越えて中へ攻め込んでおり、当時の境（堺）町が周囲を塀で囲んでいたことが知られる。さらに史料13の野上甚五左衛門高名書によれば、町の出入口は北陸街道の通る上口（越中魚津方面へ向けた西口）と下口（越後糸魚川方面へ向けた東口）の二か所だったとみられ、その出入口に設けられた木戸付近で戦闘が行われている。また、なお、同じ時期（天正九年）に新川郡西部に存在した小出城の場合も、城のそばに位置した町が何らかの防御施設によって守られ、出入口にあたる「門口」で攻め手の上杉方が、守る織田方と鍵を突き合わせている（※拙稿「小出城とその攻防戦の実態―天正中期における上杉・織田（佐々）両軍の『境目の城』の攻防をめぐって―」『富山市考古資料館紀要』第二六号、二〇〇七年）。このことは、一六世紀末、交通の要衝となる町や、城郭のそばに立地する町が防御施設で囲まれ、出入口には木戸や門が設けられていたことを推測させる。

(20)　佐々氏の守将丹羽権平に因んだ郭の名称と思われる。
(21)　『雞肋編』致道博物館蔵。
(22)　『福井市史』資料編四、五二〇頁。
(23)　「山崎家士軍功書」（『秘笈叢書』石川県立図書館蔵）。
(24)　『富山県史』史料編Ⅱ、第二〇〇〇号。
(25)　井上鋭夫校注『上杉史料集』（下）所収（新人物往来社、一九六九年）。解題には『上杉三代日記』を「一名上杉軍記と言い、永正六年の為景の叛逆から、謙信の事蹟および元和元年大阪《ママ》夏の陣のときの景勝の働きにいたるまで、長尾上杉氏三代の事蹟を簡潔に書きあげたもので、これに上杉謙信の諸士の略説と、上杉謙信日記と題する川中島合戦の次第を書き加えたものである。本書は松平左仲所蔵本を、元禄年中に森正直が書写し、さらに元文三年正月、高橋実重が転写したもの」と記す。これによれば、原型は元禄年間（一七世紀末〜一八世紀初頭）までに成立したとみられる。
(26)　『豊臣秀吉文書集』二、第一五三八号。「一両日中ニ外山城へ相積、越後長尾可出仕之由候間、於彼地一礼可請置事」とある。
(27)　同前、第一五四九号。
(28)　※拙稿「戦国の武将唐人氏―その軌跡と実像―」（『富山市日本海文化研究所紀要』第二二号、二〇〇九年）。
(29)　拙稿「守山城主神保氏子孫の行方」（『富山県高岡市守山城跡詳細調査概報』一、高岡市教育委員会、二〇一五年）。
(30)　拙稿「朝鮮半島における上杉景勝の城郭構築―秀吉の朝鮮出兵と上杉渡海軍の軌跡―」（『富山市日本海文化研究所紀要』第一三号、二〇〇〇年）。

【付記】　勝山城の現地踏査は平成二十二年十二月十一日の単独行が最初である。第二回は令和元年四月二十七・二十八日の両日、糸魚川で一泊して行った。その際、田上和彦君が同行し、協力を得た。初日は雨と風が激しく、共に苦労した。記して謝意を表したい。
また、所蔵史料の写真掲載を許可された金沢市立玉川図書館にも感謝申し上げたい。

V　慶長二年上杉氏検地の再検討

佐藤賢次

はじめに

天正十四年（一五八六）六月、上杉景勝は上洛して天下統一を進める秀吉に臣従し、以後の領国支配の存続を認められるとともに、秀吉の「際限なき軍役」負担と規制を強く受けることとなった。景勝は翌十五年新発田重家を討って念願の越後を平定、ついで同十七年佐渡に出兵し、越佐両国と北信濃にまたがる広大な領国を形成した。

豊臣化していく上杉氏の領国支配がどのように進展していくかという観点から、文禄四年（一五九五）の秀吉政権との共同検地（太閤検地）とその直後の慶長二年（一五九七）の上杉氏独自の検地はともに上杉氏領国で実施した大規模な検地であるが、両検地が同一地域で間隔をあけずに実施した目的と両検地の相関関係については、今日なお明確になっていないと考える。

この両検地の本格的研究は、『藩制成立史の綜合研究―米沢藩』（吉川弘文館、一九六三年）以来、主として小村弌氏によって進められてきた。氏によって多くの検地帳の所在が確認され、検地の施行過程などについては明らかとなり、その成果は『幕藩制成立史の基礎研究』（吉川弘文館、一九八三年）にまとめられ、「（文禄四年）太閤検地は政治史に大きな意義をもたらしたにもかかわらず、土地制度史的には貫高を石高制に改めただけで、翌年の河村検地に何らの影響を及ぼさず、慶長三年堀検地にも一反三百歩制は継承されず、定着をみなかった」と、相互の関連についてては否定的にみておられる。また阿部洋輔氏や金子達氏は戦国期研究の立場から両検地帳の揃っている村での比較検討が必要なことを説き、蒲原郡井栗村[1]や三島郡年友村[2]を個別分析し、文禄検地帳の石高表示は秀吉の定めた斗代に基づく分米高（生産高）であり、慶長検地のそれは年貢納高を表していることを確認したうえで、文禄検地は施行期間の短さと一筆の中に広大な耕地があることなどから、実測に基づく正確な検地でなく、「指出」に基づく帳簿上の処理でやったのではないかと推論された。

総じてこれまでの研究は、文禄検地は秀吉政権と上杉氏が共同で実施した検地で、一反＝三〇〇歩制の完全な太閤検地方式を越後に初めて導入した画期的なものであったとしながら、越後の土地制度として定着しえず、上杉氏が改めて秀吉の課す軍役に耐えうる打出しをねらって一反＝三六〇歩制でやり直したのが慶長二年検地と意義づけてきたとみることができよう。

これまで慶長検地を上杉方式で「やり直し」、たというところを強調し、両検地を相対的にとらえ、連続して実施した相互の関係を積極的に考究する論考はなかったように思われる。

阿部・金子氏が紹介・分析されたように、三島郡年友の五十嵐家文書[3]には文禄四年検地帳（「西越庄利友村帳」）と慶長二年検地帳、および慶長三年の堀氏検地帳（「山東郡西古志之庄歳友村帳」）の三冊がほぼ完全な形で残っており、それぞれの検地の関係を考える格好の素材を提供してくれる。両検地を比較検討しうるのは年友村以外で見られないので、本稿で改めて取り上げ、これら検地が持っている固有の意義と相関関係について再考してみたい。

一、太閤検地の実施と俊友村検地帳

戦国大名上杉氏が近世大名へ転身していくのは、御館の乱で謙信の後継者となった上杉景勝が上洛し、天下統一を進める秀吉に臣従した天正十四年（一五八六）からであろう。景勝は、翌十五年に秀吉の支援を得て揚北の新発田重家を討ち、念願の越後平定の第一歩を築いた。

同十八年から十九年には秀吉の関東北条攻め、ついで奥羽仕置に出兵した。奥羽仕置では出羽庄内から仙北へ出兵し、検地の実施と庄内や大崎・葛西で起きた検地反対一揆の討伐を命じられた。続く同二十年から翌文禄二年にかけて兵五〇〇〇を率いて朝鮮出兵に従軍、文禄二年六月には秀吉の名代として自らも渡海し、朝鮮熊川城の普請を指揮した。さらに文禄三年（一五九四）からは秀吉の伏見城築城に際して堀割の普請助役を命じられ、四〇〇〇人の人夫動員を担った。

同四年三月、景勝は越後仕置きに伏見から一旦帰国し、秀吉の命じる領内検地の準備を指図した。準備は前年から進められ、文禄三年にはそれまでの貫高から秀吉の採る石高表示に切り換え、家中諸士から石高表記の「知行定納之覚」を提出させ、それによって家中の軍役体系を集約した「定納員数目録」を作製している。貫高から石高制への切り換えはすでに天正十五年頃から部分的に実施しはじめていたが、この年から本格的に石高表記にしたのである。

文禄検地は文禄四年七月から九月にかけて越後・北信濃の上杉氏領国で実施され、越後国の知行石高を三九万七七〇石と確定した。この高は慶長三年四月、上杉氏会津移封の跡、越後に入った堀秀治に出された「越後国知行方目録」(4)の越後「本高」である。

秀吉は軍事征服地には武威をもって直臣による検地を命じたが、上杉氏領国は秀吉の軍事征服地でないから、検地は上杉家中と秀吉直臣増田長盛の共同検地の形で推進され、これまで蒲原郡を中心に一二か村のものが確認されている。(5)秀吉政権という中央政権の手が直接越後に入り、村々の分米高・郡高・国高が統一政権の定めた基準で把握された意義は大きいといわねばならない。

俊友村の検地は検地帳（写）の表紙に、

> 文禄四年七月廿九日
> 山東郡西越庄利友村帳
> 益田右衛門尉打□
> 望月甚兵衛

とあるから、秀吉直臣の増田長盛を検地奉行とする豊臣氏の検地で、七月二十九日に長盛家臣の望月甚兵衛の手で検地帳が作製されたことがわかる。検地帳は一丁八筆ずつ田畑混合で記載され、一筆は、

えの木た
一　上　三拾間 九拾間　五反　六石五斗　平兵衛

と、小字・品等・縦横の長さ・面積・分米・名請人の六段記載で、田方の等級は上・中・下・下々、畑方は上・中・下に分け、上田一石三斗・中田一石一斗・下田九斗・下々田五斗、上畑一石・中畑八斗・下畑六斗の二ツ下がり斗代で石盛されている。末尾で、

田畠・居屋敷共
惣都合弐拾四町壱反弐拾弐歩
右之分米
合弐百参拾九石七升壱合

と、太閤検地方式による新しい村高を確定している。名請人は他村入作も含めて五七人、うち在村で居屋敷を名請けしたのは「肝煎」藤九郎以下一〇軒であった。

この検地の斗代は畿内の基準より田方で二斗、畠方で三斗低く見積もられている。同時期、陸奥の蒲生氏領の会津で文禄三年検地が行われるが、上田は一石五斗、上畑は一石の斗代で、田方は二斗下がり、畑方は二斗五升下がりと、越後より高い石盛で実施している。また、文禄二〜同四年に九州豊後の大友氏遺領の検地と薩摩の島津領検地をしているが、豊後・薩摩では村の耕地の生産性＝「村位」（村柄）を上・中・下の三段階に区分し、村柄別に斗代を別にするやり方で実施している。文禄四年越後の検地は村柄による地域区分別斗代はとらないが、九州検地の「中」の村位で採られた斗代（上田一石三斗、上畠一石で各二斗下がり）を参考にしたものと見られる。[6]

上杉氏領国でも村位を設定していたことは「越後国郡絵図」によっても知れるが、瀬波郡（二五三か村）の場合、「上」の村は五〇か村、「中」四三か村、「下」九〇か村、頸城郡（津有郷・高津郷・五十公郷・美守郷の三八〇か村）の場合は「上」六三か村、「中」一〇九か村、「下」一八二か村で、両地域とも「下」の位の小村が過半と最も多い。九州の「中」の村位の斗代適用は豊臣政権の政治的判断で採られたのであろうが、越後の生産性を考慮しつつ、国高を少し高めにするため、「中」の斗代を適用したと考えられる。

二、慶長二年検地と俊友村検地帳

上杉氏は文禄検地の翌年（慶長元年）八月から直江兼続配下の河村彦左衛門尉を検地奉行に任じ、春日山に近い魚沼郡と頸城郡で再び大規模な検地（年貢定納高の見直し）を実施し、翌年にはこれを三嶋・古志・刈羽・蒲原に広げていった。この慶長元、二年の上杉氏の検地は「河村検地」とも呼ばれ、阿部・金子両氏の整理によると、上・中越後を中心に二五か村分の検地帳が確認されたが、(7)さらにここに蒲原郡大地村（長岡市大地）や小豆曽根村（長岡市小豆曽根）の検地帳があることが分かったので、(8)現在では全部で二七か村分が知られている。

俊友村検地帳は表紙・表題が欠落しているが、当時俊友村に知行を有す松本大炊助など五人の上杉氏の給人別に分けて記し、一筆ずつは、

一　三貫地　本壱石壱斗　見出壱石　三郎次郎

と、田畑一筆ごとに「本符」（従来の定納高）に「見出」（新たに定納すべき増徴分）分を付けて、それぞれの耕地の年貢負担者とその定納高を確認する形で記しており、この検地が土地の広狭と生産力（収穫高＝分米）を把握しようとしたものでなく、年貢定納高の見直しのために行ったことに特徴があった。この点は、阿部・金子両氏がこれまで指摘してきたところである。

俊友村の場合、当時五人の上杉氏家臣が知行地としていた。このうち村の大半を知行する松本大炊助（中使藤九郎）分は、

本符以上九拾五石九升八合

見出以上五拾壱石四斗五合
　此外弐石五升　　　　　　　　居屋敷分

とあり、これまで九五石余を知行定納高としてきたが、このたび新たに五一石余を加え、合計一四六石五斗三合となったことを記している。ついで桜林（中使清左衛門）・佐渡屋（中使藤左衛門）荻（出雲崎町小木）の松本（中使次郎兵衛）・藤田能登（中使彦兵衛）分と続き、最後に俊友全体を、

本符合百九石壱斗九升八合
見出合五拾六石九斗五合
都合百六拾六石壱斗三合者　　但、田畠本・見出共ニ
此外弐石六升者居屋敷
　慶長弐年丁酉九月八日　　　河村彦左衛門尉

とまとめている。したがって文禄検地と慶長検地によって、俊友村の村高は二三九石四升一合、これに対する年貢定納高は一六八石一斗六升三合となったということになる。

畑方（居屋敷も）も帳付けしているのは松本大炊助分のみで、他の給人は少々の方分のみ給し、その中使も他村の住人である。従って、俊友の住人で屋敷名請けをしたのは松本大炊分の一人である。この内、寺一軒と地蔵堂一軒を除くと、俊友の屋敷名請数は、一六人ということになる。

三、両検地帳の相違と相関関係

　文禄検地帳と慶長検地帳の石高と居屋敷名請人数の記載目的が相違することを明確に強調したのは米田・阿部・金子氏たちで、同「蒲原郡井栗村検地帳の研究」[9]をはじめ、「越後における文禄・慶長初期の検地帳」[10]で改めて確認されておられる。文禄検地帳は秀吉の定めた斗代に基づく収穫高（分米）の表記であり、慶長検地帳のそれは収取すべき年貢定納高を表しているのであって、この違いは分析に当たって留意しなければならない。これまでの論考の中には文禄検地高と慶長検地高を比較し、慶長検地高が少ないことを、慶長検地が村域の全部を書上げたものでないとか、「越後国郡絵図」に記す「縄高」（文禄検地で確定した村高）と「本納高」（これまでの年貢定納高）の差をもって文禄検地の「打出」高とする手法も見られるが、村高（生産高）と年貢高という両検地の記載の違いを無視しているやり方ではなかったろうか。

　ところで、斗代石盛による分米表記で「村高」を表す秀吉方式が越後に採用する以前では、上杉氏領の家臣知行高は全て年貢として収取すべき定納高で表記していることが一般的である。

天正十九年分
一　本俵
　百四拾六俵壱斗八升　但、寺領升三斗入也　国上分
　此三ヶ二
　九拾七俵二斗二升
　　是ハ天正十九年分、次ノ針生弥衛門□（諸）取御座候

これは天正十九年分の貢米を記載した「国上寺領定納之覚」[11]であるが、ここに「本俵」とある一四六俵一斗八升は

「生産高」を表す「村高」ではなく、永年にわたって積み上げてきた「本来の定納高」を表し、当年（天正十九年）は何かの事情でその三分の二を「当定納」分として上杉氏家臣の針生弥右衛門（与板衆）が請取ったものと理解される。

同様に、文禄三年、色部氏が書き出した「被下置知行定納覚」[12]に記す瀬波郡色部領の村々を、

一　弐百六拾壱石八斗七升　　牧目村
　此内
　　壱石七斗六斗（ママ）　　寺　社
　同　弐石武斗五升　　中使免
　同　四十石　従本庄取申候　水　押
　同　六斗　文三（文禄三）之　水　銭
　右之外
　　拾壱石　　永不作
一　三百八十五石　　田中村
　此内
　　七石六斗八升　　寺　社

同　九石五斗五升　中使免
同　四斗　関免
同　廿六石春斗四升　文三之　水押
右之外　三石五斗　永不作

などと記しているが、牧目村の二六一石八斗七升や田中村の三八五石は慶長二年の「越後国郡絵図」の「本納高」（牧目村の本納合　二六一石八斗一升、田中村の本納合三八五石）と一致するから、知行高を「本納高」で表示していたことがわかる。

こうしてみると年貢は、この本納高から寺社・中使・関免、さらに当荒や永不作分を差し引いた残りを収取するか、国上分のようにさらに何かの理由でその何割か（国上村の場合は三分の一を宥免）するかして当納高を決めていたことがわかる。

したがって文禄検地の実施後は、検地によって確定した新しい村高と従来の定納高による収取とをどのように調整するかが大きな課題となるわけで、その方策は秀吉の「大法」に従って行われることになるが、そのことを以下に述べてみたい。

景勝は文禄四年八月、秀吉病の報に接して上洛するが、その直後に徳川家康・宇喜多秀家・前田利家・毛利輝元・

小早川隆景らとともに五大老の一人に補任され、豊臣政権の重鎮の一人となった。当時政権内には秀吉と関白秀次とが対立し、秀次処分事件が起きており、その動揺を抑えるため八月三日に「御定」五か条、「御定追加」九か条を発布するが、特に「御定追加」は次のようなものであった

御定追加

一　諸公家・諸門跡、被嗜家之道、可抜専公儀御奉公事

一　諸寺・諸社儀、寺法・社法如先規相守、専修造、学問勤行、不可被油断事

一　天下領知方儀、以毛見之上、三分二者地頭、三分一者百姓可取之、兎角田地不荒様可申付事

一　小身衆者、本妻外、遣者一人者可召置、但、別に不可持家、雖為大身、手懸者不可過一両人事

一　随知行分限、諸事進退可相働事

一　可致直訴儀、於挙目安者、先十人へ可申、十人衆訴人以馳走双方召寄、慥可被聞申分、直訴目安者、各別之儀候間、此六人へ可被申、以（談）合上、御耳へ於可入儀者、可（被）申上事

一　衣裳紋御赦免外、菊・桐不可付之、於御服拝領者、其御服所持間者可着之、染替別衣裳、御紋不可付之事

一　酒ハ可随根器、但、大酒御制禁事

一　覆面仕往来儀、堅御停止事

右条々、於違犯輩者、可被処厳科候也

文禄四年八月三日

（小早川）隆景
（毛利）輝元
（前田）利家

（上杉）景勝
（宇喜多）秀家
（徳川）家康
（『大日本古文書』家わけ十二　上杉文書之三）

　このうち特に第三条は太閤検地と年貢収取の関係について規定したもので、秀吉は太閤検地実施地域では収穫高（村高）の三分の二を領主取り分、三分の一を農民取り分とする原則を天正十四年以来たびたび申し渡していたが、このとき改めて「天下の大法」として厳命したのであるが、景勝も五大老の一員として自らも連署することで、これを特に越後においても実行しなければならない立場にあった。

　しかも文禄三年の京都上杉亭への秀吉の御成と中納言補任、翌四年の五大老就任にともなう伏見屋敷の建設と秀吉の伏見亭御成は莫大な出費となり、さらに慶長二年正月には景勝に伏見舟入普請手伝いが課せられ、二月には春日山城の修築も急浮上し、二つもの大工事を併行して行なわなければならなくなった。こうした過重な負担をこなすためにも、太閤検地後の年貢収取を検地高の三分の二にする新しい定納制を構築しようとしたのが慶長検地ではなかったかと推察される。

　そこで、文禄四年と慶長二年の検地帳が完全な形で残っている俊友村の検地高を見てみると、文禄検地高（分米高）が二三九石七升一合、慶長検地高（年貢定納高）は一六六石一斗三合（松本大炊助・桜林・佐渡屋・萩ノ松本・藤田能登の五給人合計高）で、文禄検地高に対する慶長検地高、つまり秀吉の定めた村高に対する貢納高比は、秀吉の租法に定められた三分の二の割合にほぼなっていることが分かる。この点に特に注目する必要があろう。

　もう一つ両検地帳が残っている所に蒲原郡井栗村（三条市井栗）がある。慶長二年検地帳は表紙の記載から「御料所」と「太田分」の相給村であったことが分かるが、末尾の「太田分」は欠けていて、文禄検地帳との正確な対比を

表１　両検地帳の概要比較（俊友村）

	文禄4年検地帳	慶長2年検地帳
墨付枚数	14枚	20枚
合計高	239石071合	168石163合
内訳	上田62石114合 中田86石456合 下田57石065合 下々田11石716合 上畠　6石976合 中畠　5石232合 下畠　7石226合 屋敷　2石286合	松本大炊助分 本符95石098合 見出51石405合 屋敷2石050合 桜林分 本符3石950合 見出2石650合 佐渡屋分 本符4石750合 見出1石300合 荻ノ松本分 本符2石600合 見出　450合 藤田能登分 本符2石800合 見出1石100合 本符合計109石198合 見出合計 56石905合
合計面積	24町1反22歩	
屋敷数	10	18
名請人数	46	58
小字数	42	54
合計筆数	192	263

文禄４年「山東郡西越庄利友村帳」、慶長２年「山東郡俊友村検地帳」（長岡市年友　五十嵐定子氏所蔵）より作製

困難にしている。「太田」は「定納員数目録」にある太田源五右衛門（一〇〇石、加茂在番本庄豊後抱え）か、その弟の太田民部（九七石二斗五升、与板衆）と考えられるから、井栗村は文禄検地高九四〇石九斗九升（居屋敷四一石三升を除く）、慶長検地六〇〇石前後で、ここでも俊友の場合と同じ結果が得られるものと思われる。また蒲原郡大地村（長岡市大地）の慶長二年検地は五五石九升の定納高を書上げているが、村高八二石四斗五升（元和六年）に対してこれまた三分の二に相当する。

　このように見てくると、文禄検地実施直後に慶長検地をやった政治的ねらいがはっきりしてくる。これまで慶長検地を一反三六〇歩制をとっていることで先進的な秀吉の太閤検地方式と対立的にとらえ、上杉方式（一反三六〇歩制）に復古する点を強調してきた傾向

があったが、そうではなく、むしろ上杉氏の豊臣大名化を進めようとした積極的な証であったと見なければならないであろう。

四、慶長二年検地の「ねらい」と「実際」

文禄検地と慶長検地の相関関係は秀吉の「大法」に起因するものであったと推定したが、今少しこれをみていこう。

西古志之内俊友村与板分之内松本源五郎分
家数拾六間、此内十一間給人　合五拾四石八升弐合五勺　寺社中使免共　定納
此外
三石五斗者　江溝水免
同
四拾壱石九斗五升者　文四ノ水押、当不作之内
都合
九拾九石五斗四升弐合五勺
已上
文禄五年五月廿三日
籠嶋㊞
丸田㊞

中使　藤九郎殿

（長岡市年友五十嵐定子氏所蔵）

この史料は文禄検地の翌五（慶長元）年五月、俊友村松本分の中使に松本分の知行定納高を申し渡したもので、松本分の定納高は九九石五斗余とされたが、江溝築造で潰した分（三石五斗）や文禄四年の洪水で荒れとなっていた分（四一石余）を差し引いた残り五四石余を年貢賦課のベースとすることを申し渡した「知行定納高付け目録」というべきものであろう。阿部・金子氏は「越後における文禄・慶長初期の検地帳」でこれを年貢割付状としているが、「籠嶋」「丸田」という俊友村の当知行主でない直江兼続配下の代官たちが出していることにまず留意する必要があろう。丸田は丸田周防守定俊、籠嶋は籠嶋総左衛門尉と見られるが、丸田は当時、直江兼続から領内の村々の小物成調査を命じられ、給人知行地の分一・小物成を藩の直轄とする作業を推進していた城将級の代官で(13)、この史料に見られるように文禄検地後の給人知行地の定納高付けについても沙汰していたことがわかる。「高付状」は検地の後で村側に通知するものとして出されるが、内容から格段検地による増定納の形跡もみられないので、当年はそのまま従来通りとすることを通知したものであろう。文禄検地が行われた時は、三年続きの大洪水と絶え間ない軍役動員で村々や給人たちは疲弊していた(14)。俊友村も検地の行われた文禄四年には、村の

表2　両検地帳の屋敷登録人

	文禄４年	慶長２年
藤九郎	○	○
源七浪	○	○
藤兵衛	○	○
彦四郎	○	○
太郎二郎	○	○
与五郎	○	
弥三郎	○	
右近（明屋）	○	
万衛門尉	○	
くらの丞	○	
小三郎		2筆
甚五郎		○
左衛門五郎		○
市衛門尉		○
助衛門尉		○
新次郎		○
二郎衛門		○
五郎兵衛		○
新五郎		○
与四郎		○
地蔵堂		○
宗泉寺		○
合　　計	10	18

過半が砂入れで不耕作となった洪水があったことをこの史料は示している。洪水で打撃を受けたうえ前年の検地で増徴を恐れる農民たちの逃亡の恐れがあり、それを危惧して当年の納入は従来通りとすることをいちはやく通知し、農民たちの耕作意欲を喚起せしめようとしたためであろう。

　ところで、この定納高の記載の頭に書き込まれた「家数十六間、此内十一間給人」の記載に注目したい。先に述べたように文禄検地では居屋敷持ちを一〇軒としたが、これは実際に年貢・諸役の負担をしていたのは一六軒あったことを物語っている。この一六軒の名はそのまま慶長二年検地帳に屋敷登録されていて知ることができる。

同分（松本大炊）居屋敷分

一間家	本無	五升	小三郎
一間家	本無	三斗	小三郎
一間家		弐斗	甚五郎
一間家		壱斗	左衛門五郎
一間家		五升	市衛門尉
一間家		弐斗	助衛門尉
一間家		三斗	新次郎
一間家		壱斗	与四郎
一間家			地蔵堂
一間家	本無	四斗	二郎衛門
一間家		八斗	五郎兵衛

一間家　壱斗　中使　藤九郎
一間家　　　　寺　　宗泉寺
一間家　五升　　　　新五郎
一間家　五升　　　　彦四郎
一間家　壱斗五升　　源七郎
一間家　七升　　　　藤兵衛
一間家　七升　　　　大郎二郎

一八間のうち寺と地蔵堂を除く一六軒（うち小三郎が二軒分）がそれであろう。このうち文禄・慶長両検地帳ともに居屋敷を登録されたのは藤九郎（肝煎）・藤兵衛・彦四郎・太郎二郎・源七郎の五人だけである。「家数十六間、此内十一間給人」とあるので、残り十一軒が俊友に城館を構え松本大炊助の「小給人」たちということになろう。彼らは慶長三年上杉氏の会津移封で松本とともに村を立ち退き、同年の堀氏検地帳では「明き家」となっている。したがって文禄検地の屋敷登録は、村内の有力農民五人と居村の領主松本の地抱え「給人」五人を登録したということになる。

しかし登録した与五郎・孫三郎・万衛門尉・蔵之丞・右近の五人の「給人」は、全員慶長検地帳では屋敷名請けから外れている。代わって十一人の給人が居屋敷を名請けしたわけであるが、例えば右近の屋敷が「明屋」と記載されているなどから、文禄検地の五人の給人はすでに農業経営から離れていた者たちだったのでなかろうか。実態は五人の給人が抱える十一人の小給人たちが耕作し、年貢負担をしていたと考えられる。慶長二年検地は年貢負担者を書上げる性格上、年貢納の実態に即して当耕作当定納していたその下の十一人の小給人をそのまま書き上げたものと推察しうる。文禄検地と慶長検地で農民の屋敷名請数は変わりないのに給人名請け数だけ変わって増える理由をこのように考える。

それにしても、俊友の「居屋敷」分は全て「本無」、すなわちこれまで居屋敷米を全く負担していなかったものが、文検地で新しく高請けし、屋敷米を負担するようになったことは、藩財政の強化につながった。また慶長二年十一月に作製された「郡絵図」に全領の家数人数を書き上げているように、文禄・慶長検地を通じて百姓夫役徴発の基礎を掌握するようになったこともこの検地の意義の一つであろう。

ところで慶長検地の際立つ特徴の一つが、膨大な数の「見出」の書き上げである。俊友村の場合、慶長検地帳の筆数は二六三筆あるが、そのうち「本符」のあとに「見出ナシ」とあるのはわずか十一筆だけで、そのほとんどに「見出」が付いている。これを従来「打出」分としてきたが、その「見出」の実態とは何んなのであろうか。

表3は、文禄・慶長両検地帳に連続して名請けしている者のうち、居屋敷を登録された五人の農民のうち「大郎二郎」分の登録状況を書き出したものである。大郎二郎は文禄検地で田畑三反七畝二歩（高四石四斗二升一合）を登録し、慶長検地でこの分の定納高として本符一石九斗五升に見出九斗九升と屋敷米七升を付け、計三石一升を負担すべき者とされたことを示している。

田の筆数は文禄検地が二筆にまとめて書かれていたが、慶長のそれは四筆に分けて書かれている。文禄四年・慶長二年・同三年の三冊に連続して名請けしている「平兵衛」の場合も、文禄検地が四筆であるのに、慶長二年と同三年のそれが一〇筆で、これらから慶長二年検地の筆数は実際の耕地数を示していると見られる。

かつて阿部・金子・米田氏らは、文禄検地は村側の「内改め」を前提とした指出検地で、その際、村側はいくつかの耕地をまとめて記載したのではないかと推察したが、ここでもそれを確認しうる。

ところで本稿の論旨から注目すべきことは、ここでも文禄検地高の三分の二に定納高を合わせるように本符に「見

表3　両検地帳の大郎二郎分の記載

	小字	等級	面積	分米
文禄検地	清水	下田	6畝28歩	6斗2升4合
	こくミた	上田	2反6畝4歩	3石3斗9升7合
		屋敷	4畝	4斗
	合計（3筆）		3反7畝2歩	4石4斗2升1合
	小字	**本符**	**見出**	**合計**
慶長検地	かなくそ	8斗	5斗	1石3斗
	やち	1斗2升	8升	2斗
	はんの木やち	3升	1升	4升
	熊野のまへ	1石	4斗	1石4斗
			屋敷　7升	7升
	合計（5筆）	1石9斗5升	1石　6升	3石　1升

出」分を足していることである。つまり慶長検地は実際の一筆毎の正確な丈量をやって区々の増徴分を打ち出した結果が文禄検地高の三分の二に相当したのでなく、あらかじめ帳簿上の操作で従来の本符高が文禄検地の持ち高の三分の二になるように加算したものが「見出」で、それは将来の収取の「見通し」を示したものではないかと思われるのである。

ではこの疑問を実際の俊友村の年貢賦課状況の中でみてみよう。

皆納□（被致候）之事

合四拾弐石七斗五升者　　但、居屋敷共ニ　定納

右納所実正也、仍如件

慶長二年極月十九日　　いさわ藤三㊞

微司　藤九良殿

（長岡市年友　五十嵐定子氏所蔵）

慶長検地後の俊友村松本大炊助分の年皆済状で、発行者の「いさわ」は知行主松本の給人の一人（文禄検地に三石分を名請け）と見られる。松本は文禄検地の結果、文禄五年（慶長元年）に知行高を九九石五斗余とされたことは先にみた通りである。この九九石五斗余が検地によって打ち出された斗代石盛された村高か年貢

定納高を示すのかが問題となるが、この高から江溝分や荒分を差し引いた分を定納高としているので、生産高でなく、定納高であることははっきりしていよう。したがって松本分はその半分（四一石九斗五升）は水押しによる荒れで、実際の定納高は五四石八升二合余でしかなかったといえる。翌慶長二年の検地でこの本符九五石余に「見出」五一石余が付けられ、計一四六石五斗三合と大幅に増えるが、本史料は実際の収取高は四二石七斗五升でしかなかったことを示している。

この俊友の皆済状で見る限り、慶長検地によって打出された「見出」分は年貢収取に全く反映されていないばかりか、旧来の「本符」（九五石余）の半分しか収取していないことがわかる。言うなれば、慶長検地の定納高は耕作不能の「荒」分も含め、実勢を越えた「見出」を付けて文禄検地高の三分の二にしようとしたものといえよう。

もしこのように実勢を越えた「見出」によって知行定納高を倍近くに増やしたとすれば、このような知行高で慶長二年冬に出された三奉行連署の「知行書出」についても再検討する必要があろう。特に改めて申し渡した寺社の知行高には「此内半納毎年御蔵納可有之」と「五ツ物成」であることが付記されており[15]、これを寺社領を半減し、浮いた分を御蔵納（藩主直轄地）としたと理解してきたのは周知のところである。たしかにそうなのだが、俊友の松本分の知行定納高の例に見たように「見出」によって従来の知行高を倍近く増やしたものならば、寺社がその半分を安堵されても、それ以前と大きく変わらなかったとも考えられるからである。「五ツ物成」を年貢率と理解してきたが、これは増知行されたが、実態が「五ツ渡し」（実際の知行請取り高が名目の五割分）であることを示すものであって、年貢率をいっているのでないと考える。単純に寺社の抑圧といえるかどうか、なお検討する必要があろう。慶長二年検地によって打ち出された定納高は、そうした問題を持っている。

おわりに

これまで俟友村の文禄検地帳・文禄五年定納高付け目録・慶長検地帳の相関関係について考察し、慶長二年検地は秀吉の「大法」に従って文禄検地の知行高の三分の二に定納高を合わせようとして年貢負担者に照準を合わせてつくった「定納高帳」ともいうべきものであることを述べてきた。その意味で、これまでの「なじまない秀吉の検地石高を改め、別に旧来の一反＝三六〇歩制の上杉方式で新たな打出しを図った」という慶長検地像を再考してみる必要があり、むしろ文禄検地を年貢定納高の側面で補完するものと推論した。

太閤検地による村高は、上杉氏も慶長二年から適用しており、村高を示す時には厳然と生かされた。また慶長三年、上杉氏の会津移封後に入った堀氏は秀吉の仕置に従って検地（慶長三年検地）を実施するが、越後国高を文禄検地の「一割半」増しで渡されたため、あらかじめ検地打出高を文禄検地高の一・一五倍するという枠組みで実施したきらいがある。俟友村検地高は文禄検地高の六分の五（一反三〇〇歩を三六〇歩に換算）を乗じ、その一一五倍して二二四石五斗八升一合と書上げている。帳簿上の操作でやったことは慶長三年検地には強く見られ、それゆえ実勢を越えた大量の分も含めて打出さねばならなかった理由であろう。また同年新発田に入った溝口秀勝の慶長三年検地も拝領の基準に文禄検地が基礎となっており、文禄検地高を一・一五倍する操作で打っている。文禄検地帳が残っている新発田領下条村・狭口村・猿毛村（いずれも加茂市）の新村高は[16]、いずれも文禄検地高の一・一五倍である。これらの問題は本稿の課題から外れるので、別の機会で考察してみたい。

註

（1）金子達・米田恒男「蒲原郡井栗村検地帳の研究」『新潟史学』二。
（2）阿部洋輔・金子達「越後における文禄・慶長初期の検地帳」『新潟県史研究』二。
（3）長岡市年友五十嵐定子氏所蔵、阿部・金子氏らによって『五十嵐正良家文書』として紹介された。
（4）慶長三年四月二日「越後国知行方目録」大阪城天守閣所蔵。
（5）前掲註（2）。
（6）佐藤満洋「太閤検地における村位別石盛制の研究」一〜四『大分県地方史』五八〜六三号。
（7）前掲註（2）。
（8）『寺泊町史』資料編1古代・中世。
（9）『新潟史学』二。
（10）『新潟県史研究』二。
（11）燕市国上 国上寺文書。
（12）「新潟県史資料編中世補遺（一）」『新潟県史研究』一九所収。
（13）九月十六日付直江書状（「越佐史料稿本一」）、十月宮源左衛門あて直江「覚」（魚沼市堀之内宮家文書）。
（14）『新潟県史』通史編2、七六六ページ。
（15）慶長二年十二月「栃尾守門社あて知行書出」（『新潟県史』資料編5中世三―二七三二文書）。
（16）「御領内高付帳」『新発田藩史料』一。

第3部
景勝の家臣団

Ⅰ

戦国期越後上杉氏の対外交渉と取次
――対芦名氏交渉を中心に

渡辺勝巳

はじめに

本稿は、戦国期における越後上杉氏の対外交渉の事例を取り上げ、交渉の実態や取次の活動、上杉氏の政権中枢のあり方を考察することを目的とする。

かつて山本博文氏は、「豊臣政権」における取次の存在とその役割を検討し、取次たる吏僚派官僚が秀吉に上申する情報を掌握し、それを取捨選択する形で秀吉に伝えていたこと、また彼らが各大名に対して軍事・政治両面で指南をしていた事実を指摘した(1)。氏は、取次が公的な意思伝達者である一方で、私的・裏向きのルートを形成して実質的な交渉を担った存在でもあること、取次と大名との親密な関係によって「豊臣政権」の意思伝達体制が構築されたことを明らかにした。

「豊臣政権」論から始まった取次論の視角は、戦国大名研究にも影響を与えている。甲斐武田氏を事例に、戦国期の取次論を発展させた丸島和洋氏の一連の研究はその代表である(2)。氏によれば、取次は他大名との交渉を実質的に担うだけでなく、担当取次として家臣団統制や領域支配にも深く関与する存在であり、そうした取次体制は戦争の恒常化に応じて整備されていったという。取次の存在とその役割の検討から、対外的・対内的な意思伝達ルートの整備が安定的な支配体制の構築につながることを明らかにしたわけであり、丸島氏の研究によって、取次の実態解明が戦国大名の権力構造を分析するうえでの有効な研究手法であると証明されたのである。

本稿がその対象とする上杉氏の研究においても、他大名との対外交渉を扱った研究は少なくない。[3]とくに小田原北条氏との同盟関係交渉、いわゆる越相同盟交渉に関しては関連史料も多く、豊富な研究蓄積を誇る。[4]これまでは主に、「手筋」＝交渉ルートの意義やその役割について論じた研究が発表されてきた。[5]このほか大名別に見た場合、武田勝頼との間で結ばれた甲越同盟交渉、[6]永禄から天正年間までに至る織田氏との交渉、[7]永禄末・元亀初年の徳川氏との同盟交渉、[8]足利義昭や飛騨の姉小路氏との交渉過程、秀吉政権との交渉に関する研究が知られる。また上杉氏家中における取次の役割を検討したものとして、謙信側近層の吉江信景が能登・越中を管掌する取次であると指摘した栗原修氏の研究が挙げられる。[9]

このように、上杉氏の対外交渉に関する研究はこれまでに多くの成果を得ているが、なおいくつかの問題点がある。ひとつめは、考察の対象となる事例が謙信期に偏重していることである。例えば、越相同盟をはじめ、徳川・織田・足利・姉小路氏との交渉に関する研究は、すべて謙信期を対象としたものであり、景勝期を対象としたものは、甲越同盟と対秀吉政権交渉に関するものくらいで、決して多くない。先述したように、他大名との交渉は、大名の意思決定構造に関わる重要な問題であるから、景勝期を含めた上杉氏の対外交渉の考察は、同氏の権力構造やその変遷を把握するうえで必要となるはずである。

ふたつめは、対象となる交渉相手が、研究史の厚い関東から近畿地方の大名権力にほぼ限られていることである。関東から近畿にかけては、一国またはそれ以上の分国を支配する大名権力が割拠しており、それらの大名との交渉が戦国期の政治情勢に与えた影響は大きい。したがって、これらの地域の研究が進展することは当然とも言える。しかし、上杉氏という越後国を拠点とする一大名権力の立場から見れば、研究に地域的な偏りがあると言わざるを得ない。これまでの研究では、出羽国や陸奥国といった東北地方の諸勢力との関係については注目されてこなかった。

最後に、先述した取次論と関わる問題点を指摘したい。上杉氏の対外交渉研究でも、取次論的な視点から、交渉担当者が言及されることがある。しかし、それらの研究は概して個別具体的な事例検討に終始しており、上杉氏の取次体制や権力構造との関わりを論じるには至っていない。個別事例の検討は必要ではあるが、その成果から上杉氏の権力構造を読み取っていく作業が求められる段階にきていると言える。

右の問題点を踏まえて、本稿では南奥羽の会津地方を本拠とする芦名氏との交渉事例を取り上げて、上杉氏の対外交渉や取次について考察していきたい。芦名氏は東北地方南部において伊達氏とならぶ有力な戦国大名であり[10]、越後の上杉氏と領国を接している[11]。上杉氏と芦名氏の交渉は、謙信期の比較的早い時期から、芦名氏滅亡より少し遡る天正十四年（一五八六）頃まで確認できる。芦名氏との交渉は、謙信期と景勝期にわたって確認でき、戦国期上杉氏の対外交渉の変遷を考察するうえで、格好の事例と言える。しかし、上杉氏の対芦名氏交渉については、管見の限り専論が知れず、交渉の過程についての基礎的な考察を必要とする段階にある。そこで、はじめに謙信・景勝期の対芦名氏交渉の過程を明らかにし、それを踏まえて、上杉氏の対外交渉と取次の全体像にまで議論を及ぼしたい。

なお関連史料一覧表（【表１】～【表４】）を稿末に掲げた。以下、表に記載されている史料を引用する際は、【表１】の№２であれば、「１―２」と略記する。また、以下本稿では、『新潟県史』は『新潟』、『上越市史』は『上越』と略記する。

一、謙信期の対芦名氏交渉

（1）交渉の始まり

芦名氏との交渉はいつから始まり、交渉の内容はどのようなものだったのであろうか。次に掲げる史料は、芦名氏との交渉の始まりを知り得る史料である。

【史料1】上杉輝虎書状（1―1）[12]

度々以使者御懇意、本望至極候、向後弥別而可申談心底候、因茲只今以使者申宣候、委碎吉田美濃入道令附与口上候、恐々謹言、

十一月廿五日　　　　藤原輝虎（花押）

謹上　芦名修理大夫殿（盛氏）

右の史料は、永禄五年（一五六二）に比定される、芦名氏当主・盛氏に宛てた上杉謙信の書状である。[13]内容は上杉・芦名両氏の友好関係を確かめ合うものである。注目したいのは差出と宛所の部分である。上杉謙信と芦名盛氏の両者は、周辺の領主層を政治的・軍事的支配下に置き、独立した権力体をそれぞれ構築していることから、その立場は基本的に対等であったと考えられる。したがって、差出には「藤原」という姓を付さず「輝虎」とし、宛所の部分は「謹上」を付さない打付書とするのが通例であり、右のように、差出に「藤原」と姓を付し、宛所を謹上書にするのは、書札礼のなかでもかなり改まった形式と言える。ただし、対等な立場である大名同士でも、歳暮・年頭の挨拶や慶事を祝する場合には、差出を「官途＋名」、宛所を謹上書にすることがあるが、[14]十一月二十五日という日付から

すれば、これは年頭や歳暮の挨拶・贈答に関するものではなく、別の理由を考える必要がある。おそらく、このような厚礼な書状を送った理由は、上杉氏と芦名氏の間で友好関係が正式に築かれたためと考えられ、そうなれば永禄五年十一月以前に両氏の間で友好関係構築に向けた話し合いがなされ、十一月二十五日には両者の間で合意がなされたものと推測できる。謙信は芦名氏との友好関係が構築されたことを慶び、それゆえに芦名盛氏に対し厚礼の書式を選択したのである。

では、謙信はどのような目的で芦名氏との友好関係の構築に踏み切ったのであろうか。次の史料を見てみたい。

【史料２】上杉輝虎書状（１―３）[15]

急度以使者申遣候、仍関東之事、過半静謐之形候、信州之義、隣国与云、上州物裏与云、旁以来秋者、先彼口へ可成行義定候、然者、強相頼他之助成、雖非可携弓箭候、且連々申通、互去年以来以神慮申合筋目、彼是今般候条、一勢立給候者、自他之覚可為祝着候、方々馳走此一事候、猶吉田美濃守可有口上候、恐々謹言、

六月十九日　輝虎（花押）

松本伊豆守殿

【史料２】は、謙信から芦名氏家臣・松本伊豆守に宛てた書状である。上杉氏と芦名氏との関係を知る重要な史料であるが、まずはこの書状が発給された年次について確認しておきたい。というのも『上越』はこの史料を永禄九年とし、『新潟』は永禄五もしくは六年のものと比定しており、年次が定かでない。したがって、まずは【史料２】の年次を確定させることから始めたい。

内容を見てみると、次の三点について触れており年次比定の手掛かりとなる。①関東経略を首尾よく遂行したこと、②謙信が来秋に信濃への出兵を予定していること、③上杉・芦名氏の間で、「去年」から起請文を交換していること、

である。まず①の関東経略から見ていこう。

謙信は関東管領上杉憲政より上杉家の家督を継承して以降、小田原北条氏を成敗するために度々関東経略を遂行している。それは永禄三年から始まり、永禄十一年に北条氏との同盟交渉が行われるまで毎年のように実行された。ただし、【史料2】の日付である六月十九日以前に関東経略を一旦終わらせているのは、永禄六・七・九年に限られ、これらの年はいずれも四月頃に越後へ帰陣している。[16]

次に②の信濃出兵との関係を考えてみたい。永禄七年五月十三日、謙信が飯塚八幡宮に奉じた起請文には「一、武田晴信退治、当秋中甲府立籏、晴信分国悉輝虎可入手祈念之事」とあり、関東より帰国した謙信が、その年の秋に武田信玄討伐のため出陣する考えを持っていたことがわかる。[17] また同年六月二十四日に弥彦神社へ奉じた起請文にも「一、信州江成行事、第一、小笠原・村上・高梨・須田・井上・嶋津、其外信国之諸士牢道、又者、輝虎分国西上州へ武田晴信成妨候、於河中嶋も手飼之者数多為討死候、此所存を以、武田晴信退治之稼、是又非道有之間敷事」とあり、謙信が、武田信玄によって追われた北信濃の旧領主のこと、武田信玄の西上野侵攻のこと、川中島合戦で多くの手飼を失ったことを挙げて、信濃へ出陣する意向を表明していることがわかる。[18]

また、同年六月に謙信が房総の里見義弘に宛てた書状[19]には、このときの信濃出兵の経緯について詳しく触れられている。それによると、「西上州倉賀野左衛門五郎若輩故、以油断地利被奪凶徒候、然間、相残味方一段窮屈之条、物裡至于信州調儀之事、頻而侘言、彼口無正躰候者、東口へ通路可為不合期候、其時者、千言万句無其詮之間、来秋者、先信州へ深々与可成動義定候、已前以脚力如令啓、来月八日出馬候」とあり、倉賀野直行が若輩のため武田勢に軍事拠点を奪われてしまい、上野の上杉勢が困ってしまっているので、信濃へ出兵し武田勢の背後を突いてもらいたいと彼らから要請が来たとある。謙信は上野の諸勢からの要請に応えるため、信濃出兵を決定し、出陣予定を七月八日とした。しかし、長尾政景の急死により、やや遅れて七月下旬に越後府内を出立することになり、八月三日に犀川を越えて川中島に進軍した。謙信はここで約二か月間とどまったが、武田勢と目立った争いは見られないまま越後へ帰国する。この永禄七年の信濃出陣は、広く「第五次川中島合戦」として知られ、【史料２】の内容とも合致する。永禄六年と九年では、信濃へ出陣する意向は示しておらず、実際に信濃へ出陣することもなかったから、【史料２】はその内容から判断して永禄七年のものと考えられる。

となると、【史料２】で触れられている起請文の交換は、永禄七年よりも前のことになる。先に上杉氏と芦名氏の交渉の始まりが永禄五年十一月頃であると指摘したが、これを踏まえれば、両氏の起請文交換は永禄六年頃に行われた可能性が高い。さらに、その内容は「彼是今般候条、一勢立給候者、自他之覚可為祝着候」とあることから、援軍派遣を含めた軍事協力を中心としたものであったと考えられる。

謙信は永禄五年に芦名氏との間に友好な関係を築き、その翌年に起請文を交換して軍事協力を約束した。謙信の狙いは、当時の情勢から判断して、永禄三年から始まった関東経略、そして宿敵である武田氏との勢力争いを少しでも優位に進めることにあったと思われる。越後の南には敵対する小田原北条氏と武田氏が勢力を伸張させ、また西の越中にも反上杉勢がいる状況下において、東の国境を接する会津の芦名氏と友好関係を結び、軍事協力を約することは、上杉氏の軍事作戦面からして必要不可欠であったはずである。また芦名氏もこの時期、会津から東の中通り方面へ進攻しており、西側の上杉氏とは友好な関係を築くことに異論はなかったと思われる。つまり、永禄五年以降見られる上杉・芦名氏の軍事協力は両氏の利害一致により成立したものと言える。

（２）友好関係の継続・発展

その後、両氏の関係はどのように推移していったのであろうか。

【史料4】新発田忠敦書状（1―5）

如仰今年之御吉賀、弥重奉存候、御貴札拝見、御当方輝虎無二可被仰合之段、一身之大慶不可過候、当方之義曩不被存別意候、若従何方於廻謀略者、有之侭可申上候、先達游足庵（淳相）・松本右京亮方へ以飛脚申宣候キ、定而可被及御披露候、然間、東口以御専切、御存知之侭御静謐、奇特奉存候、将又、鷹御競望之由、被仰下候、在府以来一向無所持候、併奥口辺相尋、馳走可申候、此旨可得御意候、恐々謹言、

新発田尾張守

（永禄十二年）二月十九日　忠敦（花押）

（盛氏）芦名殿

参人々御中

【史料5】上杉輝虎書状（1―6）

急度馳筆候、仍旧冬自盛興（芦名）被及誓詞候間、其返答相調、游足庵へ指渡候、弥別而入魂候様ニ、各取成任入候、輝虎愚意之通、彼方可被申分候条、能々被聞届、馳走可為喜悦候、恐々謹言、

（永禄十二年）五月廿二日　輝虎（花押）

佐瀬源右兵衛尉殿

【史料4】【史料5】は、「輝虎」と名乗った時期や新発田忠敦の活動時期、または芦名盛興が家督であった時期などを踏まえ、ともに永禄十二年のものと考えられている。【史料4】は、上杉氏家臣で越後国沼垂郡の有力国人衆・

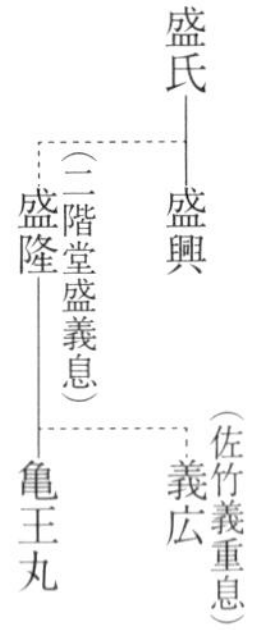

芦名氏略系図

新発田忠敦（長敦、以下長敦に統一する）から芦名盛氏に宛てた書状である。その内容を見ると、芦名氏から謙信と協力していきたいということが伝えられ、新発田長敦もそれを受けて異存のないことを返答している。次に【史料5】を見ると、芦名氏の家督である盛興から謙信のもとに起請文が届き、謙信も起請文を認めて返答しているのがわかる。これにより、永禄十二年に上杉・芦名氏の間で起請文の交換が行われたことが確認できる。

天正四年（一五七六）と思われる芦名盛隆宛上杉謙信書状（1―14）にも「条々向後迄入魂之筋目承、令悴啄之上、謙信事も聊心馳之処、入魂申候」とあり、両氏の間で協力関係の確認が行われている。上杉氏と芦名氏の間では、こうした協力関係の確認が書状を通して何度も行われ、ときに起請文の交換が行われた。こうしたやりとりは謙信が死去する天正六年（一五七八）まで継続されたと見て間違いないだろう。黒田基樹氏は、大名同士が同盟を維持するためには、起請文を交換することで頻繁に同盟関係を確認する必要があったと説明する(20)。上杉氏と芦名氏の起請文交換も、協力関係の維持とその確認を行うためのものであったと見てよいだろう。ただし、協力関係の確認を行うということは、なにかしら確認をしておかなければならない事態が発生したためであり、その原因は押さえておく必要がある。

永禄十二年の起請文交換は、前年に起こった本庄繁長の乱を契機とする。本庄繁長は越後国岩船郡に所領を持つ上杉氏家臣であったが、永禄十一年三月に武田信玄と結び反旗を翻した。翌十二年三月に本庄繁長は謙信と和睦し、再び臣従することを誓うが、このときの和睦交渉の仲介を務めたのが芦名氏であった。本庄繁長の謀叛とそれにともなう越後国下越地方の混乱に際して、芦名氏との協力関係を確認する必要が生じたのである。天正四年の起請文交換は、先の謙信書状に「春中其家中何与哉覧、御取乱之様候つる条、半途迄及出勢」とあることから、芦名氏の内紛に謙信が援軍を派遣したことが契機になっていることがわかる。これも先の事例と同様、家中混乱に協力して対応するためのものと解することができる。上杉・芦名両氏の起請文交換は、両氏の軍事問題の発生に対応する形でその都度行われるのである。

ここまで謙信期の対芦名氏交渉を見てきたが、以下のように小括できる。上杉氏は、永禄五年に芦名氏と正式交渉を始め、翌六年に軍事協力を約束した起請文を交換する。これにより上杉氏と芦名氏は、互いの軍事問題の解決に向けて協力することとなる。両氏のこうした関係は、問題が発生した際に、その都度起請文の交換によって再確認された。そして、両氏の協力関係は、謙信が急逝する天正六年三月まで変わることなく継続したのである。上杉氏と芦名氏には、軍事協力を基本とする友好関係を長期的に継続する意思が見られ、両氏の関係は同盟関係と呼びうる性格を有していた。以下本稿では、この上杉氏と芦名氏の同盟関係を「越会同盟」と呼称することとする。

二、景勝期の対芦名氏交渉

(1) 同盟関係の継承

本節では、景勝期の対芦名氏交渉について考察する。問題の焦点は、謙信期に築かれた同盟関係が、景勝期には継承されたのか否か、継承されたとしたら、どのような発展を見せるか、というところにある。

天正六年(一五七八)三月、謙信が急逝する。このため謙信の養子である景勝と景虎によって家督継承をめぐる争いが勃発する。いわゆる御館の乱である。景勝は天正七年三月に景虎を自刃に追い込むが、なお越後国中越地方では神余親綱・本庄秀綱ら旧景虎派の抵抗が続いた。天正八年六月、景勝は神余・本条両氏を倒し、御館の乱を終息させる。

芦名氏は当初、景虎を支援していた。これは、芦名氏が景虎の実家である小田原北条氏と友好な関係にあったためである[21]。天正六年九月には芦名氏家臣・金上盛備が越後国に侵攻し、景勝方の安田城を接収している[22]。景勝も芦名氏に協力を得るための書状を送るが[23]、芦名氏は景虎支援の姿勢を崩さなかった。しかし、天正七年三月に景虎が自刃したことで、芦名氏は景勝と正式な交渉を始める。

【史料６】上杉景勝書状写[24]（３―４）

先日者従盛氏（芦名）父子預使節、喜悦之至候、其以来無音之条、雖無差儀候、今般及使札候、乍毎度可然之様執成任入候、仍当国逐日令静謐候間、可心安候、将亦、盛氏（同）先書ニ如承者、不違前代対盛隆以神血可申含之由、尤同意歓悦候、其方事、謙信已来別懇切之儀候間、不相替猶以当代懇意、可為祝着候、巨砕時武式部丞可申候、恐々謹言、

追、為音種籠手三具進之候、以上、

（天正七年）六月晦日　景勝御居判

布澤信濃守（輔俊）殿

【史料６】は、景勝が布澤輔俊に送った書状の写である。布澤輔俊は、会津南西の伊南地方を拠点とする山内氏の一族で、芦名氏の支配下にある人物である。この史料は天正七年に比定される。したがって、文書が発給されたのは、景勝が上杉景虎を滅ぼし、上杉氏の家督を継承した直後の時期にあたる。この史料はいくつかの点で注目される。最初の傍線部分を見ると、この時すでに景勝と芦名氏との間で正式な交渉が始まっていることがまず確認できる。おそらく、景虎を滅ぼした直後に、上杉氏の家督継承者として景勝が正式な交渉の開始を働きかけたと推測される。芦名

氏としても、支援していた景虎が敗北した以上、景勝との交渉へと舵を切らざるを得なかったはずである。次に二番目の傍線部では、起請文の交換について触れられている。「不違前代対盛隆以神血可申含」とあるから、景勝の方から起請文の提出を願い出たことがわかる。そして、この景勝の要請に対し、芦名盛氏は同意している。この同意は、芦名氏が景勝を上杉氏の家督であると認めたこと、そして芦名氏が謙信期同様の友好関係を景勝に希求していることを示している。三番目の傍線部では、上杉氏と布澤氏の関係について触れられている。布澤氏とのつながりは謙信期に遡ることが確かめられ、謙信も布澤氏を介して芦名氏と連絡を交わしていたと思われる。景勝は芦名氏との独自の交渉ルートを持っていなかったため、謙信が使っていた交渉ルートを活用し、芦名氏との交渉を始めたのである。

天正八年六月に芦名盛氏が死去すると、景勝は後継の芦名盛隆に対し、哀悼の意を表すとともに、「当方之儀不替先代可令入魂之由、勿論候、万端謙信代之筋目不可違之由、堅取置胸臆之条、此旨同意可為怡悦候、謙信如何被思候哉、其段渕底令見聞之間、対盛隆其首尾不可有相違候」（3―7）と述べ、謙信の代から続く芦名氏との同盟関係維持を確認している。上杉氏と芦名氏の同盟関係は、謙信・盛氏から景勝・盛隆の次世代へと継承されていくのである。

景勝は芦名氏との交渉において「謙信代之筋目」を強調しており、謙信の対外交渉政策を強く意識しているのがうかがえる。ここから、謙信の正式な継承者であることをアピールしたい景勝の狙いが透けて見える。対芦名氏交渉の事例を見る限り、景勝は謙信の対外交渉政策と交渉ルートをそのまま継承しており、謙信と景勝の対外交渉政策に連続性があることを指摘することができる。ただし、謙信の対芦名氏交渉と景勝のそれとでは、同盟関係の意味合いが大きく異なる。謙信が芦名氏と同盟関係を結んだ最大の理由は、永禄三年より始まる関東経略や宿敵・武田氏との勢力争いを優位に進めるためであった。また、謙信は度々関東や信濃にみずから出陣しているために越後を離れる期間が長く、本国の防衛対策を安定化させるうえで芦名氏と友好関係を築きたいという意図もあったはずである。一方、景勝の場合は、はじめに天正八年まで続く越後の内乱の対応として、その後は当時の情勢から判断して織田氏の越中侵攻への対応として、東の芦名氏と同盟関係を継続したと考えられる。景虎滅亡後は、小田原北条氏との間で目立った争いはなく、また甲斐の武田氏とは同盟関係にあったから、御館の乱終結以降は、西から迫り来る織田氏の強大な軍事力への対抗として越会同盟が重視されたのであろう(25)。

（2）同盟関係の進展

上杉景勝・芦名盛隆間の越会同盟は、さらなる局面を迎える。織田氏の攻勢が強まる天正十年（一五八二）二月、景勝は芦名氏へ使僧を派遣する。それに関連する史料を次に示す。

【史料7】上杉景勝書状(26)

御下向御仕合案入候処、濃々与預示、委披覧、安堵申候、初須江(光頼)皆々馳走、併貴僧御下之故候、盛隆(芦名)東境不図出馬之由、雖然、早速可有入馬之由候条、弥金上(盛備)・冨田(氏実)・須江有御入魂、万端時宜成就候之様、御肝煎尤候、自何以金上・冨田則談合申之由、肝要之至候、内々之儀、村松被仰付、始末可然之様、御積任入候、自然、有御退屈者不可有曲候、幾重も被相縮、御帰国可待入候、然而、上口無替儀候、可御心安候、巨砕直江(兼続)与六可申述候、恐々敬白、

「天正十」(朱書)
二月六日　景勝御居判
林泉寺(宗鶴)

衣鉢閣下

【史料8】　芦名盛隆書状（4―8）

態以使者令啓達候、今般以林泉寺（宗鶴）段々御懇切之御届、御真実之至祝着候、雖申旧候、自今以後猶以無二可申談外無之候、兼亦、神血可預之由、今度待入候、随而、新発田（重家）因幡守被抛御不足、御和睦念願候、依之、条々須江大隅守（光頼）申含候間、不能具候、恐々謹言、

追啓、任見来、具足一領令進入候、

（天正十年）二月廿六日　　盛隆（芦名）（花押）

山内殿（上杉景勝）

御宿所

【史料7】は、上杉氏の菩提寺である林泉寺の宗鶴に宛てた景勝の書状である。このとき、林泉寺宗鶴は上杉氏の使僧として芦名氏のもとへ派遣されていた。林泉寺宗鶴が会津に到着したとき芦名盛隆は「東境」に出馬しており面会が叶わなかったが、芦名氏の重臣である金上盛備と冨田氏実に接触を図っていることがわかる。景勝はこの両人との接触を「肝要之至」と述べており、上杉氏は金上盛備と冨田氏実を重要な交渉相手と認識していたようである。

【史料8】は、宗鶴派遣に対する芦名盛隆の返書である。交渉の内容は、①同盟関係維持の確認、②誓詞血判の交換、③新発田重家との和睦、であったことがわかる。新発田重家は越後国沼垂郡の有力国人衆で、御館の乱では景勝を支援して活躍したが、天正九年になると景勝と対立し反旗を翻した。後述するように、新発田氏は阿賀野川下流域に所領を有しており、芦名氏とも関係が深かった。それゆえ、景勝は芦名氏に和睦交渉の仲介を依頼したのである。

芦名氏はこの要請を受けて、家臣・松本左馬助を新発田へ派遣している[27]。

以上のように天正十年二月の交渉は、新発田重家の乱に対応したものととらえられるが、上杉氏の置かれた当時の状況を勘案すれば、それだけにとどまらない重要な交渉であったことがわかる。上杉氏は天正八年頃から能登・越中をめぐって織田氏と敵対関係にあった。織田氏は加賀・能登を平定すると、すぐさま越中へ侵攻し上杉勢を圧倒していった。天正十年二月には、信濃の木曾義昌が武田勝頼から離反し、これを契機に織田氏やそれと協力関係にある徳川氏・小田原北条氏が武田氏領国に侵攻を開始する。これにより武田氏は一気に劣勢になり、滅亡の危機に瀕するのである。上杉氏にとって武田氏は重要な同盟相手であり、仮に武田氏が滅ぶようなことがあれば、上杉氏は四方を織田氏によって包囲される格好となる。このような状況下で行われた芦名氏との交渉は、単なる内乱の解決だけではなく、迫り来る織田氏との争いに対応したものと評価されなければならない。そして織田氏との抗争の激化が、芦名氏との同盟関係をより強固なものにしていく。

同盟強化に向けての動きを交渉窓口となる取次から見ていこう[28]。注目したいのは芦名氏側の取次である。天正十年以前、上杉景勝は布澤氏や横田氏といった芦名氏に従属する会津周辺の国人衆を介して交渉を進めていた（3―3～5・4―4）。また上杉氏は謙信の代から山内氏ともつながりを持っていた。しかし、こうした国人衆は、芦名氏の譜代家臣ではなく、芦名氏の意思決定に深く関与できる存在ではない。したがって、上杉氏の意思を芦名氏当主に直接披露することは困難であり、交渉の実質を担うことはほぼない。彼らの役割は、上杉氏からの連絡を芦名氏中枢に伝える橋渡し役と位置づけるのが相応しい。

関連史料一覧表を通覧すると、天正十年を境に芦名氏側の交渉役として須江光頼・冨田氏実・金上盛備の名が度々現れるようになる。この三名は芦名氏においてどのような存在であるのか。

須江光頼は、先の天正十年二月交渉で、使者として越後府内に派遣されており[29]、実務交渉者としての性格が強い。天正十年十月頃の交渉でも、上杉氏から派遣された使僧と直接面会して芦名氏側の意思を伝達しているのが確認される（4—11）。芦名盛隆からの信頼が厚く、どちらかと言えば側近層的な存在であったと考えられる。

冨田氏は、いわゆる「四天宿老」と称される伝統的譜代家臣の家柄であり、滋実・氏実・隆実と三代にわたり当主の偏諱を受けている。冨田氏実も芦名盛氏から偏諱を受けており、家中のなかでもその地位は高いと見られる。

金上盛備は、「盛」の字の使用を許されていることからもわかるように、芦名氏一門の筆頭格であり、芦名氏においては当主盛隆に次ぐ存在であった。先の天正十年二月交渉では、上杉氏から起請・血判の提出を求められている（4—7）。この時の交渉では、芦名盛隆の誓詞・血判の提出は確認できていない。盛隆が出陣中という事情が影響したか、代わって金上盛備が誓詞・血判を提出したのであろう。これは金上盛備が、当主に代わって交渉内容を保証できる立場にあることを示しており、彼が芦名氏の意思決定において大きな影響力を有していることを表している。それゆえ、景勝は林泉寺宗鶴に対して金上盛備に接触したことを「肝要之至」と表現したのである。

ここまで芦名氏側の取次について見てきたが、須江光頼・冨田氏実・金上盛備のいずれも芦名氏の政治的中枢に位置し、芦名氏の意思決定に関与し得る存在であることが確認できた。彼らに取次を依頼することで、上杉氏側の意思は確実に当主へ伝達することが可能になる。また、それぞれ芦名氏の当主側近・譜代家臣・一門筆頭という異なる立場にあることも重要であると考えられる。上杉氏は芦名氏の側近層・譜代家臣・一門各層の有力人物と取次契約を結ぶことで、芦名氏との交渉を円滑に進めるとともに、より強固な同盟関係を構築しようとしたのである。

この同盟強化に向けた動きについて、次の史料も参考になる。

【史料9】上杉景勝判物（3—10）

去年以来別而当方入魂、因茲、堀越之地進置之候、聊露感悦之一儀候、恐々謹言、

天正十年

正月廿六日　　　　　　　　　景勝御在判

冨田美作守（氏実）殿

右の史料は、景勝が冨田氏実に対して阿賀野川流域にある堀越の地を宛行ったものである。この史料は、芦名氏権力の脆弱さと芦名氏の領国支配における上杉氏権力の介入を示すものとして語られてきたが[30]、そのように評価すべきものではない。冨田氏実は先述の通り、芦名氏から三代にわたり偏諱を受ける有力な譜代家臣であり、芦名氏の意思決定に関与できる存在である。芦名氏家中の中心的人物が、上杉氏との間で従属関係を結ぶということはまずありえない。では、この知行宛行をどのように解釈すべきか。ここで丸島和洋氏の取次給に関する指摘が参考になる。氏は、大名間交渉において取次が相手側から知行宛行を受ける事例を検討し、これは「自家を担当する取次により積極的な働きを行わせるために与える知行」であると指摘し、取次に対する反対給付という意味で「取次給」と呼称している[31]。氏の指摘を踏まえれば、冨田氏実に対する景勝からの知行宛行も、取次給と判断するのが適切である。とするならば、【史料９】に「去年以来」とあるから、冨田氏実は天正九年頃から対上杉氏の担当取次になっていたことになる。丸島氏の指摘を踏まえれば、取次給は「自家の担当取次を積極的に取り込むことで、外交関係を安定させ、より大きな交渉成果の獲得に励ませる材料」であったから、上杉氏にとって冨田氏実への取次給宛行は、対芦名氏交渉をさらに進展させるための布石であり、上杉氏が芦名氏との関係を重視していることを示すものと言える。

芦名氏との同盟関係強化の動きは、天正十年二月に行われた織田氏の武田領国侵攻によって活発化したが、冨田氏実への取次給の宛行から見て、それ以前にすでに始まっていたものと考えられる。芦名氏との同盟強化は、織田氏と

の対立・争いと連動しているのである。

（3）越会同盟の周辺への影響と解消

天正十年（一五八二）六月に本能寺の変で織田信長が斃れたことにより、織田氏の越後侵攻という危機は逃れたが、越後国内では新発田重家が抵抗を続けており、新発田氏への対応が目下の懸案事項であった。そのため本能寺の変以降は、芦名氏との交渉内容のほとんどが新発田重家討伐に絞られてくる。

天正十年八月から翌九月まで行われた新発田重家討伐でも、芦名氏は援軍を派遣しており（3―17）、それにともなって同年十一月には芦名盛隆との間で誓詞・血判の交換が行われている（3―20・4―13）(32)。越会同盟は、織田氏への対応から新発田重家討伐への協力に目的を変えながらも継続されているのがわかる。さらにこの時期の対外交渉で興味深いのは、上杉氏が芦名氏を介して白河結城氏と関係を深めているということである。

【史料10】須江光頼書状（4―12）

乍恐令啓上候、御納馬以来、水原筋之儀、種々申来候、無御心元被存、被申届候、内々御陣中江彼是（義親）為可被申届、使僧被申付、既相立被申刻、御開陣之由候間、先以相止被申候、万々追而可被申述候、将亦、前日従白河被及御使僧候、其刻捧愚札候、定参着可申候、此旨宜預御披露候、恐々謹言、

須江大隅入道

（天正十年）十月廿四日　　光頼（花押）

直江与六（兼続）殿

【史料10】の傍線部には、白河義親が上杉氏のもとへ使僧を派遣し、その際に芦名氏家臣・須江光頼が書状を託し

たとある。すでにこのとき上杉氏と白河氏との間で交渉が持たれていることがわかる。白河義親は陸奥白河城主で、かつて芦名盛氏と同盟関係にあったが、佐竹氏の北進政策のあおりを受けその支配下に組み込まれていた。芦名氏は佐竹氏と長年の対立関係にあったが、天正年間から友好な関係を築き、芦名氏―結城白河氏―佐竹氏という連携が成立していた。そうした状況のなか、天正十年十一月に、景勝は白河義親に起請文を提出し、「一、向後無二被申談之事」「一、甚深ニ申合上、毛頭不可有表裏之事」を誓っている[33]。さきの須江光頼書状に見える白河氏の使僧派遣は、この起請文提出に関係があると推測される。おそらく白河義親からも同様の内容を記した起請文が景勝に提出されたことであろう。白河氏との関係については次の史料も参考になる。

【史料11】上杉景勝書状[34]

雖未申届、令馳一翰候、仍其表佐竹・会津有入魂、田村表江任存分之由、珎重候、次会津・当方先代加而被申談候キ、当代も可為其首尾之由、去年両度及使節之所、盛隆（芦名）悴啄已神血被差越通、未来無二無三ニ候、然間、其許之儀も乍遠境申承度之由、令語之条、御悴啄候程、取成任入候、猶林泉寺（宗鶴）可有演説候、恐々謹言、

正月九日　　景勝（花押）

和知美濃守殿

右は、白河氏重臣・和知美濃守に宛てた景勝書状である。年次は『上越』が天正十一年としているが、あるいは天正十年の可能性もある。「未申届」とあることから、これが和知氏に対する初信と見られる。内容は、佐竹氏と芦名氏が入魂の間柄であり、田村攻めが首尾よくいったこと、上杉氏と芦名氏が謙信の代から入魂で、芦名盛隆から誓詞・血判が送られたこと、そして白河氏も遠境ながら「申承度」と申しており、景勝が和知氏に対し取成を依頼していることの三点である。ここから、白河氏との関係は、芦名氏との同盟関係を介して形成されたことがうかがえよう。

白河氏がどのような意図で上杉氏との関係構築を模索したのかは定かではない。南奥では、芦名・佐竹・白河氏と田村・伊達氏の対立が表面化しつつあるから、上杉氏と友好な関係を築くことで南奥情勢を優位に運びたい意図があったのかもしれない。いずれにせよ、越会同盟は上杉氏と白河氏との関係を築く契機となり、南奥情勢に少なからぬ影響を与えたことは確かである。

さて、長らく同盟関係にあった上杉氏と芦名氏ではあるが、関連史料一覧表を見ると天正十四年八月を最後に関係が途絶えているのがわかる。関連史料も天正十二年後半から天正十三年にかけて減少しているのが見て取れる。これには芦名盛隆の急死が大きく影響しているものと考えられる。芦名盛隆は天正十二年十月に家臣によって弑逆され、嫡子・亀王（若）丸がその跡を継いだが、実際は盛隆後室がその代理を務めていた。天正十四年には芦名亀王丸も急逝したため、芦名氏は天正十五年に佐竹義重息・義広を養子に迎えて当主に据える。義広の代になると、上杉氏との関係は絶えてしまう。さらに芦名義広が新発田重家を後方支援していたことが判明し、両氏の仲は一気に険悪になる。関連史料の残存状況にもよるが、天正十二年以降の交渉減少には、芦名盛隆の死去が大きく影響していたはずである。盛隆の死によって、芦名氏家中で対上杉氏交渉を見直す動きが生じ、これに後継者問題が加わることで、越会同盟は解消されていったと考えられる。

以上、景勝期の対芦名氏交渉について概観してきたが、次のように小括できる。まず景勝の対芦名氏交渉は謙信のそれを継承しており、謙信期の対外交渉との連続性を指摘できる。そして芦名氏との同盟関係（越会同盟）は、上杉氏が織田氏に対抗するうえで必要であり、上杉氏にとっては武田氏との甲越同盟とならぶ同盟であったと評価できる。天正十年になると、上杉氏は須江光頼・冨田氏実・金上盛備らを取次とすることで、越会同盟を一層強化していく。本能寺の変後は、新発田重家討伐を目的に越会同盟は維持され、芦名氏も援軍を派遣するなど友好関係の維持が図られた。さらに越会同盟を媒介として、上杉氏が結城白河氏とも協力関係を結ぶことになるなど、越会同盟は南奥情勢に少なからぬ影響を与えた。しかし、越会同盟は天正十二年十月の芦名盛隆の死去を契機に、次第に解消の方向へと向かうことになり、佐竹氏から養子に入った芦名義広の代になると、友好関係はおろか対立する関係になっていくのである。

三、上杉氏の対外交渉と取次

本節では、上杉氏の対外交渉を担う取次を検出し、その傾向から上杉氏の権力構造について考察する。まずは、対芦名氏交渉における取次について見ていく[35]。

関連史料一覧表を見ると、謙信期において対芦名氏交渉の取次を務めているのは、河田長親と新発田長敦である。河田長親は、永禄六年（一五六三）四月十五日付上杉輝虎書状（1―2）に「其子細猶河田豊前守可申届候」、永禄十年十二月二日付上杉輝虎書状（1―4）に「猶河田豊前守可申越候」とあり、残存しないものの、謙信の書状発給にともない副状を認めていることが推定できる。また永禄十一年八月二十日付平田常範書状（2―2）には、「諸毎河田豊前守方へ中届候条、可被達上聞候」と記されている。平田常範は「四天宿老」と称される芦名氏重臣のひとりである。芦名氏側の重臣から、河田長親へ諸事を申し届けると書かれていることから、河田長親が対芦名氏交渉の担当取次であったと考えられる。対芦名氏交渉における河田長親の取次事例は、永禄十一年八月を最後に以降確認することができなくなる。これは永禄十二年八月から九月の間に河田長親が越中へ派遣されたためである[36]。対徳川氏交渉においても河田長親が取次を担当していたが、越中派遣を契機に担当取次が直江景綱へと変更されていることが指摘されている。[37] したがって、河田長親が芦名氏の担当取次を務めていたのは、交渉開始の永禄五年から永禄十二年八〜九月頃までであると考えられる。

表5　大名・領主別取次事例（永禄4年～永禄12年8月）

		河田長親	直江景綱	河田・直江
関東	足利氏（古河）	1	—	—
	足利長尾氏	1	—	—
	小田原北条氏	—	3	—
	太田氏	6	—	—
	小山氏	1	—	—
	木戸氏	1	—	—
	倉賀野氏	1	—	—
	酒井氏	1	—	—
	佐竹氏	3	—	—
	白井・惣社長尾氏	1	—	—
	多賀谷氏	1	—	—
	土岐氏	1	—	—
	富岡氏	5	—	—
	野田氏	1	—	—
	深谷上杉氏	1	—	—
	三戸氏	1	—	—
	簗田氏	—	1	—
	由良氏	1	—	1
	（小計）	27	4	1
その他	朝倉氏	—	2	—
	足利氏	4	6	4
	芦名氏	3	1	—
	安東氏	1	1	—
	今川氏	—	3	—
	大川氏	—	2	—
	織田氏	—	9	—
	徳川氏	2	—	—
	竹井氏	1	—	—
	土佐林氏	2	3	—
	三木氏	2	2	—
	宮氏	2	—	—
	（合計）	43	33	5

表６　年別取次事例（永禄４年〜永禄12年８月）

	河田長親	直江景綱	河田・直江
永禄４年	—	—	—
永禄５年	2	—	1
永禄６年	3	—	—
永禄７年	8	4	—
永禄８年	3	5	1
永禄９年	6	—	—
永禄10年	4	4	1
永禄11年	2	7	1
永禄12年	15	13	1
（合計）	43	33	5

近江国の出身の河田長親は、謙信上洛の際に上杉氏に仕え、永禄四年頃から奉書式印判状の奉者を務めたり、諸大名・諸領主の取次を務めたりするなど、権力中枢での活動が見られる側近層である。ただし、河田長親だけがこのような立場にあったわけではなく、直江景綱も同じ時期にともに奉書式印判状の奉者や諸大名との取次を務めている。では、なぜ直江景綱ではなく、河田長親が芦名氏担当取次を務めたのであろうか。

【表５】【表６】は、河田長親と直江景綱の取次事例を集計したものである。時期は、河田長親の権力中枢での活動が見られる永禄四年から越中に派遣される永禄十二年八月までとした。河田長親と直江景綱の取次事例は、総数でやや河田長親が上回るが大きな違いではない。しかし、大名領主別と年別に分けて見ると、取次事例にある特徴が見えてくる。【表５】の大名・領主別取次事例を見ると、河田長親の取次事例の半数以上が関東の大名・領主であることがわかる。一方、直江景綱は、小田原北条氏を除いて関東の大名領主の取次をほとんど務めていない。小田原北条氏の取次は、永禄十二年から始まる同盟交渉に関するものである。謙信による関東経略において、反北条氏の立場にある諸大名・諸領主はほとんどが河田長親を取次にしていたことになる。したがって、河田長親は上杉氏における関東方面担当取次であったと考えられる。

これは、河田長親が永禄三年十二月から厩橋城主、永禄五年から永禄九年まで沼田城主としての立場にあったことと関係する。[38]すなわち、河田長親は永禄三年から永禄九年まで関東に在城しており、関東の諸大名・諸領主と密接な関係を持ちやすい立場にあった。また謙信もこの間は毎年のように関東へ出陣し、厩橋・沼田城を関東経略の拠点としていたから、越後春日山城で留守を預かる直江景綱よりも河田長親の方が謙信へ取次ぎやすい環境にあったはずである。こうした事情を知っている関東の諸大名・諸領主は河田長親へ取次を依頼するはずであり、謙信も彼らに対する副状を河田長親に発給させることになる。【表6】を見ると、直江景綱の取次事例は河田長親よりやや遅れて永禄七年から確認できる。内訳を示すと、永禄七年の四件はすべて尾張織田氏、永禄八年の五件は越前朝倉氏が二件、足利氏（将軍家）が二件、出羽安東氏が一件である。関東にいる謙信のもとへ書状を届けられない遠方の大名は、春日山の直江景綱のもとへ取次を依頼したと考えられる。

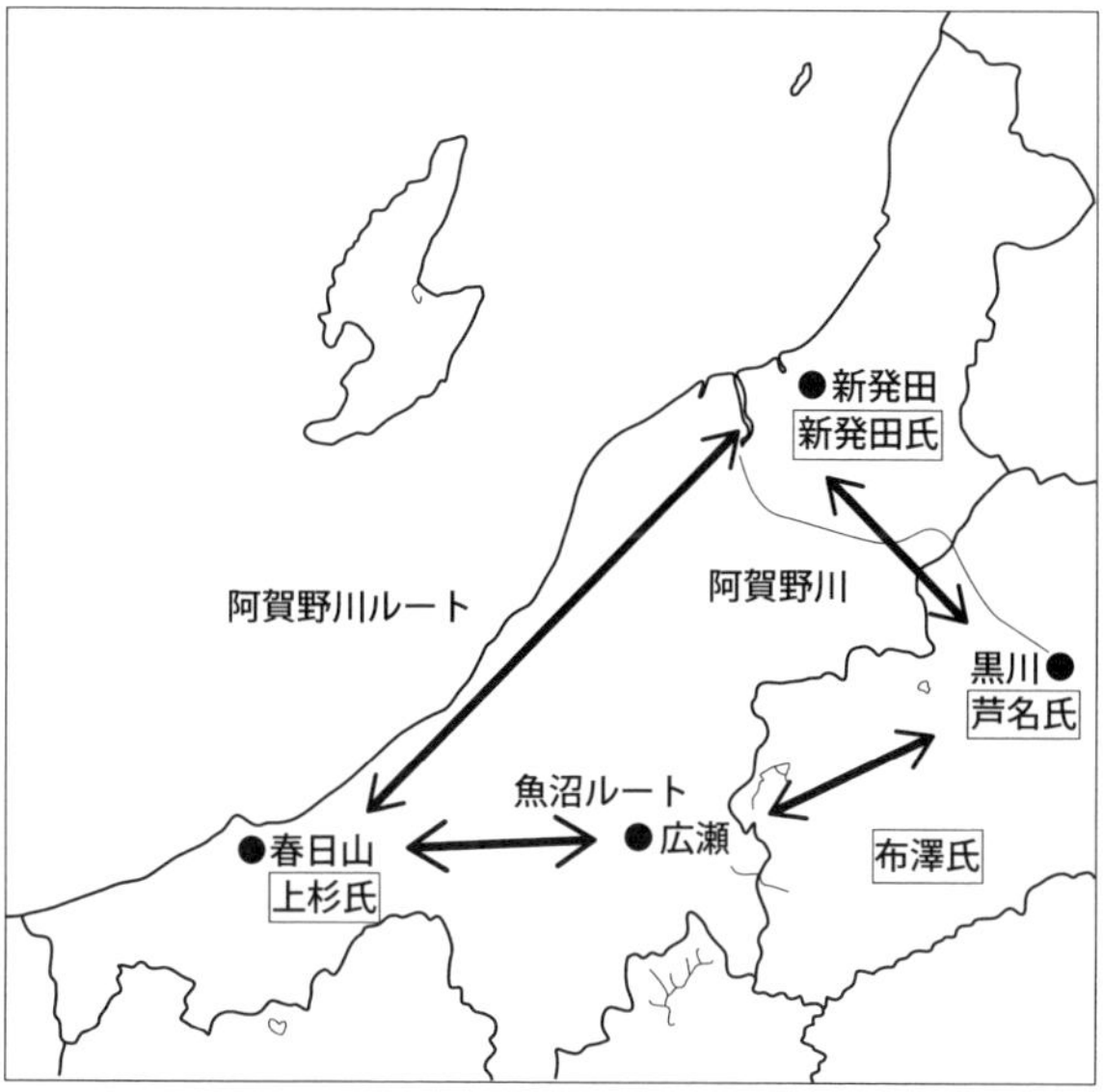

対芦名氏交渉関連地図

上杉氏が芦名氏と交渉を始めたのは永禄五年であり、永禄六年にはすでに河田長親が取次を務めていることが確認できる。芦名氏との軍事協力が小田原北条氏・武田氏と対抗するために結ばれたことを勘案すれば、謙信が対芦名氏の担当取次に河田長親を選んだ理由は、芦名氏の存在が関東情勢と密接なつながりを持つからであろう。南奥の情勢は、関東、とりわけ親上杉派の多い北関東の情勢とリンクしており、関東の諸大名・諸領主とつながりの深い河田長親を取次にすることで、関東経略を円滑に遂行しようとしたのである。謙信が芦名盛氏へ関東経略の経過を詳細に綴った書状を送っているのは、その表れである（１―12）。

河田長親が越中へ派遣されて以降は、新発田長敦が取次を務めている事例が確認できる。永禄十二年の二月十九日付新発田長敦書状（１―５）では、「御当方輝虎無二可被仰合之段、一身之大慶不可過之候、当方之儀裳不被存別意候、若従何方於廻謀略者、有之侭可申上候」とあり、新発田長敦が芦名氏との協力関係を保証しているのがわかる。天正六年正月九日付芦名盛氏書状（２―３）では、新発田長敦に対し「今般及御音信候、取成任入候」と述べ、取次を依頼している。このことから、新発田長敦が芦名氏の取次であったことは間違いない。新発田氏が芦名氏の取次を務めた理由は、地理的な要因が大きいと思われる。上杉氏の本拠・春日山と芦名氏の本拠会津黒川との連絡ルートは二通りあった。ひとつは、春日山から魚沼広瀬周辺を経由して会津黒川に至るルートで[39]、もうひとつは、春日山から阿賀野川下流に出て、そこから川沿いに会津黒川へ至るルートである[40]。このうち後者の阿賀野川沿いを通るルートは、新発田氏の所領とも近い。新発田氏を担当取次に据えれば、使者の往来も円滑になる。このような地理的条件を見ると、もともと新発田氏と芦名氏の間に何らかの関係が持たれていたことを想定できる。したがって、新発田長敦は河田長親と並行して取次を務めていた可能性があるが、詳らかではない。ただし、新発田長敦は謙信に披露行為を直接行える立場にはない。そのため新発田長敦から謙信側近層のいずれかを通して意思伝達が行われていたはずである。しかしながら、新発田長敦が披露を依頼した側近層を特定することはできない。

次に景勝期の取次を見てみる。景勝期では、新発田重家、大関親憲、斎木四郎兵衛尉、斎藤朝信、上条宜順、直江兼続が取次として検出できる[41]。それぞれの役割を確認してきたい。

南会津の国人衆・布澤弥五郎に宛てた天正八年（一五八〇）五月六日付上杉景勝書状（３―５）で「猶新発田因幡

守可申越候」とある。宛所の布澤氏は芦名氏家中ではないが、芦名氏の支配下にあり、景勝から芦名氏への取次を依頼されている。したがって、布澤氏に副状の発給を行っている新発田重家も芦名氏の担当取次と見なす。また新発田重家は、謙信期に芦名氏の取次を務めていた新発田長敦の実弟であり、芦名氏の担当取次としての立場を兄長敦から継承したものと考えられる。ただし、新発田重家も景勝に対して披露行為を直接行える立場にはなかった。

【史料12】新発田重家書状[42]

年頭之為御祝言、御太刀一腰・御樽進上仕候、万吉永日可申上候間、此旨可預御披露候、恐々謹言、

（天正八年カ）正月廿三日　　（新発田）因幡守重家（花押）

進上　（四郎兵衛尉）斎木殿

右は、上田衆出身で景勝の側近層である斎木四郎兵衛尉に宛てた新発田重家の書状である。内容は、年頭挨拶、太刀・樽の進上を景勝に披露してくれるよう斎木四郎兵衛尉に依頼したものである。このように、たとえ有力な国人衆であっても、当主に披露する際は必ず側近層を介さなければならないのである。この斎木四郎兵衛尉も布澤氏から景勝への披露を依頼されている（4―4）。布澤輔俊から「委細之旨、自盛隆所直令申通候、此旨宜御披露候」と求められており、斎木四郎兵衛尉も対芦名氏交渉の取次であったと考えられる。

大関親憲は上杉氏に仕える小領主で、魚沼地方上田を守備していた。魚沼が芦名氏との交渉ルートにあることから、取次を依頼されたのであろう。したがって、大関親憲の取次は一時的なものと思われる。

斎藤朝信も芦名盛隆から書状を受けているが、どのような理由で芦名氏交渉に関与していたのか、事例が少なく定かではない。

上条宜順は、上杉氏一門格で、天正八年以降、権力中枢での活動が見られ、軍事作戦についての意見を景勝に具申

したり、対外交渉に携わったりするなど、直江兼続とともに景勝を支える存在となる。

直江兼続は、上田衆出身で元は樋口与六兼続と名乗っていた。天正八年から側近としての活動が見られるが、家中から景勝へ披露を行うのが主な役割であり、対外的な取次を務めることはなかった。天正九年に直江家の養子となると、家格を上昇させて上杉氏の意思決定に関与するようになる。他大名家からの取次を務めるのは、芦名氏が初見である。

以上、芦名氏交渉における取次の検出とその役割について検討したが、次のことが考えられる。まず取次が、側近層と有力国人衆によって行われていることである。丸島和洋氏は、甲斐武田氏の取次が側近層と一門・宿老層との組み合わせで行われていたことを指摘している。上杉氏の対芦名氏交渉においては、景勝期に側近層と一門・宿老（有力国人衆）層との組み合わせで交渉が行われていたことがわかる。側近層は斎木四郎兵衛尉→直江兼続へと変わり、一門・有力国人衆は、新発田長敦→新発田重家→斎藤朝信・上条宜順と変わっていく。新発田重家は天正九年に景勝と対立して上杉氏から離反するから、天正十年に取次として見える斎藤朝信と上条宜順は、新発田氏の叛乱にともない急きょ芦名氏交渉に参加することになったと考えられる。したがって、景勝期の対芦名氏交渉取次は、側近層と有力国人衆の新発田氏という組み合わせで基本的に行われていたと言える。一方、謙信期は側近層として河田長親、有力国人衆として新発田氏の取次活動が見られるが、双方が組み合わさって対外交渉を行っていることは確かめられなかった。他氏との交渉から、謙信期にも側近層・有力国人衆の組み合わせで対外交渉が行われていたことは確かめられるが、芦名氏の事例からすれば、謙信期においては側近層と有力国人衆の組み合わせで対外交渉を行うという体制はまだ確立されていなかったとも言えるだろう。

次に、有力国人衆の交渉参加は、地理的な条件に拠るところが大きいことを指摘できる。対芦名氏交渉では、魚沼広瀬を経由するルートと阿賀野川沿いを経由する二つの連絡ルートがあることを指摘したが、後者のルートを使用した場合、新発田氏の所領近辺を通ることになる。交渉相手と連絡を取るためには、みずからの意思を示した書状を渡さなければならない。そのためには使者が安全に目的地まで書状を届けることができる連絡ルートを構築しなければならない。それゆえ、交渉相手と地理的に近接した国人衆が取次を務める傾向にある。

上杉氏全体で見てみると、対関東諸氏との交渉では河田長親や北条高広が、対芦名氏交渉では新発田氏が、対伊達氏交渉では黒川氏・色部氏が、対織田氏交渉では越中魚津城主となった河田長親や越中在国の村上国清が、対徳川氏・三木氏交渉では越中在国の村上国清が、対能登畠山氏交渉では越中の河田長親が取次を務めている。(43)いずれも交渉相手と物理的・距離的に近い環境にある人物が取次を務めているのである。

では、彼らは交渉内容をどのように政権中枢に届けるのであろうか。例えば、越中在陣中の河田長親は謙信の側近層である吉江信景に書状を送り、織田氏のもとから使者が帰還したことや、織田氏の情報について述べるとともに、この旨を謙信に披露するよう依頼している。(44)村上国清も飛騨三木氏家臣・塩屋秋貞からの書状を吉江信景のもとへ進上し、謙信へ披露するよう願い出ている。(45)連絡ルート上にある取次の多くは、交渉相手と距離的に近い有力国人衆（北条・新発田・黒川・色部氏）や他国へ派遣された側近層・一門（河田・村上氏）である。これらの取次は、物理的に権力中枢と離れているから、交渉内容を当主に伝達にするには側近層を通して披露を依頼することになる。

有力国人衆や他国にいる家臣から側近層に伝達された交渉内容は、側近層によって合議が加えられる。例えば、永禄十二年の上杉・小田原北条氏の同盟締結交渉において、上杉氏側の使僧である広泰寺昌派が上杉氏側の本庄宗緩に交渉の詳しい内容を伝えるとともに、「如此趣、山吉殿《（豊守）》・直江殿《（景綱）》・鰺　清《（鰺坂清介長実）》、各江御雑談頼入候、御失念有間敷候」と述べている。注目すべきは協議メンバーに鰺坂長実が加わっていることである。山吉豊守と直江景綱は対小田原北条氏の担当取次であった。鯵坂長実は永禄十一・十二年頃に側近層として権力中枢に参画していたが、北条氏との交渉に関与したことは知られていない。山吉豊守と直江景綱は取次であるので協議メンバーに加わることに問題はないが、ここに鯵坂長実が加わっていることを見ると、小田原北条氏からの交渉内容は取次だけでなく側近層全体で共有され、彼らの協議を経たうえで当主である謙信へ披露されていたと考えられる。小田原北条氏との交渉には、準一門格の柿崎景家も関わっていたが、協議メンバーに加わっていないことからすると、交渉は側近層が主導していたのであろう(46)。そして、対外交渉が側近層の合議によって進められるというあり方は、越相同盟交渉に限らず、他の交渉も同様であったと推測する。

最後に、対芦名氏交渉においては、天正十年十月以降、直江兼続が取次を独占する傾向にあることが指摘できる。斎木四郎兵衛尉に代って芦名氏担当取次となり、さらに新発田重家が上杉氏から離反することで、直江兼続が対芦名氏交渉を主導する環境が整ったのである。ただし、景勝期の他の事例を見てみると、直江兼続による取次の独占的状況は対芦名氏交渉に限ったことである。例えば、天正十三年頃から始まる、伊達氏との交渉においては、直江兼続のほかに色部氏も交渉に加わっていることが確認できる(47)。秀吉政権との交渉においても、狩野秀治が取次を務めていることが確認できる(48)。したがって、他の交渉事例から判断して、全体的に直江兼続の取次寡占化は見られるが、独占化とは言い切れない。対芦名氏交渉で直江兼続の独占化が見られるのは、やはり新発田氏の離反が要因であると考えられよう。そして、直江兼続の取次独占化は、対外交渉が本質的に側近層によって主導されていることを示唆している。

おわりに

以上、上杉氏の対芦名氏交渉の過程と取次の実態を検討した。上杉氏は謙信・景勝の二代にわたり会津芦名氏と同盟関係にあった。そして、対芦名氏交渉における上杉氏の取次は、主に側近層と新発田氏によって担われ、天正九年に新発田氏が離反すると、側近層の直江兼続が交渉を主導することになる。側近層と有力国人衆・他国にいる有力家臣という取次の組み合わせは、他の交渉事例でも確認でき、上杉氏の対外交渉における基本的な取次構成であったと考えられる。ただし、謙信期はまだその体制が確立しきっておらず、景勝期になると側近層・有力国人衆という組み合わせが成立するが、次第に側近層の単独交渉へと推移していく。また上杉氏の場合、側近層以外の取次は地理的な条件から交渉に携わる傾向がある。彼らには交渉内容を保証する役割があっただろうが、どちらかといえば政権中枢への橋渡し役という性格が強い。実質的な交渉役は側近層であり、彼らの合議によって交渉が進められていたと考えられる。上杉氏の対外交渉は、側近層と有力国人衆・他国にいる有力家臣による取次で成り立っていたが、意思伝達・意思決定の仕組みからして側近層の主導性が強いと言える。こうした側近層主導の権力構造は、対外交渉だけに限らず、家中での意思決定や領域支配においても指摘し得る可能性がある。この課題については、別稿にて検討したい。

註

（1）山本博文①「豊臣政権の「取次」の特質」、②「豊臣政権の「指南」について」（同著『幕藩制の成立と近世の国制』校倉書房、一九九〇年、初出①一九八四年ほか、②一九八九年）。

（2）丸島和洋『戦国大名武田氏の権力構造』（思文閣出版、二〇一一年）。

（3）代表的なものとして、岩澤恵彦「越相一和について―「手筋」の意義をめぐって―」（『郷土神奈川』一四号、一九八四年）、丸島

和洋「大名間外交と「手筋」―越相同盟再考―」（前掲註（２）丸島著書、初出二〇〇四年）、田中宏志「越相同盟再考」（『戦国史研究』五二号、二〇〇六年）を挙げる。

（４）須藤茂樹「甲越同盟の一考察」（『史学研究集録』一五号、一九九〇年）、丸島和洋「武田氏の対上杉氏外交と取次」（前掲註（２）丸島著書、初出二〇〇〇年）など。ただし、丸島氏の研究は武田氏を研究対象としており、上杉氏について論じているわけではない。

（５）栗原修「上杉・織田氏間の外交交渉について」（所理喜夫編『戦国大名から将軍権力へ』吉川弘文館、二〇〇〇年）、木村康裕「上杉・織田氏間の交渉」（同著『戦国期越後上杉氏の研究』岩田書院、二〇一二年、初出二〇〇〇年）。

（６）栗原修「上杉氏の外交と奏者―対徳川氏交渉を中心として―」（『戦国史研究』三二号、一九九六年）。

（７）小林健彦①「戦国大名と情報管理に関する研究」（『新潟産業大学人文学部紀要』五号、一九九六年）、②「足利義昭（秋）期に於ける越後上杉氏の対外交渉」（『新潟産業大学人文学部紀要』一五号、二〇〇三年）。

（８）堀新「豊臣政権と上杉氏―秀吉文書の様式の検討から―」（『早稲田大学大学院文学研究科紀要』別冊一八集〔哲学史学編〕、一九九一年）。光成準治「豊臣政権の大名統制と取次」（山本博文・堀新・曽根勇二編『消された秀吉の真実―徳川史観を越えて』柏書房、二〇一一年）。

（９）栗原修「上杉氏の領国支配機構と奏者―吉江喜四郎信景の態様を通して―」（『駒澤大学史学論集』二六号、一九九六年）。

（10）近年、「戦国大名」の概念規定の曖昧性が指摘されている。そのため、「地域的統一権力」「戦国期守護」「戦国期権力」などのように、各研究者によって新たに定義づけされた概念用語が使用されることがある（佐々木倫朗『戦国期権力佐竹氏の研究』思文閣出版、二〇一一年）。十六世紀に日本各地に現出した地域権力をどのようにとらえるべきかについて、詳細な検討は本論の直接の意図ではなく、深く立ち入ることはしないが、ここでは丸島和洋氏の定義を参照し、ひとまずそれに従うことにする。丸島氏は、「戦国大名」を「①室町幕府・鎌倉府をはじめとする伝統的上位権力以外には従属せず、②政治・軍事行動を独自の判断で行い（他の権力の命令に左右されない）、③自己の領主権を超えた地域を支配下に置いた権力」と定義している（前掲註（２）丸島著書）。この定義を踏まえれば、会津地方を中心に分国を形成した芦名氏は、周辺の領主層を政治的・軍事的支配下に置き、独立した権力体として機能していた。したがって、本論では芦名氏を「戦国大名」として扱うことにする。

(11) 近年、東国戦国史のなかでも、北関東・南東北の政治史の停滞状況が問題視されている（池享『動乱の東国史7　東国の戦国争乱と織豊権力』吉川弘文館、二〇一二年・黒田基樹『敗者の日本史10　小田原合戦と北条氏』吉川弘文館、二〇一三年）。芦名氏に関しては、南東北の主要な大名権力でありながら、伊達氏などに比べて研究の停滞が著しい。本稿の検討は、このように停滞的な芦名氏研究、ひいては東北の戦国史研究にも資するであろう。

(12) 「荻野周次郎氏所蔵文書」（『上越』三三九号）。なお、永禄五年以前に芦名氏との交渉があった形跡がうかがえる。永禄四年に比定される八月二十九日付「上杉政虎条書」（『新潟』八七〇号）に、「一、若会津衆・大法寺衆於打着者、蔵田所而見参候而、西浜ニのふ《（能生）》・名立ニ可為取陣候、乍然、越中火急之儀於無是ハ、府中ニ可被置事」とあり、上杉氏が越中侵攻に際して「会津衆」を援軍として迎える予定であることがわかる。このとき芦名氏との間でどのような交渉が行われたのかは不明である。

(13) 年次について『新潟』は、謙信が「輝虎」と名乗るのが永禄五年以降であること、さらに盛氏が同六年から「止々斎」と号することから、永禄五年に比定している。今これに従うが、謙信は芦名盛氏に宛てて書状を送る際、「止々斎」と号した後も「芦名修理大夫殿」と宛所を記している（1―11・15・16）。

(14) 例えば、甲越同盟を結んだ上杉景勝・武田勝頼間の書状を見ると、勝頼から景勝に書状を送る場合、差出は「勝頼」、宛所は「上杉弾正少弼殿」、または「上杉殿」とするのが通常である。しかし、歳暮や正月の挨拶には、差出が「大膳大夫勝頼」、宛所が「謹上　上杉殿」となる（『上越』二〇七二号・同三七四二号・『戦武』三六八七号）。このほか相手の慶事を祝する場合にも、敬意をこめて「官途+名」と謹上書という改まった書札礼が用いられている（『上越』二〇二四号）。

(15) 「円蔵寺所蔵文書」（『上越』五二一号）。なお写真帳での確認によって、翻刻を一部改めた箇所がある（「雖非可権力弓箭候」→「雖非可携弓箭候」）。

(16) 黒田基樹「謙信の関東侵攻」（池享・矢田俊文編『定本　上杉謙信』高志書院、二〇〇〇年）。

(17) 「飯塚八幡宮所蔵文書」（『上越』四〇五号）。

(18) 「弥彦神社所蔵文書」（『上越』四一二号）。

(19)「反町英作氏所蔵文書」(『上越』四一七号)。
(20)黒田基樹「宣戦と和睦」(同著『中近世移行期の大名権力と村落』校倉書房、二〇〇三年)。
(21)「歴代古案巻五所収文書」(『上越』一五二三号)。
(22)「反町英作氏所蔵文書」(『上越』一六五六号)。
(23)「景勝公御書十一所収文書」(『上越』一四八六号)、「上杉家文書」(『上越』一四八七号)、「相州文書」(『上越』一六六六号)。
(24)「景勝公御書五所収文書」(『上越』一八四五号)。
(25)芦名氏から上杉氏に発給された文書を通覧すると、上杉景勝に対する宛所の表記が変更されていることに気が付く(関連史料一覧表)。天正六年の時点では、「上杉殿」であったのが、天正十年二月の時点で「山内殿」へと変更されている。上杉氏からの要請によって宛所の変更が行われたと考えられるが、いつ、いかなる理由によるのか不明な点が多い。これについて若干の検討を試みる。参考になるのが、上杉氏と武田氏との交渉(越甲同盟)である。なぜなら越甲同盟においても上杉景勝に対す宛所表記に変更が生じているからである。詳細に見ていくと当初「上杉弾正少弼殿」とされていたのが、天正七年七月頃を境に「上杉殿」と変更されているのがわかる。当然、「上杉弾正少弼殿」よりも「上杉殿」の方が、書札礼のうえで厚礼な表記であると言える。なぜ宛所の厚礼化が行われたのかというと、ひとつには天正七年三月に上杉景虎を倒し家督継承を確実にしたこと、ふたつめは十月に勝頼妹との婚儀が執り行われる予定であるということが大きく作用していると考えられる。つまり、「上杉殿」への宛所変更は、景勝を正式な家督継承者として承認したこと、そして姻戚関係を結ぶことで対等な関係になったことにより生じたものである。この武田氏の事例を踏まえれば、芦名氏の宛所表記の変更も同じ天正七年七月頃に行われた可能性が高いと見られる。この時期、景勝は芦名氏との正式な交渉を始めており、その際に宛所表記の変更を要請したのであろう。また宛所表記が、武田氏は「上杉弾正少弼殿」→「上杉殿」であるのに対し、芦名氏は「上杉殿」「山内殿」と、武田氏よりも厚礼である。また「山内殿」という宛所表記は、下野の宇都宮氏や常陸の佐竹氏など、小田原北条氏と対立する関東諸領主が使用する場合がほとんどであり、南奥の芦名氏が使用するのは興味深い事例と言える(出羽大宝寺氏も「山内殿」を使用)。
(26)「景勝公御書十一所収文書」(『上越』二二六九号)。

(27)「反町英作氏所蔵文書」(『上越』二二八九号)。

(28)丸島和洋氏は、「取次」について、①外交書状、特に副状の発給者、②相手方からの書状の受給者、③当主書状の末尾に「猶○○可申候」「委曲○○可申候」といった文言(取次文言)があり、たとえ伝存していなくても副状の存在が想定できる者、④文書の内容から取次を務めていることがわかる者、という判断基準を設けて検出しており、本論もこれを参照する(前掲註(4)丸島論文)。

(29)「反町英作氏所蔵文書」(『上越』二二八八号)。

(30)会津若松史出版委員会『会津若松史第1巻　ひらかれた会津』(会津若松市、一九六七年)。

(31)丸島和洋「取次給の宛行」(前掲註(2)丸島著書)。

(32)「上杉家文書」(『上越』二〇五六号／4―13)について、『上越』は天正八年と比定しているが、天正十年十一月に芦名盛隆が誓詞・血判を提出していることが他史料から確認できること、受給者の上条宜順が天正十年頃から上杉氏の中枢で目立った活動をしていることから、天正十年に比定を改めた。『新潟』『越佐史料』『大日本古文書』は、この史料を天正十年と比定している。

(33)「早稲田大学図書館所蔵文書」(『上越』二五九六号)。

(34)「甲州古文書三所収文書」(『上越』二六三八号)。

(35)なお、行論の前提として、側近層の定義を行っておく。上杉氏の場合、以下の条件を満たす者を側近層として規定する。①直臣であること、②上杉氏当主への最終的披露者であること、③通常、当主に近侍し、一定の政治的立場にあること(ただし、戦争により当主と物理的に離れる場合もある)。①の直臣とは、謙信期で言えば旗本身分、景勝期で言えば上田衆を指す。いずれも当主と人格的な関係によって結ばれた存在である。②の最終的披露者とは、文書に見える「可預御披露候」という披露文言の有無により、当主への披露を依頼されていることが確認でき、且つ、披露を依頼された人物が別の第三者に当主への披露を求めていなければ、それをもって最終的披露者と判断する。③の一定の政治的立場にあるとは、文書発給に携わるなど政治的な実務に携わることのできる立場を指す。上杉氏の場合、側近層に該当する人物として、謙信期では直江景綱(実綱・政綱。本論では景綱で統一する)・河田長親・山吉豊守・鰺坂長実・本庄宗緩(実乃。宗緩で統一する)・吉江信景(資堅。信景で統一する)・三条信宗、景勝期では斎木四郎兵衛尉・直江兼続・泉澤久秀などがいる。

(36) 栗原修「戦国大名上杉氏の隣国経略と河田長親」(『駒沢史学』六〇号、二〇〇三年)。

(37) 前掲註(6)栗原論文。

(38) 河田長親の厩橋城主・沼田城主としての期間については、前掲註(36)栗原論文を参照。

(39) 天正七年九月、景勝は上田衆・佐藤平左衛門尉に対し「会津よりの書中・返当之書状差越候間、従其元飛脚かたく申付、早々可相届候」と命じている(「景勝公御書三所収文書」『上越』一八七一号)。このとき佐藤平左衛門は魚沼の広瀬にあり、会津へ至る道の監理・人留を行っていた(「景勝公御書三所収文書」『上越』一五九二号、「越佐史料巻五所収文書」『上越』一五九三号)。以上から、広瀬周辺を通り、会津へ至るルートが確認できる。ちなみに、この広瀬から会津へ至る道は二ルートあったようである(「景勝公御書三所収文書」『上越』一八五三号)。

(40) 芦名盛隆が春日山へ使者を派遣した際、阿賀野川流域にある小川庄の領主・小田切氏に対し「須江大隅守為使越府へ差越候、上下路次中無相違様、懇切馳走尤候、彼口滞留中飛脚以下往還儀、猶以任置候」と命じている(「反町英作氏所蔵文書」『上越』二二八八号)。また新発田氏へ使者を派遣する際も同じルートを用いている「反町英作氏所蔵文書」『上越』二二八九号)。このことから上杉・芦名間の連絡に、阿賀野川沿いのルートが用いられていたことがわかる。

(41) 鴎閑斎道喜は、上杉氏が派遣した使僧であり、取次に含めないこととする。

(42) 「庄司喜與太氏所蔵文書」(『上越』一八九六号)。

(43) 村上国清は元亀三年九月以前に越中へ在陣していることが確認できる(「上杉家文書」『上越』一一二二号)。栗原氏は、村上国清が飛騨の江馬氏や三木氏、三河の徳川氏との取次を務めた要因に家格の高さを挙げている。交渉に儀礼的な側面が重視されたことは首肯できるが、村上国清の場合、越中に在陣しており、地理的な条件が取次を務めた要因ではなかろうか。これは三河の徳川氏も同様と考えられる。徳川氏が上杉氏に使者を派遣する場合、信濃を経由するルートが最短と思われるが、信濃は敵対する武田氏の領国であり、このルートを用いることは危険であったはずである。したがって、美濃・飛騨を経由するルートを用いたはずである。ちなみに織田氏も飛騨を経由するルートを用いたようである。

(44)「長岡市立科学博物館所蔵文書」(『上越』一一九七号)。

(45)「吉江文書」(『上越』一一六三号)。

(46)上杉氏と織田氏の交渉を検討した栗原修氏は、交渉開始時から取次を務めている直江景綱を「正式・儀礼的なルート」、越中在城の河田長親を「実務的なルート」としている(前掲註(5)栗原論文)。しかし、直江景綱は謙信側近層の筆頭とも言っていい人物であり、実務的な交渉を担ったと考えられる。例えば、永禄七年に上杉氏と織田氏の間で養子縁組の話が持ち上がっている。織田信長の実子を謙信の養子にするという内容で、信長はこの話を好意的に捉えている(「上杉家文書」『上越』四四二号)。この時の取次を務めているのが直江景綱であり、信長は直江景綱に対して「向後弥御指南可申談候」と申し入れている。織田氏との交渉において、直江景綱は信長から指南を求められる立場にあるのだから、交渉の実務者であったと見てよい。したがって、栗原氏の指摘にあるような直江景綱＝「正式・儀礼的ルート」というとらえ方は適当ではないと思われる。直江景綱は側近層であり、交渉の実務面を担った存在である。

(47)「反町英作氏所蔵文書」(『上越』三三一〇九号)ほか。

(48)「反町英作氏所蔵文書」(『上越』三三一〇九号)ほか。

◎関連史料一覧表(【表1】〜【表4】)

※出典欄の刊本は次の通り略記した。『上越市史』別編上杉氏文書集→上越(文書番号)、『新潟県史』→新潟(文書番号)、『神奈川県史』資料編→神奈川(文書番号)。

【表1】上杉側発給文書一覧（謙信期）

No.	年月日	文書名	宛所	取次文言	出典（刊本）
1	（永禄5）11・25	上杉輝虎書状	芦名修理大夫殿（盛氏）		荻野周次郎氏所蔵文書（上越三二九）
2	（永禄6）4・15	上杉輝虎書状	芦名左京太夫殿（盛氏）	河田豊前守（長親）	伊藤本文書（上越三三九）
3	（永禄7）6・19	上杉輝虎書状	松本伊豆守殿		円蔵寺文書（上越五一一）
4	（永禄10）12・2	上杉輝虎書状写	游足庵	河田豊前守	謙信公御書一所収（上越五八六）
5	（永禄12カ）2・19	新発田忠敦書状	芦名殿		佐竹文書（上越六六二）
6	（永禄12）5・22	上杉輝虎書状	佐瀬源右衛門尉殿		上杉家文書（上越七二八）
7	（永禄12）5・22	上杉輝虎書状写	佐瀬大和入道		謙信公御書一所収（上越七二九）
8	（永禄12）12・9	上杉輝虎書状	芦名四郎殿（盛興）		展観入札目録（神奈川七九〇五）
9	（元亀元）5・15	上杉輝虎書状	游足庵		吉田澄夫氏所蔵文書（上越九一四）
10	（元亀2）12・19	上杉謙信書状写	芦名四郎殿		新編会津風上記巻之十六所収文書（上越一〇七七）
11	（元亀3）6・7	上杉謙信書状	芦名修理大夫殿		仙台市博物館所蔵文書（上越一一〇四）
12	（元亀4）3・5	上杉謙信書状	游足庵		上杉家文書（上越一一三九）
13	（天正2）閏11・20	上杉謙信書状写	芦名修理大夫殿		越佐史料巻五所収文書（上越一二三八）
14	（天正4カ）7・3	上杉謙信書状	芦名平次郎殿（盛隆）		上杉家文書（上越一二九七）
15	（天正6）1・28	上杉謙信書状	芦名修理大夫殿		早稲田大学図書館所蔵文書（上越一三七二）
16	（年未詳）1・晦日	上杉謙信書状写	芦名修理大夫殿		謙信公御書集巻六所収文書（上越一四〇〇）
17	（年未詳）5・9	上杉謙信書状写	松本右京亮殿		謙信公御書集巻四所収文書（上越一四二二）

【表2】芦名側発給文書一覧（謙信期）

No.	年月日	文書名	宛所	取次文言	出典（刊本）
1	（永禄11）8・20	平田常範書状	河田豊前守殿		上杉家文書（上越九二〇）
2	（永禄11）12・28	游足庵淳相書状	山吉殿（豊守）・直江殿（景綱）・柿崎殿（景家）		吉澤喜三氏所蔵文書（上越六三四）
3	（天正6）1・9	芦名盛氏書状写	新発田尾張守殿（長敦）		謙信公諸士来書一〇所収文書（上越一三七一）

【表3】上杉側発給文書一覧（景勝期）　※上杉景虎発給文書は除く。

No.	年月日	文書名	宛所	取次文言	出典（刊本）
1	（天正6）4・3	上杉景勝書状写	芦名修理大夫殿		景勝公御書集十一所収文書（上越一四八六）
2	（天正6）4・3	上杉景勝書状	芦名四郎殿（盛隆）		上杉家文書（上越一四八七）
3	（天正6）9・19	上杉景勝書状	横田右馬允殿・同織部佑殿		相州文書（上越一六六六）
4	（天正7）6・晦日	上杉景勝書状写	布澤信濃守殿（輔俊）		景勝公御書五所収文書（上越一八四五）
5	（天正8）5・6	上杉景勝書状写	布澤弥五郎殿	新発田因幡守（重家）	覚上公御書集巻四所収文書（上越一九六〇）
6	（天正8）10・28	上杉景勝書状写	芦名四郎殿		景勝公御書十一所収文書（上越二〇五三）
7	（天正8）10・28	上杉景勝書状写	松本又七郎殿		歴代古案一五四六
8	（天正9カ）5・9	上杉景勝条書案	会津へ（芦名盛隆）		上杉家文書（上越二一二二）
9	（天正9カ）8・2	上杉景勝書状写	布澤弥五郎殿		景勝公御書五所収文書（上越二一六八）
10	天正10・1・26	上杉景勝判物写	冨田美作守殿		景勝公御書五所収文書（上越二二六五）
11	（天正10）4・12	上杉景勝書状写	金上兵庫頭殿（盛備）		覚上公御書集巻六所収文書（上越二三四七）
12	（天正10カ）5・1	上杉景勝書状	松本亦七郎殿		本誓寺所蔵文書（上越二三六七）
13	（天正10カ）5・19	上杉景勝書状	松本左馬助殿		京都大学総合博物館所蔵文書（上越二三八一）

14	(天正10)6・9	上杉景勝書状	游足庵		平木屋文書(増訂加能古文書　補遺)
15	(天正10)7・19	上杉景勝書状	金上遠江守殿(盛備)		個人蔵(上越市史二四七二)
16	(天正10)7・19	上杉景勝書状写	游足庵		景勝公御書十四所収文書(上越二四七三)
17	(天正10)9・晦日	上杉景勝書状	芦名四郎殿		仙台市博物館所蔵文書(上越二五七六)
18	(天正10)10・5	上杉景勝書状	須江大隅守殿		斎藤スエノ氏所蔵文書(上越二五七七)
19	(天正10カ)11・19	直江兼続書状写	游足庵		覚上公御書集巻七所収文書(上越二六〇二)
20	(天正10カ)12・4	上杉景勝書状写	平田是亦斎(常範)		景勝公御書二所収文書(上越二六一五)
21	(天正10)12・15	上杉景勝書状	金上遠江守殿		渡辺満雄氏所蔵文書(上越二六二一)
22	(天正11)4・24	上杉景勝書状写	小田切弾正忠殿		景勝公御書十一所収文書(上越二七五二)
23	(天正11)5・25	上杉景勝書状	小田切弾正忠殿		反町英作氏所蔵文書(上越二七八六)
24	(天正12)4・13	直江兼続書状	(会津御家来中)		伊佐早謙採集文書十六(上越二九一八)
25	(天正12)4・13	鵰閑斎道喜書状	(金上兵庫頭殿)		歴代古案巻十五所収文書(上越二九一九)
26	(年未詳)4・7	新発田重家書状	(宛所欠)		歴代古案巻五所収文書(上越三七五九)

【表4】芦名側発給文書一覧(景勝期)

No.	年月日	文書名	宛所	取次文言	出典(刊本)
1	(天正8)4・16	芦名盛氏書状	上杉殿		上杉家文書(上越一九四七)
2	(天正8)4・16	芦名盛隆書状	上杉殿		庄司喜與太氏所蔵文書(上越一九四八)
3	(天正8カ)6・5	栗村範通書状	大関弥七殿(親憲)		上杉家文書(上越一九七一)
4	(天正9カ)9・11	布澤輔俊書状写	斎木四郎兵衛尉殿		諸士来状全所収文書(上越二一八五)

5	（天正9）11・26	松本実輔書状写	直江与次郎殿（直江与六兼続カ）		歴代古案巻十七所収文書（上越二二〇九）
6	（天正10）2・17	芦名盛隆書状	斎藤下野守殿（朝信）		反町英作氏所蔵文書（上越二二七七）
7	（天正10）2・23	金上盛備書状写	春日山（上杉景勝）		歴代古案巻七所収文書（上越二二八五）
8	（天正10）2・26	芦名盛隆書状	山内殿（上杉景勝）		上杉家文書（上越二二八七）
9	（天正10）8・12	芦名盛隆書状	山内殿		上杉家文書（上越二五二八）
10	（天正10）8・12	金上盛備書状写	春日山		歴代古案巻七所収文書（上越二五二九）
11	（天正10カ）10・15	須江光頼書状写	鴎閑斎（道喜）		歴代古案巻七所収文書（上越二五八二）
12	（天正10）10・24	須江光頼書状	直江与六殿（兼続）		上杉家文書（上越二五八八）
13	（天正10）11・1	冨田氏実書状	上条殿（宜順）		上杉家文書（上越二〇五六）
14	（天正10カ）11・18	針生盛信書状	春日山		上杉家文書（上越二六〇一）
15	（天正11）5・10	冨田氏実書状	直江山城守殿（兼続）		庄司喜與太氏所蔵文書（上越二七七〇）
16	（天正11）5・19	芦名盛隆書状	山内殿		覚上公御書集巻十一所収文書（上越二七七六）
17	（天正11）5・19	芦名盛隆書状	鴎閑斎		反町英作氏所蔵文書（上越二七七七）
18	（天正11）7・18	冨田氏実書状	直江山城守殿		上杉家文書（上越二八一八）
19	（天正12カ）10・22	須江光頼書状写	直江殿		諸士来状全所収文書（上越二九八七）
20	（天正13）3・8	冨田氏実書状	直江殿		三島神社所蔵文書（上越三〇一八）
21	（天正14）8・5	新国貞通書状写	直江山城守殿		景勝公諸士来書廿所収文書（上越三一二五）
22	（天正14）8・6	針生盛信書状	春日山		吉川金蔵氏所蔵文書（新潟三七〇七）

Ⅱ　豊臣期の文壇

藤木久志

越後の連歌と連衆

豊臣期になると文芸の面でも、上杉家中の人々は天下一統の時代にふさわしい動きをみせるようになる。直江系の人脈を中心とした、和漢の連歌・連句の会とそこに集う連衆の世界がそれで、豊臣期に上杉家中の人々の関係した越後内外の連歌会は、いま知られるだけでも二六回という集中ぶりを示している（表参照）。文事や学芸は統治技術をささえる重要な要素とみられるだけに、これは見過しにできない現象といえよう。

以下、木村徳衛『直江兼続伝』・井上宗雄『中世歌壇史の研究 室町後期』・冨田勝治『鷲宮町史』上巻、さらに渡辺憲司の一連の佐河田昌俊研究などに導かれて、その一端に触れてみよう。

上杉景勝のはじめての連歌会として知られるのは、天正十年（一五八二）末、景勝の夢みたという「てる虎の曇りなき世の光哉」「のにするなしのいなば款冬」の句と、景勝自身の「春の水岸辺をなみやこえつらん」にはじまる、「夢想連歌」百韻の会である。ようやく御館の乱を武力で乗りきって越後の覇者となった景勝が、その地位を輝虎＝謙信の名によって正統化しよう、とねらった演出でもあったろうか。ただ、その連衆は、意作・尊忠・珍阿・僧阿・重阿・松慶・宗白・一露など、特定はできないものの、「歌伯ノ輩」（「上杉年譜」二七）、つまり連歌のプロばかりのようで、景勝のほかはまだ上杉家中らしい姿は知られない。

連衆に上杉家の武士たちが顔を出しはじめるのは、天正十四年二月二日に景勝の催した、漢和連句百韻の会からである。この会も、夢想の句「尭舜二難並」と景勝の脇句「秀有実花語」など、やはり御館の乱に想いをはせる句にはじまり、休波（木戸元斎）・鈎斎・江斎（直江兼続か、あるいは鈎斎がそれか）が、不省・公木など文人らしい雅号の人々と、互角に和漢の句を応酬している。

天正十六年正月十一日、景勝は家中の士ばかりを集めて、初春の連歌会を催した。その席では、景勝の発句「松の世を花ともうつせ宿の春」に、上杉一門の上条弥五郎が「雪に嵐に越る年々」と付け、寿三（木戸元斎）が「谷川や氷を波の打出て」と転じたのをはじめ、さいごの清野範真の挙句「煙もなびく竹の村々」にいたるまで、二一名がそれぞれ一句ずつを詠んだのである。前年冬に新発田氏を滅ぼし越後の統一を果たした安堵の気分と、二度目の上洛をひかえた緊張ぶりを漂わせている。

このときの連衆の顔ぶれは、上杉一門の上条、外様の木戸（三二八二石）や、国衆・旧族の山岸尚家（二二七七石）・安田能元（二四七四石）・水原親憲（三四一四石）・千坂長朝（九八四石）らをはじめ、領国の政治の実権をにぎる大石元綱（二一五〇石）・泉沢久秀（五六四三石）・甘粕広信（七六九六石）、直江兼続実弟の大国実頼（九〇四一石）、低身ながら兼続直属の与板衆で蔵入地代官もつとめる宇津江朝清（八八石）や直江抱えの唐人清房（一三二石）、新たに景勝直属の旗本となった信州衆の岩井信能（二九八三石）・須田長義（一九〇二石）・清野範真（四一七七石）などである（石高は「文禄三年定納員数目録」による）。

あたかも成立間もない景勝政権を支える実力者たちの勢揃いの観があり、政治の表面ではわからない意外な人脈に心引かれる。この連衆はおそらく景勝・兼続をかこむ新しい政治集団そのものでもあり、連歌会はその結びつきを確かめあうための場にほかならなかった。なお、その二十七日にも、直江兼続が木戸元斎らとともに漢和連句百韻の

表　越後関係の連歌会・連衆一覧

	時	所	連衆	出典
1	天正十年（一五八二）十二月	越後	御2　景勝1　意作14　尊忠8　珍阿14　僧阿14　重阿10　松慶17　宗白13　一露8	歴代古案20
2	天正十四年二月二日	越後	御①　景勝①　休波25　鈎斎㉔　江斎③　不省21　公木㉖	歴代古案20
3	天正十六年正月十一日	越後	景勝　上条弥五郎　木戸元斎寿三　山岸中務尚家　安田上総能元　大石播磨元綱　岩井備中信能　八王子民部富隆　水原常陸親憲　本田弁丸資信　宇野紅松軒政広　泉沢河内久秀　千坂与一長朝　万祥寺其阿　浅間石見宗忠　大国但馬実頼　宇津江朝清　甘粕備後広信　須田右衛門長義　板谷佐渡光胤　唐人式部清房　清野清寿軒範真〈各一句〉	上杉家記6
4	天正十六年正月二十七日	越後	直江兼続　木戸元斎寿三ほか〈詳細不明〉	直江城州公小伝
5	天正十六年五月三十日	京都	寿三　昌叱　紹与　紹巴　心前　文閑　友益　恕慶　寿恩　宗務　玄仍　了嘉	福井久蔵『連歌の史的研究』
6	天正十七年九月二十九日	越後	景勝①　紹看3　曲肱3　清叔③　兼続③　朝清②　実頼④　寿三1　言俊②	上杉家文書965
7	天正十七年十二月二十三日	京都	紹巴14　怡伯9　昌叱13　寿三9　英怙11　玄仍10　正繁9　友益9　章辰7　玄陽8　小梅1	＊連歌合集43
8	天正十八年正月九日	京都	願主2　紹巴11　昌叱11　寿三8　玄仍8　怡伯7　禅祐7　禅昌6　禅昭5　宗源6　玉の恩6　了程6　玄陽5　竺依5　自笑6　能舜1	大阪天満宮文庫
9	天正十八年三月	越後	景勝　寿三　実頼　安田能元	北越詩譜
10	天正十九年正月三日	京都	紹巴11　家勝1　昌叱11　長澄8　政盛7　資久7　玄仍9　寿三7　新慶7　正益7　妙味6　勝熊（松永貞徳）6　円弥6　清久6　景敏1	＊連歌合集46
11	天正十九年正月十七日	京都	紹巴12　右秋8　昌叱12　英怙10　玄仍10　宗務8　寿三7　応其9　光鎮7　承由7　慶広4　宗頓5　景敏1	＊連歌合集46

12	天正十九年正月十九日	京都	昌叱12 兼如8 紹巴12 応其8 由己9 玄仍9 新慶7 長澄8 寿三8 長俊7 慶広5 正益6 小梅1	＊連歌合集51
13	天正十九年閏正月七日	京都	紹巴13 元久9 昌叱12 友益10 正繁9 玄仍10 新慶7 慶広6 資久8 寿三8 澄尊8 景敏1	＊連歌合集46
14	天正十九年二月二十日	京都	白8 瑤甫⑧ 惟杏⑧ 玄旨8 西笑⑧ 有節⑦ 紹巴8 昌叱8 有和⑦ 兼続⑥ 寿忍6 実頼5 寿三6 梅印⑥ 友益1	石鼎集（天理）
15	天正十九年三月十日	京都	紹巴11 実頼7 昌叱11 玄仍10 新慶8 寿三9 慶祐6 長澄8 政盛7 紹旨8 宗頓7 景敏6 小梅1 能舜1	＊連歌合集45
16	文禄元年（一五九二）二月二十四日	京都	紹巴12 常信8 昌叱12 英怙10 玄仍10 友益9 宗元7 寿三8 紹与8 既在8 景敏7 小和1	＊連歌合集50
17	文禄元年三月八日	京都	紹巴12 之行1 昌叱12 氏長10 玄仍10 寿三9 紹与8 友詮8 道程7 景敏7 道意8 玄陽7 小梅1	＊東大国文学研究室
18	文禄元年六月三日	肥前	兼続（興行のみか） 玄圃 玄旨 西咲	天正廿年玄旨詠草
19	文禄二年正月十日	朝鮮	景勝 兼続ほか	本間光正所蔵文書
20	文禄三年六月十七日	京都	紹巴10 清果7 昌叱10 玄仍8 友益8 覚全7 景敏8 実頼5 盛政6 兼意6 慶純5 承由6 春味7 宗頓6 宗可1	＊内閣文庫（賜蘆拾葉22）
21	文禄三年八月三日	京都	紹巴12 玄也8 昌叱12 玄仍10 友益9 景敏9 為舟8 紹与8 兼如9 道又7 実頼7 玄仲1	＊連歌合集49
22	文禄三年九月十四日	京都	紹巴10 豪智8 昌叱10 生9 玄仍9 友益8 為舟8 景敏8 寿三7 兼意6 高正4 玄仲6 宗可6 実頼1	＊連歌合集49
23	文禄三年	京都	紹巴10 政盛7 昌叱10 他阿8 玄仍8 覚阿7 景敏8 実頼7 為舟8 氏長7 弥阿6 能札7 家忠6 能舜1	＊連歌合集48
24	？	京都	紹巴10 兼続⑨ 西咲10 玄旨10 有節10 有和10 昌叱10 心前9 寿三8 朝清⑦ 言俊⑥ 友益1	宇津江文書（上杉博物館蔵）

25	？（文禄二年冬頃カ）	京都	相国寺兌長老西咲⑬　城織部昌茂9　成田下総守氏長8　直江山城守兼続⑩　同帰依僧仙需9　成田内衆了意10　房州里見殿ノ後見紹旨10　宇津江九右衛門朝清⑦　池上兵部少言俊⑦　木戸元斎寿三8　竹田素仙8　来次出雲守氏秀①	上杉家文書968号
26	？	京都	？　重綱1　寿三49　紹宅49	＊広島大学福井文庫
参考	慶長（一六〇二）七年二月二十七日	米沢	直兼続⑦　倉賀野綱秀3　八王子富隆5　鮎川秀定④　高津秀景1　潟上秀光4　安田能元3　蔵田忠広5　弘徳寺玄劉⑦　称念寺隠居其阿5　宇津江朝清⑤　宇津江長賢1　千坂長朝5　岩井信能4　中堀元貞⑦　若松東明寺其阿4　前田利貞5　吉益家能4　大国実頼5　来次氏秀4　春日続忠1　満願寺高信1　楡井綱忠4　来次朝秀1　春日元忠1　高津長広1　宗繁③	亀岡文殊堂百首（『直江兼続伝』）

註、（1）出典欄の＊印は、『連歌資料のコンピュータ処理の研究』目録篇による。ただし各句の和漢の別は記載がない。
（2）5・9は冨田勝治『鷲宮町史』上巻による。ただし各句の和漢の別は記載がない。
（3）8は、渡辺憲司・棚町知弥の教示による。
（4）14は渡辺憲司「佐河田昌俊の歌一首管見」『日本文学研究』一五による。
（5）18は土田将雄『細川幽斎の研究』資料編（井上宗雄の教示）による。句数は特定できない。
（6）漢句は丸数字で示した。

会を催しているというが、連衆の構成は知られない。

ついで、佐渡制圧直後にあたる天正十七年九月、「漢和連句」二二句の会では、景勝が発句に「霜葉凱旋錦」と佐渡からの凱旋の喜びをこめ、その昂りを紹看が「勇める駒の里ちかき秋」とうけ、挙句には大国実頼が越後一国を視野にいれて「かみなか下もゆたかなる州」と大らかに祝いおさめている。このときの連衆は九名で、紹看・曲・清叔など僧たちのほか、兼続・実頼兄弟をはじめ、木戸元斎・宇津江朝清や直江抱えで一三二石の池上言俊など、直江兼続系の家中ばかりが顔をみせている。

天正十八年三月、豊臣秀吉の命による小田原出陣にあたって、景勝は東行祝賀の百韻の会を催したが、連衆には木戸元斎・大国実頼・安田能元らの名がみえている。なお、米沢移封直後の慶長七年（一六〇二）二月、兼続が亀岡文殊堂で催した和漢の詩歌百首の会には、弟の実頼をはじめ、安田・宇津江・岩井・千坂・八王子など、二七名もの上杉連歌壇の常連の顔がそろっている。

これら越後連歌壇の連衆は、天下一統の時代らしく、京都の連歌壇ともふかく結びついていた。たとえば、直江兼続は上洛の折に、連歌界の第一人者として知られた京の里村紹巴（臨江斎）の亭で、「和漢連句」百句の会を興行している。そこでは、紹巴と息子の心前、娘婿の昌叱らの著名な連歌師をはじめ、有節（南禅寺瑞保）、西咲（相国寺の西笑承兌）・玄旨（細川幽斎）らの有力者に伍して、兼続（漢九句）・木戸元斎（和八句）・宇津江朝清（漢七句）・池上言俊（漢六句）など、越後連歌壇のメンバーも多くの句を詠んでいる。

文禄元年（一五九二）六月三日には、朝鮮出兵の本営となった肥前名護屋の陣中で、兼続は連歌師の玄圃・西笑承兌・細川幽斎を招いて、漢和連句の会を催している。景勝と兼続は朝鮮をのぞむ岬の先端近くに陣所を与えられて駐屯していたのである。この連衆の「をのつからおさまれる代は長閑にて」「偃戈喜国全」「征袖客相連」などの句は、全国の大名を集めて「日本のつきあひ」（「南部家文書」）とまでいわれた陣中にみなぎる、天下一統の平和がいっきに侵略の態勢に転化しつつある、ちぐはぐな雰囲気をよく表わしている。

ついで翌二年正月、朝鮮に渡っても、景勝は連歌会を催し、兼続は珍しく和句を詠んでいる。このときは木戸元斎も従軍しており南岸の熊川《ウンチョン／こもかい》らしい陣中で、夜ごと在陣の諸将と「閑談（歌学の談義カ）に労屈をのべ」たと記している（「師説撰歌和歌集」識語）。

その秋、上杉軍が朝鮮陣から撤退したあとも、兼続は京で西笑承兌を主客に招いて、漢和連句の会を催し、執筆は宇津江朝清がつとめている。この百韻の句にも、宇津江朝清の「波激停征櫓」、兼続の「今古力擒強」、城昌戊の「あづまのはてにかへる装ひ」など、朝鮮での生々しい体験を回顧するような句が多い（渡辺三省『直江兼続とその時代』参照）。その連衆は、西笑承兌のほかは、兼続・その帰依僧仙霈・城昌茂・宇津江朝清・池上言俊・木戸元斎寿三・竹田素仙・来次氏秀（出雲守、直江抱、二一八石）ら直江系の越後衆と、成田氏長・その内衆の了意・安房里見氏の後見紹旨らの関東衆である。

以上は景勝や兼続の主催した会ばかりで、その外にも、著名な文人たちの集う都の連歌や和漢連句の会の連衆として、越後衆の活躍はめざましい。豊臣期に里村紹巴・西笑承兌・細川幽斎らを発句者に迎え越後衆を交えて、都で開かれた連歌・連句の会は一八回にものぼっている。

なかでも、元斎一五回、実頼六回という数字がひときわ目立っている。とくに天正十九年春はそのピークであった。まず正月に、元斎は在京中の実頼とともに里村紹巴の講釈に出席し（「詠歌大概開書」写奥書、井上書店『古典籍及西欧古典記録』一一号）、実頼は宮廷歌壇の中枢飛鳥井雅継の門弟となって「歌道の根本」を伝授され、同席したらしい元斎はその「歌会の諸式」を書き留めた「歌会作法聞書」に加証奥書を付して実頼に贈っている（外題「和歌口伝」、関西大学図書館蔵写本、井上宗雄のノートによる）。

また二月下旬、細川幽斎邸で白（聖護院道澄准后）を主客として催された、和漢の連句百韻の会には、兼続・実頼・元斎の三人が、連歌師の紹巴、その娘婿の昌叱をはじめ、西笑（承兌）・有節（南禅寺瑞保）・梅印（南禅寺元沖）らの京都五山を代表する禅僧たちや、玄旨（細川幽斎）・瑤甫（安国寺恵瓊）ら政界の有力者とともに連衆となっていた（「石鼎集」「時慶卿記」）。同三月にも、元斎や兼続は西笑・有節や幽斎と、手紙のやりとりによって連句の応酬を楽しんでいたし、そうした交流ぶりは、そのあとも相国寺鹿苑院主（西笑）の「鹿苑日録」にしばしばみえ、越後と京の歌壇の人々のふかい交わりをよくうかがわせる。

これら越後衆の出席した会には、大村由己・高野山の木食応其・細川幽斎・西笑承兌など、秀吉側近の祐筆や実力者たちが連衆に顔をみせているのも見逃しにはできまい。こうした連歌会にみる政界の人脈は、秀吉側からの働きかけというよりは、むしろ兼続ら上杉家中が独自にきりひらいた、いわば舞台裏の豊臣政治の場でもあったにちがいない。

なお、舞台裏の場といえば茶会がよく知られる。『直江兼続伝』の明らかにしたように、景勝や兼続も、天正十四年六月の初上洛のさいに秀吉の「御茶之湯朝会」で千宗易（利休）の手前で接待をうけたのをはじめとして（「上洛日記」）、同十九年閏正月には公家の勧修寺晴豊邸の茶会（「晴豊記」）、同二十年三月には肥前名護屋城の神谷宗湛の茶会、慶長二年三月には伏見で宗湛邸の茶会（「宗湛日記」）などに顔を見せている。こうして連歌会や茶会などの場を通じて、越後上杉家の首脳陣が豊臣政権の有力者と交流を深める「日本のつきあひ」は、天下一統の時代を象徴する新しい事態であった。

文壇の人々

直江兼続・木戸元斎寿三を中心とする、文事・学芸の世界は、連歌の場をはるかに超える広がりをもっていた。天正十三年三月、元斎は自撰の「師説撰歌和歌集」の草稿をまとめている。これは、余力ある折々に書き集めて注せよという兼続の求めで、古今から新古今にいたる古い和歌集から、紀貫之の和歌をはじめ一〇〇首余りを選び、「春歌」以下の部類に分けて、語釈や鑑賞などを記したもので、元斎の歌学の力量をよくうかがわせる、と評されている（井上前掲書）。その識語に「兼（続の）此比の懇志…いな（否）びがたければ、病筆をそめて、紙上にむかへども」と書き留めているから（京大本）、亡命者の元斎はとくに兼続の庇護をうけていたものらしい。同十九年から翌年にかけて、元斎は上杉家中の清野助二郎長秀や下野の大名佐野房綱（天徳寺了伯）に懇望されて「詠歌大概聞書」を書き与え（前掲井上書店目録）、また文禄二年の朝鮮熊川の陣中では、夜ごとの歌学談義の席にいた常陸の大名佐竹義宣に乞われて、のち自撰の「師説撰歌和歌集」を清書して贈っている。歌人としての元斎の名は、越後の内外に広く知られていたわけで、都のさまざまな連歌会への頻繁な出席ぶりも、その実力のほどをうかがわせる。

かれには「元斎抄」という百人一首の注釈書もあったらしく、米沢市立図書館本の「百人一首抄」も、文中にみえる」正吉の自筆の本をもって書入なり」とか「木戸三河守藤孝範（正吉の祖父）恋東西人」などの注記から、木戸正吉の孫にあたる元斎の書写本か、とみられている（井上宗雄「『百人一首抄』の序文について」武蔵野文学二〇）。

木戸氏といえば、もとは上野邑楽郡の北辺で下野足利荘との境にある木戸の出とみられ、早く足利氏に仕えて京にのぼったらしいが、室町期には関東にくだり管領上杉氏に属して武蔵羽生の城主となった。とくに木戸孝範は十五世紀後半には関東きっての冷泉流の武家歌人として知られ、その娘を二条流の武家歌人として知られた東常縁の子常和と縁組させ、その間に生まれたのが正吉（大膳大夫範実、正吉は法名カ）である、ともいわれる（二条家冷泉家両家相伝次第「藤川百首抄」）。

これには異説もあるが（富田前掲書）、ともかく、かれが父祖から二条・冷泉両家の歌学を「二流相伝」したことは確かで、天文中期～弘治末期（一五四〇～五〇年代）には、「和歌会式」（井上宗雄氏本）や「古今秘伝」（内閣文庫本）など、祖父の孝範から伝えられた聞書や筆記の奥書に、みずから「二流相伝正吉」と誇らかに記している。

その子の木戸伊豆守忠朝（のち三河守、賢哲）は、関東に進出した上杉謙信に味方して、武蔵皿尾・羽生城主となったが、天正二年（一五七四）閏十一月、忍城の成田氏長ら北条方の軍と戦って敗死し、のち次男の和泉守範秀（元斎休波）は上杉景勝を頼って越後に亡命した。それは同六年以後のこととみられる（以上、井上・富田・渡辺前掲書）。

こうして二条・冷泉二流の歌学の学統は、元斎によって越後に伝えられることになった。越後内外の数かずの連歌会のほとんどに、あらたに寿三と号したかれの活躍がみられ、いわば豊臣期の越後連歌壇の指南役として、その影響や貢献は大きかったとみられる。かれは景勝の武将としても、外征に活躍し出羽大宝寺城将などもつとめ、外様では最大の三三八二石余の知行と、名門を連ねた「越後侍中」第一群に、第七位という高い城中席次を与えられていた（「文禄三年定納員数目録」）。

なお、元斎の養子であった佐河田喜六昌俊（尚俊斎、天正七〜寛永二十年）も、寛永文化圏といわれる江戸初期の文壇に、第一級の歌人・書家として知られた。とくに連歌界では「坂東に昌俊あり」（黙々寺碑銘・「林羅山文集」四二）と賞賛されたし、和歌でも「待花」と題した「吉野山花待つ頃の朝な朝な心にかかる峯の白雲」は、勅撰「集外歌仙」や「近世三十六人撰」に選ばれて、ながく江戸歌人たちの模範とされ、その伝記が『続近世崎人伝』に収められたほどである（渡辺憲司「佐河田昌俊の歌一首管見」日本文学研究一五）。

もと昌俊は、元斎の故郷にほど近い下野足利荘早河田の早河田（本姓高階）家に生まれたが、主家佐野氏の没落により、幼くして元斎に養われて越後に移り、その薫陶をうけて成人し、関が原役の戦闘でも活躍した。しかし戦後に二十歳すぎで上杉家を去り、のち徳川家康側近の永井氏に仕え、文人として世に出る。京や江戸では二六回もの連歌会に名を連ねたし、青年期の歌を集めた「高階昌俊歌集」や、晩年の歌集「詠百首和歌」をはじめ、「翁草」「正木のかつら」などに、二二〇首余りの和歌を残している。

とくに青年期の歌には、「木戸元斎寿三がすすめてよませける百首の歌の中に、草庵の霰といふ事を」とか、「越後国に侍りし比《ころ》、水郷柳を」とか、「越後国に侍りし時、称念寺其阿すゝめし、五十首の歌の中に、夕荻といふ事を」

などの詞書をもつ、越後に暮らし元斎の薫陶をうけていた、青年期の作品を数多くみることができる（渡辺憲司「佐河田昌俊の連歌資料」日本文学研究一七、同「『高階昌俊歌集』紹介と翻刻」『和歌文学とその周辺』）。

それらの詞書などから、越後時代の時衆の人々と元斎父子のつながりもよく知られる。称念寺其阿というのは、頸城地方の時衆の中心であった府内称念寺（のち高田寺町に移転）の住職のことで、そのすすめで青年昌俊は五〇首の歌を詠んだ、というのである。其阿の死ぬ文禄五年九月以前のできごとである（「藤沢山過去帳」）。また「能登国金台寺といふ道場にて、木戸元斎寿三が初冬の心をよませ侍るに」という詞書にみえる、金台寺道場とのも時衆の道場らしい（「遊行派末寺帳」）。

そうした時衆との交流の中心には遊行上人（三三代満悟）がいた。やはり「高階昌俊歌集」の詞書に、木戸元斎死後のこととして、

遊行上人へ拾遺集かりに遣しければ、「是はむかし其人（元斎）の書ける本なり、いまは身まかりてなし、あはれと見給ひなば、かたみにもせよ」、といひをこし給ひければ、

とか、

木戸元斎寿三が身まかりて後、遊行上人へまいりければ、うつし絵の上に、（元斎の筆跡で）「紹巴歌」など書けるを見て、

などとみえていて、生前の元斎と遊行上人の交際のふかさをよくうかがわせる。ほかにも満悟が元斎に「礁談記」を書写して贈ったり、おなじ連歌会の連衆となったりしている事実も知られている。

満悟には「生国不知、但直江」という所伝（「時宗血脈相続之次第」）もあるから、あるいは越後ゆかりの人であったか。満悟が遊行上人となったのは天正十七年八月、四十七歳のときのことで、刈羽郡佐橋荘の北条専称寺において、

諸国を巡教していた遊行三二代の普光上人から遊行三三代を譲られ、「賦算」を開始したのである。

なお、このあと、慶長十七年に周防山口で死ぬまで「遊行廿四年」の長い旅に出る満悟と、藤沢三三代上人となって故郷の常陸に帰る普光のために、直江兼続は道中の「所々領主中」にあてて「伝馬宿送」の便宜をはかっている（渡辺憲司「佐河田昌俊の前半生」近代文芸三一、高野修「遊行藤沢両上人御歴代系譜」藤沢市文書館紀要三、橘俊道『遊行寺』藤沢文庫一、四〇六九号）。

さて、越後の連歌壇には、とくに直江兼続系の人脈が目立つ。「能書、連歌の上手」（「米府侍組由諸」一）と評された、大国実頼はその代表的な一人である。かれは兼続の実弟で与七といい、上田荘の樋口家に生まれたが、中郡の国衆小国家に養子に入って、九〇四一石という最大級の知行高を領した。すでにみたように、かれは都で飛鳥井雅継（庸）の門弟となって歌学の伝授をうけ、そのとき元斎も「歌会作法聞書」を書き送ったり、連歌師紹巴の講釈に同席したりしている。佐河田昌俊との和歌の交わりもあったようで、「高階尚俊歌集」には、「直江山城守弟大国但馬守兼（実）頼と申合て、読待りける百首の歌の中に、名所卯花を」という詞書がみえる。文禄三年九月の都の連歌会では執筆役をつとめ、慶長七（一六〇二）年に米沢の亀岡文殊堂で催された和漢詩歌百首の会でも、和歌の部の出題者という大役を果たしており（『直江謙続伝』）、実頼は上杉家中でも屈指の歌人であったことがよくうかがわれる。

また、宇津江朝清（小三郎、九右衛門）もその一人で、かれは春日山・府内の町奉行をつとめた宇津江藤右衛門の次男に生まれ、直江直属の与板衆の一員として、わずか八八石の低身ながら、蔵入地代官にも任じられるなど、執政兼続をじかに支えた吏僚である。かれは都の連歌会でも執筆役をこなし、「和漢連句」の懐紙や「詠歌大概」「百人一首」「古文真宝」などをみずから書写し、また「連歌師長珊撰五十番歌合」などを伝えている（米沢図書館・上杉博物館所蔵）。後世に「能書にて文学大才」と評されているが（「船越後治乱記」）、あるいは景勝の祐筆の一人であったかもしれない。

さいごに直江兼続（雅号江斎もしくは鈎斎）自身は、学芸の面でも世に知られ、とくに晩年の慶長十二年に京において銅活字印刷で刊行した、いわゆる直江版「文選」三〇冊は著名である。かれは景勝の執政となったばかりの青年時代から、元斎を庇護しつつ歌学の摂取につとめたらしく、元斎に「師説撰歌和歌集」を編むよう依頼したり、兄弟で元斎と同じ連歌会に連なったりしている。

ただ、兼続の学芸に特徴的なことは、二条・冷泉流をうけついだ元斎や弟の実頼とは対照的に、むしろ漢詩文など中国古典に深い関心を寄せた、という事実である。かれは自筆の「軍法」書をわざわざ漢文で叙述したほどで（『上杉家文書』九七一）、連歌会での連句もほとんどが漢句ばかりである。その影響もあってか、兼続の息のかかった上杉家中には、宇津江朝清・池上言俊・来次氏秀（直江抱、二一八石）など、和句よりも漢句を得意とする「漢才之衆」が目立っている。

その一方で、元斎はのち慶長五年の関が原役のさい主戦論の兼続と対立して、まもなく失脚したといい、やがて実頼も京都に出奔して、ともにその家は絶えてしまう（渡辺前掲論侍組由文・「米府諸」一）。連衆の世界にほのみえる和漢の対立も、こうした不幸な結末への微妙な伏線となったものであろうか。

兼続の学芸といえば、都の妙心寺隣華院住職であった南化玄興（号は虚白、一五三八〜一六〇四）との交流もよく知られる。南化和尚は儒学・漢籍の深い造詣で世に知られた学僧で、秀吉のあつい尊崇もうけていた。二度目に上洛した天正十六年、兼続ははやくも南化を訪ねているが、このとき「古文真宝後集抄」二三冊を借出して書写させ、南化はこの写本（米沢図書館蔵）に自筆の題簽「古文真宝抄」と長文の序を寄せて、かれに「君子の学文」という賛辞を呈した。なお同年、京の北野天満宮の檜皮葺の奉加には、里村紹巴らとならんで、兼続も米百石を寄進している

（『北野天満宮史料』）。文禄四年十二月にも、兼続を「文武に到らざるなき抜群の雄士」と賞賛し、秘蔵の万里集九自筆「前漢書」一二巻を贈った（「定慧円明国師虚白録」三）。

このほか「古今韻会挙要」（米沢図書館蔵）にも南化自筆の「韻会」という題簽がみえるし、上杉家に伝わる「文鑑」も南化から贈られた本を兼続が書写したものである（『上杉家文書』九七〇）。

また、米沢興譲館や上杉家に伝わった多数の兼続蔵書には、宋版三史（史記九〇冊・漢書六〇冊・後漢書六〇冊）をはじめ、数々の国宝・重文級の貴重書を含むが、もとそれらは朝鮮出兵のさいの略奪品といわれてきた（「直江城州公小伝」）。それらのうち米沢図書館所蔵の「五朝名臣言行録」など朝鮮古活字版や「中庸章句大全」など朝鮮旧板本はそれらしいが、しかし、宋版三史や明版の「万宝詩山」（同図書所蔵）など主要な漢籍は、その書き込みや題簽から、じつは南化玄興の所蔵本であったことが確認されている（『米沢善本の研究と解題、付、興譲館旧蔵和漢書目録』、『米沢訪書記』文化一〇―一二）。南化との交流は兼続の学芸に深い影響を与えたことがうかがわれよう。

こうして、在地領主層とまではいえない小土豪の家に生まれた若い樋口与六・与七兄弟や、もっと小身の配下の青年たちの、文芸面での意外なほどの和漢の素養と活躍ぶりは、戦国越後の土着文化の深まりを考えさせずにはおかない。かつて連歌師宗祇は、病気のためとはいえ明応九年（一五〇〇）から足かけ三年ものあいだ越後府中に滞在して、人々に歌学を講じていた。その一方で、享禄三年（一五三〇）には「越後柏崎渡部といふ者」など無名の越後の人々が都にのぼっては、本覚寺を介して文人公家の三条西実隆邸を訪ねたり、連歌会を興行したりもしている（「実隆公記」「再昌草」、井上前掲書）。もし戦国越後の土着文化の奥行きを探ろうとするならば、これらの断片的な事実のもつ意味を、あらためて吟味し直してみる必要があるのかも知れない。

Ⅲ

河村彦左衛門尉とは何者か

田中 聡

佐渡が上杉氏の手を離れて徳川氏の直轄領となったのは、慶長六年（一六〇一）のことだった。このころ徳川氏による佐渡支配の先頭に立った人物として、田中清六・中川主税・吉田佐太郎とともに本稿の主人公の河村彦左衛門尉が知られている。このうち田中は徳川家康から佐渡の受取りを任された近江出身の豪商で、中川と吉田は家康の旗本と伝えられるが、河村は家康の赦免を受けて引き続き佐渡支配に関わることになった上杉氏の旧臣であり、ほかの三人とは一線を画している。上杉時代の慶長五年に佐渡一国検地を行った河村は、佐渡の事情に通じた「案内者」（入間田宣夫『藤原秀衡』ミネルヴァ書房、二〇一六年）とも言いうる人物で、家康が赦免した理由は、佐渡支配に有用な人材と判断されたからと推測される。

佐渡市相川江戸沢町の大安寺境内に河村の供養塔（国史跡）がのこる。大安寺は、河村ら四人に続いて慶長八年から佐渡支配を命じられた大久保長安ゆかりの浄土宗寺院である。供養塔は石英安山岩製の五輪塔で、高さは二七七・五センチに及び、河村の没年（慶長十三年）や佐渡小泊の石工の名などが刻まれている。また、佐渡には、河村の娘が亡母のために建立した慶長十五年十月の供養塔も現存しており（佐渡市新穂大野・根本寺）、二つの供養塔が、河村とその縁者の歴史を今に語り伝えている。

このほか河村の由緒書が、江戸中期の相川町町年寄が編纂したとされる『佐渡古実略記』に収められており、河村の履歴を直接に物語る唯一の史料として注目される。由緒書という性質上、十分な史料批判が必要であるが、これによれば、河村彦左衛門尉（吉久）は鎌倉幕府御家人として知られる河村義秀の末裔で、本国は尾張、生国は甲斐だという。そして、上杉謙信に仕えた父河村遠江守の嫡子として上杉景勝に仕え、さらに家康から赦免を受けて佐渡支配を命じられたのだという。また、河村の死については慶長十三年七月二十一日のこととし、越後で亡くなったという。由緒書につづく系図には、河村の甥主膳が越後の堀氏や溝口氏に仕えたとあるから、最晩年の河村は、甥のもとに身を寄せていたのかもしれない。

由緒書にある河村と尾張・甲斐との関係については、それを裏づける史料を今のところ確認できていない。同様に、父河村遠江守の存在や上杉謙信との関係を裏づける史料も見当たらない。しかし、河村彦左衛門尉と景勝期の上杉氏との関係を物語る史料は数多く残されており、これらの史料からは、特に直江兼続の指揮下で実務官僚として活躍する河村彦左衛門尉の姿が確認される。例えば、河村の初見史料でもある天正十九年（一五九一）六月六日付け直江兼続黒印状（鶴岡市郷土資料館所蔵）のなかに、出羽庄内支配のために置かれた大宝寺在番衆への堪忍分支給の責任者として河村の名が出てくる。

その後、河村の仕事場は出羽庄内から越後に移り、文禄二年（一五九三）十二月以降、越後でその姿が散見される。その代表的な史料が文禄五年九月十六日付けの直江兼続条書（酒田市・本間美術館所蔵）である。この条書にみえる、「三条表水損之様子、河村ニ可レ有二相談一之事」「検地之所は河村相談尤之事」「分一并出目米は、河村・窪田かたへ可レ被レ相二渡之一候、御料所借米ハ河村かたへ請取候歟、不レ然は舟を渡候歟、河村かたへ書状遣申事」「関山諸社さしふ（差夫）等可二相止一候、窪田・河村かたへ書状遣候事」などの条文からも、直江兼続の指揮下で実務の責任者として活躍する河村の姿を確認することができるだろう。

ところで、この条書で話題になっている検地は、文禄五年（慶長元年）から慶長二年にかけて越後各地で実施されており、「慶長検地」と呼ばれたり、責任者の名をとって「河村検地」と呼ばれたりしている。検地帳の末尾には、村の署名と黒印があり、黒印には「福田栄舎」の四字が刻まれている。

越後で検地を終えた河村の次の任地は佐渡であった。天正十七年、上杉景勝によって攻略された佐渡は、慶長三年正月に上杉氏が越後から会津へ国替えとなった後も上杉領であり続けたが、河村の姿は、まさにこの時期と重なる慶長三年十二月以降の史料に確認される。例えば、翌四年七月には、佐渡の村々中使に対し、「当国仕置御あらため」にあたっての年貢減免措置などについて黒印状を発し（佐渡市・片岡文書、佐渡博物館収蔵）、翌五年には佐渡一国検地を行うなど、出羽や越後でみられた河村の実務能力が佐渡でも遺憾なく発揮されている。なお、現存する佐渡の河村検地帳は、いずれも慶長五年九月か十二月に作成されており、関ヶ原合戦直後の短期間に作業が進められた様子がうかがえる。また、この直後の慶長六年、佐渡が上杉領から徳川氏の直轄領になることはすでに述べたとおりである。

このように出羽・越後・佐渡での河村の仕事ぶりは史料的にも復元できるが、やはり気になるのは、これ以前の履歴である。

このことを考えるうえで非常に興味深い史料がある。室町幕府政所執事の伊勢氏に仕えた蜷川親俊の日記がそれであるが、この日記の天文七年（一五三八）から天文十八年にかけて、伊勢氏の被官衆の一人として河村彦左衛門尉の名が次のように確認されるのである（水藤真『落日の室町幕府　蜷川親俊日記を読む』吉川弘文館、二〇〇六年）。

・（天文七年正月七日）細川殿御出仕、波多野・柳本御供、公方様御内書如二例年一、貴殿細川殿へ御出、則大夫殿御礼御祗候、方々当年礼罷廻歩同道淵田両人・河村彦左衛門尉、河田弥三郎・窪、越前御美物料十五貫五十文請取、使淵田新介鯰二、河村彦左衛門ウタイ講頭仕候由之間違レ之、白馬節会御座候了、

・（天文八年六月八日）一、河村彦左衛門尉中間二郎兵衛桐野河内へ差下、

・（天文八年閏六月五日）河村彦左衛門尉為二御使一北条殿へ下レ之、

・（天文十一年九月二十日）一、桐野河内へ為二内検一上使渕田与三左衛門尉・河村彦左衛門尉・中間二郎兵衛・
田見候者一人下レ之、

室町幕府の政所は、財政を司る幕府の中枢機関であり、幕府御料所の経営、酒屋・土倉役の徴収、金融関係の裁判も取り扱う。そのなかに登場する河村彦左衛門尉は、あるときは幕府御料所の丹波国桐野河内の経営実務に携わり、またあるときは小田原の北条氏のもとへ使者として派遣され、そしてまたあるときには同僚の淵田氏（同氏は「謡の家」とも言われている）とともに謡講に加わっている。幕府組織の中枢において、特に御料所経営の実務に携わる河村彦左衛門尉の姿は、上杉氏の家臣として検地などの実務を担う河村彦左衛門尉と重なり合うようである。上杉氏の家臣の河村彦左衛門尉と伊勢氏被官衆の河村彦左衛門尉との間には、年代的に一世代あるいは二世代の開きがあり、もちろん同一人物ではないが、名乗りの一致と職務・技能の一致は、両者の系譜的なつながりを推測させるに十分なように思われるが、どうだろうか。

室町幕府体制の崩壊は、それを支えてきた実務官僚たちにとって、生きる場を失うという意味を持ち、彼らは懸命の仕官活動を行ったことであろう。一方で各地に割拠する領主たちにとって、所領支配のための人材確保は切実な課題であり、実務官僚たちはやがてそうした需要のなかに取り込まれていったことであろう。伊勢氏の被官衆であった河村彦左衛門尉の名跡の継承者は、こうした動向のなかで上杉氏に抱えられたのではなかろうか。河村が直江兼続の配下になることからすると、より直接的には兼続によってスカウトされたのかもしれない。由緒書が伝える尾張や甲斐との関係も、あるいは上杉氏にたどり着くまでの織田氏や武田氏などとの関係を描写しているのかもしれない。

これらは、あくまで一つの可能性にすぎないが、今後も追究する価値はあるように思う。諸賢の助言がいただければ幸いである。

【追記】　本稿は、上杉景勝期に出羽・越後・佐渡で活躍した河村彦左衛門尉について、室町幕府政所執事の伊勢氏の被官衆に系譜する人物である可能性を提示したものであったが、同じく伊勢氏の被官で政所代を務めた蜷川氏が、戦国期に出羽・土佐・肥前の各地に下向していた事実もあわせて注目すべきであった。特に蜷川氏と出羽の関係は重要で、最後の政所代となった蜷川親俊は、永禄八年（一五六五）の将軍足利義輝殺害事件後に京都を離れ、伊達・最上・大宝寺といった出羽の領主たちのもとに身を寄せ、永禄十二年に出羽国村山郡で死去したとされる。山形県寒河江市にのこる土佐壇（寒河江市指定史跡）がその埋葬地とされているが、こうした動向を参照するならば、河村彦左衛門尉についても、蜷川氏とともに出羽に下り、やがて出羽庄内を領した上杉氏に取り込まれていったと想定することも可能となるだろう。

なお、蜷川氏と出羽との関係については、杉山一弥「室町幕府と出羽大宝寺氏」（同著『室町幕府の東国政策』思文閣出版、二〇一四年、初出二〇〇五年）、萩原大輔「『蜷川新右衛門さん』を生んだ蜷川家」（富山市郷土博物館編集・発行『富山市郷土博物館特別展　蜷川新右衛門さん　室町幕府政所代蜷川家の盛衰』二〇二三年）等を参照いただきたい。

第4部　景勝と関ヶ原合戦

Ⅰ 慶長五年越後一揆とその周辺

佐藤賢次

はじめに

慶長五年関ヶ原合戦を眼前にした八月一日から同合戦で家康に勝利が帰した九月十五日直後の約一ヶ月半にわたって、越後の魚沼・古志・蒲原でおきた国一揆は、従来「上杉遺民一揆」とよばれ、越後近世史の初頭を飾る一大事件として広く知られてきたものである。

この一揆の存在を広く知らしめたものは、「北越太平記」や「越後風俗志」などの軍書類によってであった。「北越太平記」は寛永二十年京都洛東隠士の雲庵なる人物によって著わされ、刊行後は広く人々の知るところとなったもので、小田島允武の「北越野志」等の野志類をはじめ、「御家譜」や新発田藩「御記録」等の記事すらこれらからとったと思われるものまであらわれてくるのである。また「越後風俗志」は、明治二十八年長岡の温古談話会を舞台に活動をしていた大平与文治によって「三島郡の旧家某方に蔵せし当時筆記の書」として紹介されたもので、「北越太平記」に比して農民の描写が多く、その意味でその後の研究者の興味を引いたのであった。この一揆をはじめて歴史研究の舞台にのせたのは、この大平与文治であったといってよいだろう。

大平はその「緒言」(1)の中で、「慶長四年八月より翌年六月迄越後国民所々に一揆騒動して新領主に抗敵す。是れ世に上杉家遺民一揆という」と「上杉遺民一揆」の名称を使い、これ以降の研究者も多くこの名称を使用するに至った。さらに大手は一揆の原因にも言及し、慶長三年領主交替時の年貢徴収をめぐる上杉・堀の対立、領主交替にともなう夫役負担の過重や堀氏慶長三年検地による収奪強化等に対する農民の不満があったと指摘し、一揆の主体を上杉牢人・地侍及び上杉恩顧の神官・僧侶であるとした事とともにその後の研究に基本的指標を与えるものであった。こうした「北越太平記」や「越後風俗志」に依拠した研究論述は、昭和三十八年「守門村史」や昭和三十八年「新潟県史」で穴澤吉太郎や斉藤秀平らによって一応の結実を見るに至った。

しかし、昭和三十八年刊行された『藩制成立史の綜合研究・米沢藩』において伊東多三郎は、会津側の新史料を紹介して一揆蜂起の経緯をはじめて明らかにし、従来の軍書類にみられる誇張、偽作性を指摘して、確実な史料による考察の必要なことを説くなど、この研究に一つの画期をなすものであった。一揆発生の地域についても、魚沼・古志・南蒲原・中蒲原の四地域であったことを明らかにし、軍書類に記す越後全域での蜂起という考えを排した。しかし、それぞれの一揆の展開過程については、なお研究の余地を今後に残すものであったといえよう。こうした成果はその後、小村弌『物語藩史・新発田藩』（昭和四十一年）や金子達「上杉道民一揆研究ノート」(2)（昭和五十一年）にうけつがれ今日に至っている。

本稿では、これら先学の研究成果に依拠しつつ一揆の展開過程をあとづけてみようとするものである。

一、一揆の前提

越後一揆が関ヶ原合戦を前にしておこされた家康の会津征討網が強化されると、それに対抗して上杉の家宰・直江兼続の策動で、家康方の北国軍の越後諸口からの乱入を阻止するためにおこされたことは明らかなところであろう。したがって一揆蜂起の前提には、まず何よりも慶長五年六月以降の会津征討をめぐる政治過程の中に求めなければならない。従来「会津軍記」や「会津陣物語」等の軍書類にも記す越後の領主交替時におきた年貢徴収問題をめぐる直江兼続と堀直政の遺恨・対立をもって、一揆蜂起の要因の一つとする考えもみられるが、一揆が準備され、蜂起し、敗退する全過程の時期は、これを仕掛けた会津上杉氏が家康の会津征討網打破のために行ったものであった。したがって仮に堀・上杉間の反目があったとしても、それらは全て会津征討とそれに対する上杉の反撃という政治状況の中に解消され、特に上杉・堀両者の年貢をめぐる軋轢が一揆を蜂起させたものではないであろう。

そもそも会津征討は、反家康派の軍事的一掃によって覇権確立をめざすため、石田三成らに挙兵の機会を与えるものとして家康によって推進されたといわれる(3)。慶長五年四月に入って惹起した上杉上洛延引問題を契機に会津征討の意を固めた家康は、六月六日に諸将を大坂城西の丸に集めて会津攻撃の部署を定め、それぞれ帰国させた。それによると、白川口からは秀忠・家康の本隊が、仙道口は常陸水戸の佐竹義宣、伊達、信夫口からは陸奥岩出山の伊達政宗、米沢口は出羽山形の最上義光、そして津川口からは加賀金沢の前田利長が、越後春日山の堀秀治を先陣に、村上頼勝・溝口秀勝らを与力に会津に乱入すべきことをあてた。ついで六月十四日には溝口・村上に対し、両者から申し入れのあった会津領佐渡及び庄内への進撃は無用、ひたすら会津攻略が大切である旨を命じている(4)。

こうして家康は、六月十八日に伏見城を発し、七月二日に江戸に入った。七日には出羽・越後口の作戦計画を一部変更し、前田利長を北国筋を米沢方面まで進出させ、最上義光を先手に会津に乱入すべきこと、村上・溝口両人のうち一人が前田の案内をつとめるべきこと、最上には出羽角館の戸沢政盛、秋田の秋田実季らを同心衆に付けること、堀秀治は津川口を進撃することにし(5)、この旨を屋代秀正を使者に立てて伝えせしめた。屋代は信濃出身の家康麾下の部将で、かつて武田勝頼没後に上杉景勝にも属し、天正十一年以降は家康のもとにあった。この時秀正は、軍令をもって越後の堀秀治、加賀の前田利長に伝え、帰路再び越後に入って米沢口の手分を定めている(6)。この陣立ては、直江兼続の守る米沢口を一層重視したあらわれとみることができよう。

こうした会津攻略網に対し上杉方も強固な迎撃体制を形づくっていくが、越後に一揆を催させる計画はいつ頃立てられたであろうか。これに対しては、七月十四日付直江兼続宛石田書状(7)が一つの見通しを与えてくれる。即ち「越後の儀者（中略）中納言殿勘当にて越後に残居候浪人、歴々有之由、柿崎三河守、丸田左京、宇佐美民部・万貫寺・加治等御引付御尤に候、比節に候間、聊不可有油断候」と六月二十九日付直江書状に対する返事を認めていて、六月下旬には一揆の計画をもっていたことを知ることができる。しかし、この書状の文体、人名に聊か疑問もあり、今後の検討を要するところであろう。

一方、上方の情勢は七月下旬頃から急速に進展した。七月十七日長束正家・増田長盛・前田玄以等三奉行が、家康の罪状十三ヶ条を挙げて弾該するとともに、諸将が秀頼のため忠節を尽くすよう檄を発し、ついで大坂勢が、十九日から鳥居元次の守備する伏見城を攻め、日々激しい戦闘のすえ八月一日にこれを陥落させた。こうした西変の情報は、江戸の家康のもとにひんぴんと報ぜられたが、七月二十一日には予定通り江戸を発ち、二十四日には下野小山まで会津征討の軍を進めた。ここで家康は、鳥居の急使に基づいて東進にけりをつけるため、諸将を小山に参集させて軍議をもったが、福島正則ら豊臣恩顧の武将がその命に服するのをみて西上を決した。そして二十六日より先発隊を西上の途につかせ、自らも結城秀康ら会津おさえの兵を残して八月四日に小山を発って江戸に向かった。

こうして会津攻略の圧力は、七月二十四日前後をピークに急激に減退したが、それはもともと家康の本意が会津征討にはなく、石田ら西軍の挙兵を待つところにあったわけで、因みに七月二十三日付最上義光宛家康書状に「御働の儀、先途令御無用候、従比方重而様子可申入候」とあるように会津進撃を中断させていた。陸奥の伊達政宗は、二十四日に白石城攻撃など気を吐いたが、なお「奥羽両国の輩の事、敵味方難測候」[9]状況であり、八月三日にも上方を後にし、会津攻略を前にすべしとの書を井伊直政に送る[10]などその不安を隠さなかった。

常陸の佐竹義宣は、上杉と気脈を通じ戦線からも離脱する様を示していたし、山形の最上や越後の堀は、もともと積極的戦意を示していなかった。北国の前田利長も、石田らの挙兵とともにこれに呼応する小松の丹羽長重、大聖寺の山口宗永・越前北庄の青木一矩ら北国諸将と対立することとなり、七月二十六日には金沢を発って小松・大聖寺攻略に向かうなど、この面からも会津征討網の圧力は急減していった。

ところでこうした会津攻略網に対応して越後方面でとった上杉の戦略は、『藩制成立史の綜合研究・米沢藩』で伊東多三郎が明らかにしたように、津川口及び庄内方面から越後に進撃する方策はとらず、越後の腹背面に当たる会津南山地方から出撃して一揆を催させ、もって中越地方の錯乱・制圧を期すというものであった。この戦略は、当時米沢にあって最上・伊達と対陣中の直江兼続が定め、若松の代官山田喜右衛門尉を通じて一揆蜂起や加勢派遣等のことを担当させ、前線の指揮は南山城代大国実頼にあたらせていた[11]。

そして越後におこす一揆の範囲は、八月三日付山田喜右衛門尉宛直江書状[12]に「越後一揆悉起候由尤候、併先日如申付候、揚河北之儀ハ村上・溝口両人無別義候条、必々無用ニ候、其外ハ久太郎分之儀ニ候条、成次第可申付候（中略）新発田之使者令馳走、道中無異儀様ニ入念可送届候」とあって、新発田・村上領の揚北地方には手を出さず、専ら堀秀治領だけ出来次第起こさせるというものであった。この新発田・村上領を除くことは、この文面から推して、七月末に新発田の使者が会津に来て、上杉に敵対の意志のないことを申し入れた結果である。それは、七月末に入って中断した会津攻略網の弱体化に伴って、相対的に上杉の圧力が強まったことに対する内々の対応であったとみられる。同様のことは米沢口で直江と対峙する最上義光にもみられ、八月十八日書を直江兼続に送り、異心のないことを誓い、和の斡旋を乞うているなどがそれである(13)。

三、越後一揆の展開過程

広瀬一揆

　まず越後攻撃の火の手は魚沼郡広瀬郷で勃発した。「堀丹後守覚書(14)」によれば、八月一日会津勢が只見川渓谷を六十里越を通って魚沼郡広瀬郷に入り、堀氏の下倉城を攻撃してきた。下倉城は、破間川・魚野川の結節点に位置し、慶長三年堀氏入封後は小倉主膳正が在番していた。この一揆は「本陣宮家文書(15)」によれば「一騎《（一揆）》之内会津ゟ大将衆、松本伊豆殿・井口藤左衛門殿・佐藤甚助殿」とあって、この地にくわしい旧上田出身の地衆らの指揮する会津兵に、「越後以来穴澤先祖留書」に記すところの「広瀬譜代之者共」を呼応させた一揆であった。佐藤甚助は、兼続の実弟、会津南山城の大国但馬守実頼の指図のもとで出陣した只見水窪城の在番衆である。下倉城をめぐる攻防は翌二日未明には上田坂戸城の堀直竒が来援し、破間川を逆のぼって金ヶ沢まで追撃し首三百余をあげる戦果をあげた。

　しかし、堀之内・田川方面から攻めたてた一揆勢千余人が、四日市に放火して下倉城にせまったので、小倉主膳正は城から打って出て抗戦したが、その麾下六十余人とともに激戦のすえ討死してしまった。「白峯山蓮正寺過去帳(17)」によれば、主膳正の死骸は四日になって田戸村の河原に首のないままうちあげられたという。主膳正の嫡子、三左衛門尉重静はすでに一日に四日市の渡口で討死しており、二日には主膳正の妻が二之郭で、三左衛門尉の妻とその息子は三之郭でそれぞれ自害するなど、小倉一族は壊滅状態となった。金ヶ沢よりとって返した堀直竒は、四日市や城下に転戦し、二百余の首をあげてこれを撃退させ、三日夜あけに坂戸山に帰陣した。

中郡一揆

翌三日からは舞台が南蒲原地方に移る。八十里越を通って下田郷に入り、ここを占拠した一揆勢は、八月三日には蔵王城をめざす一隊が蔵王より二里の加津保沢村まで張出し、所々に放火するなど気勢をあげた。蔵王城は、慶長三年堀氏入封後、春日山の堀秀治の弟で秀吉から羽柴姓を与えられた羽柴美作守秀家（堀親良・四万石）が居城していたが、秀家は即日その族臣・近藤織部重勝や寺島牛之介らを差遣し、これを破るとともに、山へ取上った一揆勢を「山さかし」の追捕で十余人を生捕にし、これを「はた物」（磔刑）に処した。[18]

中郡一揆は別に「三条一揆」ともいわれるように[19]中越地方攻略の中心は、堀氏の重鎮・堀直政の嫡子堀雅楽助直次の守る三条城攻略であった。三条城は、元和二年市橋長勝入封によって、現三条市古城町に新城築城するまで須頃嶋にあり、それは「三条島ノ城」とよばれており、中世を通じて蒲原郡の中枢を占めてきた中郡の拠点であった。その城下の形態も、天正十二年御館の乱後にここに入った甘糟長重による大規模な普請で城町の表に曲輪をめぐらして、町屋を城中に取入れた形をなす堅固な平城となっていた。[20]

しかも「城の西ニ信濃川とて大河あり、殊に信濃川城下ニて三つに分流する也（中略）三条の城廻り堀深く広し、左右湿田なり、旁以早速難寄落之城也」[21]と河川など自然を生かした防禦形態を形づくっていた。八月四日巳刻（十時）、斎藤三郎右衛門に率いられた一揆勢は三条城一木戸口及び本城寺口などからこれを攻めたてた。[22]この時、一之木戸口の戦いの様子は「堀大膳覚」[23]によれば、「城門ヨリモ欠（駈）出、鎚ヲ合、敵数百大将共ニ討捕ル、比時城門侍大将・東方勘兵衛一番ニ真前掛ル、定右衛門（堀大膳）不劣前《ススム》、乗タル馬ニ鉄砲アタル」とあり、また「堀主計助覚書」[19]には

「大膳十五才、組頭東方勘兵衛川ばたへ打のぞむ所ニ敵川向ニひかへ鑓ニテ水をたたき参る〳〵と声をかけ、たかいニ見合有し（中略）勘兵衛一騎先立、川へ乗込候より同勢つゞき川を渡り候を見て敵引退く」などとあって東方勘兵衛など城門からも打って出、鑓・鉄砲を交えたこと、城の一木戸前に川があることなどがうかがえる。この東方は、慶長十五年の越後崩れ後は加賀の前田利長に仕えたと伝えられ、川手定右衛門（堀大膳）は越後崩れ後は堀直寄に仕え、寛永十七年村上で卒している。一之木戸口の戦いは一揆側にも史料がみられ、会津領蒲原郡新谷村の土豪・安部理非内は足軽組頭としてこの戦に参戦し、城門より打って出た城兵を「門之内へ私とくろかま両入としてたたき入、互ニ門をふまへ又鑓」を交えたが、自らも手負となって退却したことを記している。(24)

一方、本城寺口は小川半右衛門がこれを守り、一揆勢の猛攻から持ちこたえた。八月四日付小川宛直次書状には「今日者貴所の御覚悟ゆへニ本城寺口てきしりそき申候、かやうに水もひき申候ほど、一大事ハ本城寺口に候」とあって一揆勢が、河川の増水で攻めあぐねていたこともうかがえ、さらに「貴所之事ハ本城寺口をたのミ申候、其上てきへ心かけ、本城寺口之事候間、万事たのミ申候、貴所目あてニ存候間、下々之事ハ不及申万事之儀たのミ申候」と城将堀直次の悲愴な緊迫感をうかがわせている。(25)この小川半右衛門は後に堀姓を与えられ、越後崩後は堀直寄につかえ、元和元年の大坂陣では道明寺表で手柄をあげている。

ところで、この時の舞台となった本城寺の対応はどうであったろうか。本城寺は戦国期には、三条山吉氏の「三条衆」の一員であり、文禄三年「定納員数目録」にも記されて軍役を担えうる存在であったから、寺領の大半を失ったこの頃でも少なからず兵力を動かすことはできたであろう。東本成寺村名主中沢家の由緒書によれば、「私先祖之義、寺領本成寺先年御黒印之節御軍用有之、侍大将兼帯ニ而庄屋役相動候」(26)とあって、中沢家など寺領村役人層を組織して一軍をなし、寺の防備あるいは一揆勢との抗戦にあたらせたとみることができよう。

このほか城の北西に広がる河中嶋方面（戦国期には信濃川と西川の間をこのように呼んだ）にも戦闘があった。八月九日付堀雅楽助宛秀治書状には「河中嶋へ人数を指遣なで切申付候由、是尤候」とあり、これは九月十五日付小川半右衛門宛直次書状[28]の小川が立てた「川中嶋佐渡ニ而高名」に該当するものとみられるから、現燕市佐渡辺で戦闘があったことがしられる。これは前述の本城寺口の守将小川半右衛門の手柄であるところからみると本成寺口の戦の一環としてとらえることができよう。

さて、八月四日の三条一揆の様相は、すぐさま春日山に報告され、秀治もこれに対し「就其、家中之者少々手負在之由及聞候条、即伴宗理申付差越候、何も加養生候様ニ可精入候」と手負人に対し医者を差遣するとともに、「鉄炮五十丁差遣候、慥可請取候」と鉄砲を送って備えを固めさせた。

このように三条城を席捲した三条一揆も六日までには一応の終息をみたとみられ、八月九日付堀雅楽助宛秀治注書状[27]にも「去六日之書状到来披見候」とあって、六日に三条城から送られた首二十五と貝足・甲・立物等を秀治が実験しているところからもうかがえよう。ところでこの書状には、「監物かたゟ理ニ付而、かも口働延引旨得其意候、万事其元可然様ニ可被申付事肝要候」とあって、春日山よりも出兵の計画があったが、堀直政によって延期されたことが知られる。「かも口」の文言は、三条一揆の拠点が津川より侵攻してきた一揆軍が加茂山を占拠して三条城攻略にあたっていたことがわかる。

菅名一揆

従来「広瀬一揆」や「中郡一揆」に比して「菅名一揆」の存在は、あまり知られていないといってよいだろう。しかし、「寺泊五十嵐家文注書」六月八日付菊屋清左衛門書状[30]には、「慶長五年九月十八日ニ佐渡嶋河村殿江佐渡殿より文使ニ参申候、口上ニハ別儀之御事ニて無御座候、於三条・上田・菅名表ニ一揆御対治被成候、殊ニ於上方ニ御合戦之御仕合之様子、此等之趣委口上ニ被申越候」と、寺泊の豪商菊屋が扇山城将柴田佐渡守の命で佐渡に渡海し、上杉の臣河村彦左衛門に三条・上田・菅名の一揆退治と開ヶ原合戦の結果を報じたということが記されており、上田・三条のほかに菅名地方にも一揆がおきていたことがしられるのである。また米沢上杉家の「御家中諸士略系譜」には、丸田右京俊高が「於越後菅名中之原一揆之刻」に高名をたてたとあり、「菅名中之原一揆」という名がみえるなど、「菅名一揆」の存在をしらせる史料が散見されるのである。

さて、「塔寺八幡宮長帳(32)」によると、津川口や八十里越から侵入してきた宇津江・満願寺・菅野・柿崎等を物頭とする一揆勢が、新発田城主溝口秀勝や堀氏と戦ったとあるが、これらが「菅名一揆」であるとみられる。この満願寺仙右衛門高定は、「米府侍組由緒」千坂家伝記(33)によれば、当時上方で上杉家の外交政務を担っていた千坂対馬守の甥にあたる者で、後に千坂の名跡を継いで千坂安芸守を名乗っている者である。一揆勢が、菅名地方に侵入したのがいつ頃であったかは判明しえないが、他地域のそれと比較した時、八月二・三日頃と考えてよかろう。八月七日付村上周防守宛家康書状(34)に「書状披見祝着之至候、殊使者口上之趣、得其意候、此節候条、何様ニも可被入精候儀可為尤候」と使者口上を立ててきた事に対する答礼を述べているが、同じ七日には、上田坂戸城主堀直寄に「従会津上田庄へ手出候処、即被遂合戦、敵五百余人被討捕之由、手柄之儀共誠無申斗候」と、二日の広瀬一揆戦勝の報に対する感状を出していることと比較する時、この村上の使者は、二日頃の村上領内である菅名周辺の状況を報じたとみることができよう。

ところで、菅名一揆の行動については新発田藩との関わりでみることができる。これまで新発田藩と一揆との関わりについては小村弌氏によって紹介されてきたが、それらは最近の『新発田市史』(35)上巻の第三編第二節「越後入封と上杉遺民一揆の平定」に集約されているといってよいだろう。

それによれば、丸田・庄瀬・満願寺ら三千余の一揆が新発田城に攻めかかって来たので、溝口秀勝はこれを放生橋で破った。破れた一揆勢は、下倉城を攻めた一揆と合流して三条城を攻めたので、三条城の堀直次は新発田・村上に後詰を頼んできた。一方、領内で一揆がおき、それに内応する百姓等が出るのを防ぐため百姓等の人質をとって帰城する毛呂・窪田・戸井らの家臣が、帰途七日町の渡し場で一揆に遭難、窪田与左衛門がそこで討死したという。一揆蜂起の注進を受けた溝口秀勝は、兵八百余を引連れて、八月五日に出陣、阿賀野川の分田河原で待ち伏せる一揆勢と戦い、八月七日までにこれを破った。破れた一揆勢が分田より二里の橋本山に陣をしくのをみた秀勝は、軍を二手に分けてこれを攻めたてたので、一揆は両面の敵を防ぎかね、橋本の城を捨てて法花山の城に逃がれた。

こうして橋本城を占領した秀勝は、三条後詰の到着をかがり火を焚いて知らせたので、三条城からも打って出、両軍力をあわせてこれを打破ったというのである。以上が溝口家文書「御記録」「寒光院様御在世之時、公儀江御書附」「御留守日記」などに記すところであるが、延宝六年「御家系公儀江御差上之与」や「世臣譜」などの記事と比較して、後者に記されていない放生橋の戦や橋本山の戦は俗説の類としてしりぞけ、分田川原の戦と三条後詰の話は事実であろうとするのが小村氏の要旨である。

ところで、右の新発田藩諸史料の記す内容が、一見しあきらかなように「北越軍記」「北越太平記」など軍書類の記すところと全く同一であり、それゆえこれらの史料が軍記類からとったものであることが理解できる。それは、後述するように「菅名一揆」は、九月八日頃から中旬にかけて、雷（村松町）・護摩堂（田上町）・加茂城を占拠していたのであるが、これらについては軍書類が一切触れていないのと同様、新発田藩史料にも記載はみられないことも右のことをうなづけさせるのである。新発田藩では、天明元年溝口長裕を御記録方主役にして「御記録」の編纂に着手したが、その折、新津組庄屋桂六郎左衛門を中心に山通四ヶ組庄屋に、「橋本」「法花山」「分田」等一揆について軍書に記す地名及び三条後詰の道筋について尋ね調査させた。それは明らかに「北越太平記」などに基づく尋問であるが、これに対し桂六郎左衛門は、翌天明二年三月書上をもって報告している[36]。桂は、「橋本」を橋田村に、「法花山」を菩提寺山（花立山）であるとみ、大篝を焚いた場所も橋田村から湯川・矢代田に出る榎峠であろうと答えるとともに、三条後詰の道筋を「北越太平記」に記す道順を地図に認めて提出しているのである。これらのことは、寛文八年及び享保四年の二度の大火で藩中文書のほとんど失われていた当時、一揆について記録する典拠が「北越太平記」など軍書類に依らざるを得なかったことをうかがわせるのである。

しかし、そうだからといって新発田藩の「分田河原の戦」や「三条後詰」を全て疑うことはできない。横越嶋地方には分田一揆を伝える伝承は多い。木津石井家文書の享保二年「木津邑古老伝在来帳」に慶長五年五月に一揆蜂起をよびかける川北嶋通浪人衆宛廻文なるものを載せているが、すでに小林存が述べているように後世の偽作とみられるが、木津村の土豪的存在だった熊谷小次郎・堀掃部・阿部貞右衛門らが一揆方として分田河原で討死したとする伝承はありえた話かもしれない。また菅名地方でも前述の桂の調査で、小熊村名主彦市の曽祖父・由兵衛の語り草に、四代前の先祖・滝沢四郎兵衛は、一揆勢を一人打取ったばかりか、三条後詰の溝口軍を峠に案内し、篝を焚く差配をしたなど三条後詰に関わる伝承や、町屋村真言宗（一揆後禅宗）観音寺の住寺は、元上杉浪人でこの一揆に加わったこと、四ツ屋村泉蔵寺の住寺も一揆に加担したこと、五泉の涌井源蔵家の祖先は、郷士で一揆追討に功があって「地方百石槍」御免の判物を村上堀氏時代に下附されたこと等を書き留めていることからしられるのである。

以上、主として新発田藩史料のもつ問題点ともいうべきものを述べてみたのであるが、これを堀文書の記すところと比較した場合どうであろうか。今まで管見しえた一揆に関する堀文書には、堀氏領国内の一族領主間での後詰・援兵について記すのはみられるが、新発田・村上等の後詰について記した文書はみあたらない。ただ、九月十一日付羽柴美作守宛堀秀治書状(39)に「最前より如申候加茂并護摩堂・雷三ヶ所に一揆未循籠在之由候条、我等事来十五日に春日山令出馬、則右之構共為可打破候、其日限被勘定、三条に而出合候様に其地可被罷立候、最前は村周・溝伯へ相理、随其可令出陣覚悟に候へ共、一揆共か様に度々被出候へは、何方へ之届にも不及事候間、急度相働悉成敗可申付候」（傍点筆者）とあって、一揆勢が楯籠る雷城（村上領）や加茂及び護摩堂（新発田領）などへの進撃・追撃には、従来はそれぞれの領主に断わりを入れたが、今後は小刻みな操出もあるので一々断わりは無用であるという秀治の沙汰がみられるが、このことは春日山とその与力大名の関係を示すものとして興味をひくものである。

そこで内容の比較を試みてみると、新発田藩史料が記すところでは、八月七日の分田河原の勝利から、その夜、後詰の到来をつげる義を焚き、翌八日（軍書ではさらに村上と一体となってもう一日遅れる）三条城を取囲む一揆勢を三条城兵とともに狭撃したというのであるが、既に前述したように、堀直次は六日には春日山に戦勝の報とともに戦勝品を送っているわけで、とうてい八日、九日頃に一揆勢が城を取囲んで攻めたてていたとみることができないのである。溝口氏は分田合戦で勝利したものの侍大将の勢馬太兵衛や高木新助を戦死させ、三条後詰の余力はなかった。後詰の話は戦功の乏しい溝口氏がつくった話であるが、何よりも一揆勢が本拠としていた自領の加茂山を横目に三条城救援に向かうことはありえないことである。

堀氏の対応と一揆の再発

今までみてきた八月初旬におこされた一揆は、家康の会津攻略の緊張が高まった七月二十四日前後の体制を前提としてとられた上杉方の対応であった。しかし、前にみたように家康の会津攻略網は七月下旬に入って、攻撃から守備に主眼がおかれるに至って、新発田の溝口は使者を立てて敵対意志のないことを告げており、春日山の堀氏も上杉方の出方を待つという消極的態度であったから、一揆勢も徹底攻戦の形をとらず退いたとみられる。

　八月五日付石田三成書状(40)には、越後の堀氏は「従越後も無二に秀頼様御奉公可申旨、申越候」と上方味方の旨を伝えていたから、石田も加賀の前田利長を背後から牽制させるため、堀氏に越中乱入を命じたとあり、また八月六日石田書状にもこれを繰返すとともに、「越後之儀久太彼国に差而承引も無之条、上方闕国多く候間、越後を被遣景勝、久太ニは上方に而拝領の様(41)」との内意があったこともしられ、堀氏上方味方との報は八月七日付佐竹義宣宛石田書状や、八月十日付真田安房守宛石田書状にも繰返しみられた(42)。これらは、文便の要する日数も考慮すれば、七月下旬頃の堀氏の上方に対する態度を示すものとみられる。一方堀氏は家康や加賀の前田利長との連絡も密接に進めていた。八月五日付羽柴美作守宛秀治書状(18)には「将又、江戸より高瀬昨日帰候、仕合無残所候、気遣有間敷候」と八月一日頃家康側との「仕合」を果した高瀬なる者の帰還を報じている。高瀬は慶長八年頃春日山の年寄衆となっていた高瀬筑後守のことであろう。また九月十一日付加藤少五郎宛江戸九兵衛書状(43)には「今度下田於表御手柄之段誠目出度存候、先日大島迄《ママ》辺において御家中衆御手柄之刻、賀州大正寺《大聖寺》に有之事済候て罷帰付て」云々とあって、羽柴美作守の家臣・加藤少五郎に秀治の直臣・江戸重勝が九月八日の下田表の戦勝を賞す手紙を出しているが、このうち「先日大島辺において」とは八月四日頃の河中島大島辺の戦闘とその手柄と解され、その頃江戸重勝は「賀州大正寺」にあったという点が注目される。即ち前田利長が七月二十六日に金沢を発ち、大聖寺城の山口宗永を陥落させたのは八月三日であったから、江戸重勝の行動は春日山の使者として前田の大聖寺攻めに付添っていることを推察させるのである。江戸はこのほか「方々へ御使罷越故無沙汰」とも述べている。このように春日山堀氏の対応は、天下の勢のおもむくところに従って家康方で行動しつつ、上方に対しても石田らの呼びかけに応ずる姿勢も保留していたのであった。石田の度々報ずる秀治の越中乱入の意を、上杉方も八月中旬にはまともに受けとるところがあったとみられ、八月十七日付上杉景勝書状(44)では、中条越前守の注進で「堀久太郎、木船へ移候由候条、様子無心元之候」とあって、堀秀治が前田利長牽制のため木船まで出陣したという情報であるが真実味に乏しいから新保孫六らに探索させよというのである。また八月二十五日付毛利輝元・宇喜多秀家らに宛てた景勝書状(44)には「越後之儀、江戸へ人質を出、無二内府一味之体ニ候条、一揆等申付少々人数をも遣、可討果由存処、秀頼様へ無二忠之段、就中越中口働等被仰付候由候条、羽久太へも令入魂旨申届候、一揆等も相静候、溝口・村上両人之儀は前廉より無別儀候事」とあってこの頃上杉も堀に対し、上方の指示のもとで入魂の意を持つに至っていた。しかし、同じ頃堀秀治は加賀の前田利長に使者を送り、会津境目に打って出るつもりであること、利長に異心のないことを誓詞をもって示し、その使者が秀治の「心底之儀員令口上」たのであった(45)。それは聊か弁解めいたきらいがないではなかったであろうか。

しかし、九月に入ると事態は再び緊張し新展開を示した。九月一日いよいよ家康が江戸を発って西上の軍をすすめたのである。全ての事態は関ヶ原合戦に向かって急速に動きはじめた。家康は西上にあたり、八月二十九日に堀秀治に、ついで九月一日には堀直寄ら越後諸将に警固を厳重にすることを命じている(46)。こうした新しい局面の中で第二次の越後一揆が催されるのである。この展開のしかたも第一次の場合と同様、広瀬一揆、中郡一揆の順でおこされた。

まず魚沼郡広瀬郷では、九月五日会津勢が六十里越から広瀬に入り、広瀬一揆を再発させて鷹待山に楯籠った(47)。下倉城は、八月二日の小倉主膳正の討死以後、稲葉刑部少輔と清和院が在番に就いていた。このほか九月十四日付羽柴作州宛佐治書状(48)にも、佐治図書頭村吉が下倉在番についているようにも読みとれる。これら稲葉・清和院・佐治らは、慶長三年越後国知行方目録では、一律に六千五百石の知行を宛行われた堀秀治上級家臣団である。

さてこの日、一揆蜂起の報に接した下倉在番勢は須原村まで進撃し、これを撃退させた。下倉勢の進撃の距離が大きく、しかも対応の敏速さが注目されるが、それだけ一揆に対する迎撃体制が強化されていたのであろう。

ついで、八日には一揆勢の攻撃の中心が中郡地方に移った。九月八日下田郷に侵入した一揆勢二千余は、栃尾城をめざして下田郷と栃尾郷の境目にある大沢村まで繰出した。蔵王城の羽柴美作守は、近藤織部ら八百余の兵を卒いて自ら出陣し、神子田政友の守る栃尾城におもむき、神子田長門・堀志摩守・堀主馬頭らとともにこれを打破り、首二百余を討取ったという[49]。

さらに同じ八日には、加茂方面から繰出した一揆勢三千四、五百人が三条城をめざして大崎表まで張出したが、三条城の堀直次はこれを破って首百五十余をあげ、さらに小川半右衛門らを差還してこれを加茂表まで追討した[50]。これ以降一揆勢は、加茂山・護摩堂・雷の諸要害に楯籠り、九月中旬頃までこの地域を占拠し、主として三条城と対峙する形勢となった[51]。この時の一揆の物頭は、九月九日付羽柴美作宛秀治書状[49]によれば、「柿崎・斉藤・丸田為物頭」とあり、このうち斉藤は斉藤三郎右衛門景信で「堀主計助覚書[19]」に「三条一揆、赤田ノ斉藤三郎右衛門景勝衆大将分之由、三条之城へ取かけ候時分」ともあり、刈羽赤田の城将であったが慶長二年景勝の勘気をうけて一時改易となっていた者である。丸田は丸田右京俊高で、菅名の旧族天正八年栃尾・大面・見付に在番した丸田伊豆守の子である。慶長六年景勝の米沢移封で牢浪し、元和四年村上入封の堀直寄に仕えている。

ところで九月八日の一揆蜂起で注目されるのは、九月十日付羽柴美作守宛柴田安定書状[52]に「三条も一昨日加茂表へ一揆取出、苅田仕候処を則かけ出、是も数多被討取候由候」とあって、加茂山に循籠った一揆勢が「苅田狼籍」を働いたことである。この苅田狼籍とか苅田働は、戦国期の史料にはよくみられ、敵の兵粮源を断つためや、味方の兵粮を得るためにとる作戦行動であるが、もともと厳に慎むものとされ、この時期の諸大名の出兵にともなう軍法には必ずといってよいほど禁制規定されているものである。「北越軍記」「北越太平記」等軍書類で新発田の溝口秀勝、ついで本庄の村上頼勝が三条後詰に当って荊田をして出陣して来た等と記すのはありえないことであるが、関ヶ原合戦の最中で荊田が行なわれた事例は、八日二十四日に上田城を攻略する秀忠軍が敵前荊田をやったことや、九月三日大垣城に籠る石田方が敵をさそいこむために行った等が知られるのである。ともあれ、加茂山の一揆勢が荊田をやったことは、この一揆勢の中加茂方面の土豪・農民層をまき込んで蜂起しているとはみえず、侵略軍としての性格を最も示すものとなっていたといえよう。

ところで、こうした一揆勢の再攻勢に対し、春日山で積極的にこれに当る方針を打ちだしたとみられる。この時点では家康の西上のための江戸出立が報ぜられ、流動する局面にややもすると対応のにぶさがみられた春日山としても、積極的に功名をあげておく必要に迫られていたともみることができよう。即ち、三ヶ所に据籠る一揆勢に対し、春日山から秀治自ら出陣し、九月十五日に堀氏領国内の一族諸将を三条に参集させ、もって総攻撃をかけることを決定したのは九月九日であった[53]。その計画は、秀治が来る十五日に春日山を出立、柏崎まで進出してここを本陣とし、三条に参集した諸将をもって先手とし、護摩堂・加茂・雷の三ヶ所の城を攻略する。柏崎陣所の用意は秀治家臣団の大内平太夫長吉が当るというものであった[54]。この計画が実施され、三ヶ所の城攻めが行なわれたか否かについては不明である。しかし諸史料を総合してみるとき、これも中止になったとみなければならない。即ち十月六日付近藤織部助宛小森伊予守書状[55]によれば、「今度下田表御手柄之段、早々以使者成共可申上候処、内々栃尾辺へ為加勢可被遣候様被仰出候条、祇候仕可申上と存、一日〳〵と延引に罷成候事、所存之外に奉存候」とあり、当時妻有城に勤番していた小森三勝が、九月八日の下田表の近藤の手柄を賞しようと思ったが、（九月十五日の秀治出陣に際し）栃尾城加勢として動員の命を受けたので、その折と思っていたところ一日〳〵と延引になって賞すべき機会が遅れたということ、また十月八日付羽柴美作宛徳川秀忠書状[56]にも八日の美作守の手柄を賞すが十五日以降の戦闘の形跡がみあたらないこと、さらに貞享元年堀美作の孫・飯田藩主堀親貞の幕府への書上「覚」(57)にも、堀直政・堀親良の一揆討伐の功を書上げているが十五日以降のものは記されていないこと等々から、実施をみなかったか、あるいは九月十五日直前に一揆が引きあげたとみられるのである。前掲寺泊五十嵐家文書からも、九月十八日には、逸早く関ヶ原合戦の結果の報とともに各一揆の終焉を告げる報が、佐渡嶋の河村彦左衛門のもとに送られていることは既にみたところである。

以上、一揆蜂起の展開過程とそれに対する堀氏領国の対応をみてきたのであるが、最後に新潟町における一揆への対応について触れてみなければならない。

従来、新潟町と一揆との関わりについて触れられた論考はみられないばかりか、慶長三年以降の新潟町の支配帰属すら曖昧になっていたのが現状であろう。

熊致啓上候、仍今度下口へ被成御行被及御一戦、一揆数多被為討捕由、殊更御自身御動候様其隠無御座候、乍恐大慶奉存候、将又内府様上方御勝手之様に追々春日へ御注進由候、然は濃州於岐阜大夫殿御手柄由申候、定て御満足可被思召候、尚得貴意候、恐惶謹言

九月十一日　　　　判

井伊権兵衛

重吉

作州様

人々御中

尚以私事新潟為加勢有之御事に最前憚に御座候つれとも便状を以申上候キ、定而相届可申候、当地寄贈普請大方出来申候可御心安候、以上（「堀氏代々家伝記」所収、傍点筆者）

右の書状は「秀治様御家来十三人よりの書状之写」とある十三通の一つであるから、井伊権兵衛は秀治直臣団の一

人であることがわかる。彼は、会津と会津領佐渡嶋に対する重要拠点・新潟の防備増強の加勢として来港しているのであるが、注目すべきは傍点の「寄贈普請」の部分で、これでは意味が通らず、「寄居普請」の誤写とみなければならない。出典の「堀氏代々家伝記」の原本は、現在では伊那飯田市においても失なわれ、これ以上確かめようもないが、「寄居」とすれば上杉景勝の新発田重家討伐過程で落城した新潟城が、この時期に会津征討と関わって普請補修工事が進められたとみることができるのである。

九月十日付羽柴美作守宛柴田安定書状[59]にも「新潟為見廻罷越候」云々とあって、三島郡渡部の扇山城主柴田佐渡守も新潟に派遣されていたこともみえる。そもそも新潟町は、戦国期に入った天文二十年に謙信の直轄港湾となり、新発田重家と景勝の抗争では主戦場の一つとなったが、天正十二年からは景勝の直轄地となっていた。こうした前提のもとで、右の史料の語るところを総合すると、新潟町は慶長三年堀氏入封後も堀秀治直轄地であったとみてさしつかえないだろう。しかも、会津領を流れてくる阿賀野川や対岸の会津支配下の佐渡嶋へのおさえとして、「寄居」の普請補修が行なわれたとみられるのである。

四、一揆の結果と堀氏領国体制

慶長五年越後一揆の、その後の越後にもたらした結果は、まず何よりも堀氏領国内における兵農分離を一層推進させることとなった。越後における兵農分離は、慶長三年上杉氏会津移封が一大画期となるが、なお残存せる上杉恩顧の土豪・地侍層を払拭する上で果たした役割は大きかったとみなければならない。それは、土豪名主層に限らず、地域によってはその名田地主経営に包括され小百姓層の退転・欠落にも波及し、その結果は荒廃地をも増大させたとみられる。「穴澤先祖留書」[60]にみられるように、一揆敗北後は、「広瀬譜代之者共モ在所ニ難成安堵、散々ニナリ而落来ル」と会津領に欠落する広瀬郷の農民も多くみられたのであって、この時期の「村走り」の大きな要因となっていた。そのことは、これらが集中した広瀬郷のような所では、その後の領主支配をおびやかす事態にもなり、その結果堀直寄が広瀬郷肝煎衆に「先年一揆以来かけおち仕百姓、会津より立帰候ハヽ、諸役儀五ヶ年ゆるし可申候條、何とそ才覚仕、在所ニ有付申候様可被召還候」[61]と、諸役免除を条件に還住をうながさざるを得なかったのである。

次に、この一揆は堀氏の領国経営のその後に、どのような変化を与えたであろうか。慶長三年越後入封時の堀氏領国については、安池幸尋氏の「慶長期堀氏領国像の再検討」[62]と題する好論文がある。それによると、慶長三年越後国知行方目録の示す堀氏領国は、その家臣団の内部にまで豊臣政権の権力介入をうけており、それゆえ秀治との被官関係も薄くなりつつあり、かつ豊臣取立大名化の過程にある一族との連合体として成立っていることを明らかにした。そして、この体制は豊臣秀吉の死直後から変質をみせはじめ、徳川家康の勢力滲透と対応して堀氏一族の自立化が進み、一部徳川取立大名化への道を歩むこととなるが、とりわけ堀氏一族の自立化の契機が越後一揆との対応過程に求められるとの注目すべき視点を出している。

それでは、こうした動向に対し堀秀治＝直政の春日山中枢はどのように対応したのであろうか。一揆鎮圧の翌慶長六年におきた扇山城の柴田佐渡守改易事件は、そうした堀氏の対応の第一歩といえよう。

柴田佐渡守安定は、慶長三年越後国知行方目録では一万三千石の知行を宛行われ、堀直政・羽柴美作守に次ぐ知行高で、三島郡渡部の扇山城に拠っていた城将である。その出自は明らかでないが、天正十八年卯月朔日の小田原陣の備御定事書案[63]に一番手として村上周防守とともに柴田源左衛門の名がみえるが同一人であろう。越後入封当初は越後守を名乗っていたが、翌四年五月までには佐渡守に改名していることがしられる。[64]この柴田佐渡守の改易を伝えるものは、寺泊五十嵐家文書「白川御領中家系由緒書」で、「（前略）其後三条之御城主堀監物様と柴田佐渡守様与御言分被成候処、佐渡守様御非分と相成、渡部之城破却、佐渡守様御改易被仰付候、浪人後御難儀被成、御頼ニ付、以前主人之義無拠密ニ御介抱申候」とあって、三条城主で春日山の堀家の家宰的立場にあった堀直政との対立で改易となったことがしられるのである。さらにその辺の事情については、同じく五十嵐家文書・六月八日付菊屋清左衛門書状が参考となるので、次にその一部分をあげる。

乍恐言上仕候事

一、慶長五年九月十八日ニ佐渡嶋河村殿江佐渡殿より文便ニ参申候、口上ニハ別儀之御事ニて無御座候、於三条・上田・菅名表ニ一揆御対治被成候、殊ニ於上方ニ御合戦之御仕合之様子、此等之趣委口上ニ被申越候（略）

一、同年十月十四日ニ安藤多左衛門殿ゟ御使者被遣候時、御安（案）内者ニ多左衛門殿被仰付候間、罷越申候、此時も相替御事無御座候、佐渡殿ゟ河村殿から銀子五貫目かり候て可参由被申付候得共、壱貫目御かし被成候間佐渡殿江相渡申候事、

一、（略）

一、今度御上使被仰出候趣者佐渡殿ゟ会津表江我々使者仕候由被仰聞候、一切会津表江之使之儀前後不存候、（略）

一、御屋形様・監物様御国之御沙汰一切申儀無御座候、併於御前ニ如何様之儀申上仁御座候ハヽ、双方共ニ被召出被聞召分可被下候事、

一、（略）

一、対監物様江御ためあしき事取沙汰於仕ニ者、如何様之御成敗被仰付候共、御恨とも存間敷候、能々御せんさくを被仰付候ハヽ、難有奉存候御事、

右之条々少も偽無御座候条、此旨宜御披露所仰候、以上、

六月八日　　菊屋清左衛門（印）

三上吉兵南門

石黒三五左衛門様　御中

右の史料は、小村弌氏によってはじめて紹介されたもので、寺泊の豪商・菊屋新五郎が越後一揆の折、上杉への通謀の嫌疑をかけられたのでその無実を詳細に弁じたものである。年号を欠くが、その内容から慶長六年と推定できる。

右の文書によって菊屋が、その領主柴田佐渡の主命によって会津領佐渡嶋を預っている河村彦左衛門に対し、柴田の金銭貸借や交便口上の使者として渡海していたこと等がしられ、それらが嫌疑の対象となって、やがて牢舎及び家財闕所の処分を受けるのである。前掲「由緒書」には、慶長八年閏二月廿日の大久保石見守書状を載せるが、それによれば「柴田佐渡御改易之以後、出入候而彼者《（菊屋）》欠所ニ逢候由候、御忠節人之事ニ候間、家屋敷并下人等無相違可有御返候」とあって、菊屋処分の春日山裁断以前に柴田の改易が断行されていることがしられ、それらは正確な月日は知りえないが慶長六年のことであるとみられよう。この柴田改易にもちこんだ堀直政と柴田の対立は、これ以上知りえないが、御屋形様（秀治）＝監物（直政）ら春日山中枢のもとで推進されたことは充分知りえるところで、一揆勢＝上杉との内応を楯に、いわば「御一門払い」を断行したとみることができよう。

こうした堀氏の大名領主権の強化をめざす動きは、必然的に領国内の一族間の対立を惹起させるが、柴田改易後は、兄秀治と対立していた蔵王城の堀親良が慶長七年隠居と称して離藩、やがて秀忠への再勤仕で徳川取立大名に変質していく。ついで慶長十三年堀直政没後はその遺子直次と直寄の対立へと急速に傾斜し、慶長十五年の越後崩れに至る

ことは周知のところであろう。

註

(1)『越後風俗志』所収「上杉家遺民一揆緒言」。
(2)県立三条工業高校『研究集録』第七集。
(3)「関原日記」「天竟日記」。
(4)六月十四日付溝口伯耆守宛家康書状、同日付村上周防守宛家康書状。
(5)『加賀藩史料』所収七月七日付家康書状、『関ヶ原合戦史料集』所収「戸沢上総介家所蔵文書」及び「秋田河内守家所蔵書」七月七日付家康書状。
(6)『寛政重修諸家譜』巻第二百三十七。
(7)『関原軍記大成』所収七月十四日付石田書状。
(8)『譜牒余録』所収七月二十三日付出羽侍従宛家康書状。
(9)『関原軍記大成』所収七月廿五日付井伊兵部少輔宛政宗書状。
(10)「伊達家文書」八月三日付井伊兵部少輔宛政宗書状。
(11)『藩制成立史の綜合研究、米沢藩』第七章第一節「会津移封」。
(12)同右掲載「箭田野文書」。
(13)『上杉年譜』所収八月十八日付直江山城守宛最上書状。
(14)『村松町史資料編』二所収「枢要遺書写」。
(15)『越後入広瀬村編年史』中世編　所収。
(16)同前。

(17)『守門村史』所収。
(18)『伊郡史料叢書一』所収「堀氏代々家伝記」八月五日付羽柴美作守宛秀治書状。
(19)『村松町史』資料編一所収「堀主計助覚書」に「三条一揆赤田ノ斉藤三郎右衛門景勝衆大将分之由」云々とある。
(20)『越佐史料』所収天正十二年卯月十六日付廿糟長重書状。
(21)「山吉家伝記之写」。
(22)『新編会津風土記』所収八月四日付小川半右衛門宛直次書状、「越佐史料稿本」所収八月六日堀雅楽助宛秀治書状。
(23)『村松町史』史料編二、所収「覚」（川手家文書）。
(24)『新編会津風土記』所収「伊兵衛所蔵文書」。
(25)『新編会津風土記』所収「堀源之助所蔵文書」。
(26)東本成寺、中沢禎壱家文書。
(27)「越佐史料稿本」所収「堀文書」。
(28)前掲註（25）。
(29)「越佐史料稿本」所収「堀文書」八月六日付堀雅楽助宛秀治書状。
(30)『郷土新潟』第十一号、小村弌「慶長期の新潟町と沼垂町」掲載。
(31)米沢市立図書館文書、『村松町史』史料編一所収。
(32)『新編会津風土記』巻之九所収。
(33)米沢図書館蔵文書『村松町史』資料編一所収。
(34)『徳川家康文書の研究』所収「武州文書」。
(35)新発田市発行、昭和五十五年十一月三十日。
(36)天明二年三月「慶長五年三条御後詰ニ付御尋、右役番書付扣」（県史編纂室架蔵新津市桂家文書）なお「宝廟三条御後詰の道路考」が「新津組庄屋六郎左衛門へ御尋につき書上の大旨」として「小泉蒼軒遺集」（県立図書館蔵文書）にみられる。

(37)　北方文化博物館蔵文書。
(38)　小林存『横越村誌』(昭和二十七年)。
(39)　「堀氏代々家伝記」(『伊那史料叢書』)所収。
(40)　「古今消息集」所収、八月五日付真田安房守宛石田書状。
(41)　同右、八月六日付真田安房守宛石田書状。
(42)　「上杉白河軍記」所収八月七日付佐竹義宣宛石田書状、『大日本古文書・浅野家文書』所収八月十日付真田安房守宛石田書状。
(43)　「堀氏代々家伝記」(『伊那史料叢書』一)所収。
(44)　「景勝公御書留」所収。
(45)　「越佐史料稿本」所収「堀文書」八月二十三日付堀秀治宛前田利長書状。
(46)　「古狭蹟文徴」所収八月二十九日付堀秀治宛家康書状、「譜牒余録」所収九月一日付堀丹後守宛家康書状。
(47)　「積猷文書」所収九月十日付稲葉刑部等宛秀治書状。
(48)　「堀氏代々家伝記」(『伊那史料叢書』一)所収。
(49)　「堀氏代々家伝記」所収九月九日付羽柴美作守宛秀治状、「越佐史料橋本」所収「河野文書」九月十日付堀主馬頭宛秀治書状。
(50)　「越佐史料稿本」所収「堀文書」九月九日付堀雅楽助宛秀治書状。
(51)　「堀氏代々家伝記」所収九月九日付羽柴美作守宛堀直政書状、「越佐史料稿本」所収「堀文書」九月十一日付堀雅楽助宛秀治書状。
(52)　「堀氏代々家伝記」(『伊那史料叢書』一)所収。
(53)　同右、所収九月九日付羽柴美作守宛堀直政書状。
(54)　「越佐史料稿本」所収「堀文書」九月十一日付堀雅楽助宛秀治書状、「堀氏代々家伝記」所収九月十四日付羽柴美作守宛秀治書状、同九月十四日付高橋九左衛門宛大内長吉状。
(55)　「堀氏代々家伝記」所収。
(56)　「譜牒余録」所収。

(57) 同前。
(58) 前掲註(15)。
(59) 前掲註(55)。
(60) 『越後入広瀬村編年史、中世編』所収。
(61) 同右、所収「須原目黒家文書」。
(62) 『地方史新潟』第十二号(一九七七年)。
(63) 『堀家の歴史』所収「延岡堀家文書」。
(64) 寺泊五十嵐家文書「白川御領中家系由緒書」。

Ⅱ

神指城跡の再検討

本間宏

一、はじめに

慶長五年（一六〇〇）、会津一二〇万石を領する上杉景勝は、若松城の北西約四キロメートルの地点において、若松城に替わる居城の構築に着手した。これが「神指城（こうざしじょう）」と呼称されているものである。

この築城は、相国寺塔頭豊光寺の西笑承兌による慶長五年四月一日付け直江兼続宛書状（「歴代年譜景勝公」巻二十二『上杉家御年譜　三・景勝公』米沢温故会、一九八八年。以下「上杉家御年譜」とする）中に登場し、これが徳川家康の号令による会津征討の発端となったことから、「関ヶ原の戦い」の導火線となったと評されることが多い。

小論は、福島県歴史資料館収蔵の地籍図・地籍帳・丈量帳に基づいて神指城跡を分析し、発掘調査成果を加えた検討を行うことにより、神指城の実像に迫ることを意図するものである。

二、検討の視点

神指城跡の旧状を描いたものとして、二重の水濠が巡る様子を表現した「神指原古城之圖」（個人蔵）が知られている［会津若松市二〇〇四］。この絵図の由来は明らかにされていないが、後述する航空写真に認めることのできない櫓台や出丸が表現されており、軍学の知識を有する江戸時代の描き手が、推測をまじえて制作したものと考えられる。また、大正年間における福島縣の史蹟調査カードにも、大正十三年八月二十一日付けで、神指城跡の略図と地籍図調査の記録がある（高橋充氏の御教示による）。

次に有益な史料として、戦後に撮影された航空写真が挙げられる。現在知られている航空写真は、昭和二十二年にアメリカ合衆国の占領軍が撮影したものと、会津若松市に保管されている昭和三十年代初頭と推定されるものの二種である。神指城跡に大規模な開発が及ぶ以前の記録として、非常に貴重なものである。

前者は、若松城と神指城の位置関係や規模の比較において有益な情報を提供してくれる。石垣用の石材の搬路となったと伝えられる「石引道」も明瞭に認められ、若松城下から神指城までの幹線ルートであったことをうかがい知ることができる。しかし、広範囲を撮影対象とした写真であるため、神指城跡の細部を検討するに足る精度は有していない。

後者は、数種類の写真が現存し、圃場整備事業が進む以前の神指城跡を良く記録している（図1・2）。写真の精度が高く、地割や土地利用状況もおおむね知ることができることから、土塁と堀跡の範囲を認識しやすい。

福島県には、明治期に作成された地籍図・地籍帳・丈量帳が良く遺存しており、航空写真の撮影から七十年以上前の時点に遡った検討が可能な条件に恵まれている。平成四年三月に発行された『国営会津農業水利事業関連遺跡発掘調査報告書Ⅻ　神指城跡』では、これに基づいた地籍復元図を掲載しているが［福島県教委一九九二］、地籍帳自体の記載ミスや地籍図の表現ミスを修正した内容ではなかったため、今回改めて地籍復元図を作成することとした。

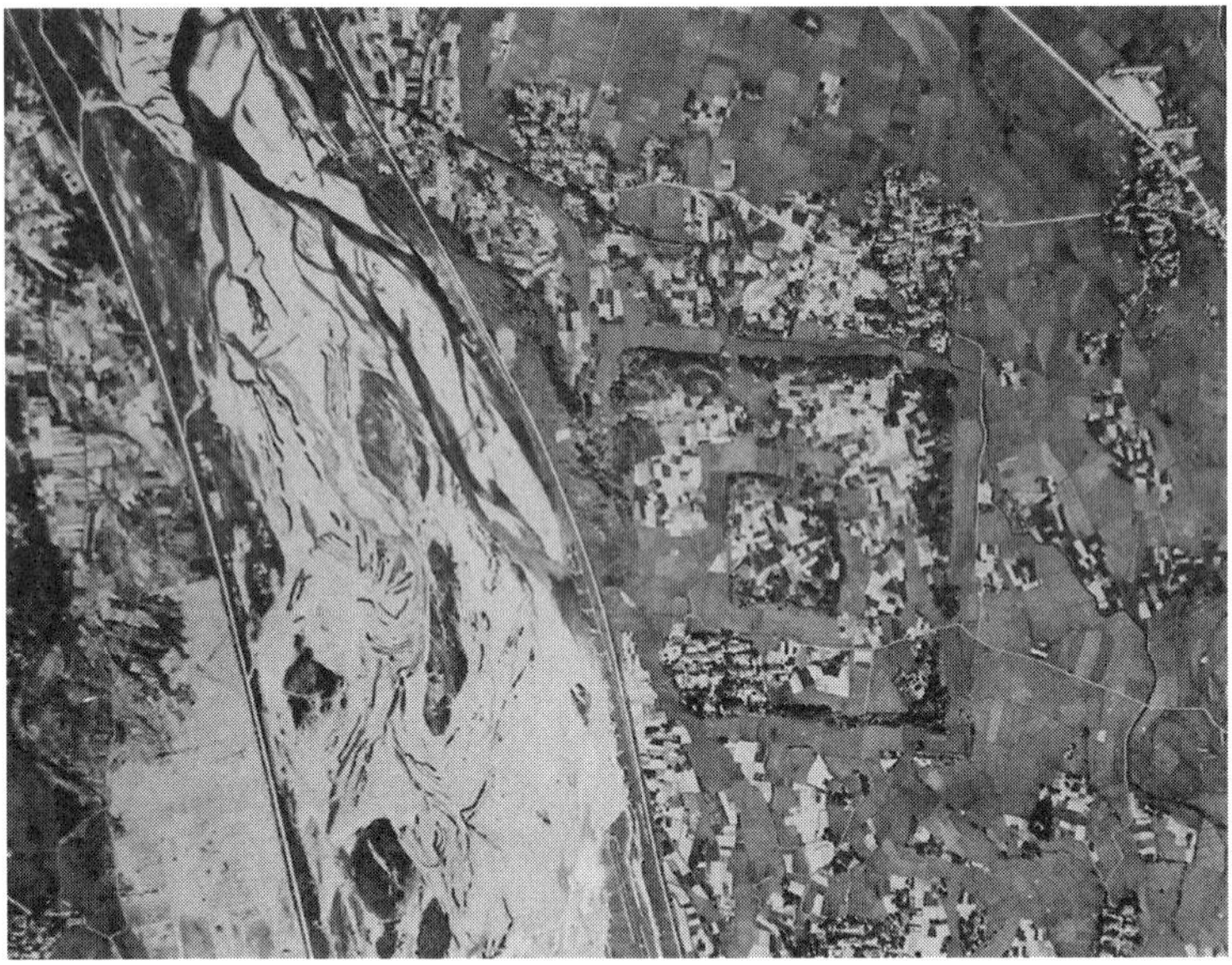

図１　神指城跡の旧状（会津若松市立会津図書館蔵「神指城跡」写真帳［鈴木 1967］から）

図２　同上航空写真（同上）

三、地籍図に基づく検討

(1) 検討の方法

福島県歴史資料館には、明治十五年から同二十二年にかけて福島縣によって作成された地籍図、地籍帳、丈量帳が収蔵されている。明治期の土地利用状況を記録した貴重な史料であり、福島県指定重要文化財となっている。

地籍図には、地番と地番界（境界線）が明記され、耕地、草野、宅地、道路、水路などが色分けによって表示されている。地籍帳には、地番ごとの地目、地積、所有者などが記録され、丈量帳には、道路・畦・溝渠などの官有地の実測値が記載されている。こうした記録は、土地利用の推移を把握するのに有効であるばかりでなく、失われた旧地形を推定する手がかりにもなる。このことから、古代条里遺構や城館跡の調査において、地籍図の検討は必須の作業となっている。

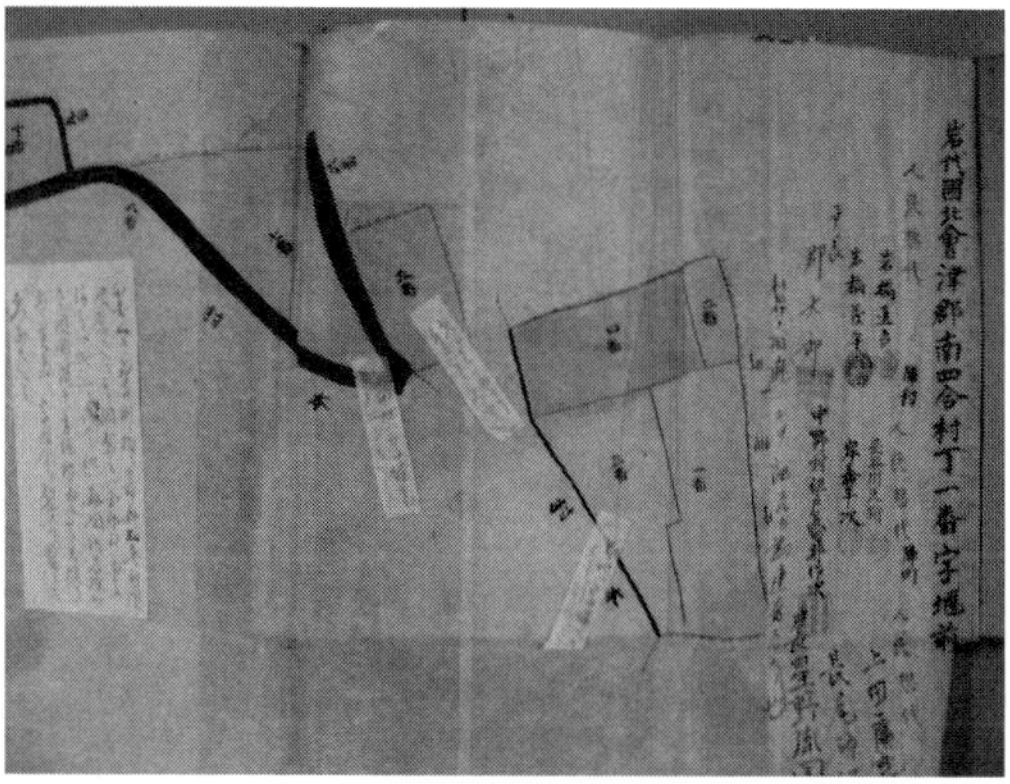

図３　地籍図の一例

図３は、地籍図の一例である。この図に見られるように、地籍図は小字ごとに作成されるのが通例であり、場合によっては、同一の小字であっても、数回に分けて図化されることがある。縮尺は六〇〇分の一を基本とするが、必ずしも正確ではなく、異同が見られることが多い。測量の精度も決して高

いとは言えず、年次を異にして作成された地籍図は、隣接する区域とうまく整合しないことが多い。

図４は、神指城跡付近の地籍図を複写し、つなぎ合わせてトレースした白地図である。旧北会津郡高瀬村字五百地・高瀬・舘ノ越・大田、北四合村字本丸・二ノ丸・上吉六・西堀、中四合村字村北・村添・欠下・四十田・新舘・町道下などの地籍図を整合させているが、前述のとおり、測量の精度が低いことから、歪みが生じている部分があるのは否めない。この地域の地籍図類は、明治十五年と十八年に作成されており、調査年次の異なる地籍図は、明らかに隣接する土地でありながらも、うまく整合しない場合が多い。図４においては、こうした不整合部分については、そのまま隙間を空けるなどして表現している。

この白地図をベースに、地籍帳・丈量帳の記載と地籍図原本とを比較点検しながら、㈶福島県文化振興事業団が地種別に色分けを行ったのが図５の「神指城跡地籍復元図」である。地籍図原本においては畑地と水田が同一色で表現されているが、図５は畑地と水田を区別して表現している。この点検作業の中で、地籍図原本上における彩色ミスも判明したため、明らかなミスと考えられる部分は補正を加えた。

図５において、最も色の濃い部分は草野、次に色の濃い部分が官有地、次に濃い部分が畑地、薄いトーンの部分がおおむね水田である。開墾に適さない高地が草野、微高地が畑、水を引くことができる低地が水田であったと理解すると、草野は土塁、水田の多くは堀跡であったと推定することができる。これにより、昭和三十年代初頭に撮影されたと伝えられる航空写真（図２）との対比が可能となった。両者を比較すると、明治十年代と昭和三十年代とでは、地種が若干変化してはいるものの、城跡の状態はほとんど改変されていなかったことがわかる。神指城跡は、昭和三十九年の運動場造成、昭和四十二年からの圃場整備事業、さらにはその後の廃棄物処理場造成などによって著しく改変されているが、その旧状を推定する基礎データが、ここにおいてようやく得られたことになる。

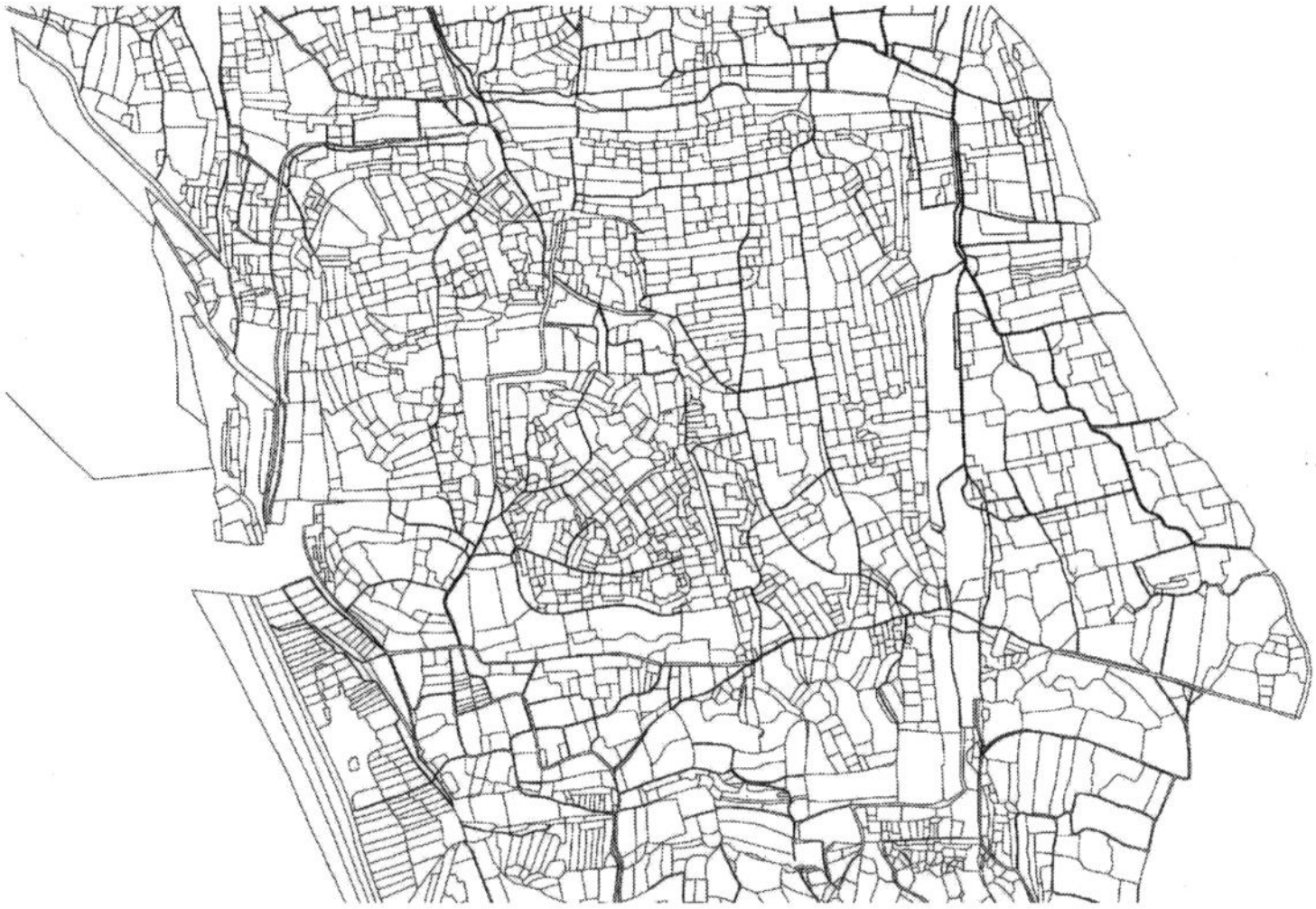

図４　神指城跡周辺地籍図

図５　神指城跡地籍復元図

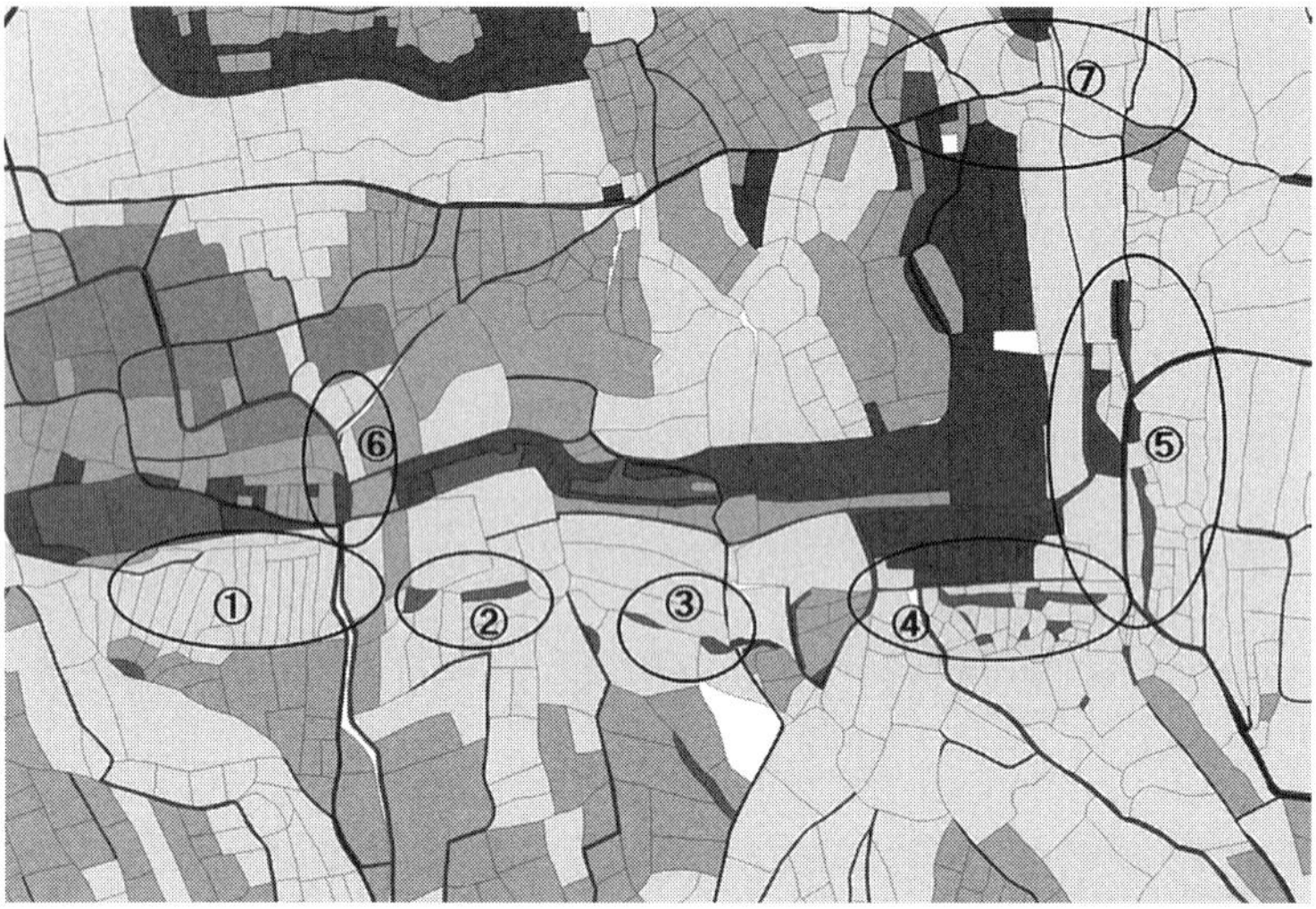

図６　「二の丸」跡南東部分の地籍復元図

（2）外堀跡の検討

図6は、外郭（通称「二ノ丸」）南東部分をクローズアップしたものである。まずは、図中に示した①から⑤の部分に注目し、外堀跡の規模を推定してみたい。

①の楕円枠の上（北側）には草地と官有地があり、枠の下（南側）には畑地が広がっているのを認めることができる。これを図2の航空写真と対比すると、草地・官有地は土塁跡であることが確実であり、畑地は水田よりも一段高い場所に立地していると考えられることから、楕円枠で示した水田部分を外堀跡と見なすことができる。

この①を基準にすると、外堀の南北幅は四五メートル程度であったと想定できる。そうした見方で目を東側に転ずると、②から⑤に見られるように、東西に帯状に伸びる官有地（やや濃い目のトーン）が、水田の中に点々と存在することがわかる。これは、いずれの地権者にも属さない水田の境界部分の段差が官有地となっていたものと考えられ、この段差が外堀跡の南辺だったと推定することができる。

なお、この外堀跡には、南東方向から数多くの水路が通じてい

図７　「本丸」跡周辺の地籍復元図

る。この水路には、二ノ丸外郭線の土塁を迂回して、二ノ丸東辺に通じるものと、土塁を寸断して、本丸方向に注ぐものとがある。このことは、図６の⑥に示される部分が、当初から切り通しになっていたことを示唆する。この部分を航空写真で観察すると、塁線に小さな屈曲が認められるので、虎口を予定していた場所であったと推定できる。

図６の⑦の部分では、南北方向の土塁が一直線になっていないことがわかる。ここも、将来的には虎口が構築される予定だったものと推察される。この間を東西に走る道は、石材の搬入路であったと伝えられている。虎口の整備が後回しになったまま、築城が中止されたと考えることができそうである。

（３）「本丸」の検討

図７に基づき、内郭部分（通称「本丸」）について検討しよう。内郭の周囲が濃い色に染まっているのは、土塁の部分が林もしくは草地になっていたからである。この土塁は、一見すると方形にも見えるが、各辺の中心点付近において折れを伴っており、横矢を設けていたことがわかる。これらの横矢には現存しているもの

図８　発掘調査で確認された石垣跡と内堀跡　福島県教育委員会蔵

があるが、昭和三十九年以降の造成により、かなり改変が加えられている。南辺を除く三辺には土塁の途切れる部分があり、三方向に虎口が予定されていたと推測される。

内郭を取り囲む堀の掘削は、きわめて不完全である。図７の⑧〜⑪を観察すると、直線的に掘削されるべき堀が、曲線的に掘り残されているのがわかる。虎口に通じるような形で土橋状に取り残された⑨・⑪は、不整形の形状から見れば明らかに土橋ではなく、掘り残しと見なすべきである。また、虎口とは無関係と考えられる⑧・⑩については、堀の掘削がほとんど手つかずの状態にあったと見なすべきであろう。⑧に見られる畑地の西側には、屈曲する帯状の官有地（やや濃いめのトーンの部分）がある。これは、掘削された部分とそうでない部分との間に生じた段境と想定することができ、この部分における工事の不完全さを裏付けるものであろう。⑩も同様の理由によると思われるが、⑭の地点になんらかの構築物を設けるため、資材の運搬と仮置きのために掘削を後回しにした可能性もあり得ると考えている。

次に、「本丸」の内部に注目しよう。図７では、西辺の中央付近から、北辺中央付近に向かって、道が通じていることがわかる。しかし、この道は、土塁の塁線とは全く無関係な曲線を呈している。方形を基調とする平城の場合、郭内の施設は塁線に平行もしくは直交する軸方位に配置されるのが通例である。ところが、神指城跡の場合は、図7の⑫に見られるように、そうした痕跡が微塵も残されていない。つまり、神指城の内郭においては、道の方位や畑の地割を規制するような起伏や構造物が存在しなかった可能性が高いのである。

郭内の北西部には、途中で行き止まりになる道がある。この道は、⑪から⑫に向かう途中で分岐し、⑬のエリアの手前で止まっている。⑬における地割はやや異質で、畑の区画が土塁の方向と一致している。これは、この部分になんらかの構築物を設けようとしていた痕跡ではないかと思われる。

同様のことは南東隅の⑭についても指摘できる。南東隅は、他の部分と比較すると、ひときわ草木地の部分が広くなっている。地割も土塁の抽線と一致していることから、この部分になんらかの構造物を設けようとした可能性がある。高台もしくは石材集積地だったのであろうか。⑪から⑭に向かう道がこの部分で途切れていることや、⑩における堀の掘り残しが、⑭における作業工程と関連する可能性があることなど、傍証になりそうな状況も看取することができる。残念ながら、この一帯は昭和三十九年に運動場に造成されており、上述の推測を検証することは不可能である。造成前のスナップ写真や、着工以前の地形図など、なんらかの手がかりとなる資料が発見されることを期待するほかない。

四、発掘調査成果との対比

(1) 調査の概要

平成二年、福島県教育委員会は、国営会津農業水利事業に伴い、神指城跡の発掘調査に着手した。幹線用水路埋設部分に限定された記録保存調査であったが、城跡を南北に縦断するように、細長いトレンチを入れたようなかたちとなった。この調査では、外堀と内堀の南北幅が具体的に確かめられたほか、「二ノ丸」から「本丸」に通ずる土橋跡、本丸北東隅の石垣跡などが確認された（福島県教育委員会一九九一・一九九二）。

外堀は、「二ノ丸」の北辺・南辺ともに、四四メートル前後の幅を有することがわかった。しかし、堀底に向かう勾配は緩く、検出面からの深さは一・四メートルから二メートルであった。堀跡の堆積土上部には、昭和四十二年の圃場整備の際に埋め立てられた砂礫土が認められたが、ここには石垣に用いられたと思われるような巨礫は混じっていなかった。堆積土下部からは、漆器・木器類が多く出土したが、築城ないし廃城の年代を示すと言える出土状態ではなかった。

内堀は、五五メートル前後の幅を有していた。しかし、遺構検出面から底面までの深さは約一・二メートルで、現水田面からの比高差も一・六メートル程度であった。

本丸北東隅の石垣は、基底部分が遺存していたに過ぎないが、矢穴を有する割石を用い、内部に多量の栗石を充填する、近世初期の本格的な石垣であった。基底部しか残っていなかったのは、城の破却によるものではなく、廃棄物処分場の造成等に伴うものであることが判明した。ただし、石垣の北側で認められた栗石の散乱は、破城の際のものと推定することができた。会津図書館に収蔵されている鈴木茂雄氏撮影の写真帳［鈴木一九六七］を見ると、本丸北東隅は、周囲の水田面から五～六メートルの比高差を有していたようなので、櫓台が形成されていた可能性が高い。図7の⑨に相当する部分で、土橋跡と名付けられた遺構が発見された。これは、本丸東辺に通じるように内堀を横断するものであった。しかし、幅が三〇メートルにも及ぶものであったため、土橋と認定できる性格のものではなく、内堀の掘り残しと判断された。

（2）調査結果とその解釈

前述の石垣と内堀について、筆者はかつて誤った認識を示したことがあった［本間二〇〇七］（以下「前稿」とする）。自身が発掘調査に携わりながら、先入観にとらわれた見解を発表したことを反省しなければならない。

前稿では、石垣の構築を堀底から行っているため、発掘調査で確認された深さ以上には堀を深くする予定がなかったであろうと述べている。しかしながら、図8に見られるように、石垣と内堀との間には空隙地帯があり、石垣が堀底から立ち上がっているとする一般的な判断は通用しない。神指城「本丸」付近の地業が割普請で実施されたという記録は無いが、堀の掘削と石垣の構築は連動していなかったと考えられるのである。したがって、この部分の石垣については、鉢巻石垣のような形状を計画していた可能性も考慮する必要がある。

また、「本丸」を取り巻く堀跡についても、前稿では、図7の⑧・⑩の部分について、堀跡が巡っているような図を提示している。しかし、発掘調査で得られたデータを虚心に評価し、地籍図を丹念に検討してみると、前稿に掲載した図には誤りがあったと認識せざるを得ない。

以上の発掘調査所見を加味しながら、現段階において提起できる判断を簡単にまとめておこう。

①「二ノ丸」を取り巻く外堀跡の堆積土には、圃場整備の際に破壊された土塁の構築土（大半が基底礫層に由来する礫）が埋められていたが、石垣に使用されるような巨石はいっさい含まれていなかった。限られた調査範囲ではあるが、「二ノ丸」の外郭線に石垣が設けられていた可能性は低い。
②発掘調査区内からは、建物・塀・溝などの構築物の痕跡は全く発見されなかった。部分的な調査ではあるが、「二ノ丸」においては建造物の構築に着手していなかったという可能性が高まった。
③前述の②を踏まえると、八万人とも一二万人とも言われる役夫の居住地は、「二ノ丸」の外にあった可能性がある。
④割石を用いた石垣には、多量の栗石と詰石が充填されている。近世初期の特徴を良く示すもので、上杉氏が新設した石垣作りの居城としては唯一無二のものと言える。総石垣を意図したものかどうかについては、判断できる材料を欠く。
⑤堀については、掘り込みの勾配が緩く、深さも極めて不十分である。地籍図においても、内堀が「本丸」の周囲を全周していない状況が示されていることから、堀の掘削が不完全なまま築城が中止されたことを如実に物語っている。
⑥堀が完成していない以上は、土塁も完成していなかったと見るべきである。したがって、昭和三十年代まで良好に残存していた土塁自体も未完成形であったと見なすべきである。
⑦地籍図を見る限り、「本丸」内においては、建物・塀・溝などの構築物を設けた痕跡が認められない。ただし、北西隅と南東隅には、なんらかの施設を先行して設けようとした可能性がある。

五、史料に記された神指築城

ここまでの検討で、神指城の築城が、極めて中途半端なものであったことを確認してきた。未完成のまま廃城になったというよりも、城としての体裁が整わないまま、工事が中止されたと見なすべきである。

冒頭にも述べた通り、神指城の築城は「関ヶ原の戦い」の導火線となったと評されるが、慶長五年（一六〇〇）という時期に、なぜ新たな府城の構築に踏み切ったのかは謎に包まれている。そこで、本章では、同時代史料と後世史料から読み取れる築城経緯を振り返り、問題点を整理したい。

慶長三年（一五九八）、豊臣秀吉政権の五大老に任ぜられていた上杉景勝は、越後九〇万石から会津一二〇万石に転封となった。景勝は、同年三月二十四日に会津に入部したと伝えられる（「塔寺八幡宮長帳」『会津坂下町史　文化編』一九七六年）・「上杉家御年譜」は、入部早々に「神刺里」への築城を決定したと伝えている。これによれば、「當城分内狭ケレハ何レノ地ニモ城ヲ築キ府ヲ移サントナリ」という景勝の命により、執政の直江兼続が各地を歴覧し、佐原盛連の次男であった北田次郎廣盛の古城跡が地の利において最適だと進言したが、景勝の同意を得られず、「神刺里」こそ平野の中央で四民が群居するに便利な場所であるという判断が下されたと記されている。

北田の地に府城を設けようとしたとする記述は、寛文二年（一六六二）成立とされる「會津四家合考」や、寛文十二年（一六七二）の「會津舊事雑考」にも認められる。いずれも向井新兵衛吉重編と伝えられる両書の文脈を総合すると、北田への築城が一度は決定していて、築城準備にも着手していたが、なんらかの事由により神指の地に変更になったと読み取ることができる。「上杉家御年譜」が成立する以前の史書であり、後世記録ではあるが、新城建設の目的を考える上で興味深いものがある。

神指城の築城は、慶長五年（一六〇〇）三月から開始されたもようである。編年体の第三者記録として有益な「塔寺八幡宮長帳」には、「其三月若松をかうさし村そのへん十三村をたおし御ひき可有候由被仰候て」という記述があり、神指周辺の十三ヶ村を強制移転させたことが読み取れる。

「會津舊事雑考」によれば、上杉景勝は二月十日に神指築城を命じ、三月十八日に本丸の造営を開始している。五月一〇日には会津、仙道、佐渡、庄内、長井などから一二万人（或いは八万人とも言う）の役夫が集められ、二ノ丸に着工したようである。築城惣奉行は直江兼続で、六月一日には城郭の体裁がだいたい整ったが、そこで工事は終了したとされている。六月一日時点における神指城の完成状況は、「本丸」は、東・西・北の三方に門を開き、四方には石垣が設けられ、その周囲には池が巡っていたとされている。「二ノ丸」については、石垣の記載が無いが、四方に門を開き、土塁の周囲に池が全周していたという趣旨が記録されている。なお、「本丸」と「二ノ丸」の規模のほか、土塁や池の規模についても記録されているが、地籍図調査及び発掘調査に基づく計測値と異なるため、ここでは省略する。記載された神指城の規模は、後代の計測によるものと思われる。堀跡を「池」と表現しているところから見て、堀跡には実際に水が溜まっていたものと推察される。

このほか、「會津四家合考」には、石垣に用いる石材については「桂山寺の峰々を掘崩して」調達され、「晝夜を分かず」築城作業が行われたことが記録されている。

神指築城に関する同時代史料は驚くほど少ないが、築城の趣旨を公表していたと推察される史料がある。

【史料1】徳川秀忠書状（慶長五年・一六〇〇）三月二十一日（「上杉家文書」一〇九三号）

翻刻出典『特別展　上杉景勝』米沢市上杉博物館（傍線・読点筆者）

御飛札本望之至候、如承意其以来不申通所存之外候、然其元御普請以下被仰付由尤存候、将亦上方弥静謐之由申来候、可御心安候、猶弥儀候者可申述候、恐々謹言

江戸中納言

三月廿一日　秀忠（花押）

会津中納言殿

御報

この書状は、「上杉家御年譜」では慶長三年三月廿五日付けと記録しているが、移国祝儀の書状が同年九月に秀忠から発信されている以上、この書状は慶長三年のものではないし、原本の字体も「廿五日」とは読めない。編纂に際し、慶長三年における会津入りの日付を勘案し、操作を加えたものであろう。三月二十一日以前の段階で景勝が会津にいて、しかも徳川家と戦闘状態にないという状況が前提になるので、慶長五年のものであることはほぼ確実と言えよう。

冒頭に「御飛札本望之至候」とあるように、この書状は、上杉景勝からの報告を受けた徳川秀忠の返書である。傍線部では、「其元」すなわち会津で行っている「普請」をもっともなことと述べている。神指築城や道路・橋梁の修築について景勝が状況報告を行い、これを秀忠が承知したことを意味している。

【史料2】豊光寺承兌書状写（慶長五年・一六〇〇）四月一日（『歴代年譜　景勝公』巻二二、同年夏四月条）

翻刻出典『特別展直江兼続』米沢市上杉博物館（傍線筆者）

態以飛札申達候、然者景勝卿上洛遅滞付而、内府様御不審候儀不少候、上方雑説穏便無之候付、伊奈図書・河村長門被差下候、此段使者口上可申達候得共、多年申通上者、愚僧笑止存如此候、香指原新地被取立、越後川

口道橋被作改、何篇不可然候、中納言殿分別相違候共、貴殿御異見油断存候、内府様御不審無拠廉存候事

一、景勝卿御別心無之候者、以霊社之起請文御申開可被成旨、内府公存而候事

（中略）

一、愚僧與貴殿数箇年無等閑申通候得者、何事茂笑止存如此候、其地之存亡上杉之興廃之境候条、被廻思案之外他事有間布候、万端使者申含口上候、頓首

豊光寺

承兌

卯月朔日

直江山城守殿

御宿所

傍線部では、上杉領における「香指原新地被取立」や道路・橋梁の改修を問題とし、執政としての兼続の責任をとがめている。神指築城などの行動が、「内府様御不審」と「上方雑説」を招いているという経緯がわかる記述である。西笑承兌が直江兼続に宛てた書状写の日付は卯月朔日（四月一日）であり、これが実在したとするならば、秀忠書状の差出日からわずか九日後ということになる。相国寺の「鹿苑日録」には、承兌が三月二十九日から四月一日にかけて大坂・伏見に滞留したことが記されている。四月二十二日には、徳川家康からの進物が承兌に届けられたと記録されていることから、家康の意を受け、伏見にて承兌が書状を認めたとする見解が有力視されている［木村二〇〇九］。

これに対する直江兼続の返書が、世に言う「直江状」であるが、「香刺原新地被取立」に関する回答はどこにも記されていない。したがって、神指築城に関わるリアルタイムな同時代史料は、わずかにこの二点のみということになる。

「直江状」は偽文書であるとする説があるが、兼続が承兌に書状を送ったのは、「鹿苑日録」の五月十一日条における「自直江来状之返札調之」を見る限り確実と言える。また、五月七日付け「豊臣氏奉行衆連署條書」写（「歴代古案」一二八三号）における「今度直江所行不届之儀、御腹立御尤ニ存候」の一文も、兼続の返書が家康を怒らせたとする通説の傍証とされている。

さて、「直江状」の真偽を論ずるのは本論の趣旨から外れるが、兼続から発信された返書が、今に伝えられる「直江状」写と同様の内容であったかどうかは重要な課題である。なぜなら、「直江状」が会津から発信されたのちも、神指城の築城がしばらく続けられているからである。この意味をどのように理解すべきであろうか。

六月初旬において神指城の築城は中止されたが、これについて「會津舊事雑考」は、「神指城半止者是世謂有景勝逆心而」と伝えている。徳川家康率いる会津征討軍への防備を固めるためであったことは疑いない。この間の事情を示す史料として、上杉景勝が安田・甘糟・岩井・大石・本庄に宛てた（慶長五年）六月十日付け書状（毛利安田氏文書［矢田二〇〇七］）が重要視されている［高橋二〇〇九］。これによれば、上洛を秋まで延期してほしいと奉行衆に返答したが、上洛しなければ会津への軍事行動が起こされるという事態になり、反逆の意志がないので万事を抛って上洛する覚悟を決めたが、讒人糾明を行わないまま期限付きの上洛督促がなされたので、時刻到来と判断したとされている。

この景勝書状は、景勝の上洛に関して「奉行衆」とのやりとりがあったことを示している。承兌と兼続の書簡往復に先行するものと考えられ、【史料2】の「景勝卿上洛遅滞付而」の文言につながると考えるべきであろう。その後、景勝は上洛する覚悟を一旦決めたと言うが、その傍証は得られていない。讒人の糾明を求めた点は「直江状」の内容と一致するが、「直江状」と景勝書状との間には二ヶ月近い空白期間があり、その間も神指築城は続けられている。

「直江状」にある四月十四日という日付の真偽はさておくとして、「鹿苑日録」における五月十一日条の記載に基づけば、兼続から承兌への書状は、四月末までには出されていたことになろう。後述するように、神指城の実態は、戦闘目的で計画されたとは考えにくい状況を示している。その築城が六月初旬まで継続されたことを考慮すると、家康と一戦も辞さないという覚悟は、六月十日付け景勝書状の直前にいたるまで固まっていなかった可能性が高い。そうした観点から見ると、「直江状」写の文言には、後世に創作されたものが無いとは言えないのである。

六、神橋城の築城目的

神指城の規模は、「二ノ丸」の外堀までを含めた場合、南北七一八メートル、東西六九八メートルを測る壮大なものである。その面積は五〇ヘクタールを超え、若松城の二倍にも及ぶものであった。しかし、三章と四章で検討したように、神指城は、城としての体裁が極めて不十分なまま築城中止を迎えている。堀は、旧地表面から一・五メートル前後までしか掘り下げられておらず、普請の工程から見れば五分の一にも至らない進捗状況であったと考えられる。作事には着手されていない可能性が高く、町割りの整備が行われた痕跡もない。そのように考えれば、基本計画の十分の一にも達しない段階で工事が中止されたと見て間違いない。後世の史書によれば、築城中止までの工期は、実質的には約二ヶ月半であった。前述の進捗度や、冬季における積雪などを考慮すると、数ヵ年以上に及ぶ長期計画で立案されたものと見なすことができる。

慶長三年（一五九八）、会津に入部した上杉景勝が見た若松城は、深い堀と高石垣、金箔瓦を葺く高層天守を有する巨城であった（近藤二〇〇九）。豊臣秀吉の権力を背景とする蒲生氏が整備した城下町には、京文化の香りも漂っていたはずである。当時としては完璧なまでに仕上げられた若松城に拠らず、全く別の地に府城を移転させようとしたのは、単に「當城分内狭ケレハ」という理由だけではなかろう。景勝と兼続は、むしろ蒲生色の払拭刷新を意図していたのではなかろうか。

上杉氏の会津移封は、越後における先祖伝来の土地と既得権益を守ろうとする保守派の家臣団にとって、まさに大打撃となるものであった。外川淳氏が説くように、景勝は、新領国で新たな知行宛行を行うことにより、長年の懸案であったピラミッド型の組織づくりを実践することができた（外川二〇〇八）。こうした家臣団と農民の支配強化とともに、在地商業資本と寺社の統制も重要な課題であったと思われる。神指城への「首都機能移転」は、この課題を克服するための布石であったと見なすことができよう。

この点について伊藤正一氏は、将来に予測される番城の削減、家臣団の在郷居住の解消、新規召抱、商工業者の誘致等に対応するための「新首都構想」が神指築城であったという見解を示している（伊藤一九九〇）。そして、葦名・伊達・蒲生という歴代領主の御用商人として成長を遂げてきた簗田氏を筆頭とする会津商人に対し、その既得商業特権を廃し、新たな商業規制を定めることによって旧慣を改め、商業の自由化による城下の繁栄を意図した一大事業が神指築城であったと考察している。庄内・佐渡などの飛び地を領有していた上杉氏が、はたして長期的構想として在郷居住の解消を目指していたかどうかは不明である。しかし、伊藤氏の発言は、まさしく居城移転の本質を衝く卓見であったと言うべきであろう。

中世的山城である春日山城を居城としていた上杉氏が、会津に移るやいなや、方形二重の巨大な平城を構想したというのは、かなり奇抜に感じられないでもない。しかし、河口に近接する地帯に平城を構築し、その周囲に商業都市を整備していくという流れは、毛利氏の広島城を先駆として、秋田氏の湊城、堀氏の福島城など、近世初期における築城傾向の一つとして確実に存在した。吉田郡山城から広島城に移った毛利氏の成功事例を知る景勝・兼続は、おそらくはこれをモデルとして新城構築に踏み切ったものと思われる。その当初において河沼郡北田の地を候補地としたと言うのも、中世以来の河湊が近接する条件を重視したからであろう。神指の地に変更となった理由については様々な理由が考えられるが、京都伏見の惣堀普請を手がけた技術力を駆使し、阿賀川と湯川に手を加える方針に転換したものと推測したい。少なくとも、軍事的理由による占地とは考えにくいからである。

こうして、家臣団・寺社・商業資本・農民・職人らを組織的に支配する行政機構の政庁として、神指城が誕生するはずであった。そして城内には、組織の精神的支柱となる上杉謙信廟「御堂（みどう）」と、それを慰霊する寺院群が配置される予定だったと推測される［本間二〇〇七］。謙信廟は、春日山城の不識院、若松城の南西隅、米沢城本丸と移動したとされ、その経緯を見る限り、城外に廟所を設けるという選択肢は、景勝には無かったと見るべきである。そこには、家祖に対する畏敬の念、家中の精神的支柱というにとどまらず、「謙信の後継者」として景勝を権威付け、その権威を頂点として組織支配を確立しようとする兼続の意図が見え隠れする。神指城における「御堂」の位置については、米沢城の事例を参考にするならば、図7の⑭に予定された可能性があろう。

七、おわりに

ここまでに見てきたように、神指城の築城は、長期的計画のもとに実施された一大プロジェクトと認識すべきである。こうした観点に立てば、石田三成と直江兼続の密約説や、西軍挙兵との連動性などについては、かなり慎重に検討しなければならないことがわかる。少なくとも、神指築城の動機は、徳川軍の迎撃とは全く関係がないと判断するほかない。六月初旬まで神指築城を行っていた上杉氏は、徳川家康と衝突する危険性を現実問題として認識していなかった可能性が高いのである。逆の言い方をすれば、軍事衝突が不可避となるギリギリの刻限まで、築城をあきらめなかったと言うことができる。神指城の築城と併行して徳川家康軍の迎撃態勢を準備していたとは考えにくく、防御態勢の準備は景勝書状の六月十日以降に本格化したと考えるべきであろう。

ところが、昨今多く発行されている直江兼続に関連する歴史図書には、「東国太平記」の記述や、「白河口戦闘配備之図」などが紹介され、家康軍の迎撃にあたって兼続が完璧な作戦を考案していたとするものが多い。実際に白河で戦いが起きた場合には、上杉軍が勝利したであろうという見解が披瀝されていることもある。さらには、実証的な根拠が無いまま、上杉の「防塁」とされるものが誇大宣伝される事態を迎えつつあり、不確実な歴史像が浸透する危険性を憂慮せざるを得ない。

歴史の荒波に翻弄された神指城は、完成を見ぬまま放置され、遺構の歴史的意義は忘却の彼方へと追いやられた。威容を誇った旧状は著しく改変され、いまだ史跡にも指定されぬまま現在を迎えている。歴史上の重要性は言うまでもないが、近世初期の築城過程をとどめる未完の城としての意義も限りなく大きい。上杉氏が会津の地に残した貴重なモニュメントとして、詳細な調査と保護・活用の気運が高まることを望んでやまない。

【追記】　小論掲載の写真使用にあたって、会津若松市立会津図書館、福島県教育委員会のご配慮を賜った。
また、発掘調査から小論作成にいたるまで、多くの方々からご教示を頂戴し、異なる意見を交換する機会にも恵まれた。末筆ながらご芳名を記し、学恩に感謝申し上げたい。
（敬称略・五十音順）

阿部哲人　飯村均　石田明夫　市川一秋　伊藤正一　伊藤正義　井憲治　大越道正　大塚建一郎　岡崎美紀子
梶原圭介　菅野淳一　近藤真佐夫　鈴木功　鈴木啓　高桑登　高橋明　高橋圭次　高橋充　丹野隆明　寺島隆太
中田正光　花ヶ前盛明　伴場聡　火坂雅志　藤原妃敏　堀金靖　平田禎文　松本茂　三池純正　渡部四郎　渡邊智裕

【引用・参考文献】

会津若松市　一九六五『会津若松史』第二巻
会津若松市　二〇〇四『会津若松市史3歴史編3中世2　会津葦名氏の時代』
会津坂下町　一九七六「塔寺八幡宮長帳」『会津坂下町史　文化編』
阿部哲人　二〇〇九「慶長五年の直江兼続」『平成二〇年度地域史研究講習会』福島県歴史資料館
石田明夫　二〇〇一「神指城と関ヶ原」『会津若松市史研究』三号
伊藤正一　一九九〇「上杉景勝の神指築城」『かみくひむし』第七六号　かみくひむしの会
伊藤正義　一九八九『秀吉　氏郷　政宗』福島県立博物館
木村康裕　二〇〇九「兼続と『直江状』」『直江兼続』高志書院
黒川真道編　一九八〇『会津四家合考』歴史図書社
近藤真佐夫　二〇〇九「蒲生期の状況から探る上杉期の若松城」『シンポジウム天地人の時代』福島県文化振興事業団
鈴木茂雄　一九六七『神指城跡』（写真帳）会津若松市公民館神指分館
高橋　充　二〇〇九「直江兼続と関ヶ原合戦」『直江兼続』高志書院
辻善之助編　一九六一『鹿苑日録』続群書類従完成会（全六巻）
外川　淳　二〇〇八『直江兼続』アスキー新書
福島県教育委員会　一九九一「神指城跡」『国営会津農業水利事業関連遺跡調査報告』Ⅹ
福島県教育委員会　一九九二「神指城跡」『国営会津農業水利事業関連遺跡調査報告』Ⅻ
福島縣史料集成刊行会　一九五二『新編会津風土記』

福島縣史料集成刊行会　一九五四『会津旧事雑考』
本間　宏　二〇〇七「会津若松市神指城跡　関ヶ原前夜における上杉家の動向」『中世会津の風景』高志書院
米沢温故会　一九八八『上杉家御年譜　第２巻　景勝公』原書房
米沢市上杉博物館　二〇〇四『城下町の光景　絵図によむ米沢』
米沢市上杉博物館　二〇〇六『特別展　上杉景勝』
米沢市上杉博物館　二〇〇七『特別展　直江兼続』

Ⅲ　慶長五年の戦局における上杉景勝

阿部哲人

はじめに

慶長五年（一六〇〇）九月十五日、徳川家康が石田三成らの軍勢を美濃関ヶ原に破り、秀吉死去後の豊臣政権における主導権を確保し、後に江戸幕府を開く足掛かりを得たことは周知のことである。そして、この武力衝突に至る抗争の発端は家康による会津出兵、上杉景勝に向けた軍事行動にあった。謀反の嫌疑に伴う上洛要請に従わない景勝に対する豊臣政権としての出兵であった(1)。本稿は、この慶長五年の戦局における景勝の動向を、特に石田三成ら上方西軍との関わりで検討しようとするものである。

まず、論点の整理や課題の確認に先んじて、家康出兵後の景勝をめぐる動向を概観しておきたい。家康は六月十六日に大坂を発ち、同日会津北方に領地を接する伊達政宗・最上義光、上杉領南東部に位置する常陸の佐竹義宣らが伏見から帰国の途に就いた。出兵にあたって家康は越後堀氏らも含めた上杉氏領国周辺の大名を中心に景勝包囲網を構築していた。

六月下旬、伊達氏は政宗の到着を待たずに、伊達郡において上杉氏と武力衝突に及んだ。そして、政宗は七月十二日に帰国すると即座に臨戦態勢をとり、七月二十五日には上杉氏の支城白石城を奪取した。山形に入った義光も米沢口への侵攻に備えていた。山形には義光の加勢となる南部氏や秋田氏をはじめとする奥羽諸将の軍勢が集結していた。しかし、小山まで進軍していた家康は三成挙兵の報に接して、七月二十四日、会津攻撃を中止、西上を決定した。ここに景勝と家康との全面衝突は回避されることになったが、景勝をめぐる緊張状態は継続した。

八月初頭、景勝は越後春日山の堀秀治に向けて、上杉旧臣を主体とした越後一揆を蜂起させた。また上旬には佐竹義宣との同盟成立に向けた動きが具体化した。そしてこの間、後述のように景勝は三成ら上方西軍と接触し、連携する。三成らは豊臣秀頼の推戴に成功しており、景勝は謀反人から豊臣政権の正式な構成者と立場を一変させ、西軍の一翼を担う存在となった。なお、他の周辺領主について、上杉氏は越後北部の溝口・村上両氏とは友好関係の維持に努めた。会津領東部の岩城氏や相馬氏との戦闘も回避している。

家康による攻撃中止命令は、八月上旬には政宗、義光らにも届けられたとみられるが、政宗は攻撃を止めず、上杉氏との抗争は八月下旬まで続いた。義光は山形に待機するも、援軍の諸将が八月中に帰国し、孤立状態となった。そのような中で八月下旬頃から景勝は政宗や義光と停戦、和平交渉に入ったとみられる。しかし、それは破談となり、九月中旬景勝の執政で米沢城将であった直江兼続が最上領へ侵攻した。しかし、戦局が膠着していた九月末、関ヶ原における西軍の敗退を知った兼続は山形から撤退した。

政宗による上杉領侵攻、義光による庄内攻略と、景勝と周辺領主の抗争は翌年まで続くが、慶長五年十月下旬、景勝は家康に対する降伏を決し、同年末、和平交渉の使節として老臣本庄繁長が家康のもとに派遣された。慶長六年八月、上洛して謝罪した景勝に米沢三〇万石への減封が家康から通達された。景勝をめぐる奥羽における抗争はここに完全に終結したのである。(2) 以上が慶長五年から六年にかけて上杉景勝をめぐる奥羽の抗争の概略である。

次に本稿が課題とするこの間、特に降伏を決意するまでの景勝の動向を考える論点について確認したい。①家康との軍事衝突に至る過程、②直江兼続による最上出兵の目的・意義、③戦後処理を通した近世大名領の形成などが挙げられる。[3]このうち、本稿は②の論点に重点を置き、他は必要に応じて触れるに留まる。以下、②に関す先学の見解を紹介し、本稿の課題を示したい。

兼続による最上出兵の目的・意義については誉田慶恩氏の見解が通説的位置にあった。[4]A伊達氏に比べて最上氏は弱小でただちに撃破しうると判断したこと、B義光が家康の指令によって北奥羽諸将の会津攻撃の先手を務めることになっており、これが上杉氏を刺激して大きな脅威を与えたこと、C会津・庄内・佐渡の三地域に分断されている領国の軍事的弱点を解消するため最上領を併呑し、会津と庄内を結合することを挙げ、特にCを主たる理由とされた。

誉田氏に先行して福本日南氏は、家康の西上の隙に最上義光を討ち、出羽全州を「経略」し、「根本」を固めることを兼続の意図としている。[5]これは家康との衝突に代わる積極的侵攻策として提示されている。一方で来るべき家康との戦闘に義光・政宗を「先鋒」とすべく、最上攻めを徹底して両者を降すとも述べられる。

最近の成果として、光成準治氏と白峰旬氏の論考を挙げたい。光成氏は、慶長五年における上杉氏の軍事行動を総括的に検討され、景勝が奥羽越佐を一大領国化し、その覇王となることを目指したと結論付けられた。氏は景勝の書状（後掲史料８）によって政宗・義光の撃破の後に関東出兵を行うという戦略に触れるが、主目的は関東出兵ではなく、奥羽越の制圧にあったとされる。それは家康の打倒後にわたって当該地域における徳川方大名の領国を侵略し、自己の支配領域を拡大することによって実現されると述べられた。白峰氏は、関ヶ原合戦、家康と三成らの軍事衝突を政治的抗争として捉えるが、同時並行的に地方で起こった抗争は戦国時代的な領土拡張戦の復活と位置付けられる。[6]慶長五年から六年における景勝、政宗、義光の交戦もまたその一つに挙げられている。[7]

これらの研究は景勝の動向を実力行使による領土拡張という方向で理解しようとしている。しかし、誉田氏の見解に具体的な史料的裏付けはなく、福本氏は兼続の言として叙述するが、やはりその根拠は不明であり、出兵をめぐる経緯なども整理する必要があろう。光成氏は景勝が目指した領国、覇王の実態が明確でない。また、白峰氏については主に政宗の動向からの見解とみられる。景勝の動向を具体的に追い、その意義を検討する余地が残されていると考えられる。そして、軍事行動を領土的野心に直結する理解にも若干の躊躇を覚える。

以上に対して、最上出兵を景勝の関東出兵との関連で理解する研究がある。笠谷和比古氏は、家康の会津出兵に対して景勝は専守防衛、迎撃の態勢をとっていたが、家康の小山からの西上によって、関東進出という反転攻勢の機会が到来したとされ、その実現のために周辺の脅威を除去する必要があって、それらの対応が会津上杉領の後方に位置する米沢城将の兼続に委ねられ、その対象は直近の山形の最上氏になったと述べられる(8)。

中田正光・三池純正両氏は、最上攻撃は義光・政宗両者を屈服させ、関東出兵に従軍させる目的とされる。それは慶長三年正月の会津移封時に秀吉が上杉氏に与えた「奥羽の鎮将」としての使命の遂行であり、まさに「天下へのご奉公」を目的としたものであったとされる(9)。また、この中では関東出兵が景勝の作戦の基軸として重視されているとみられる。そして、その構想は景勝が会津領国の新たな本拠となるべき神指城建設を命じ、諸街道の防衛強化を積極的に進めていた慶長五年春、上方で景勝に対する謀反の疑いが強まり始めたころまで遡ると理解されているともみられる。

これらはいずれも政宗と義光が関東出兵の障害であったとし、その排除によって関東出兵が実現する視点に立つ。首肯できる見解である。さらに三池氏のように関東出兵へ従軍させることや、その目的が公儀のためであり、慶長三年の景勝の会津移封に慶長五年の行動原理を求める理解も賛成できる(10)。しかし、これらの研究は景勝の関東出兵および最上出兵の位置付けに不明確な部分を残していると思う。笠谷氏は、三成が景勝と家康の挟撃作戦をとったとも指摘される。これは首肯されるが、すると景勝にとっての関東侵攻の意義は反撃に留まるものであろうか。また、最上出兵の理由は米沢城将として義光に対峙する兼続が、関東出兵の脅威を排除する役割を担ったためと説明される。しかし、義光が標的とされた積極的な理由は必ずしも明らかではないと思う。

また、三池氏らは景勝の役割を「奥羽の鎮将」と表現される。これは『歴代年譜　景勝公』慶長三年正月十一日条（米沢温古会『上杉家御年譜　三　景勝公(2)』）に基づくと思うが、このような評価は、最上出兵に重心があるとしても、景勝の作戦の基軸ともいうべき関東出兵を全く無視してしまっていると思われる。そして、最上出兵と関東出兵が密接に関わるのであれば、関東を視野に入れた景勝の位置付けが必要ではなかろうか。

ところで、領土拡張論も含めた、これらの研究は景勝と上方西軍との連携についてあまり注意が払われていないと思われる(11)。既述のように笠谷氏は、三成は景勝と家康の挟撃を図ったとされる。また、白峰氏は景勝の関東出兵を三成の要請によると明言される。しかし、このような要請、上方西軍との関係における景勝の対応はいまだ十分に明らかにされていないと思われる。そこで、本稿は上方西軍との連携という視点を重視して景勝の動向を考察していく。これによって景勝の軍事行動は領土拡張が目的であったとする評価や、関東出兵を反攻とする位置付けを再検討できると思われる。また、兼続による最上出兵のみの理解に留まらず、奥羽・関東にわたる上杉氏の活動をより包括的に理解でき、その性格の一端を全国的視野の中で明らかにできるのではないだろうか。

そこで、本稿は①景勝と三成ら上方西軍との提携成立、②上方西軍との関係における景勝の遂行すべき作戦、③作戦の展開に見る伊達政宗・最上義光への対応という事実の解明を通して、慶長五年の景勝を中心とした抗争を中央の政局戦局との関連で捉え直し、その性格について考察していきたい(12)。なお、紙幅の都合により、上洛をめぐる景勝と家康の交渉と、その決裂による軍事衝突に至る過程についての考察は割愛した。

以下に、史料の出典となる史料集の略称を示す。『新』（『新潟県史資料編3～5中世一～三』）、『信』（『信濃史料』第十八巻）、『関』（藤井治左衛門『関ヶ原合戦史料集』新人物往来社、一九七九年）、『歴古』（『歴代古案一～五』）、『家記』（『上杉家記』巻三十三、米沢市上杉博物館所蔵「上杉文書」四三号）、『図説』（『図説　直江兼続　人と時代』天地人博実行委員会二〇〇九・米沢上杉文化振興財団、二〇一〇年）、『鹿』（『鹿児島県史料旧記雑録後編三』）、『真』（『長野県宝　真田家文書（1）』松代藩文化施設管理事務所、二〇〇四年）、『覚上公』（『覚上公御書集　下』臨川書店、二〇〇〇年）、『横』（『横手市史　史料編古代・中世』）、『秋』（『秋田県史古代・中世編』）、『山・上』（『山形県史古代中世史料1資料編15上』）、『仙』（『仙台市史　伊達政宗文書二』）、『伊』（『大日本古文書家分け3　伊達家文書』）、『山・下』（『山形県史　古代中世史料2　資料編15下』）、『山縣』（『山形縣史　第一巻』）、『上』（『大日本古文書　家わけ第一二　上杉家文書之三』）である。

一、景勝と上方西軍の連携

この章では、景勝と宇喜多秀家・毛利輝元の二大老、三成・長束正家・増田長盛・前田玄以ら四奉行によって中核が形成された上方西軍との連携の成立についてみていきたい。

上方における西軍の決起は、七月上旬に三成が大谷吉継に反家康行動への参加を求めることに始まる。十一日にそれが実現すると、次いで三成は正家・長盛・玄以ら三奉行衆を取り込んだ。これによって三成の家康に対する軍事行動は豊臣公儀の名をもってする公戦としての正当性を持ったと指摘されている。[13]また、輝元や秀家らも参加し、上方西軍の中核的なメンバーがそろうこととなった。もっとも輝元や秀家らは七月初旬以前から三成と協調していたとされ、輝元の広島から大坂に入る迅速な動きなどを鑑みるに首肯すべき見解といえよう。[14]挙兵の準備が水面下ですでに進められており、七月中旬に具体化したという展開であろう。そして、十七日付で家康に対する弾劾状である「内府ちかひの条々」が、正家・長盛・玄以ら三奉行による副状とともに全国の諸大名に発せられた。同日付の輝元と秀家の連署による書状も確認されている。これが西軍の家康に対する宣戦布告と位置付けられている。

この三奉行による副状と弾劾状は、兼続のもとに八月三日に届いた（後掲史料６）。当時、兼続は浅香城にあって上杉氏の軍事指揮を執っていたとされることから[15]、これらは先に景勝のもとに届いたとみられる。八月四日付で兼続は会津にあった山田喜右衛門尉に「書状披見、上方へ之飛脚申付候由尤候事」と書き送っており（『新』三三二九号）、三奉行の連状を受け取った景勝のもとから飛脚が上方西軍に向けて送られたことはこれを裏付ける。八月初頭に至って上杉氏は上方西軍とのコンタクトを開始したのである。なお、上方と会津との連絡には約二週間を要することが分かる。したがって、三成らが上杉氏の回答を受け取るのは八月中旬とみられる[16]。

【史料１】

追而、自上方も其已来ニハ左右無之候、巳上

其以後自其許も不罷越候、無心元候、下筋もやう相替事候や、此方方（ママ）ニ無別儀候、可心易候、南山よりも其以後かわる事無之由細々申越候、米沢表是も定而無別条候、

八月四日たつ刻　　景勝

山城守殿　（『家記』[17]）

追而書に上方からはその後連絡はないとある。既述のように上方からの連絡に即座に飛脚を送ったことと合わせ上杉氏が上方西軍との連携に意を注いでいたことが分かる。

【史料２】

追而弥義御座候者、自是可申上候、以上
御書拝見、此表無相換義候条、不致言上候、自佐竹使者之様子者、昨日申上候、定而可致参着候、それかし罷帰候儀爰元承合、得御意、其上可罷帰候、今月中之御帰ニ相極候条、方々無油断承合候、弥義候者可申上候、然者佐和山より之使者被召出、御懇比可然奉存候、拙者罷着本書参候ハゝ、御返報相調為上可申候、又越後一揆之儀ハ不苦候条、成次第ニ被仰付御尤奉存之由、御披露、恐々謹言

山城守

八月六日午刻　　兼続（花押）

助二郎殿（『図説』二三九頁）

これは兼続が景勝の取次を務めていた清野長範に宛てた書状である。傍線部Aには佐和山、すなわち三成からの使者に対する丁寧な応対を求め、自ら返事を調えるとある。兼続の上方西軍に対する大きな期待が感じられ、上方西軍の呼びかけに上杉氏は積極的に応じたことが窺われる。後掲史料6で家康の弾劾状が届いたことに「弥丈夫ニ相調候」と兼続は記している。

さて、家康を会津に出兵させ、その隙に上方で三成が挙兵し、家康を挟撃しようと兼続と三成が事前に協議していたという話がある。福本氏は前掲註（5）著書でそれを慶長四年春とし、『日本戦史　関原役』は協議の日時を審らかにできないが、事実によって考えることで慶長四年閏三月における三成の佐和山への隠退の際と類推する。(18)しかし、ともにこれらを裏付ける明確な徴証は示されない。さらに渡辺三省氏も事前協議の存在を主張されるが、伏見における上杉屋敷と石田屋敷が近接していることを踏まえて、兼続と三成の接触に際する協議の可能性を指摘されるに留まり、具体的な証拠は挙げられていない。(19)

さて、この議論をめぐる論点の一つが『続武者物語』に収められた六月二十日付兼続宛三成書状である。しかし、これはその文言の不自然さから偽文書と評価され、事前共謀説否定の根拠とされてきた[20]。一方で會田康範氏はこの文書が不自然であるということのみで共謀説を否定はできないとし、慶長五年二月以降に家康との交戦を決意した上杉氏と三成との短期の調略に発展したとされる[21]。そして、笠谷氏はその文言は不自然ではないとして文書を信頼できると評価し、直江状を受けた家康が会津出兵の意向を固める慶長五年五月以降の連携と推察される。

また、光成氏は四月十四日付西笑承兌宛直江兼続書状、いわゆる直江状が出された後に条件付きながら景勝が上洛を決断したこと、宮本氏は後掲史料5の第一条にあるように八月初めの時点で上方の三成と会津の上杉氏との間に確実な連絡ルートはなかったことなどを根拠に、また三池氏は次の史料3から[22]、それぞれ事前協議を否定された。少なくとも慶長四年まで遡るような事前協議の存在は確認できないのが現状といえよう。

【史料3】

雖未申通候令啓候、今度内府貴国へ出張ニ付、輝元秀家を始、大坂御老衆・小西・大刑少・治部少被仰談、秀頼様御為ニ候条、貴老御手前同意可然之由承候間、拙者も其通候、委曲石治ゟ可被申候、以上、

羽兵入

七月十五日　惟新

景勝

人々御中（『鹿』一一二六号）

家康の会津出兵という状況下で、輝元・秀家の二大老、正家・長盛・玄以ら三奉行（御老衆）、小西行長、大谷吉継、三成らが協議し、秀頼のために景勝と連携を図ることとなったと聞いた島津義弘がそれに同意することを景勝に

伝えた書状である。輝元以下のメンバーは七月に形成された上方西軍の首脳である。西軍の成立とともに景勝との連携が決定された状況が窺われる。上方西軍が成立して、次章にみるような具体的な戦略に基づく連携作戦が上杉氏と三成らとの間で展開することになったと考えられる。(23)

二、西軍の一員として

この章では西軍の一員として景勝が担うことになった作戦を具体的に検証していく。

（1）景勝の関東出兵

【史料4】

態啓達候、去年已来、内府被背御置目、誓帋被違、恣之働無是非候間、今度各相談、及鉾楯候、上方之事一篇ニ申合、妻子人質悉相卜候、景勝申談上者、関東之儀可属平均事、案之内候、貴殿連々　太閤様御懇意於無忘却者、此節　秀頼様へ御忠節肝要存候、猶従年寄衆可被申入候、恐々謹言

芸中納言

七月廿九日　輝元（花押）

真田安房守殿

御宿所（『真』四九号）

慶長五年九月二十九日付で毛利輝元が真田昌幸に宛てて、家康に対して挙兵したことを伝え、昌幸の西軍への参加

を要請した書状であるが、この中で傍線部には景勝と手を組んだからには関東平定は射程に入ったとある。ほぼ同内容の昌幸宛の宇喜多秀家書状も伝わる（『真』四八号）。同日付の前田玄以・増田長盛・長束正家らによる昌幸宛の書状には「景勝申談候者、関東即時ニ破滅たるへく候」と記されている（『真』四五号）。関東攻略に景勝が大きく期待されていることが分かる。

【史料5】

以上

熊中入候、

一、此飛脚早々ぬまた越ニ会津へ御通し候て可給候、自然ぬまた・会津之間ニ他領候て、六かしき儀在之候共、人数立候て成共、そくたくニ成共、御馳走候て御通しあるへく候事

（第二・三条略）

一、会津へも早々関東表へ御行被仰談、行ニ可被及之由申遣候、貴殿よりも御入魂候て、可被仰遣候事

一、従越後も無二ニ秀頼様へ御奉公可申旨申越候間、妻子も上方ニ在之事候条、偽も在之ましく候、羽肥前儀、母江戸へ遣故候か、未むさとしたる返事候、剰無二ニ上方へ御奉公と申、羽柴五郎左へ手前へ人数を出候間、自越後越中へ人数可被出旨申越候、定相違有間敷候事

（第六～十条略）

八月五日　　三成（花押）

真田房州

同豆州

同左衛門佐殿

人々御中（『真』五四号）

昌幸、信之・信繁父子に宛てた三成の書状の内、第一・四・五条である。四条目には、景勝（会津）に対して関東出兵の協議を早々に行い、その実現を要請したので、昌幸らもまた協議に臨むように要請している。三成もまた景勝に関東出兵を求めている。

【史料6】

追而内府小山より被引除候由申来候条、実説聞届候ハヽ、可申遣候、相馬之使をも今明日中ニ可参候、如何とも正宗不取遁擬いたし度候、切々見届注進尤候

急度申遣候、仍而梁川江の加勢衆相移候哉、承届候、其元普請之儀在陣衆へ相談、急度可申付候、少も有油断間敷候、扨て昨日京都より御奉行中之連状到来、弥丈夫ニ相調候、此方之様子ニより関東対治として御人数可被下之由候、諸国江御奉行中より被遣候条目・連状之写遣候、披見尤候、其境目聞届可注進候、恐々謹言

八月四日　　兼続

山城守

小田切安芸守殿

車　丹波守殿

本村造酒丞殿

青柳隼人佐殿

上泉主水佐殿

榎並三郎兵衛殿（『家記』[24]）

政宗に対する梁川城の援軍となった六名に兼続が、梁川情勢を尋ね、京都から奉行衆の連状などが届いたことや家康の動向などを報告した書状であるが、傍線部のようにこちらの状況による「関東対治」に上方から軍勢を派遣すると、奉行中の書状に記されているとある。この「関東対治」とは上杉氏の関東出兵を指すとみられる。上方西軍からの関東出兵の要請は上杉氏に届いていたことが分かる。白峰氏はこれを西軍の最重要作戦とみられる。

しかし、上杉氏の関東出兵には問題が存在した。

【史料7】

追而其方越後へこし候事無用ニ候、可越由申遣用所相調尤候、以上

書状披見、上方へ之飛脚申付候由尤候事

一、越後一揆之儀者度々如申付候、あか北ニハ先々手を不付、あか――（ママ）春日山（ママ）の方へ成次第おこし候やうニ可申付候、久太郎も上方――（ママ）之御ふれ状ニよつて、此方次第と存躰ときこへ申候、呪哉溝口・村上事ハ勿論候、侍之筋目公儀ニ候条、両人領分ハ先々取除尤候、其外ハ成次第可申付候事

一、方々聞合、御備も今月廿日時分まで尤かんよふニ存候条、A先々一揆等ニふかく人数を遣候事無用ニ候、太躰さへすミ候へハ、成事ニ候条、其心得専一候、此方之儀、B最上・正宗討果候事、輒候へ共、内府之手成しられす候まゝ、手をミきりこらへ候指向候、一大事尤つゝしミかんよふニ候、越後之一揆成次第と可存候、為其申遣候、謹言

八月四日　　兼続（花押影）

山田喜右衛門尉殿（『新』三二二九号）

これは八月四日付で兼続が会津の山田喜右衛門尉に越後一揆をめぐる指示を与えた書状である。その傍線部Bで最上・伊達両氏を討ち果たすことは簡単であるが、家康の状況が分からないので、手出しを控えていると記している。これは兼続が家康よりも北方の義光と政宗への軍事攻撃を優先しているということである。小山からの動向を十分に把握できない家康よりは、積極的に上杉領に攻撃を仕掛ける政宗と、それと一体的存在と認識されている義光への対応が現実的問題であったことを示している。

ところで、これは家康への対応と政宗・義光への対応を同時に遂行することが困難であることを意味している。つまり、三成らから要請されている関東出兵作戦の実行には、すでに指摘されるように政宗と義光の問題が障壁となったのである。このような情勢に景勝は、関東出兵の実現に向けた調整を図ったと考えられる。その結論となる具体策が次の史料に示されている。

【史料８】

（第一～四条略）

一、当表之儀、如蒙仰、去月廿一日内府江戸を被打立、廿六・七時分白河表発向議定之処ニ、上方変化之様子動転、悉敗軍候、内府者今月四日ニ小山より江戸へ被打入候、則関東表罷出処、最上・政宗見合、慮外之躰候条、急度申付、奥口相済、関東へ三昧可仕候上者、卒尓ニ関東表及調議、奥口蜂起候へハ、手成見苦候条、右之分候、但内府上洛議定ニ候者、佐竹令相談、抛万事関東乱入之支度無油断候条、可御心安之事

一、南部・仙北・由利中之面々、秀頼様へ御奉公可申上由、此方へ使者到来候事

一、越後之儀、江戸へ人質を出、無二内府一味之躰ニ候条、一揆等申付、少之人数をも遣可討果由存候処、秀頼様へ無二忠節之段、就中越中江動等被仰付之由候条、羽久太へも可令入魂旨申届候、一揆等も相静候、溝

口・村上両人之儀者、前廉より無別儀候事
一、当表之儀者、随分丈夫ニ可申付候条、可御心易候、諸口申付候故、急速関東表へ不罷出候儀、所存千万候、併来月中者佐竹相談、是非可及行候、猶当表仕置、最上・政宗義も御指図次第可存其旨候、恐々謹言

会津中納言
八月廿五日　景勝（花押）
長大
増右
石治少
徳善院
輝元
秀家
参御報人々御中（『真』五五号）

宇喜多秀家・毛利輝元・前田玄以・石田三成・増田長盛・長束正家ら、上方西軍の中核メンバーに宛てた景勝の書状である。(25) 五条目には政宗・義光の問題を解決した後に関東に出兵するが、家康が江戸からの西上を決定した場合は佐竹氏と相談して優先的に関東に出兵する準備に抜かりはないとある。また、八条目では佐竹との相談の上で、来月に関東出兵を実行する旨を表明している。つまり、景勝は政宗・義光の問題を解決し、佐竹氏と手を組んで、九月に関東出兵を実行するという作戦を三成らに表明したと考えられる。そして、この作戦を基軸として、家康の江戸からの西上決定に対する即時の関東出兵を緊急対応として示したと思われる。

本間氏が指摘されるように八月二十九日付で兼続は、宇都宮氏出身の結城朝勝に実家宇都宮領における「百姓」を、伊達・最上両氏の問題解決後の景勝による関東出兵に味方させるように準備しておくことを要請している（『新』三二三六号）。これは九月の関東出兵に向けて上杉氏が実際に動いていることを示している。

高橋明氏は史料8を八月初頭以来の要請である関東出兵を行えないことの弁解と捉えられるが、むしろ展開すべき作戦を積極的に表明した書状と考える。関東出兵の要請を即座に実行できるほど事態は容易ではなかったであろう。ともかくも、伊達・最上両氏への警戒が示すように、八月初頭の上方西軍との接触以降、上杉氏は環境の整備を進めながら関東出兵の実現を目指した活動を行っていたとみられる(26)。

また、光成氏は結城朝勝の宇都宮領における工作は最上出兵を敢行するための下野駐留の東軍への牽制とし、景勝に関東出兵の意思はなかったとされる。しかし、上述の動向に加えて、九月三日には兼続が景勝の関東出兵に政宗の同陣を探るように（後掲史料12）、関東出兵を作戦の基軸に位置付け、実現に向けた活動を上杉氏は展開していたとみられる。

さて、ここでもう一点確認しておきたいのは、八月初頭の上方西軍との接触によって、初めて景勝は関東出兵という作戦を採り、それと連動した伊達・最上両氏の問題が具体的視野に入ったことである。家康との武力抗争を決意した六月時点での景勝の基本姿勢は、上杉包囲網に対する迎撃であった。関東出兵に言及した上杉氏側の史料を、景勝と上方西軍の連携成立以前に見出すことはできない。景勝は三成らと連携することで、初めて関東出兵、そしてそれに連動する政宗・義光に対する積極策を具体化させたのであった。これら景勝の活動は三成らの要請、つまり西軍の作戦として展開されたのである。

（2）奥羽の掌握

関東出兵と並んで景勝が三成らから受けた期待のもう一つに奥羽の掌握を指摘できる。八月三日、兼続のもとに家康の弾劾状「内府ちかひの条々」および前田玄以・増田長盛・長束正家らによる副状が届いた。周知のようにこれらは全国の諸大名に発せられていた。

【史料9】

（前略）

一、然る処にA上方奉行増田右衛門尉・長束《ナツカ》大蔵・徳善院三人之連判にて回文并　内府様御ちかひめ之条数七月七日（マヽ）附にて参候を、直江山城方状（景勝之宿老也）方ゟ状を添て為持来候、依之出羽国之諸侍色めき立て見へ候に付て、B城之介ハ六郷兵庫と由利郡之面々与被申合候、本来最上とは城之介日頃底意あしく候得共、大（内）府様江御奉公之ためにて候間、此時最上与一味仕、少身ニ候得共、六郷評庫は無二の御味方仕、又由利之面々兎も角も城之介次第のよし申され、もゝさんだと申処江出合、互に誓帋をとりかハし、扨右之廻文并直江山城が文と直江方江之城之介返事之案文与を添、九月上旬常願寺与申一向宗の出家を使として榊原式部大輔殿迄差上、内府様江御目に懸被申候、

右、申ことく、おの〳〵世上を見合候内等も、C横手の主人小野寺遠江は其侭色を立、敵景勝江一味仕候、此所謂は太閤様御代の初、諸国御検地なされ候ニ付、小野寺領方大谷刑部少一揆を起し御検地之衆江慮外仕たるによつて、小野寺既ニ身上果るにて候得しを、御慈悲にて其儘さし置き、領方之内三分一被　召上、湯沢・舛（増）田と申処ヲ最上ニ下され候、此時日頃の野心を起したるよし

（後略）（『横』三四四号）

これは秋田実季が最晩年に孫である三春藩主盛季の求めに応じて記したものであり、慶長五年から既に五十年以上の年を経た記録であり、記憶違いなどにも注意する必要があるとされるが、一次史料での裏付けがとれる事実も多く記され、関ヶ原頃の仙北地方の情勢を知るための貴重な史料と位置付けられている（『横』三四四号解説）。

傍線部Aには長盛・正家・玄以ら連判の回文（副状であろう）と「内府様ちかひめ之条数」が兼続の副状とともに届き、それを受け取った出羽の諸将に動揺が走ったとある。これに対して実季は、傍線部Bのように六郷政乗や由利衆と相談し、家康のために義光に同心することで誓紙を取り交わし、三奉行による文書と兼続の副状、そして実季が兼続に書いた書状の案文を家康に提出した。一方で傍線部Cのように小野寺義道は景勝と組んだ。

大島正隆氏は、八月上旬に上杉家に届いた、これらの文書が、上杉氏によって奥羽諸将に送られ、少なくとも月下旬までには秋田氏のもとに届いたとされる[27]。金子拓氏は八月中旬時点での兼続を中心とした調略活動の可能性を指摘される[28]。本間氏は八月八日付で兼続がその所在地である阿古島から米沢までの伝馬二疋の用意を命じ過所が発給されていることを、上方から届いた家康弾劾状を用いた出羽諸将の調略活動のためではないかと推察されている。上方西軍とのコンタクトに成功してすぐに、上杉氏が奥羽諸将への対応を行ったことが窺われる。

さて、秋田実季宛の傍線部Aにいう連判の回文に該当すると思われる文書を『秋田県史』が掲載している（『秋』九九七号）。「秋田家文書」からの引用で実季に届いたものとみられる。これとほぼ同文の小野寺義道宛の文書（案文）も掲載されており、実際には回文ではなく、上方西軍が奥羽諸将個別に宛てて文書を作成し、与同を呼びかけたことが分かる。

そして、これらは兼続の書状を添えて奥羽諸将に届けられた。つまり、奥羽の各領主宛に作成された三奉行の文書は、既に大島氏が指摘されているように一括して会津に送られ、改めて奥羽諸将へ転送されたのである。ここに奥羽諸将の編成がもう一つの景勝の作戦であったことが見えてくる。このような奥羽諸将の抱き込みは義光や政宗に対する背後からの牽制という意味もあろうが、実際にはそれに留まらない、また上杉氏単独の判断でもない、西軍による奥羽掌握策として理解すべきである。その任は景勝に委ねられたのである。

八月二十五日、景勝が三成らへ送った書状（史料8）の第六条には「南部・仙北・由利中之面々、秀頼様へ御奉公可申上由、此方へ使者到来候事」、南部・仙北衆・由利衆が秀頼に御奉公する（西軍に味方する）と会津へ使者を送ってきたとある。この時点でこのような使者が会津に来ていたかどうかは不明であるが、景勝がこのような内容を示したのは、これら奥羽諸将の掌握を三成らから求められていたからであろう。(29)

八月十二日、兼続は上杉氏家臣岩井信能に、山形では南部氏や仙北衆が上方の情勢を聞いて帰国したので義光が取り乱していると認めている（『歴古』一一二三号）。南部氏や仙北衆、由利衆には義光の指揮下で米沢口を攻撃するため山形へ出兵するように家康から命令が出され（『秋』九九五号。戸沢政盛、実季、義道ら各々に宛てた家康の黒印状が掲載されている）、諸将は出兵もしくは派兵していたとみられている。山形に家臣を派兵し、自らは院内に出陣していた実季は八月八日に家康家臣榊原康政に書状で、自らの帰陣のことを伝えた（『秋』一〇〇一号）。家康はすでに義光に対して会津出兵の延期を七月二十三日付で伝えており、このような中で山形の諸将が帰国を求める状況が生じていたのではなかろうか。大島氏は、八月十日までに家康の会津攻撃中止が最上領に伝わったとみて、諸将が帰国することは当然であるとされる。兼続による調略活動の可能性も指摘されている。十二日付兼続書状はそのような奥羽諸将の帰国をめぐる混乱を示しているのではあるまいか。

そして、ここに景勝や兼続は奥羽諸将の勧誘に一定の期待を持ったのではなかろうか。それが二十五日付の景勝状（史料8）の奥羽諸将の動向に触れた記述ではなかったか。三奉行の回文および家康の弾劾状が届いたことで奥羽諸将に動揺が走ったと実季が回顧しているように（史料9）、その工作は一度は家康に従った諸将にも簡単に無視できるものではなかった。また、十月以降の動向とみられるが、義光は政宗への書状で家康側に与していることを示すつじつま合わせのような奥羽諸将の行動を指揮している（『横』三五七号）。

しかし、結果的に西軍に積極的に呼応したのは小野寺氏や由利衆の一部と限定的であり、それぞれが地域における敵対関係を基軸として景勝か、家康かを選択する状況にあった。

三、最上出兵

前章でみた奥羽の掌握という問題は伊達・最上両氏にも該当する問題であっただろう。また、八月二十五日に景勝は、上方西軍の期待を担った関東出兵は政宗・義光の問題を解決した後で実行することを三成らへ表明していた。そこで、この章では八月から最上氏との開戦に至るまでの伊達・最上両氏への対応についてみていき、景勝の出兵の意図、戦局における位置を考えていきたい。

(1) 伊達・最上両氏の動向

八月に入ると政宗との間では梁川方面の緊張が高まったとみえ、兼続は八日付で梁川に加勢を派遣したことを岩井信能に伝えている（『歴古』一一二二号）。十三日、明日政宗が出兵するという情報に接した兼続は、自ら後詰を務めて迎撃したいと梁川城将へ書き送り（『歴古』三七〇号）、十四日には福島から若松に帰ることになった兼続が、福島城将に梁川に危急のことがあれば、報告次第に援助するよう福島に残す篠井弥七郎に申し置いたと述べている。それが次の史料である。

【史料10】

已上

従佐竹御用候而使者被遣候由候条、為馳走今十四日若松江相越候、十六日ニハ当地可打返候、手前之者共弥七郎指添此方ニ残置候、梁川表急之儀候ハヽ、注進次第懸助無油断様申置候、水常・栗刑組共ニ本松高倉ニ在陣候、□《夢々カ》不可有油断候、謹言

八月十四日　　兼続

上泉主水正殿

本村造酒正殿

小田切安芸守殿

青木《（柳）》隼人佐殿

駒木根右近殿

月岡八右衛門殿（『家記』）

もっともこの際の武力衝突はなかったとされる。また、十二日付で兼続は梁川西方の桑折に出兵していた伊達勢が撤退したことを岩井信能に報告している（『歴古』一一二三号）。

八月下旬に入ると、兼続は攻勢に出ている。

【史料11】

急度申遣候、白石表為御仕置、御人数被遣候、我等も五三日中ニ其地へ可罷着候、留守中火之用心番等堅申付残

衆打振罷出候様ニ支度専一候、白石筋絵図其外、案内者を以調置尤候、謹言

八月廿三日　　兼続（花押）

上泉主水殿

本村造酒殿

青柳隼人殿

小田切安芸守殿

駒木根左近殿（「兼続・お船ミュージアム展示図録」長岡市、二〇〇九年）

これは梁川在城衆〔補註1〕に白石方面の軍備として援軍が派遣され、数日中に兼続も着陣すると伝えたものであり、あわせて白石筋の絵図などを現地に詳しい者に準備させておくよう命じている。翌日は小須郷で武力衝突があった（『山・上』三七五頁。「大津文書」一五号）。このような上杉氏の攻勢において、政宗は二十四日岩城貞隆の家臣猪狩親之に何らかの「御取合」を求めている（『仙』一〇六〇号）。これを本間氏は景勝との和平の斡旋を求めたと理解されている。また、高橋氏は攻撃の延期を求める十二日付の家康の書状（『伊』七〇〇号）が、この頃に政宗のもとに届いた可能性を指摘される。この後、政宗と景勝は停戦し、和平交渉に入る（後掲史料12）。

続いて最上義光について、既述のように米沢口からの攻撃のために奥羽諸将の軍勢が山形に結集していた。しかし、義光への会津攻撃延期の家康書状を受けてか、あるいは兼続の調略を受けてか、八月中旬には奥羽諸将が帰国を求めるような混乱状況があったと思われる。このような中で義光は奥羽諸将と起請文を取り交わした。十三日付で南部利直、十八日付で戸沢政盛、十九日付で本堂茂親らは義光に宛てて、家康・秀忠父子に忠節を誓い義光と協力することを誓っている[30]。八月二十日には義光が戸沢政盛にともに協力する旨の起請文を認めている（『山縣』八四七頁）。事態

が急変する中で、義光は奥羽諸将との結束を図ろうとしたとみられる。

しかし、八月十九日、二十一日付で家康は奥羽諸将に帰国命令を出し（『横』三二七〜三二九、三三一〜三三三号）[31]、諸勢は帰国の途についた。高橋明氏は、山形に派兵されていた秋田実季家中の軍勢が八月二十八日に湊へ帰還したことを指摘されている。このような状況において義光もまた政宗同様に上杉氏との停戦交渉に臨んだ（後掲史料12）。

九月四日付で兼続が甘糟景継に送った書状には、義光から「少々懇望」があったために最上出兵を延期していると記されている（後掲史料13）。この停戦は義光側から申し入れられたのであった。上述のような山形における軍備の縮小状況に、上杉氏が出兵の意思をちらつかせて圧力をかけ、義光に降伏を迫ったのであろう[32]。

上杉氏と伊達・最上両氏との交渉は九月三日に初めて確認できるが、これに先行して開始されていたことは間違いなく、また降伏を求める働きかけなどは八月中旬、遅くとも八月下旬ごろには積極的に行われていたとみられる。なお、同じ九月三日に兼続は最上出兵のための軍法を発している（『上』一一九九―一二〇四号）。上杉氏は和戦両様の構えで両氏に対していた。史料８として既述した景勝の作戦は現実の活動を伴って始動していたのである[33]。

（２）和平交渉と出兵からみえる上杉氏の位置

伊達・最上両氏との交渉に入った上杉氏であったが、結果的に兼続は最上出兵を敢行した。九月八日の先発隊に続いて、翌九日に兼続は米沢から出兵した。後述のように和平交渉の停滞・決裂が開戦に至った直接の契機である[33]。以下、その交渉過程から景勝の具体的戦略を確認していきたい。

【史料12】

覚

一、奥口御無事の儀、両使（黒金孫左エ門 竹俣伊兵衛）御相談ニて可被相済候、連々如御申候、御不足之儀候共、天下江御奉公と思召、白石なとの事ニ無御構、公儀さへ能候ハヽ、御調尤候、
一、関東御出馬之砌（最上ヲ平ル後チ、江戸襲撃ノ際）、政宗御同陣被申上候歟、不然ハ家老五三人も相済、人数五千も三千も被相候、而萬一御弓矢・御むつかしき事出来候とも、関東御静謐中別心無之様、御堅メ第一ニ候事
一、最上之儀ハ政宗同前ニ付、延々見合候と聞得申條、引詰承届候て、手堅相済候者、最上存分之儀可相調、自然不相存分ニ而、日を送体ニ候ハヽ、外聞も不可然候条、一動可申付、左様ニ候ハヽ、若政宗方より手切ニ申来候共、推返シ使者を被遣、先々無事御つゝけ可然候、其内ニ自米沢御左右可申入候事
一、此中御意候簗川城とりかへられ候儀、当城と白石之つなきニも相成、又ハ簗川のかハりニも可相成地形御覧シツモリ、政宗無事可相済体ニ申来候ハヽ、急御普請ニ御取次可然候、左様ニ候ハヽ、栗刑も可被相招候事、付城引つめられ二三百ニて可相抱御分別専一候、
一、自此口奥口筋御出勢ハ、最上手成次第と存候、彼表の様子追而可申述候事

以上

直山

九月三日　　兼続

本庄越州様

参人々御中（『家記』）

これは兼続が米沢から福島にあった本庄繁長に記した書状である。政宗との交渉や、兼続と義光の交渉に伴う政宗への対応について五ヶ条にわたって指示している。

第一条は、交渉の基本姿勢である。政宗との交渉は派遣される両使との相談で決着させることとし、その際に不足のことがあっても「天下」への御奉公であることを認識し、政宗に奪われた白石のことには構わず、「公儀」に有利な形でまとめることを求めている。「公儀」、つまり西軍の優位を第一とする姿勢で交渉は進められようとしていた。上杉氏の伊達・最上両氏に対する作戦行動が西軍の一環を占めていることを強く意識した記述である。そして、白石問題、すなわち領土問題は後退していることを確認したい。

政宗に求められた和平条件は第二条にある。来るべき景勝の関東出兵に政宗、あるいはその家老数名による数千の軍勢を動員することが示されている。西軍の戦力増強策であることは言を俟たない。そして、これは政宗を景勝の軍事指揮下に包摂しようとすることである。このような要求は義光にも提示された可能性が高いと考える。

そして、第三条に義光との交渉について触れる。義光は政宗と同じで、延々と日和見的な状況なので、交渉を積極的に行って、手堅くまとまれば義光の考え（戦闘回避）のようにいくであろうが、もしまとまらずに日数がただ過ぎるようであれば、出兵するとある。

【史料13】

御状披見、仍昨日爰元迄罷越候、最上表急度可相働処、少々懇望之儀候条延引候、二三日中ニ相済可申候、可御心安候、正宗も右同前ニ候、縦働ニ成候共、人数無不足候、是亦丈夫ニ候、上方之儀所々城落候由、心地よき義候、猶重而可申入候、恐々謹言

九月四日　　兼続（花押）

直山

甘備

御報（『図説』二四六頁）

史料12の翌日、甘糟景継に義光の「懇望」によって最上出兵を延期したが、一、三日中で決着するだろうという見通しを立て、仮に戦闘になっても人数に不足はないと、兼続が記した書状である。ここにも交渉による問題解決を前提とし、出兵はその結果次第とする姿勢を見出せる。兼続の最上出兵は交渉の停滞によることはもはや明らかである(35)。

以上から、景勝の戦略が西軍の一員として、その戦局を有利に展開することを第一の目的とし、それは政宗・義光を軍事指揮下に統率して、関東出兵に動員するという具体的構想として現れていたといえる。このような条件が同意に至らずに、交渉が停滞したため、兼続は軍事行動を起こしたのである。そして、白石奪回は控えることを命じ、また義光の「懇望」を受け入れた姿勢には領拡張の意志は感じられない。すなわち、義光を滅ぼし、最上領併呑を優先する意志はみえないのである。兼続の最上出兵は領土拡張ではなく、義光を統率下へ編成するために圧力をかける目的で行われたと考えられる。また、この景勝の軍事指揮権は西軍の戦略の一環である以上、景勝が政宗や義光を直接的に主従関係に組み込むものではないと思われる。史料⑧第八条には、「当表仕置、最上・政宗義も御差図次第」とあって、義光・政宗をめぐる処置は上方西軍の指揮下にあると景勝は明言している。

ところで上杉氏は政宗との開戦回避を強く意識している。第二条の解釈は難しいが、交渉の難航に伴う戦闘や難題の発生においても関東情勢が落ち着いている間は防衛を第一にせよと指示し、第三条では義光と軍事衝突に及んだ場合でも政宗との交渉を維持する、つまり戦闘再開を回避することが強く求められている。また、第四条は米沢と白石の中継になり、梁川城の代わりになるような出城の建設に関する指示であり、白石奪回に向けた積極策とみることもできるが、政宗との交渉が妥結した後の着工を指示している。交渉中の無用な刺激を避けるとしても、真正面からの戦いを現状では避けているといわなくてはならない。政宗に対する対応は第五条にあるように、最上の状況次第、すなわち義光の後になされるという方針が示されている。

このように兼続は軍事行動のターゲットとして政宗に優先して義光を選んでいた。この理由を明確に示す史料を挙げることはできないが、誉田氏の指摘された義光の軍事力の問題や、米沢のみならず同じく上杉領であった出羽庄内方面からも侵攻できるという戦略的有利さなどから、政宗に比べて攻略し易いと考えたのではないだろうか。本間氏らが指摘されるように義光の屈服後、軍事的圧力をかければ孤立した政宗も従属下に入ると考えていたのかもしれない。来る関東出兵のために兵力は出来るだけ温存しておきたかったであろう。四条目の新城建設も交渉成立後の和平を維持するための政宗への圧力と理解することもできる。

さて、この交渉の最中に当たるであろう九月一日、家康は江戸から西上の途についた。史料８には、その場合は即時に関東へ出兵する旨が記されていた。しかし、上杉氏はその作戦を実行していない。ここに光成氏は景勝の関東出兵の意志を否定的にみられるが、これまでの考察のように兼続の政宗・義光との和平交渉や最上攻撃が景勝の関東出兵を前提に進められていることから、景勝は関東出兵を現実的に考えていたとみられる。

家康西上の報せが上杉氏に届いた時期は判然としないが、少なくとも兼続の山形出兵によって義光を服従させられると強く認識されていた時であったと思われる。史料13の記述には、軍事的対立においては往々にみられることだが、義光・政宗の屈服を楽観視している感がある。

家康の西上は上方西軍との対峙を意味する。諸大名の多くが、上方西軍と家康軍の抗争が九月十五日の一日で終結するとは考えていなかったといわれるが、上杉氏も同様であっただろう。既述のように年末から翌年春にかけての関東仕置という三成の計画もあった。関東出兵の前に政宗義光を統率下に収める時間的余裕は十分にあると、景勝や兼続は認識していたのではなかろうか。

むすびにかえて

慶長五年の戦局における上杉景勝の位置について検討してきた。謀反の嫌疑に伴う上洛命令をめぐる交渉が破綻した六月、景勝は徳川家康と軍事衝突を決意する。景勝は、家康が構築した上杉包囲網に対応しながら、家康の迎撃態勢を整えていった。七月中旬に宇喜多秀家・毛利輝元、石田三成・長束正家・増田長盛・前田玄以らを中核として結成された上方西軍は景勝に共同作戦の展開を求め、景勝はこれを受諾した。上杉氏が上方西軍との共同作戦に着手したのは八月初頭であった。

西軍の一翼を担うことになった景勝には大きく二つの作戦が委ねられた。第一は関東出兵である。家康の本拠である関東を軍事的に攻略することが求められた。第二は奥羽諸将の統率である。家康に対する西軍の宣戦布告と位置付けられる七月十七日付「内府ちかひの条々」は、景勝のもとに奥羽諸将宛の奉行衆の副状と一括してもたらされ、兼続の書状を添えて奥羽諸将へ届けられたのであった。奥羽への対応は伊達政宗・最上義光だけではなく、奥羽全体を対象としていた。

そして、これら二つの任務の障壁となったのが、政宗・義光らであった。統率下に置くべき奥羽の領主であるとともに、景勝の関東出兵の背後を脅かす勢力であった。そのために景勝は容易に関東に出兵できなかった。八月下旬ごろ両者へ具体的な対応を図り、停戦による和平交渉が試みられたが、まとまらず、兼続の最上侵攻、義光方としての政宗の参戦という事態になったのであった。

景勝は政宗に対して関東侵攻への伊達勢の参加を和平締結の条件としていた。おそらく義光にも同様と考えられる。

景勝は両者を軍事指揮権のもとに統括しようとしたのである。そして、それは広く奥羽諸将を対象としたと考える。また、関東に出兵して軍事制圧を果たすことは、関東も軍事指揮権のもとに統制しようとすることである。

景勝は自らを西軍の構成者と位置付け、その作戦行動を展開しようとしていたことは八月二十五日付で上方西軍首脳に宛てた景勝書状（史料８）、および九月三日付での本庄繁長宛兼続書状（史料12）が示している。特に後者のような上杉氏家臣団内部で示されていることは、その位置付けが単なるポーズではないと判断できる。すると、景勝が行使しようとした軍事指揮権は、西軍として構成された公儀のもとに発動される性格を持ったといえよう。したがって、景勝には軍事指揮権を梃子に私的に奥羽諸領主を主従関係のもとに編成するような意図はなかったと考えられる。

前述のように、景勝が西軍の作戦として軍事指揮権行使の対象とした地域は奥羽と関東であった。豊臣政権では東国支配をめぐって三成および北条氏と抗争を展開してきた諸大名による中央集権派と、北条氏・家康・政宗に代表される領国分権派の対立があったとされる[36]。関東・奥羽支配の要である会津は派閥抗争の対象となり、景勝は文禄四年（一五九五）の蒲生氏郷死去後、中央集権派の巻き返しとして慶長三年に会津に移封されたとされる[37]。慶長五年の景勝の行動原理はこの豊臣政権の全国支配の論理の内に求められる[38]。関東も射程内にあった。

さて、九月九日に米沢を発った兼続は十三日に畑谷城の緒戦に圧勝し、十五日山形城南西方向に位置する長谷堂城に対峙した。しかし、兼続はこの攻略にてこずり、義光との戦いは膠着状態に陥った。そのような中で兼続が発した書状には、上方西軍の動向に大きな期待を寄せ、その結果が義光、そして政宗の意思に大きな影響を与える、すなわち景勝に降伏するという考えが示されている（『新』三二一三号、『歴古』七〇三号、『覚上公下』三九六頁など）。ここに上杉氏の限界が現れているが、上杉氏の軍事行動が上方西軍の動向と密接に関わっているという認識も見出せる。

以上のような慶長五年における上杉景勝の軍事行動には、実力による領土拡張を目指す意図を見出すことはできない。[39]あくまで上方西軍の動向、中央政局に連動する戦略であったとみられる。なお、上方西軍との連携以前の家康との抗争は、既述のように迎撃であり、政争であって、[40]領土拡張を目指すものとは考えていない。

慶長五年から六年にかけて政宗が執拗に上杉領、伊達氏の旧領刈田郡・伊達郡・信夫郡を激しく攻撃したのは、その回復を目指したためと考えられている。また、義光も天正十年代に上杉氏と争奪戦を繰り返した出羽庄内を慶長六年までに実力で掌握した。両者の領土的野心が指摘される。[41]

これを完全に否定はしないが、この両者の軍事行動はそもそも家康の会津出兵に端を発したものであり、家康の動向に大きく規制されていた。家康の動向が中央の戦局と密接に結びついていたことはいうまでもない。戦後処理もまた家康が筆頭となった豊臣政権によって行われた。したがって、戦国時代のように戦国大名・領主の意志のみで情勢が決する状況とはすでに段階は異なっていると思われる。

慶長五・六年の抗争は家康と三成ら西軍の衝突のみならず、地方における領土をめぐる戦闘も政局の影響を強く受けた政治的抗争という性格を完全に排除することはできないのではあるまいか。はじめにでみたように政争という視点が慶長五年から六年の争乱を理解する上で重要であろう。また、豊臣政権の評価はその骨格ともいうべき「惣無事令」の再検討などによって見直しが進んでいる。関ヶ原をめぐる問題もそれと関連するだろう。[42]軍事攻撃によって義光の屈服を試みた兼続であったが、果たせず、十月一日、山形から撤退した。十月二十三日、兼続は黒川豊前守らに宛てた書状に徳川氏から無事の「内証」を得たので、江戸への出兵を中止したと記している（『山縣』八六〇頁）。木村氏が指摘されるように当時、関東出兵を唱える上杉氏家臣も存在した。しかし、西軍の敗北によって家康の政治的優位が確定し、景勝が依拠しようとした政治体制（秀頼を奉じて宇喜多秀家・毛利輝元・上杉景勝の三大老と、石田三成・長束正家・増田長盛・前田玄以ら奉行衆を中核とする集団指導体制と考えられる）が崩壊した状況で、家康との戦いはもはや意味がなかったのであろう。上杉氏の存続の方向が見えたとき、関東出兵はいち早く中止されたのであった。

註

（1）上洛をめぐる交渉過程の展開は、宮本義己「内府（家康）東征の真相と「直江状」」（『大日光』七八、二〇〇八年）、光成準治「上杉景勝と直江兼続」（『関ヶ原前夜』日本放送出版協会、二〇〇九年）、高橋充「直江兼続と関ヶ原合戦」（矢田俊文編『直江兼続』高志書院、二〇〇九年）などを参照。以下、各氏らの指摘は特に断らない限りこれらによる。

（2）慶長五〜六年における奥羽の抗争を詳細に検討した論考に、高橋明「会津若松城主上杉景勝の戦い・乾・坤―奥羽越における関ヶ原支戦の顛末―」（『福大史学』八〇・八一、二〇〇九年・二〇一〇年）、本間宏「慶長五年を読み解く」（福島県歴史文化事業団『直江兼続と関ヶ原』、二〇一一年）がある。以下、特に断らない限り、両氏の見解はこれらによる。

（3）関ヶ原関連の先行研究は枚挙にいとまがない。論述の過程において関係論文に触れていきたい。③については主な論考として、大島正隆「奥羽に於ける近世大名領成立の一過程―最上義光と伊達政宗―」（小林清治編『東北大名の研究』吉川弘文館、一九八四年。初出一九四一年）、粟野俊之「関ヶ原合戦と奥羽大名」（『織豊政権と東国大名』吉川弘文館、二〇〇一年。初出一九八八年）などがある。

（4）『奥羽の驍将―最上義光』（人物往来社、一九六七年）。以下、誉田氏の指摘は特に断らない限りこれによる。なお、Cのような目的を実現するためには、特に縁のない最上領を攻撃するよりも、旧領である越後を攻めた方が、佐渡との一体性も強化でき、戦略的にはより有効であると思われる。旧領で縁者に武力蜂起させる戦略は福島方面を中心に政宗も、出羽庄内で義光も採用している。戦略的に有効な策と当時一般的に認識されていたことは間違いなかろう。しかし、越後一揆は春日山の堀氏を標的とし、兼続は出羽庄内と隣接する越後北部の村上頼勝・溝口秀勝らには攻撃を加えないように指示している（『新』三二二八・三二二九号）。その意味でも誉田氏の説くC説は成立し難いと思われる。

（5）『直江山城守』（歴史図書社、一九八〇年。初出一九一〇年）。

（6）『新「関ヶ原合戦」論』（新人物往来社、二〇一一年）。以下、白峰氏の指摘は、特に断らない限り、これによる。

（7）「慶長五年の上杉景勝VS徳川家康・伊達政宗・最上義光攻防戦について―関ヶ原の戦いに関する私戦復活の事例研究（その二）」（『史学論叢』四〇、二〇一〇年）。

（8）『関ヶ原合戦と直江兼続』（日本放送出版協会、二〇〇九年）。以下、笠谷氏の指摘は特に断らない限りこの論考による。

（9）中田正光・三池純正『北の関ヶ原合戦　北関東・東北地方で戦われた「天下分け目」の前哨戦』（洋泉社、二〇一一年）。

（10）筆者もこのような方向で兼続の最上出兵を位置付けたことがあった。藤沢周平三部作を読む講演会「慶長五年の直江兼続」（米沢・久里学園、二〇〇八年）。この口頭発表を増補し、最終的に上越市「天地人」を知る講演会（二〇〇九年十一月）において発表した内容をもとに、その後の学術的成果などを踏まえて執筆したのが本稿である。この間、福島県立歴史資料館平成二〇年度地域史研究講習会などで報告する機会を得た。その都度、貴重なご意見を賜ったことに謝意を表する。その内容は『図説　直江兼続人と時代』（天地人博二〇〇九実行委員会・米沢上杉文化振興財団、二〇一〇年）にも記したが、展示図録という性格上、十分に論述できていない。

（11）三池氏は、家康が江戸に「引きこもった」状況を三成は景勝の関東出兵の好機とみたと指摘される（『守りの名将・上杉景勝の戦歴』洋泉社、二〇〇九年）。これは三成が出兵を求めたと理解できるようにも思われるが、景勝による主体的な計画にのったとも解せ、その関係は明確でない。

（12）景勝の動向を政治史的に考察する重要性は粟野氏が前掲註（3）論文で、また本間氏も指摘されている。

（13）笠谷和比古『戦争の日本史17関ヶ原合戦と大坂の陣』（吉川弘文館、二〇〇七年）

（14）布谷陽子「関ヶ原合戦の再検討―慶長五年七月十七日前後」（『史叢』七三、二〇〇五年）。光成準治「関ヶ原前夜における権力闘争―毛利輝元の行動と思惑」（『日本歴史』七〇七、二〇〇七年）。

（15）高橋明「直江兼続の阿子島張陣」（平成二一年度福島県史学会大会資料）。

（16）三成は真田昌幸に景勝との連絡をとることを求める書状を八月十日にも記しているが、会津情勢には触れていないので（『信』四五四頁）、その時点では会津からの返答にまだ接していなかったと思われる。なお、八月七日付で佐竹義宣に宛てた三成書状

（『関』二二八頁）は上杉氏との接触に触れ、景勝が政宗・義光と友好的関係にあると記す。希望的観測とも考えられるが、事実とは異なる。「上杉氏白河軍記」を出典とすることなどから、検討を要すると考えられるので今回は採用しない。〔補註2〕なお、同史料は宛所を欠く形で『歴代古案』にも収められている（『歴古』一一四号）。

（17）本稿で引用した『上杉家記』を収める史料群「上杉文書」（米沢市上杉博物館蔵）は、友松堂からマイクロフィルム化されているが、本稿は原本に拠った。また、その多くは本間氏論文で紹介されている。

（18）参謀本部編（村田書店、一九七七年。初出一八九三年）。

（19）『正伝 直江兼続 別篇 関ヶ原合戦縦横』（恒文社、一九九九年）。

（20）渡辺世祐「関原役前に於ける上杉氏の態度」（『国学院雑誌』一七―七、一九一一年）、木村徳衛『直江兼続伝』（一九四四年）。以下、木村氏の見解はこの著書による。

（21）「石田・上杉共謀説について」（『戦国史研究』二三、一九九二年）。

（22）『敗者から見た関ヶ原合戦』（洋泉社、二〇〇七年）。

（23）光成氏は家康が会津に出兵すれば、上杉氏に上方で三成が挙兵するという読みがあったと推察される。笠谷氏が指摘されたように家康の留守中に反家康勢力の挙兵の可能性は細川忠興らも指摘していた（『関ヶ原合戦』講談社、二〇〇八年。初出一九九四年）。上方からの書状を得た景勝は、兼続と協議を経ずに即時に飛脚を送ったことからも、上杉氏において三成挙兵に伴う連絡があることが想定され、対応が決められていたことが窺われる。

（24）『覚上公』（三七九頁）にもほぼ同内容の兼続書状が収められるが、上泉以外の五名宛で、表現の一部が異なり、追而書がない。傍線部を「覚上公」は「此方様子によ関東対治に申候者、御人数可被下由候」とする。

（25）これは「真田家文書」に伝来した。史料⑤第一条にあるように上方西軍と会津の景勝は真田氏を仲介して連絡を取っていた。この書状は景勝から、昌幸に届けられ、上方に送られる予定であったが、上方西軍と東軍の美濃方面での戦闘のために上方西軍には届かず、昌幸のもとに留まったと考えられる。

（26）三成は昌幸に慶長五年末から翌年春ごろの「関東仕置」の実施を七月晦日付で伝えている（『真』五二号）。つまり即時の出兵とはいえ、ある程度の時間的猶予は認識されたのではないか。また、関ヶ原における合戦の終結、その武力衝突に向かっていく戦局の展開、いずれもが諸将の予想をはるかに上回るスピードであり特に後者は岐阜城攻略に端を発して家康自身にも想定以上のスピードであったと指摘される（笠谷氏前掲註（13）著書）。史料8に示される景勝が想定した作戦の展開が遅いと考える必要はないと思う。

（27）「慶長五年の奥羽諸将―関ヶ原役の歴史的意義―」（『東北中世史の旅立ち』そしえて、一九八七年。初出一九四三年）。以下、特に断らない限り、大島氏の見解はこの論考による。

（28）「横手城主小野寺氏の衰亡」（『横手市史 通史編原始・古代・中世』第六章、二〇〇八年）。

（29）大島氏は南部氏の使者が上杉氏のもとに実際に到着したとみられている。

（30）『横』三三五号。これは家康・秀忠父子を「上様中納言様」と表しているが、十三日付の南部利直起請文について『山形県史』は該当箇所を「上杉中納言様」と翻刻している（『山・下』五七六頁）。その出典は内閣文庫所蔵「古文書（記録御用所本）」であり、東京大学史料編纂所架蔵の写真帳によっている。それに該当すると思われる写真帳（請求記号六一七一．〇二一―一）を確認したが、表記は「上様中納言様」である。写真帳の閲覧には金子拓氏のご厚情を得た。記して拝謝する。

（31）金子氏は前掲註（28）論文で一連の十九日付書状に偽文書の可能性を指摘される。

（32）降伏が義光の真意ではなく、戦闘開始を遅らせる策略とみられていることは、兼続の侵攻に容易に屈しなかったことから明らかであろう。なお、元禄十六年（一七〇三）までに米沢藩が編纂した『歴代年譜景勝公』に収められている八月十八日付で兼続に宛てた全面降伏の様相を示す義光の書状は、偽文書の可能性が指摘されている（片桐繁雄「慶長出羽合戦」花ケ崎盛明監修「直江兼続の新研究』宮帯出版社、二〇〇九年）。いくつか挙げられる理由の中で、慶長四年八月に景勝が伏見から会津へ帰国する際に義光が山科まで見送ったという記述に関して、その当時義光は立石寺などの法会に参加して山形にあったはずであるとされる指摘は重要な論点であるが、その臨席を明確化する史料は挙げられていない。

（33）木村氏は伊達・最上両氏から講和の申し入れがあった後に史料8は記されたとされるが、本稿では時期の確定は留保する。また、両者の申し出は謀略であるとされる。

(34)　木村氏も義光に交渉を進行する意思がないことを出兵理由に挙げている。

(35)　『歴代年譜 景勝公』は秋田勢の出羽庄内攻撃を理由に挙げるが、本間氏の指摘のように秋田勢はこの年庄内へ出兵していない（「秋」一〇五五号）。

(36)　朝尾直弘「豊臣政権論」（『岩波講座日本歴史 近世1』一九六七年）。

(37)　日野久美子「国替え」（『新潟県史 通史編2 中世』一九八七年）。

(38)　最上陣に従軍していた上杉氏家臣上泉泰網は小山田貞光に宛てて、「内府駿府迄被為上候間、関東表無御気遣候者、自然当表へ定而御人数被召寄儀可有之候」と記している（『山縣』八五二頁）。ここに上杉氏の守備範囲は関東までであり、関東より西は含まれないという認識を見出せる。八月十日付で三成が、真田昌幸・信繁父子に宛てた書状では、三成は美濃に、長束正家が伊勢に着陣し、家康ほどのものが十人相手でも討ち果たせると記している（『信』四五四頁）。誇張された表現だが、関東を出て西に向かった家康への対応は上方西軍の対応と認識していたとみられる。

(39)　景勝は越後も攻撃している。八月初頭、国替えに際して会津に移らず、越後に残った旧臣を主体とした一揆を堀氏に向けて蜂起させた。しかし、史料2傍線部B・史料7傍線部Aのように状況次第であり、本格的な派兵は避けている。ここに越後を軍事的に攻略して領国化しようとする意図は感じられない。本間氏は会津防衛が目的であったとみられる。同じころ三成らは堀氏を西軍方とみなしているため、その後は西軍としての景勝の軍事作戦の対象にはならず、また景勝も攻撃を止めている（史料5・8）。しかし、九月上旬には再び蜂起させている。これを高橋明氏は、兼続の山形出兵に伴う後方の安全を策したためと考えられている（「奥羽越の関ヶ原支戦」福島県歴史文化事業団『直江兼続と関ヶ原』、二〇一一年）。やはり領国化の意図は見出されない。

(40)　水野伍貴氏は家康の立場から慶長五年の会津出兵を考察され、家康の出兵目的は景勝の失脚、従属化であると結論付けられている（「秀吉死後の権力闘争と会津征討」和泉清司編『近世・近代における地域社会の展開』岩田書院、二〇一〇年）。

(41)　これらの政宗や義光の攻撃を上杉氏は迎撃しているが、これを上杉氏の私利私欲に基づく抗争と理解すべきだろうか。防戦は区別して理解できないだろうか。

(42)　竹井英文氏は、秀吉による小田原合戦以降の政治史研究の重要性を指摘する（「織豊政権の東国統一過程―「惣無事令」論を超え

て」『日本史研究』五八五、二〇一一年）。

【付記】　現在の理解とは異なる記述もあるが、修正は明確な誤りを対象とするに留めた。

〔補註1〕　福島在城衆を梁川在城衆に改めた。

〔補註2〕　採用しない理由として挙げていた「豊臣政権をあまり見られない「京家」と表現すること、」の部分を削除した。

第5部
景勝の文書

Ⅰ

上杉景勝の発給文書

阿部洋輔

景勝が発した文書は、長尾顕景と称していた永禄九年（一五六六、二七〇号）に始まり、元和九年（一六二三）のその死の直前までの約六〇年間にわたって、おおよそ一五〇〇点を数える。

こんにち原本の伝わるもの四四〇点余と、影写本などで確認できるもの一五〇点余を合わせて五九〇点余のほかは、江戸時代以来写し取られて伝わった写伝史料で、この『上杉家御書集成』にはそのうちの八一九点が収録されている。

景勝の文書発給には年次によっていちじるしい数の変動が認められる（拙稿「上杉景勝の発給文書について」、石井進編『中世をひろげる』所収、一九九一年）。それは、上杉景虎をやぶって謙信の後継者の座を奪い取った御館の乱（天正六、七年〈一五七八、九〉）から、六年間の抗争を経て新発田重家をほろぼし越後統一を完成する（天正十五年）までの十年間に集中して発給されているということである。この間、景勝には景虎与党の三条（神余親綱）・栃尾（本庄清七郎）両城の撃破（天正八年）、同盟者武田勝頼の滅亡と自身の織田政権との対峙、本能寺の変の結果として信濃四郡の領国化（天正十年）、直後の秀吉との連携（天正十一年～）という、めまぐるしい転変があった。ことに天正十四年の上洛は、景勝が秀吉政権に組み込まれて従属することを決定づけるもので、以後、景勝の動向は天下の動向と軌を一にする。つまり、景勝の文書発給が多かった時期というのは越後の統一過程であり、減少した時期は豊臣政権下に組み込まれ、一大名として天下交わりした時期ということになる。

景勝の文書には、花押をすえた判物・書状と、朱印・黒印を捺した印判状に区分できる。前者はより景勝の個人的性格を強くあらわし、受け手に親近感を与える。後者は景勝が直接文書上に現れないものもあって、文書の受け手には間接的な関係となるが、書状のような私的で一時的な機能から進んで、公的で永続的な権利・権限をあらわすものとしての機能がつよまる。したがって、印判状は大名の権力編成や構造をあらわすものでもあり、景勝政権については片桐昭彦氏の分析がある（「上杉景勝の権力と印判状」〈『新潟史学』四五、二〇〇〇年〉）。

山室恭子氏が明らかにしたように、景勝は養父謙信に比すれば圧倒的な文書の大量発給体制を成立させ、武田氏・後北条氏などよりやや遅れるとはいうものの、判物から印判状へ発給形態をシフトしていった（『中世のなかに生まれた近世』一九九一年）。これは景勝の政治的地位が上昇したこと、ことに天下交わりの時期になると、家臣からみれば象徴的な存在に変わっていったことをあらわしている。

判物・書状にすえられる景勝の花押は、現在までにわかっているのは図にみるように六種類である。年次的にもっとも早く使われたのは1型である。顕景と名乗った永禄年間の文書原本は現存していないが、長岡市立中央図書館所蔵の写や東京大学史料編纂所が作成した影写本からこの花押を確認できる。景勝と改名した後、ことに御館の乱から急増する景勝文書の花押はこの型がほとんどで、やがて2型を用いるようになる。

1型花押の使用例でもっとも時期が遅いのは天正十一年に比定される九月廿八日付簗地修理亮あて書状（九九六号、県史一四六五号、上越二五七三）で、2型花押を用いたもっとも早いものは長野県中野市の常楽寺所蔵、天正十一年十一月七日付の円慶寺あての安堵状（県史四一三五号、上越二八五三）である。ついで天正十一年霜月廿一日付の色部修理大夫あて（六一一号＝廿一日付としている・県史一一四五号、上越二八六〇）がつづく。つまり、景勝は天正十一年冬から花押を変えたのである。

この２型花押は、景勝が米沢に移ってからも使用し、その死の直前に書かれた遺言状もこの型の花押がすえられていて、もっとも長期間用いられた。１型花押と２型花押には明確に使用年次を峻別できるから、無年号文書の年次比定では重要な手がかりとなる。そこで、この景勝公御書所収文書では、年次比定に重要な判断基準となる場合は、１型と２型について注記をした。

次に３型の花押は「真久」の文字を形象化したものである。「真久」は養父謙信（輝虎）も用いたことがあるが、景勝の初見は三月二十三日付の宇津江若狭守あて書状（一二七四号、上越二一一一）とみられる。この書状は内容からすると天正六年に比定できるものなので、謙信死後に景勝が出した最初の文書ということになる。この３型花押は総数三〇点ほどあり、書状がほとんどである。嫡子定勝が千徳丸・喜平次と称した幼少時代や、景勝の出た上田長尾氏の本拠地魚沼郡上田庄（六日町・塩沢町・湯沢町など）出身の譜代家臣に与えた書状に使われていることから、親近性を強調しているようである。

他の型はいずれも使用例がきわめて限られる。４型は（天正八年）閏三月二十八日付の新発田因幡守（重家）あて書状（九三四号・県史二八四七号、上越一九三九）だけにみられ、５型は七月十七日付の内田伝丞あて書状（七一三号・県史二七四二号、上越二〇一四）で、原本も写しとみられるものなので後世に描かれた花押かもしれない。最後の６型も一例で、天正六年に比定される十二月十七日付の書状（県史三四〇九号、上越一七二六）で、故郷の上田庄の坂戸城将深沢・栗林両氏にあてたもの。同日付けで同じ坂戸城将登坂・樋口氏にあてた書状（一〇四〇号、上越一七二五）が１型花押を用いていることからすれば、特異な使われ方をしている。

つぎに、景勝の印判状は四三〇点余り、なかに黒印状が九点ほどあるほかは、ほとんど朱印状で一七〇点ほどは印文が判明する。景勝の使用した朱印はこれも印文は六種類、「森帰掌内」印が円型二種、方形が一種あるので八個の印判を使用したことになる。使用例の多いのは謙信から引き継いだ「立願勝軍地蔵摩利支天飯縄明神」と「摩利支天月天子勝軍地蔵」で、全体の約八〇パーセントに達する。この他に使用例が少ないが、鼎形の「量円」印と「阿弥陀日天弁財天」印がある。これも養父謙信が使用していた印章である。

景勝が天正十一年以降独自に使用し始めたのが「虚空蔵龍」であるが、天正十七年、制圧後の佐渡各地に集中的にだした制札にこれを使用したのが目立つものの、使用例は多くない。なお、やや特殊な使われ方をしたものに文禄三年（一五九四）三月十六日付けの過所二点（六四三号・県史一五〇一号と九二五号・県史三五二一号、上越三五九九・三六〇〇）がある。これは方形の「森帰掌内」印の上方に「摩利支天月天子勝軍地蔵」印を捺したもので、例がとぼしいので理由は不明ながら、このときだけ臨時に採用した書式とみられる。

以上、景勝の文書について概要を記したが、ひとつ蛇足がある。それは、文書に大名の名があらわれていなくともその大名が発行した文書として機能するものがある、ということである。景勝の場合でいえば、執政直江兼続をはじめとして、泉沢久秀・須田満親・桐沢具繁などの重臣、さらには直江配下の河村彦左衛門尉・山田喜右衛門尉・窪田源右衛門尉・平林蔵人・春日右衛門尉などの奉行・吏僚が発行した文書である。これらは形式的には景勝の発給文書とは数えないが、こうした重臣・奉行の発行する文書もまた景勝政権が発した文書であるわけで、数値にあらわれる文書だけが景勝の文書なのではないことを留意しなければならない。とくに秀吉と提携して以降の景勝政権は、政策立案から施行までその実を直江兼続が担った。上杉氏は景勝・兼続二頭政治の感さえあるのだから、秀吉政権下から米沢藩政までの上杉氏を総合的にみようとすれば、当然ながら景勝の文書に兼続たちの発給文書も加えなければならない。

【追記】　本稿で掲げた史料のうち『上越市史別編　上杉氏文書集二』（二〇〇四年刊）で年次比定が変更されたものがあり、本文を修正すべきであるが当初のままとし、同書の整理番号を補記した。

１型

２型

３型

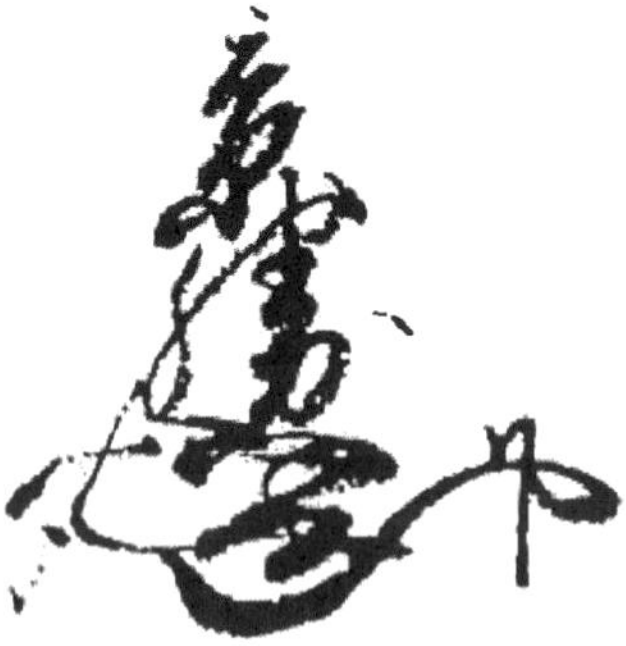
４型

５型

６型

Ⅱ

戦国大名と書状——上杉景勝と深沢刑部少輔

山田邦明

はじめに

群雄割拠から天下統一へ、時代が大きく動いた戦国後期は、情報伝達の歴史のうえでも大きな画期とみることができる。複雑な政治情勢と戦争の激化の中で、大名や家臣たちから発信される書状の量は急増し、その文面も詳細で具体的なものが多くなる。使者が口頭で大名や家臣の意向を伝えるという方法から、書状の中に詳細な指示を書き出して飛脚に託す形に、情報伝達の手法が変化し、書状のもつ政治的重要性が格段に高まっていったのである。そしてこの時代に交わされた多くの書状の内容を分析することによって、当時の情報伝達の実態をかなりの程度明らかにすることができる。筆者もこうした作業を進めて、その成果を『戦国のコミュニケーション』[1]で示したが、戦国大名や家臣たちの情報伝達のありようの研究は、まだ緒についたばかりである。

戦国大名や家臣たちの交信の特徴を分析するときに、もっとも好個の素材となるのは、特定の人物の間で交わされた、まとまった形で存在する書状群である。このような事例の一つとして、越後の戦国大名上杉謙信が、関東方面への出口にあたる上田を治めた栗林次郎左衛門尉にあてて出した多くの書状を分析し、謙信の書状の特徴を考えたことがある[2]。今回は謙信死後の内乱（御館の乱）のなかで、春日山の上杉景勝（謙信の養子）が深沢刑部少輔ら上田の守将たちに発給した書状を具体的に検討し、戦乱状況の中での大名と家臣の交信の実態に迫ることとしたい。

上杉謙信が春日山で死去したのは、天正六年三月十三日だったが、上田の長尾政景と謙信の姉との間に生まれ、のち謙信の養子になった景勝と、北条氏康の子で越相同盟のときに越後に遣わされた景虎の二人が、まもなく家督相続をめぐる戦いを始めることになる。春日山城を占拠した景勝と、城を脱走して御館に籠った景虎とのにらみあいが続くが、景虎の実家にあたる関東の北条氏は、上野に軍勢を差し向けて越後の国境に迫り、関東との接点にあたる上田の守備が景勝にとって焦眉の課題となった。そして自らの出身地でもあるこの地の守りを固めるべく抜擢されたのが深沢刑部少輔だった。景勝から深沢にあてられた書状で、その内容が伝わるもっとも早いものは天正六年五月十八日づけのものだが、内乱終息の直前の天正七年二月二十三日に出された書状に至るまで、深沢あての書状は十九点を数え、深沢以外の上田守将にあてられた二点を加えると、春日山から上田に出された書状は二十一通に及ぶ。もちろん実際に出された書状の全部ではないかもしれないが、その内容からみても、そのかなりの部分が今に遺されているとみてよかろう。かつて分析した栗林次郎左衛門尉あての謙信書状は、かなり長い時期にわたって分散的に出されているが、今回検討する景勝書状は、戦争事態という特殊な状況の中で、九か月間というきわめて短い間に多数出されたもので、分析対象としては申し分ないものといえよう。北条軍の襲来に耐えながら、深沢らの部将たちは上田を守り抜くことに成功するが、このような緊急事態の中で、春日山の景勝と上田の部将たちとの間で、どのような交信がなされたのか、具体的にみてゆくことにしたい。

一、交信の開始（五月十八日～二十四日）

前述のように、天正六年五月十八日づけの書状が、現在遺されている深沢あての最初の書状である。[3]

如註進者、猿ヶ京江自倉内相働之由申候哉、因茲、雖無申迄候、両口之備肝要ニ候、扨又、半徒迄茂人数従其庄出可然候哉、何茂談合ニ候、左様ニ候者、半途人数指越尤ニ候、定而敵為差儀有之間鋪汲量候、重而堺目模様具可申越候、扨承届分者、其地一向普請不申付候由、万々油断口惜候、昼夜無油断普請等可申付候事、肝要候、境目江目附差越、様体聞届、註進肝要候、猶吉事待入候、謹言、

五月十八日　　景勝（花押影）

深沢刑部少輔殿

「如註進者、猿ヶ京江自倉内相働之由申候哉」という冒頭の一文から、倉内（沼田）を出発した軍勢が猿ケ京を攻め、これを知った深沢が景勝にあてて「註進」をしたことがわかる。景勝あての注進状は残されていないが、この景勝書状の文面から、深沢がこれ以前におそらく書状で注進をしていたことと、その内容の概略がわかるのである。

猿ヶ京の危機を知った景勝は、この書状で「両口」すなわち三国口・清水口の守備をきちんとせよと命じ、「其庄」すなわち上田庄から、途中までいいから軍勢を派遣するのが適切かもしれないと述べたうえで、「重而堺目模様具可申越候」と結んでいる。上越国境の様子をつぶさに伝えることが、何より要請されていたことがこれからわかる。

これだけだとごく普通の指示だが、このあとに少し小言がつけ加えられる。「扨承届分者、其地一向普請不申付候由、万々油断口惜候」という一文から、上田の城の普請がまったく進んでいないという情報が景勝のもとに届けられていたことが知られる。書状によるのか噂なのか判明しないが、現地の様子はそれなりに春日山の景勝のもとに伝えられていたのである。こんな情報があるから、昼夜油断なく普請を申しつけるようにと命令しながら、「境目江目附

差越、様体聞届、註進肝要候」と景勝はあらためて繰り返している。援軍派遣や城の普請もさることながら、景勝が最も期待したのは正確な情報の伝達だったのである。

まもなくして猿ケ京を攻めた敵が追い散らされたという深沢の「注進」が、春日山にもたらされた。この朗報を得た景勝は、五月二十一日（先の書状の三日後）、直ちに書状を書いてあらたな指示を加えた(4)。ここでも冒頭に「如注進者、猿京へ働凶徒追散之由、目出ニ候」と書かれていて、深沢から景勝あての注進状があったことと、その内容が確認される。そのあと猿ケ京救援のことにふれているが、「従爰元人数可差越由申越候へ共、一向爰許ニも所々へ差遣、無人ニ候間、成之間敷候」という文面から、援軍派遣の要請に対して、春日山には全く人がいないので、要望には応えられないと景勝が回答していることがわかる。上田の守将の深沢は、前線の情報を伝えるとともに、それなりの要求もつきつけていたのだが、景勝はこれをやんわりと断りながら、続いて上田地域の守備についての細かなアドバイスを加えている。三国・清水の「両口」だけでなく、「其地」（上田）の守備が肝心だ、そちらから「両口」に細かく人を差し越して、いろいろ意見を加え、守備に油断のないようにせよ。上田本城と前線との連絡を緊密にするようにと、わざわざ書状に書いているわけだが、くりかえしなされる細かな指示の、これは出発点だった。

景勝の次の書状が出されたのも、やはり三日後の五月二十四日のことだった(5)。ここでも「重而飛脚差越候、具書中見届候」という冒頭の一文から、深沢からの「飛脚」が書状を携えてきたことがわかる。景勝の書状はこれに対する返事にあたるが、猿ケ京から早く加勢がほしいと「申越」しているのではないか、そちらも無人数だろうが、少しだけでも途中まで兵を出すのが適切だろうと述べたのち、「重而模様具可申越候」と、あらためて状況を具体的に伝えよと命じ、さらに「自猿京之書中差越候ハヽ、爰元へ可差越候」とつけ加えている。猿ケ京から上田に向けて発せられた「書中」そのものを、こちらにもってこいと、景勝はここで命じているのである。

景勝がこのような指示をした理由は、これに続く「書面之分ハ取詰由申候か、事実ニ候哉、又以前之儘追散候哉、能々猿京之様体可申越候」という部分からうかがうことができる。前の書状では敵を撃退したとありながら、今度の書面には取り詰められていると書かれているが、いったいどちらが事実なのか。景勝は深沢からの注進の内容に疑問を抱いていたのである。猿ケ京からの書状の現物があったらこれを副えて、とにかく正確な情報を伝えよというのが、景勝が下した指示だった。

そしてこれに続けて「人数差越候共、わたしにあふなき手遣無用ニ候」という、一風変わった注意書きが副えられる。猿ヶ京に軍勢を派遣したとしても、勝手に危険を冒してはならない。救援軍を派遣するのはとりあえずの体面確保のためなのだから、敵を撃滅しようと無理なことをしてはならないと、彼は注意深く書き添えているのである。五月の半ばから下旬にかけて、上田の深沢はこまめに注進状を発して状況を報告し、景勝もこれに応えて返事を出し続けた。三日に一度は書状を出すという形で両者の交信は開始したのである。

二、「態と」書中を差し越す（六月十七日〜二十七日）

景勝と深沢の交信はこうして開始された。最初はひんぱんなやりとりが交わされていたが、こうした状況は長続きしなかったらしい。五月二十四日づけの書状のあと、存在が確認される最初の景勝書状は、二十日以上過ぎた六月十七日のものである。(6) ちょうど武田勝頼に率いられた甲斐の軍勢が越後に入り、春日山に迫っていたが、たいしたことはないから心配するなといいながら、「其地」（上田）の普請をきちんと行え、関東堺の用心を怠るなと指示を加え、鉄砲を打てる兵がいたらこちらに届けてほしいと頼み、人質をきちんと取って守りを固めよと命じたうえで「猶関東之様体細々可申越候」と結んでいる。関東の様子を細かく報告せよとここでも指示しているが、注意深くみると、最初の三点の書状とは異なって、この書状には深沢の注進状の存在をうかがわせる記述がないことに気づく。この書状の冒頭は「其地普請候哉、弥以油断有間敷候」というもので、最初から中味に踏み込む書き出しをしており、なかなか注進が届けられない中で、景勝が自主的に出したものであることがわかるのである。「其地普請候哉」とか「其元ニ人数何程候哉」という文中の文言からも、景勝が上田の状況をほとんど把握していなかったこと、言い換えれば上田から具体的な注進がほとんどなされていなかったことをうかがえる。

こうした事情は、十日後の六月二十七日に出された景勝の書状(7)からいよいよ明らかになる。深沢刑部少輔と富里三郎左衛門尉の両人にあてられた書状の冒頭には「態書中差越候」と書かれているが、「態と」という言い回しには、書状発給に至る特別の意思が籠められているとみてよかろう。なかなか連絡がこないから、意を決して、わざわざ書状を出すのだ。そうしたメッセージを景勝はこの言葉で示したのである。倉内の上野から書状が届いた。状況が切迫しているから、登坂与右衛門尉をそちらに差し越すことにした。そちらでよくよく談合して、荒砥か山中のあたりで防戦せよと、登坂に申しつけたから、そう心得るように。書状の文面はこのようなものである。倉内の部将のうち景勝に内通していた上野からの書状によって、上越国境の危急を察した景勝は、深沢と相談することなく、加勢として登坂を派遣し、彼に戦略を言い含めた。上田からの連絡がなかなか届かない中で、景勝は独自の判断に迫られる事態になったのである。

三、なかなか来ない注進（七月五日〜二十八日）

この書状を携えて、登坂与右衛門尉は上田に到着したが、深沢からの書状はなかなか景勝のもとに届かなかった。書状を出したのに事情があって届かないのか、そもそも書状自体を出していなかったのか、そこのところは何ともいえないが、七月になっても景勝のもとには正式な書信はもたらされなかった。そうした中で、景勝は細かな指示を加えた書状を熱心に書き続けることになる。七月五日に深沢刑部少輔・登坂与右衛門尉・樋口主水助の三名にあてて出された景勝の書状[8]は、若干長文のものだが、その書き出しは「昨日も書中差越候つる、定而可為参着候」というものだった。この前日、七月四日にも景勝は上田にあてて書状を出したが、何らかの事情で翌日あらためて詳細な書状を書くことになったのである。こうした書き出しののち、武田軍が在陣しているが春日山は安泰だと、こちらのようすを伝えたのち、上田の軍備について細かな指示を下しているが、「扨亦、以前爰元へ如聞得者、其表へ厩橋衆何も申合、相動之由候条」という一文から、上田方面へ厩橋衆が攻め込んだという情報が景勝のもとに届けられていたことがわかる。「如聞得者」とあるので、これは書状による情報ではなく、誰かの口頭によるものか、あるいは誰からともなしに伝えられた風聞だとみてよかろう。深沢からの書状はなかなか届けられなかったが、こうした形で前線の状況はそれなりに春日山まで伝えられていたのである。

このような情報があったので、急いで登坂を派遣したのだ、という形で書状の文面は続き、さまざまのことについて登坂と相談して事にあたれと、こと細かく指示が加えられている。この書状の宛名は深沢・登坂・樋口の三名になっているが、本文部分の文章は、明らかに深沢刑部少輔に対して書かれたものなのである。そして「如何様爰元之様体、重而可申越候条、早々申越候」という一文で、とにかくこちらの状況を正確に伝えたかったので、早々に書状を書いたのだと、書状発信の動機を伝えながら、関東方面の正確な情報をほしいという希望を追而書の中で表明している。「猶々、関東之様子、細々可被申越候、定而其方も可申越候へ共、路次無自由ニ可有之候間、左様ニも可有之歟、弥無油断注進尤候」というのがその部分だが、ここでの景勝の言い回しはなかなか面白い。連絡しようとしても、路次が不自由なので、なかなか実現できないということでしょうね。注進が来ないことにいらつきながらも、相手の事情に対する配慮を、景勝は忘れなかったのである。

ところでこの追而書はこれで終わらず、「与右衛門尉ニ申候、以前申付両地ふしんの義、申付候哉、早々申付、人数相集申付尤候、其以後関東之様子如何候哉、申越尤候」と続く。「与右衛門尉ニ申候」とあることからわかるように、この一文は登坂与右衛門尉個人にあてたメッセージなのである。最初から上田の守将だった深沢刑部少輔、この時期に春日山から派遣された登坂与右衛門尉、それに上田出身の樋口主水助。景勝の書状ではこの三人を宛所としているが、本文の文面は明らかに深沢を意識して書かれており、追而書の後半で登坂に対する個別の指示がなされている。城を守る複数の部将に対する書状は多数みられるが、全体を一括して命令を下すのではなく、それぞれの部将に個別の指示を与えることがままみられる。この景勝書状もそうした事例の一つといえよう。

春日山の情勢を逐一報告しながら、上田からの書状を待ちわびていた景勝だったが、書状はなかなか届けられなかった。五日後の七月十日、景勝は深沢一人にあててまた書状を発しているが(9)、その冒頭には「其以来者、其元堺目之様子不聞届候、無心元迄候」と書かれていた。あのとき以来、上越国境の様子については全く連絡がないので、とても心配している。景勝はついに書状の冒頭で不満を表明しはじめたのである。またこの書状の中の「聞江候分ハ、あしかる共無人之由、方々堪心ニ候」という一文から、足軽たちも数が少ないという噂が届いていることもわかる。五日の書状のところでもみたように、噂はあれこれ届いていたが、肝腎の正式な連絡はなかなか来なかったのである。そうした情況は二日後の七月十二日に出された景勝の書状(10)からもうかがえる。

この書状は五日のものよりいっそう長文だが、冒頭にはこう書かれていた。「去比以書中具申越候、然自其元飛脚一向不差越候、路次不自由故無其儀候哉、其以後関東之様体如何、無心元候」。先ごろこちらから書中でつぶさに連絡したというのに、そちらからは飛脚も一向に来ない。路次が不自由なので、こういうことなのかも知れないが、関東の様子がその後どうなったか、本当に心配だ。書状の冒頭で、景勝はついに不満を表明した。路次不自由という事情はあいかわらず考慮に入れているが、怒りのテンションは高まっている。こうした書き出しのあと、直路・荒砥山を取り立て、樺沢の要害はそのままにしておいて、そのほかの小屋構えは破却するようにといった細かな指示をしたのちに、また「日夜無心元候処ニ、関東之様子、自其方所も細々不申越候事、無曲候」という一文を加える。あけてもくれても心配しているのに、関東の様子をそちらから全く伝えてくれないのは、とんでもないことだ。こう書いたあと、気持ちを入れ替えて、御館から攻撃してきた兵士を撃退したという、自分のほうの情報を伝え、そのうえで「倉内之様子、其以後如何候哉、聞度候」と結んでいる。長文の書状の中に、関東の様子を連絡してほしいというメッセージを、景勝は何か所も書き上げているのである。

この文章のあとに、こちらに鉄炮衆がいないから、以前「其方」に副えて差し越した五人の鉄炮衆はこちらに戻してほしいと書き、そのあと「是ハ与右衛門尉ニ申候」とつけ加えている。さきに登坂与右衛門尉が春日山から上田に行ったとき、鉄炮衆を同道していたことがわかるが、七月五日の書状のときと同様に、登坂個人に対する指示は、そのことを明記しながら文章の中に織り込んでいるのである。そしてこのあとに樺沢だけを残してほかの地を払うようにとあらためて指示している。これはおそらく深沢あての命令だろうが、追而書からもこのことが明らかになる。ここではわざわざ「深沢ニ申候」と書き出し、あちらこちらに要害を構え、これを地下人たちに持たせているのは笑止なことだだと、きびしい叱責がなされている。関東の情報を全く伝えてくれないことに不満を表明するだけでなく、具体的な戦略についても文句を言い出しているのである。

これから十六日後、七月二十八日の夜に、金子大学助という武士が春日山から駆け落ちした。すぐに景勝は深沢あてに書状をしたため、[11]このことを伝えたが、この書状の書き出しは「急度申遣候」とあり、また「其元之様子、細々注進専用ニ候」と文中にみえる。たびたび景勝が書状を出しているにもかかわらず、深沢の書状はなかなか届けられなかったのである。

四、戦いの渦中で（八月十五日〜九月二十七日）

深沢からの注進が届けられたことが確認されるのは、八月十五日のことである。この日に出された景勝の書状[12]の冒頭に「書中披見候、仍而其地無人数之由、申越候条、人数武主申付差越候」とあるから、これ以前に「書中」が届いたことがわかる。軍勢が少ないという連絡を受けた景勝は、早速いくらかの部将を派遣し、彼らと相談して手堅く守備せよと、この書状で命令したのである。また以前両度にわたって遣わした玉薬を大切にして、みだりに放つなといった細かな指示も加えている。

そして翌日の十六日にも、景勝は深沢あてに書状を出した。[13]先日安倍仁助に兵士を添えて派遣したが、今日あらためて嶋津を遣わしたので、これと相談して守備に勤めよと命じるとともに、当面問題がなかったら、北の広瀬方面に出兵してほしいと指示しているが、このまた翌日、十七日にも新たな書状を書くことになる。[14]その冒頭に「如註進者、敵働為差儀無之之由申越候」とあることから、敵の攻撃はたいしたことはないとの上田からの注進がもたらされたことがわかるが、これを受けて、前に指示したように広瀬に向かえと、景勝はあらためて命を下したのである。八月十五日から十七日にかけて、景勝は毎日書状を出した。緊迫した情勢の中、次々に援軍を派遣してそのつど書状を送り、また先方からの注進に対応する指示を即座に出していたのである。

九月になると北条軍の攻撃が本格化する。激戦の中、守将の登坂与右衛門尉が深手を負って死去するという悲しい出来事もあったが、兵士たちの奮戦によって敵の侵攻はくいとめられていた。こうした前線の状況はなかなか春日山まで報じられなかったが、ようやく飛脚が書状を抱えて到着する。この書状を読んで事態を知った景勝は、九月十二日に上田の守将たちにあてて書状をしたため、⑮その戦功を労った。この書状の宛名は深沢刑部少輔・栗林治部少輔・樋口主水助・登坂与五郎・登坂神兵衛の五人だが、登坂与五郎は戦死した与右衛門尉の子息にあたる。冒頭に「遥々其表之様子無其聞得、無心元候処ニ、飛脚差越候、書中具披見候」とあって、しばらく連絡が途絶えていたところ飛脚が到着したという事情がみてとれるが、そのあとは戦功を賞しながら具体的な戦略が語られる。そして本文の最後に「扨亦、其元へ此度てつはう玉薬差越度候へ共、飛脚成間敷由申由、為其此度不差越候、押詰可差越候」という興味深い一文がある。そちらに鉄炮の玉薬を送ろうとしたのだが、飛脚がそれは難しいといったので、今回はとりやめにしたという内容で、上田からの書状を携えて春日山に赴いた飛脚が、口頭で自分の意見を述べていることがわかるのである。彼がなぜ玉薬送付に反対したのかは不明だが、敵方の目をくぐりぬけてなんとか到着した体験に照らして、いまの道中は危険だと進言したのかもしれない。

なおこの書状にも追而書がつけられているが、これは登坂与五郎個人にあてたものである。「猶々、与五郎ニ申候、与右衛門尉深手ニて無曲成候事、誠以相稼、用所立事本意ニハ候へ共、此度本意見せす候事、ふひん無申事候、乍去、其方昼夜相稼よし頼敷候」。父の戦死を悼みながら、与五郎自身の活躍を頼もしく思うと、傷心の子息を励ましたのである。

戦いはこの後も続いた。北条軍はあらためて攻撃をしかけてきたが、上田の兵士たちは鑓を交えて敵を数多く討ち取った。このしらせは春日山に届けられ、九月二十二日に景勝は深沢らの守将（深沢・栗林・樋口と登坂与五郎の四人）にあてて書状を出した。[16] ここでも彼らの戦功をほめながら、「其元之様子、昼夜あんし候間、細々注進簡要候」と、心配しているからこまめに連絡せよと命じている。そして二日後の二十四日にも、景勝は四人にあてて書状を出す。[17]「其以後其元様体無其聞得候、重々無心元候」。連絡がないので心配していると書き出したのち、春日山や御館の状況を逐一報告する。こちらは大丈夫だから、安心して防禦に励んでほしい。これが景勝のメッセージだった。

このころ景勝と和睦した武田勝頼の軍勢が、上田の救援に向う手筈になっていた。このことは景勝の書状の中でもふれられているが、いっこうに上田には到着せず、深沢らはこのことを書面にしたため景勝のもとに届けた。これを受け取った景勝は、九月二十七日、またまた上田の守将（先の四人に登坂神兵衛を加えた五人）あてに書状を出した。[18] ここでも敵を多く討ち取ったことをほめながら、その後の敵の様子を注進してほしいと頼んでいるが、後半には「其地之者共、日々相稼、何も遂籠城之由、無比類候、何へも此段可申届候」という一文がある。上田の武士たちがみな籠城してがんばっているのは、比類のないことだ。私の感謝の気持ちをみんなに伝えてもらいたい。部将クラスの五人だけでなく、前線で働くすべての兵士たちに対する配慮を、景勝は忘れなかったのである。

五、折檻状と感謝状

北条軍の度重なる攻撃に耐えて上田の兵士たちはこの地を守り抜き、北条勢は撤退してとりあえず危機は去った。こうした結果を見るかぎり、上田の守将たちは一致団結して守備につとめたと、後世のわれわれは単純に想像し、わかりやすいストーリーを作ってしまいがちだが、現実は全く違っていたことが、十二月十七日に出された二通の景勝の書状から判明する。一通目は深沢刑部少輔と栗林治部少輔に充てられた長文の書状(19)で、もう一通は登坂与五郎・登坂神兵衛尉・樋口主水助の三名あてのもの(20)である。前者はきわめて長文の書状だが、その書き出しは次のようなものだった。

存達ニ以条目具申越候、彼条書□□□惣別五十日をそく候、爰元へ自□□□□□□□□油断故、其元ニ一切無之由申越処、をかしく候、其故ハ、其地ニ其方両人武主として差置候処ニ、以前より度々の仕合ニ一度不相稼、大ちこのことくにして有之由、爰元ニて何も聞届候、いつれもはうはい共わるくち申候、

ここにみえる存達は上田の雲洞庵の住持で、景勝の叔父にあたる。最初の部分は虫損もあり文意がとりにくいが、かなり前に景勝が深沢らに対して具体的な質問を条目の形で下し、これを存達が上田まで届け、かなりたってから深沢らの回答が春日山にもたらされたことがうかがえる。この書状はこれに対する返答だが、「其地ニ其方両人武主として差置候処ニ、以前より度々の仕合ニ一度不相稼、大ちこのことくにして有之由、爰元ニて何も聞届候、いつれもはうはい共わるくち申候」という一文から、これが深沢と栗林に対する折檻状であることが判明する。おまえたち二人を大将として置いたのに、たびたびの戦いに一回も参加せず、「大稚児」のようにしていたという話を聞いている。「傍輩共」がみんな悪口を言っているぞ。書状の最初にこうした強烈な文章を配しているのである。

其方事ハ次郎左衛門尉跡ヲも申付候間、よ人ニハかわるへく候間、別而敵前ニて深々と相稼、惣へ力付可走廻と思、其元へさしこし候所ニ、左様にハ無之、けいき計心かけ、べん〳〵と有之由聞、万事咲止ニ候、

続くこの一文は、栗林治部少輔一人に対する叱責である。次郎左衛門尉の名跡を相続させてやったのだから、人並みすぐれて活躍すると思い、そちらに派遣したのに、前線に出ないで作戦ばかり担当しているとは、困ったものだ。上杉謙信の信任を得て上田衆の統括にあたっていた栗林次郎左衛門尉の後継者に、治部少輔はすえられていたが、こ

の抜擢に充分応えない彼の行動を、景勝は非難している。

そしてこのあと、この一連の事態のなかでの深沢と栗林の行動の問題点を、具体的に列記しはじめる。こちらの事情もわきまえないで、あちこちに部将を派遣してほしいといってくるのは、なんとも工夫が足りない。会津への計策についても、兵粮確保についても、こちらは前から準備していたのに、なかなかその気になってくれない（「兵粮の用いも、又けいさくも五十日をそく思付候」）。危機的状況のなかでの対応のまずさを具体的に指摘しているが、景勝が最も問題にしたのは、戦闘における両人の行動だった。

惣別以前両度かはの沢への働の儀、其方両人さいはいを取、深々働成之かせき候ハヽ、らつきよ眼前之由、聞届候へ共、いかに候てもれいしき油断ニ候間、いかん共ならす候、此末ハとても〳〵其地有之而、用心ヲも申付候間、身へのほうこうニ候ハヽ、るすの用心ヲハ番手成共申付、ひと我とかせき候ハヽ、はうはい共わらふましく候、

樺沢への出兵のとき、おまえたち自身で采配を取って深々と攻め込んでくれれば、城を落とせたのに、いつものように油断しているから、結局うまくいかなかった。留守の用心などは番手に任せて、自身が先に立ってがんばれば、「傍輩共」も笑わないだろう。大将としての立場に安住して前線に出ない両人を、傍輩たちは冷笑していたわけで、こういう状況が続かないように、今後はきちんと励めと、景勝は訴えているのである。

一ツハ身の目をちかふ事ニ候、式部少輔事ハ、年寄与申、はんふんニ候間、其方年比与云、いかて如在可申事ニ無之候間、計さく他国への備、又ハ所々武主、其地兵粮事ハかいふん身のためニ候間、油断ハ有之間布候条、其心へ尤候、

式部少輔は老齢で半人前だが、おまえは壮年なのだから、きちんとしてもらわないと困る。こう述べたのち、今後

のことについての具体的指示がしばらく続く、激烈だった文面もしだいに落ち着きをみせ、ようやくまとめの部分になる。

万端其方油断候様ニ爰元へ聞届候間、咲止ニ候、従以前樋口主水助・登坂神兵衛・同与五郎、能々相稼候由聞、万々無比類候、かやうの儀ハ敵味方共ニそのかくれなきもの二候間、定而可為其分別候、（中略）物体其方事、於其地如在可有之儀ハ無之候へ共、れいしき事を大かたニ心へ候間、万事咲止ニ候、雖無申迄候、於武前能々稼専要候、爰元ニてあまかす事も入念かいふん相稼事ニ候間、其方事も弥以はうはい共ニ手ヲ不入やうニ相稼尤候、猶吉事重而可申候間、早々又申候、爰元其以後無相替儀候、可心安候、謹言、

この最初のところに、景勝の気持ちが集約されている。おまえたちが油断しているように、こちらに聞こえてきていることが問題なのだ。樋口主水助・登坂神兵衛・登坂与五郎の三人は粉骨していると、前から聞いている。これは敵も味方も関係なく、みんな知っていることだから、よくよく心得よ。前線に出ないで安穏としている大将二人と、戦いの現場で活躍する樋口・登坂らの武士。景勝書状のこの一文から、上田の守将の内部対立の構図が明瞭にみてとれる。深沢らの悪口を言った「傍輩共」の中心に、樋口や登坂がいたことは容易に推測できよう。こうした内部対立について具体的な注進があったわけではないが、噂話の形で広まり、景勝の陣中でも敵陣でも周知のこととなっていたのである。

こういう評判が立っているから反省せよと述べながらも、書状の文面はかなり穏やかになっている。「物体其方事、於其地如在可有之儀ハ無之候へ共、れいしき事を大かたニ心へ候間、万事咲止ニ候」。おまえたちの上田での行動に手抜かりがあるというわけではないが、例のとおり事態を甘く考え、緊張感がないのが、ちょっと困るのだ。全く問題にならない、というわけではないがと、少し相手を持ち上げながら諄々と諭す形の文面になっているのである。激

烈な叱責で始まったこの長文の書状は、最後のほうでは激励文の様相を帯びてきている。書状を書きながら、景勝の怒りはしだいに収まっていったのではないかという、少し楽しい想像もめぐらすことができよう。

この異様に長文の書状は、花押形も通常のものとは異なっているが、前述したように、これを出した同じ日に、景勝は樋口主水助・登坂神五郎・登坂与五郎に対して、別途書状をしたためている。「存達帰路之間、一筆差越候」という書き出しから、先にみた使節の存達が上田に帰るので、都合がいいのでこの書状を託したことがわかる。文中では部将を派遣してほしいという要請になかなか応えられない事情を述べているが、これに続いて「扨亦、幾度如申越候、吾分共今度別而入身相稼事、誠々無比類共可申様無之候」と、三人の戦功に対する感謝を表明している。活躍した武士の代表として深沢・栗林あての書状に登場した三人に、景勝は別途感謝状を出しているのである。前にみたように、戦闘がなされていた九月段階の書状では、深沢・栗林と樋口主水助・登坂神兵衛・登坂与五郎は、ならんで宛名に記されることが多かったが、今回は事情が違っていた。樋口ら三人に対して感謝の意を示す書状を書いた景勝は、同日に深沢・栗林あてに折檻状をしたため、この二通を別途に送り届けることにしたのである。深沢・栗林あての書状については確証がもてないが、おそらくは両通ともに存達が懐中にして上田に赴き、短いほうの一通を樋口ら、長文の一通を深沢らに、慎重に区別しながら手渡したものと考えられる。

この書状が出された二日後、十二月十九日に、景勝はあらためて登坂神兵衛と登坂与五郎あてに書状をしたためた。(21)「以別紙申越候」という書き出しから、二日前の書状の追伸のようなものであることがわかるが、春になったら上田から春日山に出て活躍したいと登坂らが言っていたことを思い出したので、あらためて書状を出す。そちらの守りが堅固ならば当方は安泰なのだから、上田に止まってがんばってほしいと景勝は書中で述べている。景勝の細かな気配りを伝えるものだが、深沢らとの確執の中で、上田から離れたいと多くの兵士が思っていたことも、この書状は同時に伝えてくれる。

年あけて天正七年二月、戦いは大詰めを迎えていた。二月七日に景勝は上田守将の栗林治部少輔と長尾平五郎にあてて書状を書き(22)、上田の城々の軍勢の配分について詳しい指示を下している。このとき深沢が宛名にみえない事情は不明だが、二月二十三日の書状(23)は、深沢刑部少輔・樋口主水助・登坂神兵衛の三人あてとなっている。景虎の籠る御館の攻撃に着手した景勝は、十日のうちに決着をつけたいので、早く兵士をこちらに送るようにと指示しながら、「れいしきと心へ如在候而ハ口惜候」と念を押している。こちらは真剣なのだからきちんとやってほしいと景勝は訴えているのである。

たびたび発せられた一連の書状の、これが最後のものだった。三月十七日に御館は陥落し、鮫尾城に逃れた景虎も、二十四日には滅亡することとなる。景勝はようやく危機を乗り越えたのである。

おわりに

九か月の間に出した二十一通の書状。その文面は景勝が下した細かな指示で占められていた。勝敗の帰趨を決する前線を守っている部将たちに対して、単に激励するだけでなく、軍勢の配分や城の普請、鉄炮衆の配備や玉薬の送付など、具体的な指示を頻繁に与えている。敵が近隣にいるなかで、春日山を動けない景勝にとって、自らの作戦を伝える方法は、その内容を詳しく書き入れた書状を送り届けることしかなかったのである。

上田の守将に抜擢されたのは深沢刑部少輔だったが、こののち登坂与右衛門尉が派遣され、さらに栗林治部少輔や樋口主水助・登坂神兵衛が加わり、登坂与右衛門尉が戦死したのちは、子息の与五郎が守将の一角をつとめた。このような中で、複数の部将が書状の宛名に書かれることが多くなるが、特定の部将にたいする指示については、このことを文中に明記しながら具体的に書くということを、景勝はきちんと実行している。

このような配慮をきかせた書状を受け取った守将の側の対応はどうだったか。大名の熱意に応えて、こまめに情勢を報告したと考えたいところだが、実状は違っていた。最初のころこそ頻繁に注進状を出していたが、ある時点から深沢からの書状は全く届かなくなる。二か月ほど音信不通の状態が続き、八月になってようやく連絡が届いたことが、遺されている書状からうかがえるのである。戦いが展開した時期にはそれなりに情報を春日山に伝えているが、戦闘の中で顕在化した部将内部の確執は、書状の形では伝えられていない。

現地の状況を心配しながら、ひっきりなしに景勝は書状を出すが、きちんとした注進状はなかなか来ない。そういう状況だったが、書状が来なくても風聞の形でさまざまな情報がもたらされていたことも、同時に知ることができる。音信不通の二か月の間にも、それなりの情報は伝わっていたし、部将内部の不和を景勝が知ったのも、敵味方を問わずに広まった風聞のためだった。

大将に抜擢した深沢の評判は芳しくなく、意を決して景勝も長文の折檻状を書き与えるが、その行動を叱責しながらも、冷酷に切り捨てるという行動には至っていない。長い書状の書きぶりをみても、前半で強烈な言葉をあびせながら、最後のほうでは穏当な言い回しをしている。書状を書いている現場を再現することは難しいが、文字を書くという行為によって、気持ちが沈静化するような、そういう特質を景勝が備えていたと、あるいはいえるかもしれない。なかなか注進状が届かないという事態の中でも、路次が不自由なことがその理由かもしれないが、という断り書きをわざわざ添えている。情報不足にいらつきながらも、書状の中では相手に対する配慮を忘れていないのである。

北条の大軍の来襲にもかかわらず、上田の守将たちは一致団結して奮戦し、越後を守りぬいた。一連の事件は、このように語られかねないが、春日山にいた景勝が書状の機能を最大限に生かして細かな指示を与えていたこと、戦いのなかで守将たちの内部対立が深刻化していたことなどを、書状を読むことで知ることができる。当時の戦いと情報伝達のありようの細部を、遺された書状群は鮮明に伝えてくれるのである。

註

（1）吉川弘文館、二〇〇二年。
（2）「戦国大名の書状をめぐって―上杉謙信と栗林次郎左衛門尉―」（矢田俊文編『戦国期の権力と文書』所収、高志書院、二〇〇四年）。
（3）「上杉博物館所蔵文書」（『上越市史』別編２〈上杉氏文書集二〉一五〇一号）。
（4）「伊佐早文書」（『同右』一五〇四号）。
（5）「下条正雄氏旧蔵文書」（『同右』一五二〇号）。
（6）「志賀槇太郎氏所蔵文書」（『同右』一五四八号）。
（7）「景勝公御書所収文書」（『同右』一五六二号）。
（8）「登坂小三郎氏所蔵文書」（『同右』一五七四号）。
（9）「景勝公御書所収文書」（『同右』一五七八号）。
（10）「本間美術館所蔵文書」（『同右』一五七九号）。
（11）「越佐史料所収吉川金蔵氏所蔵文書」（『同右』一五九三号）。
（12）「伊佐早文書」（『同右』一六〇四号）。
（13）「別本歴代古案所収文書」（『同右』一六〇六号）。
（14）「維宝堂古文書」（『同右』一六〇九号）。

(15)「伊佐早謙採集文書」(『同右』一六五四号)。
(16)「維宝堂古文書」(『同右』一六七一号)。
(17)「伊佐早謙採集文書」(『同右』一六七七号)。
(18)「志賀慎太郎氏所蔵文書」(『同右』一六八四号)。
(19)「上杉博物館所蔵文書」(『同右』一七二六号)。
(20)「伊佐早謙採集文書」(『同右』一七二五号)。
(21)「景勝公御書所収文書」(『同右』一七二八号)。
(22)「景勝公御書所収文書」(『同右』一七五五号)。
(23)「景勝公御書所収文書」(『同右』一七七三号)。

【初出一覧】

総　論

阿部哲人「総論　上杉景勝の研究」(新稿)

第1部　景勝と豊臣政権

Ⅰ　堀新「豊臣政権と上杉氏―秀吉文書様式の検討から―」(『早稲田大学大学院文学研究科紀要　哲学・史学編　別冊』一八、一九九一年)

Ⅱ　矢部健太郎「東国「惣無事」政策の展開と家康・景勝―「私戦」の禁止と「公戦」の遂行―」(『日本史研究』五〇九、二〇〇五年)

Ⅲ　尾下成敏「「上杉加級宣旨案」の紹介―近世初期武家官位に関する一史料―」(『史林』九一―五、二〇〇八年)

第2部　景勝の領国支配

Ⅰ　逸見大悟「戦国末期にみる秩序の再構築―上杉景勝の信州北部支配を中心として―」(『信濃』第五六巻第五号、二〇〇四年)

Ⅱ　矢田俊文「中世越後の小国氏」(米沢市上杉博物館特別展図録『上杉家家臣団』二〇一〇年)

Ⅲ　阿部哲人「上杉景勝の揚北衆掌握と直江兼続」(『新潟史学』六三、二〇一〇年)

Ⅳ　高岡徹「戦国末の両越国境における上杉・佐々の攻防―越後勝山城(糸魚川新城)と「越中牢人衆」を中心に―」(『富山史壇』一九〇、二〇一九年)

Ⅴ　佐藤賢次「慶長二年上杉氏検地の再検討」(『越佐研究』六四、二〇〇七年)

第3部　景勝の家臣団

Ⅰ　渡辺勝巳「戦国期越後上杉氏の対外交渉と取次―対芦名氏交渉を中心に―」（『年報三田中世史研究』二一、二〇一四年）

Ⅱ　田中聡「河村彦左衛門尉とは何者か」（『日本歴史』八五五、二〇一九年）

Ⅲ　藤木久志「豊臣期の文壇」（『新潟県史　通史編2　中世』新潟県、第四章第三節四、一九八七年）

第4部　景勝と関ヶ原合戦

Ⅰ　佐藤賢次「慶長五年越後一揆とその周辺」（『三条市史研究』六、一九八一年）

Ⅱ　本間宏「神指城跡の再検討」（『福島県歴史資料館研究紀要』三一、二〇〇九年）

Ⅲ　阿部哲人「慶長五年の戦局における上杉景勝」（『歴史』一一七、二〇一一年）

第5部　景勝の文書

Ⅰ　阿部洋輔「上杉景勝の発給文書」（『上越市史叢書7　上杉家御書集成Ⅱ』上越市、二〇〇二年）

Ⅱ　山田邦明「戦国大名と書状―上杉景勝と深沢刑部少輔―」（『新しい歴史学のために』二六一、二〇〇六年）

【執筆者一覧】

総論
阿部哲人　別掲

第1部
堀　新　一九六一年生。現在、共立女子大学文芸学部教授。
矢部健太郎　一九七二年生。現在、國學院大學文学部教授。
尾下成敏　一九七二年生。現在、京都橘大学文学部教授。

第2部
逸見大悟　一九七七年生。現在、安曇野市教育委員会教育部文化課博物館担当係長。
矢田俊文　一九五四年生。現在、新潟大学名誉教授。
高岡　徹　一九五〇年生。元、富山県職員。
佐藤賢次　一九四五年生。元、加茂暁星高校教諭。

第3部
渡辺勝巳　一九八八年生。現在、洛南高等学校・洛南高等学校附属中学校教員。
藤木久志　一九三三年生。故人。立教大学名誉教授。
田中　聡　一九六八年生。現在、長岡工業高等専門学校一般教育科教授。

第4部

本間　宏　一九六二年生。現在、公益財団法人福島県文化振興財団学芸員。

第5部

阿部洋輔　一九三八年生。元、新潟県立高校教諭。

山田邦明　一九五七年生。現在、愛知大学文学部教授。

【編著者紹介】

阿部哲人（あべ・てつと）

1969年生まれ。

東北大学大学院文学研究科博士課程後期単位取得満期退学。

現在、米沢市上杉博物館学芸員。

主な業績に、「関ケ原合戦と奥羽の諸大名」（高橋充編『東北の中世史5 東北近世の胎動』吉川弘文館、2016年）、「謙信の揚北衆支配」（福原圭一・前嶋敏編『上杉謙信』高志書院、2017年）、「上杉景勝」（黒田基樹・前嶋敏編著『上杉謙信とその一族〈戦国大名の新研究4〉』戎光祥出版、2024年）などがある。

シリーズ装丁：辻　聡

シリーズ・織豊大名の研究　第一六巻
上杉景勝《うえすぎかげかつ》
二〇二五年五月八日　初版初刷発行
編著者　阿部哲人
発行者　伊藤光祥
発行所　戎光祥出版株式会社
東京都千代田区麹町一‐七
相互半蔵門ビル八階
電　話　〇三‐五二七五‐三三六一㈹
FAX　〇三‐五二七五‐三三六五
編集協力　株式会社イズシエ・コーポレーション
印刷・製本　モリモト印刷株式会社

https://www.ebisukosyo.co.jp
info@ebisukosyo.co.jp

ISBN978-4-86403-574-3